Walter Laqueur
Krieg dem Westen

P

Walter Laqueur

Krieg dem Westen

Terrorismus im 21. Jahrhundert

Propyläen

Propyläen Verlag
Propyläen ist ein Verlag
des Verlagshauses Ullstein Heyne List GmbH & Co. KG

ISBN 3-549-07173-6

Aus dem Englischen von Klaus-Dieter Schmidt
Lektorat: Cornelia Kruse
Gesetzt aus der Times bei ew print & medien service gmbh, Würzburg
Druck und Verarbeitung: GGP Media, Pößneck

INHALT

Einleitung   7

Die Suche nach den Ursachen   15

Ursprünge des islamischen Terrorismus   44

Dschihad   73
  Europäischer Islam?   88

Selbstmordmissionen   106
  Die Bereitschaft zum Opfergang   115
  Brennpunkte und Täterprofile   130

Israel und die Palästinenser   147
  Die Hamas   157
  Jüdischer Terrorismus   172

Haben die Nachrichtendienste versagt?   179
  Die Medien und die terroristische Bedrohung   193
  Die akademischen Experten   197
  Terrorismusforschung   207

Die extreme Rechte   219
  Rechtsaußen   222
  Verschwörungstheorien   230
  Arabische Reaktionen   234
  Antisemitismus   237

Antiamerikanismus   239
  Amerika nach dem 11. September   241
  Terrorismus und Antiamerikanismus in Europa   246

Schlachtfelder der Zukunft I: Indien und Zentralasien 264
Indien 269
Der Kaukasus 275
Zentralasien 282

Schlachtfelder der Zukunft II:
Die »Internationale Brigade« 288
Terror von rechts außen 289
Ultralinker Terrorismus 293
Algerien 296
Der Balkan 300
Terrorismus und Banditentum 302
Die kommenden Krisen 307

Schlussbetrachtung: Krieg dem Westen? 311
Die Zukunft des Dschihad 313
Globalisierungsgegner 316
Politischer Radikalismus und Terrorismus 323
Terrorismus und Neue Linke 325
Die »dritte Position« 327
Staatlich geförderter Terrorismus 333
Terrorismus? Guerilla? Politische Gewalt und Kriminalität 336
Terrorismus und Massenvernichtungswaffen 338

Anhang: Definitionen des Terrorismus: ein Überblick 346

Anmerkungen 355

Bibliographie 385

Abkürzungen 417

Personenregister 420

Einleitung

Der Terrorismus steht seit langem auf der internationalen Tagesordnung, rangierte aber bis vor kurzem eher unter »ferner liefen«. Ab und an, nach einem spektakulären Terroranschlag, beherrschte er für einige Tage die Schlagzeilen; auf höchster Regierungsebene wurden Überlegungen angestellt, Ausschüsse wurden gegründet und Resolutionen verabschiedet. Doch sobald wieder Ruhe eingekehrt war, geriet das Thema erneut in Vergessenheit. Es wurde nicht als vordringlich angesehen. Andere innen- oder außenpolitische Fragen standen im Vordergrund, und im Übrigen waren nicht alle Länder in gleicher Weise vom Terrorismus bedroht. Das hat sich mittlerweile geändert, und der Terrorismus dürfte auf Dauer einen der Spitzenplätze auf der internationalen Prioritätenliste behaupten. Die mangelnde Wachsamkeit vor dem 11. September 2001 lässt sich teilweise damit erklären, dass die terroristischen Aktivitäten in den zwei Jahren zuvor abgeflaut waren. Und angesichts der Tatsache, dass in dem seither vergangenen Jahr nur relativ wenige internationale Terroraktivitäten zu verzeichnen gewesen sind, war zu erwarten, dass manche meinen würden, die Anschläge fielen aus dem Rahmen und etwas Ähnliches werde sich wohl kaum wiederholen. Das Gedächtnis ist notorisch kurz und das Wunschdenken tief verwurzelt. Dem Terrorismus wird weniger Beachtung geschenkt, wenn ein richtiger Krieg ausbricht. Aber Kriege dauern nicht endlos; heute sind sie in jeder Hinsicht zu kostspielig, während der Terrorismus relativ billig ist und uns, wenn auch mit wechselnder Intensität, auf unabsehbare Zeit erhalten bleiben wird.

Der Terrorismus ist zum Gegenstand zahlreicher Studien, Kommentare, Debatten und Kontroversen geworden. Die Menge der Schriften über Ursachen und mögliche Gegenmittel ist beeindruckend. Leider zeichnen sich viele dieser Beiträge mehr durch Leidenschaft und Engagement als durch Wissen und Einsicht aus, was vielleicht unvermeidlich ist, denn der heute zu beobachtende neue Terrorismus unterscheidet sich in wesentlicher Hinsicht von dem vergangener Zeiten. Dennoch wäre es gefährlich, seine historische Entwicklung zu ignorieren; die meisten neuen Begriffe, die in den letzten Jahren aufgetaucht sind, beziehen sich auf Dinge, die seit langem bekannt sind. Guerilla und Terrorismus waren immer »asymmetrische Kriegführung«, und die Entdeckung, dass Terroristen »gescheiterte Länder« (oder Regionen gescheiterter Länder) brauchen, wäre in biblischen Zeiten alles andere als sensationell gewesen, von Mao ganz zu schweigen (man denke an die Höhle von Adullam wie an die Höhlen von Yenan). Aber das bedeutet nicht, dass die Vergangenheit eindeutige Ratschläge für die Gegenwart bereit hält. Wie ich in einem meiner früheren Bücher zu zeigen versucht habe, bestehen die neuen Elemente im leichteren Zugang zu Massenvernichtungswaffen und in der größeren Bedeutung von religiös-politischem Fanatismus als Motiv.

Gegenwärtig ist der radikale Islamismus die bedeutendste Kraft im internationalen Terrorismus, und auf absehbare Zeit wird er es wahrscheinlich auch bleiben. Allerdings besteht stets die Gefahr, dass die aktuellen Ereignisse die Sicht verstellen – weder war der radikale Islamismus immer die Hauptbedrohung, noch muss er es für alle Zukunft sein.

Es gibt keine philosophische Einführung in die Grundlagen des Terrorismus, keinen Clausewitz, noch nicht einmal einen Jomini, und vielleicht wird sich dies auch nie ändern – einfach deshalb, weil es *den* Terrorismus nicht gibt, sondern eine Vielzahl von Terrorismen, und was für die eine Spielart gilt, nicht notwendigerweise für alle gültig sein muss. Dem Verständnis des Terrorismus stehen erhebliche Hindernisse entgegen, die nicht zuletzt darin begründet sind, dass kein anderes Thema unserer Zeit derartige Emotionen hervorruft. Das mag zwar nur allzu natürlich sein, trägt zum besseren Verständnis aber nicht bei.

Diejenigen, die sich mit der größten Selbstsicherheit dazu äußern, beschäftigen sich in der Regel mit einer einzigen ethnischen oder politischen Gruppe, ohne das allgemeine Phänomen des Terrorismus ins Auge zu fassen; sie setzen sich nur mit dem Schicksal und den Interessen derjenigen Gruppe auseinander, mit der sie sich identifizieren oder die sie ablehnen. Dass man das Studium des Terrorismus nicht auf einen spezifischen Ort oder eine Periode begrenzen darf, kommt ihnen nicht in den Sinn. Diejenigen, die den Terrorismus im israelisch-palästinensischen Kontext untersuchen, sind (immer mit Ausnahme eines kleinen Kreises von Experten) für gewöhnlich nicht bereit, auch nur beiläufig einen Gedanken auf die Ereignisse etwa in Algerien oder Sri Lanka zu verschwenden. Die Tatsache, dass beispielsweise der Selbstmordterrorismus nicht nur in einer Weltgegend, sondern an verschiedenen Orten auftaucht, wird von denen, die sich in summarischen Verallgemeinerungen über das Thema ergehen, allenfalls als störend empfunden. Diejenigen, die sich mit dem Kaschmirkonflikt befassen, interessieren sich kaum für die Geschehnisse in Kolumbien oder auf dem Balkan, weit entfernten Ländern, über die sie wenig wissen und die für die von ihnen behandelten Probleme irrelevant zu sein scheinen. Und diejenigen schließlich, die Rechtfertigungen für die Gewalt der extremen Linken finden (was sie dann wiederum zu weit reichenden Verallgemeinerungen über den fortschrittlichen Charakter des globalen Terrorismus verleitet), neigen für gewöhnlich dazu, zu vergessen, dass es auch einen Terrorismus der extremen Rechten gibt, den sie ganz und gar nicht billigen. Aber wer Terrorismusforschung betreibt, muss das Bild in seiner Gesamtheit betrachten; die Fixierung auf einen spezifischen Aspekt führt allzu oft zu falschen Schlüssen.

Von »rechts« und »links« zu sprechen ist im Lauf der Zeit immer problematischer geworden. In einer Ära des um sich greifenden Populismus, der mit gleicher Leichtigkeit Ansichten und politische Vorstellungen annehmen kann, die früher als »links« oder »rechts« galten, ist es häufig irreführend. Terroristengruppen der extremen »Linken« sind oftmals aggressiv nationalistisch geworden, während sich ihre Pendants von der extremen »Rechten« durch antikapitalistische und antiamerikanische Äußerungen hervortun. Trotzkisten haben an Khomeini und den Taliban mit ihrem radikalen »Antiimperialismus« viel Bewundernswertes gefunden, und Neonazis vertreten eine »dritte Position«, eine antiwestliche Haltung, die die Radikalen von links und rechts einen könnte. Zudem hat sich der Antisemitismus, einst Domäne der Rechtsradikalen, auf die Linke ausgebreitet. Ist Osama bin Laden ein Linker oder ein Rechter? Die Frage als solche ist natürlich lächerlich: Religiös-nationalistische Terroristen haben mit den Ideen der traditionellen, säkularen Linken nichts zu schaffen. Auf gewisse Züge indes, die sie mit dem Faschismus gemeinsam haben, wird später noch einzugehen sein. Und dennoch sind solche Vergleiche nur von begrenzter Relevanz; traditionelle politische Kategorien des Westens sind hier nicht anwendbar, sind doch die betreffenden Gruppen zugleich vor- und postmodern.

Ein weiteres Hindernis für das Verständnis des Terrorismus ist die psychologische Abwehr unangenehmer Tatsachen. Dieser Widerstand gegen neue Fakten, die tief verwurzelten Vorstellungen zuwiderlaufen, ist nicht neu. Er ist jedes Mal entstanden, sobald eine neue Bewegung auftauchte – Faschismus und Kommunismus, um nur diese beiden zu nennen, interpretierte man im Licht der Vergangenheit, das grundsätzlich Neue an beiden wurde dabei ignoriert. Sogar in der Geschichte der Wissenschaft ist diese Haltung regelmäßig zu beobachten, und es kann nicht überraschen, dass sie bei der Erforschung des Terrorismus, bei dem es weder wissenschaftliche Beweise noch Voraussagen gibt, noch stärker als anderswo zutage tritt. Infolgedessen gleicht die Diskussion über den Terrorismus häufig einer Parade von alten Steckenpferden. Wer vorgefertigte Erklärungen für die Ursachen hat, wird seine Überzeugungen trotz aller Beweise des Gegenteils nicht so leicht aufgeben.

Mein Interesse an Terrorismus und Guerilla reicht über drei Jahrzehnte zurück. In den siebziger Jahren habe ich zwei Bücher über die Geschichte dieser Phänomene veröffentlicht. Als ich sie schrieb, hielt ich den Terrorismus zwar für ein faszinierendes Thema, maß ihm aber nur beschränkte politische Bedeutung bei. Gleichzeitig kam mir jedoch schon damals der Gedanke, dass eine Zeit kommen könnte, in der er aus verschiedenen Gründen eine weitaus größere Rolle spielen würde. Bereits in meinen früheren Schriften war ich einerseits auf den zunehmenden Fanatismus religiöser wie nationalistischer Art, andererseits den Zugang zu Massenvernichtungswaffen eingegangen.

Fanatismus an sich ist selbstverständlich nichts Neues, aber er hat zur Überraschung jener Europäer und Amerikaner, die ihn für eine Erscheinung der Vergangenheit hielten, eine Wiedergeburt erlebt. Noch ist es allerdings nicht zum Einsatz von Massenvernichtungswaffen durch Fanatiker gekommen. Das Wissen um diese Gefahr, um die Möglichkeit, ja sogar die Wahrscheinlichkeit, dass auch sehr kleine Gruppen in der Lage sein werden, der Gesellschaft enormen Schaden zuzufügen, und die Zahl der Opfer unendlich viel größer sein wird als in der Vergangenheit, ist bislang nicht ins allgemeine Bewusstsein gedrungen.

Es gibt noch einen entscheidenden Unterschied zwischen dem alten und dem neuen Terrorismus: Bis vor kurzem war er im Großen und Ganzen wählerisch; er suchte seine Opfer sorgfältig aus – Könige und Königinnen, Minister, Generäle und andere Angehörige der Führungsschicht. In den meisten Fällen war er »Propaganda der Tat«. In seiner zeitgenössischen Ausprägung hingegen macht er kaum noch Unterschiede zwischen seinen Opfern. Sein Ziel ist nicht mehr die Verbreitung von Propaganda, sondern größtmögliche Zerstörung. Neu ist auch die entscheidende Bedeutung paranoider Elemente – im rechts- wie linksextremen, am meisten aber wohl im religiös inspirierten Terrorismus. Nationale Unterdrückung beispielsweise ist zwar keine Wahnvorstellung, bewirkt aber gerade bei Einzelnen und Gruppen mit radikaler religiösnationalistischer Einstellung, dass Aggression und Feindseligkeit gegenüber anderen unkontrollierbar werden und die ausschließliche Beschäftigung mit nicht vorhandenen versteckten Motiven zu einem Verlust des Realitätssinns führt.

Die heutige Ursachenforschung dreht sich in ihren Debatten um Themen wie ethnische und religiöse Spannungen, Globalisierung und deren Ablehnung, Armut und Ausbeutung. In Bezug auf den Terrorismus der Zukunft könnten diese Punkte jedoch an Bedeutung verlieren; je kleiner die Terrorgruppe, desto mehr neigt sie zu abwegigen Ideen und um so wichtiger werden psychologische Faktoren. Diese Tatsache anzuerkennen wird vielen schwer fallen. Aber es gibt keinen Grund, die Klagen und Leiden einer Handvoll von Menschen auf den Hintergrund breiter sozialer, wirtschaftlicher und politischer Trends zu projizieren. Am Ende könnte das alte Science-Fiction-Szenario vom verrückten Wissenschaftler, der Rache nimmt an der Gesellschaft, Wirklichkeit werden.

Es ist nicht meine Absicht, in diesem Buch den gleichen Acker zu bestellen wie in meinen früheren, erstmals in den siebziger Jahren erschienenen Büchern *Terrorismus* und *Guerrilla*, die den am Thema Interessierten eine historische Einführung bieten. In den letzten Jahren sind ausgezeichnete Bücher über den Terrorismus der achtziger und neunziger Jahre sowie über spezielle Themen wie Massenvernichtungswaffen, die in Zukunft von Terroristen eingesetzt werden könnten, erschienen. Auch über die Anschläge von New York und Washington im September 2001, über die Taliban und den Krieg in Afghanistan liegen hervorragende Arbeiten vor. In der Bibliographie sind einige von ihnen aufgeführt.

Der Gegenstand der vorliegenden Studie ist ein anderer. Hier geht es mir um die neuen Elemente des zeitgenössischen Terrorismus. Dazu gehört unter anderem eine kritische Darstellung der Debatte über die Ursachen des Terrorismus im Allgemeinen, die speziellen Wurzeln des islamischen Terrorismus und das Phänomen des Selbstmordterrorismus. Des Weiteren wird untersucht, wie Regierungen, Medien, akademische Experten und die breite Öffentlichkeit, von der äußersten Rechten bis zur äußersten Linken des politischen Spektrums, auf das Auftreten des neuen Terrorismus reagiert haben, warum er so unerwartet auftauchte und wieso er so häufig und so grundlegend fehlinterpretiert wird. Und schließlich beschäftige ich mich mit der Zukunft des Terrorismus und seiner Geopolitik – den Schlachtfeldern der Zukunft. Obwohl der Terrorismus unberechenbar ist und (da die beteiligten Gruppen tendenziell kleiner werden) noch unberechenbarer werden könnte, trifft es doch weiterhin zu, dass der von religiös-nationalistischen Spannungen verursachte Terrorismus noch für lange Zeit anhalten und in manchen Ländern mit größerer Wahrscheinlichkeit zuschlagen wird als in anderen. Überraschungen kann es immer geben, denn abgesehen von allen anderen besteht stets die Möglichkeit, dass – wie in der Vergangenheit bereits geschehen – der Terrorismus auch in Zukunft einen großen Krieg auslösen wird.

Zu jenen, denen ich für ihre Hilfe Dank schulde, gehören vor allem Marek Michalewski, Jeffrey Bale, Kevin Coogan, Jeff Thomas, Daniel Rankin, Melissa Goldate, Aidan Higgins, Andrew Noznesky, Marc Svetov und meine Freundin Irena Lasota. Ein Aufenthalt an der American Academy in Berlin hat dazu beigetragen, dass diese Studie schneller fertig gestellt werden konnte, als es unter anderen Umständen möglich gewesen wäre.

Washington, D. C., Dezember 2002

Die Suche nach den Ursachen

Um den Terrorismus zu verstehen, sollte man seine Ursachen untersuchen, statt sich damit aufzuhalten, wie er sich nach außen hin manifestiert. Diese in den vergangenen Jahren endlos wiederholte Aussage ist zwar völlig richtig, gilt aber auch für jedes andere Phänomen auf der Welt. Überdies hat sie sich häufig als irreführender Slogan herausgestellt, der eine als »Suche nach den Wurzeln« getarnte Diskussion rechtfertigt, die ins Leere führt. Mit anderen Worten, statt die verfügbaren Beweise zu würdigen, sind regelmäßig vorgefasste Meinungen als allgemeingültige Wahrheit verkündet worden. In Wirklichkeit herrschten in Bezug auf die Ursachen des Terrorismus lange Zeit Verwirrung und Missverständnisse. Man hielt ihn weithin für eine Reaktion auf Ungerechtigkeit, und in den Terroristen sah man Leute, die durch unerträgliche Umstände, ob nun Armut, Hoffnungslosigkeit oder politische und soziale Unterdrückung, zu Verzweiflungstaten getrieben wurden. Aus dieser Perspektive gesehen, wäre es falsch, den Terrorismus einfach mit brutaler Gewalt zu unterdrücken; vielmehr besteht die einzige Möglichkeit, ihn zu beenden oder seine Aktivitäten wenigstens zu verringern, darin, gegen die Ursachen vorzugehen, also den Betreffenden die Gründe für Groll und Frustrationen zu nehmen.

Diese Ansicht hatte im 19. Jahrhundert viel für sich. Hier seien nur zwei Beispiele herausgegriffen: die russischen Revolutionäre und die irischen Patrioten. Das zaristische Russland war damals das repressivste Land Europas, seine Herrscher besaßen nahezu unbeschränkte Macht, es gab weder politische Freiheit noch Rechtsmittel gegen Ungerechtigkeit, die Massen lebten in bitterer Armut, die Kluft zwischen einer extrem reichen Aristokratie und den Bauern war riesig, die Bürokratie häufig korrupt. Angesichts dieser Umstände entschlossen sich einige idealistisch gesinnte Vertreter der jungen Generation zu Gewalttaten gegen führende Repräsentanten des verhassten Regimes. Es gab zwei Wellen terroristischer Aktivitäten, eine in den späten siebziger Jahren des 19., die andere zu Beginn des 20. Jahrhunderts. Über Motive und Charakter der Mitglieder dieser terroristischen Bewegung kann es keinen Zweifel geben: Es waren völlig selbstlose junge Leute ohne jeden persönlichen Ehrgeiz, die sich selbst opfern wollten, um dem russischen Volk ein besseres Leben ohne Unterdrückung zu ermöglichen. Anfangs hatten sie noch versucht, Veränderungen zu bewirken, indem sie »ins Volk« gingen, das heißt Propaganda betrieben. Alles andere als leichtfertig hatten sie sich für den Terrorismus entschieden, erst nachdem sie erkannt hatten, dass legale Aktionen entweder unmöglich oder unwirksam waren. Es bedrückte sie, töten zu müssen, und sie mühten sich nach Kräften, keine Unschuldigen zu verletzen. Ihre ersten terroristischen Taten waren Akte der Selbstverteidigung gewesen; sie hatten sich gegen Beamte gerichtet, die politische Gefangene besonders grausam misshandelten. Angesichts ihres selbstlosen Charakters ist es nicht überraschend, dass der terroristischen Bewegung in der russischen Gesellschaft einige Sympathie entgegenschlug und ihr viel Hilfe zuteil wurde.

Die irischen Terroristen des 19. und frühen 20. Jahrhunderts kämpften für nationale Unabhängigkeit und Befreiung von den ausländischen Besatzern. England hatte seit Jahrhunderten über Irland geherrscht, sah sich nun aber vor dem Hintergrund eines stärker werdenden (und von religiösen Gegensätzen geschürten) irischen Nationalbewusstseins mit zunehmender Opposition konfrontiert. Auch die trostlose Wirtschaftslage und periodisch wiederkehrende Hungersnöte, die zur Massenauswanderung nach Amerika führten, spielten in diesem Zusammenhang eine Rolle. Mit ihren terroristischen Anschlägen sowohl in Irland als auch in Großbritannien verfolgten die Fenier (und später die IRB, die IRA und andere Organisationen) den alten Traum: die britische Regierung zu bewegen, Irland die Freiheit zu gewähren. Wie die der russischen Revolutionäre waren auch ihre Motive selbstloser, idealistischer Natur; sie genossen die moralische Unterstützung großer Teile der Gesellschaft, sogar der irischen Protestanten. Die irische war jedoch nur das bekannteste Beispiel einer ganzen Reihe kleiner nationalistischer Terroristengruppen, von denen einige in Europa, andere in kolonialen und halbkolonialen Ländern wie Ägypten und Indien operierten. Trotz aller Unterstützung sahen sich die Terroristen des 19. Jahrhunderts mit ihrem Heroismus und Idealismus aus vielerlei Gründen der Kritik ausgesetzt, und zwar nicht nur von Seiten politischer Gegner, sondern auch von politisch Gleichgesinnten. Die Mehrheit der russischen Sozialisten (einschließlich des jungen Lenin) entschied sich gegen den Terror, weil sie ihn als politisch schädlich betrachtete. Die Ermordung von Zar Alexander II. im Jahr 1881 – nach russischen Maßstäben ein relativ liberaler Herrscher, der eine moderate Reformpolitik verfolgte – führte zu einer erneuten Verhärtung der Politik des Regimes und damit zu einem Rückschlag. Die russische Niederlage im Krieg gegen Japan (1904–1905) und der anschließende Aufstand der demokratischen Kräfte zwangen die zaristische Regierung dann zwar zur Einführung einer Verfassung und zu einer Reihe weiterer Konzessionen. Aber die Terroranschläge, die 1906 ihren Höhepunkt erreichten, erleichterten es den reaktionären Kräften, diese Zugeständnisse wieder zurückzunehmen.

Der nationale Unabhängigkeitskampf der Iren stieß bei der zeitgenössischen europäischen Linken auf viel Sympathie, obwohl sie die angewandten Mittel nicht immer billigte. Immerhin war England eine – wenn auch elitäre – Demokratie. Die Iren hatten das Wahlrecht, und die Irische Nationalpartei (unter der Führung von Charles Stewart Parnell) verfügte über erheblichen Einfluss; man hegte die begründete Hoffnung, dass sie im Zuge wachsender Demokratie und durch hartnäckigen politischen Kampf ihre politischen Ziele erreichen könnte. Karl Marx und Friedrich Engels sympathisierten mit der irischen Sache, verurteilten die Terroranschläge aber aufs Schärfste. Engels nannte die Täter des Anschlags auf das Clerkenwell-Gefängnis in London von 1867 »Kannibalen«, »Feiglinge« und »dumme Fanatiker«, und Marx schrieb in einem Brief, man könne vom Londoner Proletariat nicht verlangen, dass es sich zu Ehren der Fenier in die Luft sprengen lasse.

Den Anarchisten, der dritten terroristischen Gruppe der damaligen Zeit, stand die europäische Linke im Allgemeinen ablehnend gegenüber. Die anarchistischen Attentate auf Staatschefs und Regierungsmitglieder waren zumeist das Werk Einzelner; nur selten führten Gruppen solche Aktionen durch. Der Anarchismus hatte eine altehrwürdige ideologische Tradition, und die Terroristen bildeten unter den Anarchisten eine kleine Minderheit, waren aber diejenigen, die in der Öffentlichkeit am meisten wahrgenommen wurden. Ihre Taten abzulehnen war sowohl eine Prinzipienfrage als auch taktisch begründet. Wie waren in einem politischen Regime, in dem es alternative Wege gab Protest anzumelden, Morde zu rechtfertigen? Anschläge auf Diktatoren zu verüben, war eine Sache, eine gänzlich andere aber war es, demokratisch gewählte Politiker zu erschießen. Außerdem schadete der Anarchismus der Sache, die er fördern wollte, denn Regierungen und Öffentlichkeit neigten dazu, nicht nur die kleinen Gruppen oder Einzelnen, die Anschläge verübten, sondern den Sozialismus und die radikaldemokratische Bewegung insgesamt zu verurteilen. Und schließlich waren die Motive einzelner Anarchisten suspekt. Die Mehrheit war zutiefst idealistisch gesinnt, und ihr Hauptantrieb war der Wunsch, die Menschheit von ihren Ketten zu befreien. Doch gab es unter ihnen auch überspannte, gestörte Gestalten, herostratische Persönlichkeiten und sogar kriminelle Elemente. Einer sagte nach einem Bombenanschlag, die Opfer spielten keine Rolle, solange die Geste nur schön sei, und ein anderer rief kurz vor seiner Hinrichtung aus: »Jetzt endlich bin ich ein berühmter Mann!« Schon in der heroischen Phase des Terrorismus im 19. Jahrhundert war also klar, dass der Entschluss, Anschläge zu verüben, ebenso sehr von der Persönlichkeit wie von der ideologischen Überzeugung abhing.

Die Fenier und die russischen Revolutionäre waren nicht die Einzigen, die danach strebten, ihr Land zu befreien. Tatsächlich wissen wir nicht einmal, ob die Bombenwerfer auch diejenigen waren, die der Sache, die sie vertraten, am tiefsten ergeben waren. Wir wissen nur, dass ihr Tatendrang (oder ihre Aggressivität) größer war als bei ihren Kameraden.

Nach dem Ersten und noch mehr nach dem Zweiten Weltkrieg veränderte sich der Charakter des Terrorismus. Immer häufiger wurden Anschläge von Gruppen mit rechtsradikalem oder faschistischem Hintergrund ausgeführt, wie den Freikorps in Deutschland, der Eisernen Garde in Rumänien oder japanischen Terroristen, die sich von den Samurai inspirieren ließen. Sie alle waren zweifellos idealistisch gesinnt und bereit, wenn nötig, ihr Leben zu opfern, doch wurde nun unmissverständlich klar, dass der Terrorismus keineswegs nur ein linkes oder »fortschrittliches« Phänomen war. Die Mörder des deutschen Außenministers Walther Rathenau beispielsweise (der jüdischer Herkunft war und 1922 einem Attentat zum Opfer fiel) waren Vorläufer der Nationalsozialisten.

In der Regel trat der Terrorismus auch weiterhin im Kontext nationaler Konflikte auf, doch richtete er sich nicht mehr gegen politische und militärische Führer der anderen Seite, sondern ging immer wahlloser vor. Darüber hinaus bildeten sich andere Formen heraus: der religiös motivierte Terrorismus etwa oder derjenige, bei dem sich ideologische Elemente mit kriminellen mischen, wie es beim Rauschgifthandel der Fall ist. All dies unterschied sich erheblich vom Terrorismus des 19. Jahrhunderts, und sämtliche Ausprägungen mit allgemeinen Aussagen zu erfassen, wurde immer schwieriger, wenn nicht unmöglich.

Wie schon im Jahrhundert zuvor richteten sich terroristische Anschläge in Europa und anderswo bis in die siebziger Jahre des 20. Jahrhunderts hinein gegen gekrönte Häupter, Minister und Militärs, auch wenn immer öfter Vertreter der mittleren ˌEbene wie Richter, Bankiers und andere, die weniger im Rampenlicht standen, ins Visier genommen wurden. Gewiss hatten Terroristen schon früher gelegentlich erklärt, dass es für sie keine Unschuldigen gebe, aber im Großen und Ganzen war der Tod von Unbeteiligten nicht eingeplant, sondern zufällig gewesen. Dagegen sind in jüngerer Zeit die Gewaltakte, zumal die des religiös motivierten Terrorismus, eher wahllos gewesen. Es wurden nur wenige Politiker und andere Prominente ermordet; stattdessen zielte man darauf ab, so viele Angehörige der gegnerischen Gruppe zu töten wie möglich. Das mag unter anderem darin begründet sein, dass es für gewöhnlich schwieriger ist, einen führenden, häufig gut bewachten Politiker zu töten. Aber der Hauptgrund für den Strategiewechsel war der wachsende Fanatismus, die Überzeugung, dass nicht nur einige wenige, sondern die gesamte feindliche Gesellschaft ein legitimes Ziel darstelle und der Zweck nicht in der Verbreitung einer Idee, sondern in der Zerstörung bestehe. Hinzu kam, dass durch die Ermordung von Kindern, Frauen, Alten und anderen Nichtkombattanten weit mehr Angst und Schrecken erzeugt werden konnte als durch Anschläge auf Soldaten und Sicherheitskräfte.

Die Geographie des Terrorismus, das heißt die Frage, wo er im 20. Jahrhundert auftrat und wo nicht, kann zum besseren Verständnis seiner Ursachen beitragen. Wenn er eine Folge unerträglicher Unterdrückung ist, wäre mit seinem Auftreten unter den repressivsten Regimen zu rechnen gewesen: in Nazideutschland, im faschistischen Italien oder in der Sowjetunion. Tatsächlich gab es mehrere Versuche, Hitler und Mussolini zu töten (nicht aber Stalin). Doch handelte es sich dabei fast immer um Einzeltaten, nicht um systematischen Terrorismus. In der Sowjetunion (wie in Spanien unter Franco) entstand der Terrorismus erst nach dem Sturz des totalitären Regimes, und in Südamerika trat er in den siebziger Jahren nicht in der schlimmsten Diktatur, sondern zuerst in Uruguay auf, dem demokratischsten Land des Halbkontinents.

Die Gründe liegen auf der Hand: In einer effektiven Diktatur konnte die politische Polizei jeden Versuch, eine Terrorkampagne in Gang zu setzen, vereiteln. Sogar in Militärdiktaturen wie dem frankistischen Spanien, die etwas weniger brutal waren, gab es keinen Terrorismus; die Operationen der baskischen ETA begannen erst nach dem Tod des Diktators. Andererseits trat in den siebziger Jahren sowohl in demokratischen Ländern wie der Bundesrepublik Deutschland und Italien als auch in Staaten, die zumindest bis zu einem gewissen Grad demokratisch waren, ein linksextremer Terrorismus in Erscheinung. In Letzteren führte dies zum Sturz der Demokratie, die unfähig zu sein schien, der Welle des Terrors standzuhalten, und zur Errichtung von Militärdiktaturen, die ihrerseits dann dem Terrorismus ohne große Schwierigkeiten Einhalt geboten.

Kurz, unter politischen Regimen, die in der Lage sind, mit uneingeschränkter Gewalt gegen ihn vorzugehen, ohne auf Gesetze, Menschenrechte und öffentliche Proteste Rücksicht nehmen zu müssen, hat der Terrorismus keine Chance. Gedeihen kann er nur in einer Umgebung, die zumindest teilweise demokratischen Charakter besitzt, oder aber in einer völlig ineffektiven Diktatur.

Weithin wird angenommen, dass es einen Zusammenhang zwischen Terrorismus und Armut gebe, dass Armut, zumal in der so genannten Dritten Welt, der wichtigste Faktor bei seiner Entstehung sei. Aus den historischen Belegen lässt sich eine solche kategorische Aussage jedoch nicht ableiten. Gewiss haben einige europäische Terroristengruppen behauptet, im Namen und im Interesse der Ärmsten der Armen zu handeln. Aber in den 49 Staaten, die von den Vereinten Nationen derzeit als die am wenigsten entwickelten Länder eingestuft werden, sind kaum irgendwelche terroristischen Aktivitäten zu verzeichnen. (Zu den Kriterien, nach denen die UNO diese Aufstellung vornimmt, gehören neben einem niedrigen Pro-Kopf-Einkommen auch mangelnde menschliche Ressourcen und eine geringe wirtschaftliche Diversifikation.) In vielen dieser Länder, insbesondere afrikanischen – sie stellen auf dieser Liste die Mehrheit dar –, gab es große Unruhen wie Bürgerkriege (etwa in Burundi, Somalia und Sierra Leone), andere kämpften gegeneinander (wie Äthiopien und Eritrea), aber nur in einem einzigen, nämlich im Sudan, hat der Terrorismus eine gewisse Rolle gespielt. Einheimische waren indes auch dort nur am Rande beteiligt, denn bei den Terroristen handelte es sich überwiegend um Ausländer, die den Sudan als Rückzugs- und Ausbildungsort benutzten. Sie hatten sich in das Land eingekauft, was angesichts der dort herrschenden Armut und der radikalislamischen Orientierung einiger seiner Führer nicht schwer zu bewerkstelligen war. Das Gleiche galt für Eritrea. In beiden Fällen konnten sich die Terroristen gleichwohl nicht in Sicherheit wiegen: Als Frankreich der sudanesischen Regierung ein überzeugendes finanzielles Angebot unterbreitete, lieferte diese Carlos, den »Schakal«, der sich im Sudan versteckt hielt, aus, und genauso verkaufte Eritrea die äthiopischen Terroristen an Addis Abeba.

Die terroristische Phase in der Geschichte des Sudans dauerte weniger als ein Jahrzehnt. Am Ende begriffen die Herrschenden, dass die Anwesenheit von Terroristen nur Ärger verursachte: Das

Land war auf die Liste der »Schurkenstaaten« gesetzt worden und hatte mit Wirtschaftssanktionen zu kämpfen. Zudem war die Regierung in einen Dauerkrieg mit den nichtmuslimischen Stämmen im Süden des Landes verstrickt und konnte keine weiteren Schwierigkeiten gebrauchen. Osama bin Laden, der im Sudan residierte und umfangreiche Investitionen getätigt hatte, musste deshalb das Land verlassen.

Was war mit anderen, entwickelteren Ländern? Aus welchen Gesellschaftsschichten rekrutierten sich die Terroristen dort? Traf es nicht zu, dass in Staaten wie – um nur diese beiden zu nennen – Algerien oder Pakistan die ernsten Wirtschaftsprobleme und eine hohe Geburtenrate, die angesichts wirtschaftlicher Stagnation eine beträchtliche Arbeitslosigkeit vor allem unter der Jugend nach sich zog, einen Nährboden für terroristische Bewegungen schufen? Auch hier erweist sich das Artmutsargument als nicht überzeugend. Während die IRA ihre Mitglieder traditionell in der unteren Mittelschicht und der Arbeiterklasse anwirbt, scheint die ETA hauptsächlich aus jungen Leuten aus der Mittelschicht zu bestehen, und während Nordirland, die Hochburg der IRA, zu den weniger prosperierenden Regionen des Vereinigten Königreichs zählt, gehört das Baskenland zu den am höchsten entwickelten Provinzen Spaniens. Im Nahen Osten setzen sich palästinensische Gruppen wie die Hamas, der Islamische Dschihad und insbesondere die libanesische Hisbollah teilweise aus relativ armen Leuten zusammen. Doch ist die große Mehrheit der Menschen in diesen Gesellschaften nicht gerade reich, und wie ihre Anführer gehörten die frühen palästinensischen Terroristen, die beispielsweise in den verschiedenen Fronten für die Befreiung Palästinas aktiv waren, durchweg der Mittelschicht an – so auch Leila Khaled, eine ihrer ersten Heldinnen.

Die algerischen islamistischen Terroristen stammten überwiegend aus armen Familien, während die militantesten, wie die ägyptischen und saudischen Selbstmordattentäter, Angehörige der mittleren und oberen Mittelschicht und Akademiker waren. Die Eltern waren erfolgreiche Kaufleute oder bekleideten höhere Positionen in der Bürokratie. Dies trifft insbesondere für das Netzwerk Osama bin Ladens zu, das zum großen Teil aus Absolventen von Universitäten, technischen Hochschulen oder Militärakademien besteht. Die ägyptischen Terroristen konzentrierten ihre Aktivitäten über Jahre hinweg auf die Städte Oberägyptens, wie Assiut und Minia, die in vernachlässigten Gebieten des Landes liegen, versuchten dort aber vor allem Angehörige von besser gestellten Familien zu rekrutieren, insbesondere Studenten. Der in London geborene Ahmed Sheikh, der in Pakistan für den Mord an dem Journalisten Daniel Pearl zum Tod verurteilt worden ist, entstammt einer wohlhabenden Familie und hat Privatschulen besucht; dass er aus zwei von ihnen hinausgeworfen wurde, könnte auf mehr als nur durchschnittliche psychische Probleme hindeuten.

Auch in anderen Teilen der Welt ist dieses Phänomen – die Anziehungskraft des Terrorismus auf die Mittelschicht – seit langem zu beobachten. Ernst Halperin bemerkte im Hinblick auf den lateinamerikanischen Terrorismus der siebziger Jahre, eine marxistische Klassenanalyse würde zu dem Ergebnis gelangen, dass es sich um eine gegen verschanzte Oligarchien gerichtete Bewegung von Studenten aus der Mittelschicht handele, die sowohl eine Verbesserung ihrer Stellung und Aussichten als auch die politische Macht anstrebten.[1]

In Europa bestanden die linksradikalen Terroristengruppen jener Zeit überwiegend aus Mittelschichtangehörigen (in Deutschland mehr als in Italien), während ihre Pendants auf der Rechten – Neonazis und Skinheads – von niedrigerer sozialer Herkunft waren. Der peruanische Sendero Luminoso (Leuchtende Pfad) ist definitiv eine Bewegung der Armen, die Tamil Tigers (LTTE) in Sri Lanka dagegen nicht. Kurz, man sucht vergebens nach einer gemeinsamen soziologischen Struktur der terroristischen Bewegungen. In den ärmsten und den reichsten Ländern, zumal wenn es sich um kleine Gesellschaften mit geringer Anonymität handelt, gibt es kaum Terrorismus, aber zwischen diesen Extremen kann er praktisch überall auftreten. Es ist darauf hingewiesen worden, dass die Führung revolutionärer Bewegungen fast immer von der Elite gestellt worden sei. Marx' Eltern waren nicht gerade arm, Engels besaß eine Fabrik, und auch der Prophet Mohammed hatte durch die Ehe mit einer reichen Witwe durchaus sein sicheres Auskommen. Aber der radikale islamische Terrorismus hat es nicht auf eine soziale Revolution abgesehen, und obwohl es zutrifft, dass al-Qaida viele Anhänger unter den Armen in Pakistan besitzt, gibt es nahe liegende Gründe, warum die Militanten eher der Mittelschicht, wenn nicht sogar der oberen Mittelschicht entstammen: Ein heutiger Terrorist, der außerhalb seines Landes operiert, muss gebildet sein, über ein gewisses technisches Wissen verfügen und fähig sein, sich unauffällig in fremden Gesellschaften zu bewegen. Mit einem Wort, er muss eine Bildung genossen haben, die man weder bei armen Pakistani noch bei ägyptischen Bauern oder den Bewohnern palästinensischer Flüchtlingslager antrifft, sondern nur bei vergleichsweise begüterten Städtern.

Zum terroristischen Potential in der arabischen Welt hat noch ein weiterer Faktor erheblich beigetragen, nämlich das unkontrollierte demographische Wachstum einerseits und die Unfähigkeit der arabischen Regierungen andererseits, für die Schul- und Universitätsabsolventen Arbeitsplätze bereit zu stellen. Die Regionen mit den höchsten Geburtenraten sind Gaza (7,9 Prozent) und Saudi-Arabien (7 Prozent). Während Letzteres ein reiches Land ist (auch wenn seine Einnahmen im vergangenen Jahrzehnt deutlich zurückgegangen sind), ist Gaza arm, doch beide sind wichtige Rekrutierungsgebiete der Terroristen gewesen. Dagegen kommen aus Jordanien und Syrien, beides ebenfalls Länder mit einer Geburtenrate von 7 Prozent, relativ wenige Terroristen. In Staaten wie Ägypten und Algerien schließen jedes Jahr Hunderttausende junger Leute ein Universitätsstudium ab. Nur jeder Zweite von ihnen findet eine Anstellung, und der Anteil derjenigen, die eine befriedigende Arbeit ergattern können, ist noch geringer. Die anderen trifft man in den Kaffeehäusern an, wo sie bei Kaffee und Wasserpfeife über radikale politische Ideen diskutieren. Unter ihnen finden die Terroristen ihre Sympathisanten. In allen arabischen und den meisten muslimischen Ländern, ob arm oder reich, ist die Jugendarbeitslosigkeit ein großes Problem, und die Regierungen unternehmen keine ernsthaften Anstrengungen, um dem entgegenzuwirken; das Bildungswesen überlassen sie den Islamisten, und säkulare Unterhaltungsmöglichkeiten sind praktisch kaum vorhanden. Dies, nicht die Armut an sich, scheinen die Hauptgründe für die Radikalisierung der nachwachsenden Generation zu sein.

Die gegenwärtige Verteilung des Reichtums zwischen den Nationen und auch innerhalb vieler Staaten ist dem sozialen und politischen Frieden nicht zuträglich, und es ließen sich viele Gründe anführen, warum die entwickelten Länder ihren weniger glücklichen Brüdern und Schwestern in größerem Umfang als bisher zu Hilfe eilen sollten. Aber dies ist ein Prozess, der viel Zeit in Anspruch nehmen wird und zudem nicht einseitig sein kann, denn größere Prosperität hängt nicht nur von Kapitaltransfer und Investitionen ab, sondern zum großen Teil auch von der Bildung und, allgemein gesprochen, von der Schaffung eines für die wirtschaftliche Entwicklung günstigen Klimas. In den letzten Jahrzehnten hat sich der Ferne Osten relativ schnell entwickelt, schneller als Europa, während in den meisten afrikanischen Ländern ein Rückgang zu beobachten war und der Nahe Osten im Großen und Ganzen stagnierte.

Zur Radikalisierung in der Dritten Welt, insbesondere in den arabischen und muslimischen Ländern, haben schließlich zwei weitere Trends beigetragen – die zunehmende Frustration über die soziale und wirtschaftliche Stagnation in der muslimischen Welt und besonders in den arabischen Ländern, einschließlich der ölreichen Staaten, und die allgemeine Verarmung, die nicht zuletzt durch den Terrorismus verschärft wird. Dieser Zusammenhang ist nach dem 11. September 2001 deutlich zutage getreten, als internationale Unternehmen ihre Investitionstätigkeit im Nahen Osten einstellten, der Tourismus (der in Ländern wie Ägypten eine bedeutende Rolle spielt) zusammenbrach, Importe aus arabischen Ländern erheblich zurückgingen und die Arbeitslosigkeit stieg.

Wie lässt sich der hartnäckige Glaube daran, dass Armut und Hunger die wichtigsten, wenn nicht einzigen Ursachen des heutigen Terrorismus sind, erklären? Zum Teil hat er mit einer bestimmten politischen Weltanschauung zu tun, nach der das Elend der Dritten Welt dem Imperialismus und der Ausbeutung durch die entwickelten Länder anzulasten sei – eine Version von Lenins Imperialismustheorie, die immer noch fortwirkt. Den Bewohnern der westlichen Welt hat man zu verstehen gegeben, dass nicht nur die Verteilung des Reichtums ungerecht sei, sondern dass sie auch die

Schuld daran trügen. Selbstverständlich trifft es zu, dass die Kolonialmächte ihre Kolonien ausgebeutet haben, aber sie haben auch deren wirtschaftliche Entwicklung gefördert. Die Kolonien rebellierten gegen die Fremdherrschaft vorrangig nicht wegen der Ausbeutung – wären sie Kolonien geblieben, ständen viele von ihnen heute wirtschaftlich wohl eher besser da. Der Überzeugung, der Terrorismus sei eine Folge der Armut, liegt die Annahme zugrunde, dass es relativ leicht wäre, diesen Zustand zu beheben und eine Umverteilung des Reichtums zu erreichen: Man müsse den armen Ländern nur wesentlich mehr Hilfe zukommen lassen, Arbeit schaffen und ihnen so die Hoffnung zurückgeben.

Das Elend von Hunderten Millionen Menschen in Nordafrika, dem Nahen Osten und Südasien, von Schwarzafrika ganz zu schweigen, hat viele Ursachen, und es sollte einen vorderen Platz auf der internationalen Tagesordnung einnehmen. Aber selbst denjenigen, die der Dritten Welt mit größter Sympathie gegenüberstehen, ist seit langem klar, dass die Gründe für die Gewalt in diesen Gebieten komplexer sind. Um es mit den Worten des UN-Generalsekretärs Kofi Annan zu sagen: Die Armen dieser Welt leiden schon genug, da sollte man sie nicht auch noch als potentielle Terroristen abstempeln.

Auf einem benachbarten Gebiet, dem der Hassverbrechen, herrschte lange Zeit ein ähnliches Missverständnis vor. Vor über sechzig Jahren behaupteten zwei Psychologen in einer berühmten Studie, zwischen der Lynchjustiz und dem Baumwollpreis in den Vereinigten Staaten bestehe eine Korrelation – wenn der Preis niedrig sei, steige die Zahl der Lynchmorde. Lange Zeit erkannte man dies als gültige Wahrheit an. Doch viele Jahre später wurde in neuen Untersuchungen, die einen längeren Zeitraum erfassten, festgestellt, dass eine solcher Zusammenhang nicht existiert; sonst hätten während der Großen Depression in den dreißiger Jahren in Amerika mehr Lynchmorde verübt werden müssen, als dies tatsächlich der Fall war. In ähnlicher Weise sind Untersuchungen über Arbeitslosigkeit und ausländerfeindliche Übergriffe im Deutschland der neunziger Jahre zu dem Ergebnis gelangt, dass es keine Korrelation zwischen beiden Phänomenen gibt. Folglich sind die Ursachen der Gewalt anderswo zu suchen.

Ebenso wie eine Revolution tritt der Terrorismus nicht auf, wenn die Lage katastrophal ist, sondern wenn verschiedene politische, wirtschaftliche und soziale Entwicklungen zusammentreffen. In den siebziger Jahren verfochten Wissenschaftler die Theorie, dass relativer Mangel und Frustration Aggressivität hervorriefen. Doch ließ sich der Terrorismus auch mit dieser These nicht zufrieden stellend erklären, zumal sie aus dem Reich der Ökonomie in das der Psychologie führte.

Wenngleich Armut zur Entstehung und Ausbreitung des Terrorismus beiträgt, sind national-ethnische Spannungen von erheblich größerer Bedeutung. So ist auch der größte Teil des vorliegenden Buchs diesem Thema gewidmet, sind es doch genau solche Konflikte, die den Konfrontationen in Kaschmir, in Israel und Palästina, in Tschetschenien oder in Sri Lanka zugrunde liegen. In einigen der blutigsten Terrorkampagnen, wie denjenigen in Algerien, Kolumbien und Zentralasien, waren sie allerdings nicht der entscheidende Faktor. Mit anderen Worten: Die Lösung nationaler Konflikte ist ebenso wenig wie die Bekämpfung der Armut ein Allheilmittel gegen den Terrorismus. Nationale Konflikte zu lösen und Spannungen zwischen verschiedenen ethnischen Gruppen abzubauen, bleibt zwar ein vorrangiges Ziel, kann aber keine Wunder bewirken. Wer Terror anwendet, ist ein Extremist, kein Gemäßigter, und die Forderungen von Extremisten können kaum jemals erfüllt werden, ohne die Rechte anderer ethnischer Gruppen zu verletzen, insbesondere wenn zwei Gruppen Anspruch auf dieselbe Region oder dasselbe Land erheben.

Um die Ausbreitung des Terrorismus zu erklären, wird regelmäßig auch der von Samuel P. Huntington geprägte Begriff vom Kampf der Kulturen angeführt – und die Unfähigkeit des Westens, ihn zu verhindern. Darin liegt eine gewisse Wahrheit, wenn auch im Fall des Islam viel mehr als im Fernen Osten und in Indien, wo das Minderwertigkeitsgefühl gegenüber dem Westen weniger ausgeprägt ist. Ebenfalls trifft es zu, dass die radikalen Islamisten alles daransetzen, derartige Konflikte überhaupt erst zu entfachen.

Betrachtet man die gegenwärtigen Kriege, Bürgerkriege und weiteren Konflikte, fällt auf, dass Gewalt und Aggressionen in den muslimischen Gesellschaften häufiger als in den meisten anderen auftreten. Lässt man die Stammeskriege südlich der Sahara einmal außer Acht (insbesondere in Nigeria und Somalia sowie im Sudan), ist festzuhalten, dass der Islam an vorderster Stelle an diesen Konflikten beteiligt ist; nahezu 80 Prozent finden in muslimischen Ländern und Gesellschaften statt. Von den 22 Mitgliedern der Arabischen Liga und den 57 Staaten der Organisation der Islamischen Konferenz (OIC) ist in den letzten zwanzig Jahren kaum eines von Konflikten verschont geblieben – mit Ausnahme der Vereinigten Arabischen Emirate, vielleicht auch Kasachstans und Turkmenistans, doch weitere Beispiele sind schwerlich zu finden. Als Minderheit in einem nichtmuslimischen Land zu leben, ob nun in Indien, auf den Philippinen oder in Westeuropa, fällt Muslimen ebenso schwer, wie Minderheiten, selbst muslimische, in ihrer Mitte zu tolerieren, seien dies nun die Berber in Algerien, die Kurden in der Türkei und im Irak oder die Kopten in Ägypten, die Christen im Sudan, in Pakistan und Osttimor.

Der blutigste Krieg nach 1945 war der zwischen Iran und Irak, zwei muslimischen Ländern also, und die blutigste Terrorkampagne mit rund 100 000 bis 150 000 Opfern fand in Algerien statt, wo die Islamische Heilsfront (FIS) und die ebenfalls radikalen Bewaffneten Islamischen Gruppen (GIA) Anschläge auf Regierung und Gesellschaft verübten. Es gab bewaffnete Auseinandersetzungen zwischen Marokko und der Befreiungsfront Polisario, zwischen dem Sudan und seinen Nachbarn, ganz zu schweigen von Afghanistan und den beiden Jemen. Der Irak hat Kuwait überfallen, und Syrien ist in Jordanien einmarschiert. Es gibt Konflikte zwischen Muslimen im Kaukasus und in Zentralasien. In einigen Fällen waren Muslime die Leidtragenden, etwa in Tschetschenien, Bosnien und Kaschmir, im Westjordanland und in China (Uiguren). Andererseits haben sich die Albaner, sobald sie die Gelegenheit erhielten, gegen ihre serbischen und mazedonischen Nachbarn gewandt; die Tschetschenen haben Dagestan angegriffen; die muslimischen Kaschmiris verkündeten, dass sie nicht nur einen eigenen Staat anstrebten, sondern auch alle Nichtmuslime aus ihm vertreiben würden; und die radikalen Palästinensergruppen machen keinen Hehl daraus, dass sie über die Befreiung der 1967 von Israel besetzten Gebiete hinaus den Staat Israel insgesamt zerstören wollen, für den nach ihrer Meinung im islamischen Nahen Osten kein Platz ist.

Angesichts all dieser Konflikte und Spannungen erscheint es trotz der verbindenden Feindschaft gegenüber dem Westen (der ja bekanntlich selbst kein Monolith ist) unwahrscheinlich, dass die muslimischen Länder gemeinsame Sache gegen das machen werden, was die radikalen unter ihnen als »großen Satan« betrachten. So ist es der OIC in ihrer mehr als dreißigjährigen Geschichte bisher noch niemals gelungen, einen Konflikt zwischen zwei Mitgliedsstaaten zu schlichten. Kurz, die Uneinigkeiten dieser Länder sind stärker als die Gründe für gemeinsames Handeln. Die radikalen Islamisten haben den arabischen Nationalismus stets abgelehnt, weil er in ihren Augen ein westlicher Import ist, der ein trennendes Element darstellt. Zugleich schüren sie jedoch die arabischen Differenzen, indem sie (den Ideen von Gurus wie Sayyid Qutb folgend) die gegenwärtigen arabischen Regierungen bekämpfen, deren Mitglieder sie allesamt für Ungläubige und korrupte Verräter halten. An der diplomatischen Front sind die arabischen Staaten gelegentlich zu gemeinsamem Handeln fähig, etwa als Stimmblock in der Vollversammlung der Vereinten Nationen. Aber es ist kaum vorstellbar, dass ein neuer Mohammed die verschiedenen Stämme einen und in den Krieg führen könnte. Der Islam ist mittlerweile zu weit verbreitet, um ein starkes Zusammengehörigkeitsgefühl zuzulassen: In Afrika ist er eher afrikanisch als islamisch, und die marokkanischen Islamisten haben nicht viel mit Albanern, Usbeken oder Indonesiern gemein. Die Islamisten lehnen die Moderne aufs Schärfste ab, aber große Teile der islamischen Welt sind unwiderruflich von westlichen Ideen durchdrungen, und das Rad der Geschichte zurückdrehen zu wollen ist ein aussichtsloses Unterfangen.

Als einen der Hauptgründe sowohl für die Unbeliebtheit der Vereinigten Staaten als auch für die weltweite Verbreitung des Terrorismus sehen manche das militärische Engagement der USA nach dem Ende des Zweiten Weltkriegs an. In einem weltweit abgedruckten Artikel hat die bekannte indische Schriftstellerin Arundhati Roy nach den Terroranschlägen vom September 2001 achtzehn bis zwanzig Kriege aufgelistet, an denen die Vereinigten

Staaten beteiligt sind.[2] Die Aufstellung ist korrekt, wenn sie auch einige Konflikte enthält, bei denen die USA im Namen der Vereinten Nationen zum Schutz muslimischer Minderheiten intervenierten, wie etwa in Kuwait, in Bosnien und im Kosovo. Hätte Roy an ihr eigenes Land den gleichen Maßstab angelegt, hätte sie fünf oder sechs Kriege gegen Pakistan, militärische Auseinandersetzungen mit China, eine Intervention in Sri Lanka, die Besetzung Goas, jahrelange Kämpfe in Kaschmir und im Punjab, in Naga- und Bodoland, in Assam, Tripura und mit den Naxaliten anführen müssen. Kurz, sie hätte feststellen müssen, dass Indien an mehr bewaffneten Konflikten beteiligt war als die USA. Zudem war der gegen die Vereinigten Staaten gerichtete islamistische Terrorismus ausgerechnet während der Präsidentschaft von Jimmy Carter besonders aktiv, obwohl sich dessen Administration mehr als jede andere um gute Beziehungen zur muslimischen Welt bemühte, indem sie beispielsweise die afghanischen Rebellen mit Waffen versorgte. Der nächste große Aufschwung des gegen die USA gerichteten muslimischen Terrorismus kam während der Präsidentschaft von Bill Clinton, zu einer Zeit also, als in Oslo der Friedensprozess vorangetrieben wurde und Washington zum Schutz der Muslime im früheren Jugoslawien intervenierte. Das mag bloßer Zufall gewesen sein, doch ist es gewiss kein Beweis für einen direkten Zusammenhang zwischen der amerikanischen Außenpolitik und dem Auftreten des Terrorismus.

Eine weitere immer wieder genannte Ursache des Terrorismus ist die Existenz Israels. Wenn es Israel nicht gäbe, so hat vor vielen Jahren ein führender Orientalist die Lage zusammengefasst, würden die Geschäftsleute dicke Verträge abschließen, der Nachschub an billigem Erdöl wäre garantiert, Generäle und Admiräle bekämen Stützpunkte, und Missionare könnten sich über einen Ansturm von Menschen freuen, die zum Christentum konvertieren wollten. Und, so könnte man heute hinzufügen, der Terrorismus würde nachlassen und schließlich gänzlich verschwinden. Israel hat viele Kritiker und Feinde, und die israelischen Regierungen haben es mit der Politik, die sie im Westjordanland und in Gaza verfolgten, ihren Freunden nicht gerade leicht gemacht, ihr Handeln zu verteidigen.

Die israelische Herrschaft über heilige Stätten des Islam ruft in der muslimischen Welt tiefe Ressentiments hervor, zumal Israel sich weigert, sie mit den Muslimen zu teilen. Darüber hinaus besteht stets die Gefahr einer weiteren Ausdehnung des Konflikts, da irgendein Verrückter oder Fanatiker – nicht notwendigerweise jüdischer Herkunft – versuchen könnte, eine der islamischen heiligen Stätten in die Luft zu sprengen, was angesichts der jahrelangen Indoktrination der muslimischen Massen durch religiöse Führer unabsehbare Folgen hätte. Solche Versuche hat es in der Vergangenheit gegeben, und jederzeit kann ein neuer folgen, der ohne weiteres in einen religiösen Krieg münden könnte.

Ferner hätte Israel schon vor langer Zeit die 1967 besetzten Gebiete räumen sollen, und zwar nicht, um das Ausland zu beschwichtigen, sondern zum eigenen Besten. Denn ein demokratisches Land kann nicht auf Dauer über derart viele ihm feindlich gesinnte Bürger herrschen und dabei seinen demokratischen Charakter bewahren. Je länger man die unvermeidliche Entscheidung zur Übergabe des größten Teils der Gebiete aufschiebt, desto schwieriger wird sie sich gestalten. Unter Ehud Barak hatte Israel die Abtretung fast aller Gebiete angeboten, aber Yassir Arafat lehnte das Angebot ab. Dennoch hätte Israel, wenn es nicht anders gegangen wäre, weiter unilateral vorgehen sollen, allen Unsicherheiten zum Trotz.

Dass die Aufgabe der besetzten Gebiete und die Schaffung eines palästinensischen Staates eine nachhaltige Wirkung auf das Ausmaß des globalen Terrorismus hätte, ist trotzdem zu bezweifeln. Denn Israel stellt für seine Nachbarn und selbstverständlich für die Palästinenser ein Grundproblem dar, und es ist unwahrscheinlich, dass die Radikalen unter ihnen die Existenz eines Staates Israel selbst in den Grenzen von 1948 akzeptieren werden. Für die muslimische Welt insgesamt ist Israel weniger die Ursache als vielmehr ein Symbol und Katalysator ihres Zorns. Ein israelischer Rückzug aus den besetzten Gebieten würde die Position der Regierungen von Ländern wie Ägypten oder Saudi-Arabien nicht wesentlich stärken. Auf die große Mehrheit der aktuellen bewaffneten Konflikte in der muslimischen Welt, sei es in Nordafrika oder Nigeria, in Zentralasien oder Pakistan, im Kaukasus oder auf den Philippinen und selbst am Persischen Golf, hätte ein israelisches Einlenken kaum Auswirkungen (wenn überhaupt), und es ist ziemlich unwahrscheinlich, dass es die Feindseligkeit mindern würde, die radikale Muslime in Westeuropa dem Westen gegenüber empfinden. Die radikalen Islamisten haben Größeres im Sinn: Ihr Ziel ist die Bestrafung und, wenn möglich, Zerstörung Amerikas und der westlichen Zivilisation insgesamt. Israel ist nur ein Punkt auf ihrer politischen Tagesordnung, und nicht einmal der wichtigste. Im Vergleich zum großen Satan an ihrem politischen Horizont ist Israel nur ein kleiner Teufel. Weitreichende Zugeständnisse sind in Israels bestem Interesse, doch werden sie schwerlich bewirken, dass Länder wie Ägypten, Syrien oder Saudi-Arabien sich enger dem Westen anschließen.

Die Versuche, den Terrorismus unserer Zeit zu erklären, unterscheiden sich stark von denen, die man noch vor einem Jahrhundert unternahm, als der Anarchismus die öffentliche Meinung in Europa ebenso faszinierte wie verängstigte. Cesare Lombroso, der Begründer der modernen Kriminologie, behauptete, den Schlüssel zu diesem neuen erstaunlichen Phänomen gefunden zu haben: Die Anarchisten, erklärte er, litten unter Avitaminose. Nach allem, was man weiß, könnten einige der damaligen Bombenwerfer tatsächlich zu wenig Vitamine zu sich genommen haben, doch galt dies für ihre weniger aggressiven Zeitgenossen nicht minder. Im Rückblick erscheinen Lombrosos Ideen lächerlich; aber kommen die heutigen Erklärungen der Wirklichkeit näher?

Der Terrorismus hat Ursachen – *ex nihilo nihil fit,* von nichts kommt nichts. Es gibt einen Zusammenhang mit der wirtschaftlichen und sozialen Lage. Es gibt einen Zusammenhang mit der politischen Situation und, jedenfalls zurzeit, mit dem Islam. Wenn die gesamte Menschheit so reich wäre, wie die reichsten Länder es heute sind, würde es aller Wahrscheinlichkeit nach noch immer Gewalt geben, aber, wie man getrost annehmen darf, weniger Terrorismus.

Solche Schlussfolgerungen bringen uns indes nicht wesentlich weiter. Man sollte niemals vergessen, dass es nicht nur eine Art, sondern viele Arten von Terrorismus gibt und dass sich seine Natur im Lauf der Zeit und von Land zu Land verändert hat. Eine allgemeine Theorie, eine umfassende Erklärung seiner Ursachen finden zu wollen ist ein müßiges und irregeleitetes Unterfangen. Die Beweggründe der russischen Radikalen von 1881 haben ebenso wenig mit denen von al-Qaida und den diversen Dschihads zu tun wie der Terrorismus von Oklahoma City mit dem peruanischen Leuchtenden Pfad oder den kolumbianischen Revolutionären und Drogendealern.

Die Motive der russischen Terroristen von 1881 und 1905 lassen sich vor dem Hintergrund der politischen Situation im zaristischen Russland leicht begründen. Doch selbst diese offensichtliche und relativ einfache Erklärung kann nicht erhellen, warum sich einige Revolutionäre für den Terrorismus entschieden, während andere politisches Handeln vorzogen. Diejenigen jungen Männer und Frauen, die in den Untergrund gingen, waren keineswegs radikalere Regimegegner als ihre Altersgenossen, die den Terrorismus ablehnten; von denen, die überlebten, wurden nicht wenige später liberal, konservativ und sogar erzreaktionär. Was also trieb sie an? Ungeduld, der fehlende Glaube daran, dass mit politischem Handeln etwas erreicht werden könne? Oder war es weniger eine Frage der Ideologie und der objektiven Umstände als vielmehr eine der Persönlichkeit? In dem Bestreben, die »objektiven Bedingungen« zu finden, die den Terrorismus angeblich hervorbringen, wird die Suche nach den Ursachen allzu oft einseitig und führt zu einseitigen Folgerungen. Selbstverständlich gibt es solche Bedingungen, doch sind dies nicht die einzigen Faktoren, die hier eine Rolle spielen. Wenn es anders wäre, wenn Terroristen tatsächlich, wie manche behaupten, »Menschen wie du und ich« wären, gäbe es Milliarden von ihnen; in Wirklichkeit sind es nur relativ wenige.

Deshalb sind psychologische Faktoren wie Aggressivität und Fanatismus, die im Kontext des Terrorismus häufig vernachlässigt oder sogar ignoriert werden, so wichtig. Bei »objektiven Faktoren« sind immer Mittel und Wege zu finden, wie auf sie eingewirkt werden kann. Psychologische Motive hingegen sind wesentlich schwerer zu fassen und zu behandeln. Diesbezügliche Untersuchungen stoßen auch deshalb bei vielen auf Ablehnung, weil sie die Bedeutung des ideologischen Faktors hintanstellen und Terroristen mit anderen, die einen hohen Grad an Gewalttätigkeit und Aggressivität zeigen, wie etwa Serienmörder, in einen Topf werfen. Darüber hinaus könnte der Beweis einer starken biologisch-genetischen Grundlage, wenn er denn angetreten werden kann, ein Klima der Hoffnungslosigkeit erzeugen, denn während es Wege gibt, Arbeitslosigkeit zu verringern und nationale Konflikte zu entschärfen, ist gegen Fanatismus und Paranoia bislang kein Kraut gewachsen.

Bei denjenigen, die erkannt haben, dass »objektive Faktoren« und Ideologie für gewöhnlich nicht ausreichen, um zu erklären, warum sich einzelne oder Gruppen dem Terrorismus zuwenden, ist die Beschäftigung mit psychologischen und biologischen Faktoren in den Vordergrund getreten: Gibt es, so lautet die Frage, so etwas wie eine »terroristische Persönlichkeit«? Psychologen verschiedener Schulen, von Behavioristen bis zu Psychoanalytikern, haben die Bedeutung von Kindheitserlebnissen hervorgehoben. Genetiker haben eine Korrelation zwischen Gewalttätigkeit, Aggressivität und biologisch-genetischen Faktoren nachgewiesen, wobei sich die Forschung auf das Vorhandensein eines zusätzlichen Chromosoms (Klinefelter-Syndrom), auf Serotonin- und Testosteronspiegel, die Rolle toxischer Schwermetalle und bestimmte Hirnschäden konzentrierte. Aber so interessant diese Studien auch sein mögen, ein ursächlicher Zusammenhang ist ebenso wenig erkennbar wie im Fall der objektiven Faktoren; viele Menschen haben einen erhöhten Serotoninspiegel und niedrige Cholesterinwerte und sind trotzdem keine Terroristen geworden – und umgekehrt.

Die irischen Patrioten des 19. und 20. Jahrhunderts kämpften für nationale Unabhängigkeit, doch liefern ihre Aktivitäten keine Erklärung für die Tatsache, dass andere Minderheiten in Europa (und sogar, wie etwa die Schotten, im Vereinigten Königreich selbst) nicht die Strategie des Terrorismus gewählt haben. Wieso haben radikale Basken zum Mittel des Terrors gegriffen, nicht aber die Katalanen, die doch ebenfalls eine – wenn auch zahlenmäßig größere – Minderheit in Spanien darstellen? Weshalb haben die Tschetschenen den Pfad der Gewalt beschritten, nicht aber die Tataren und andere muslimische Minderheiten in Russland? Warum haben sich in Sri Lanka die Tamil Tigers für den Terrorismus entschieden und eine der langwierigsten und blutigsten Terrorkampagnen der Welt begonnen, nicht aber die dort ebenfalls lebenden

Muslime? Und warum haben sich die Tamilen in Südindien, die dort wesentlich zahlreicher sind als in Sri Lanka, mit ihrer Lage abgefunden und keinen Unabhängigkeitskrieg begonnen? Auf der Welt leben Hunderte nationaler und religiöser Minderheiten, die verfolgt und diskriminiert werden – tatsächlich gibt es nur wenige Länder, in denen die Minderheiten nicht das Gefühl haben, sie würden ungerecht behandelt.

Um eine Erklärung dafür zu finden, warum und unter welchen Umständen Terrorismus auftritt, muss man auch zumindest am Rande der Frage nachgehen, wieso er vielerorts nicht existiert, obwohl alle »objektiven« Ursachen, wie Unterdrückung und Verfolgung, vorhanden sind. Um nur ein Beispiel zu nennen: Die rund 240 Millionen Unberührbaren in Süd- und Ostasien – Daliten (Kastenlose) in Indien, Burakami in Japan und ähnliche Gruppen in Sri Lanka, Bangladesch, Myanmar, Pakistan und so weiter – werden zwar abscheulich behandelt, aber es gibt keinen Terrorismus. Liegt das vielleicht daran, dass sie zu erniedrigt und zu verängstigt sind, um den Protest zu wagen und sich ihren Verfolgern entgegenzustellen?

Man könnte argumentieren, die meisten nationalen und religiösen Minderheiten hätten eben akzeptiert, dass aufgrund der Vermischung nationaler Gruppen in der modernen Welt totale Unabhängigkeit nicht zu erreichen ist, sofern man nicht eine »ethnische Säuberung« von beispiellosem Ausmaß in Gang setzen will. Tatsache bleibt allerdings, dass einige ethnische Gruppen dieselben Gebiete beanspruchen wie ihre Rivalen. Doch ist eine derart nüchterne Überlegung wohl nicht der Hauptgrund dafür, dass es in manchen Teilen der Welt Terrorismus gibt, in vielen anderen aber nicht. Zu berücksichtigen sind in jedem Fall die Besonderheiten der jeweiligen Situation; Ähnlichkeiten sind zwar vorhanden, letzten Endes aber ist jeder Fall anders.

Dies bringt uns zu den Veränderungen zurück, die der Terrorismus in den letzten hundertfünfzig Jahren erfahren hat. Im 19. Jahrhundert zielte er auf eine soziale Revolution oder nationale Unabhängigkeit ab. Der Gegner war nicht die gesamte Gesellschaft, sondern nur eine kleine Schicht von Unterdrückern. Fälle von wahllosem Töten traten zwar auf, doch bildeten sie die Ausnahme von der Regel. In den siebziger Jahren des 20. Jahrhunderts, etwas früher noch beim nationalistisch-separatistischen Terrorismus, begann dies sich zu wandeln, was sich in größerer Brutalität und Unmenschlichkeit bei der Auswahl der Ziele äußerte. Dass es die Opfer willkürlich traf, war da nur konsequent, denn nun war die Gesellschaft als Ganzes der Feind, nicht mehr nur ihre repressiven Vertreter. Wenn im späten 19. Jahrhundert ein Anarchist erklärte, dass es keine Unschuldigen gebe, dann war das die Äußerung eines Sympathisanten, nicht die eines Terroristen, der für seine Gruppe sprach. Von den meisten seiner militanten Kameraden wurde sie als intendiert paradox und boshaft verstanden. Hundert Jahre später war diese Aussage zur üblichen Praxis geworden. Sprecher von Terroristengruppen behaupteten zwar immer noch, man würde nicht gegen Außenstehende, sondern nur gegen bösartige Regierungen kämpfen, aber in Wirklichkeit ging es ihnen darum, so viele Menschen wie möglich zu töten. Gelegentlich erklärten sie sogar, auch zivile Opfer seien Steuerzahler und junge Mädchen würden eines Tages Mütter werden und Kinder zur Welt bringen, die zu feindlichen Soldaten heranwachsen würden. Vergewaltigungen und Verstümmelungen, die Ende des 20. Jahrhunderts in manchen Weltgegenden eher die Regel als die Ausnahme geworden sind, waren dem Terrorismus des 19. Jahrhunderts fremd. Von einigen marginalen Fällen abgesehen, wäre es Terroristen alten Stils nie in den Sinn gekommen, Massenvernichtungswaffen einzusetzen oder auch nur Bomben auf Märkten zu deponieren, wo Unbeteiligte ihnen zum Opfer fallen würden.

Diese Entmenschlichung ist zum großen Teil eine Folge des religiösen Fanatismus, zumal des Islamismus, doch blieb auch der radikale nationalistische Terrorismus von dieser Entwicklung nicht unberührt. Besonders auffällig ist sie in den Phantasien und Taten der US-amerikanischen Rechtsradikalen, wofür die Hetzschrift der *Turner Diaries* ein deutliches Beispiel bietet. Diese Gruppen fühlen sich derart isoliert und machtlos einem allmächtigen Feind ausgeliefert, dass ihnen jede Waffe erlaubt zu sein scheint, um in einem ungleichen Kampf eine Chance zu haben. Und je weiter Verrücktheit und Fanatismus gediehen sind, desto größer wird auch das Verlangen, so viele Feinde wie möglich zu vernichten. Hatte der Terrorismus des 19. Jahrhunderts, insbesondere in seiner anarchistischen Ausprägung, seine Aktivitäten noch als »Propaganda der Tat« verstanden, so wollten die radikalen Gruppen in späteren Zeiten niemanden mehr überzeugen. Und zu den »feindlichen Kräften«, die es zu zerstören gilt, gehören für sie alle Ungläubigen, bis hin zu Kleinkindern.

Ebenso wie im 19. Jahrhundert der Holocaust unwahrscheinlich, wenn nicht unmöglich gewesen wäre, ist der neue Terrorismus nur möglich geworden, weil die moralischen Werte sich geändert haben und der Zeitgeist insgesamt ein anderer ist. Früher fühlten sich die Terroristen, allen Hassgefühlen zum Trotz, immer noch bestimmten Konventionen verpflichtet, sie hätten keine als unmenschlich geltenden Taten begangen und niemals erklärt, sie wollten, wie eine arabische Redensart sagt, »das Blut ihrer Feinde trinken« und »auf ihren Gräbern tanzen«, wie viele dies heute verlautbaren. So manche Terroristen unserer Zeit denken gar von ihren Feinden (oder behaupten dies zumindest zu tun), dass diese sie beispielsweise mit Aids infizieren wollen, und dergleichen Gräuel mehr. Waren unter den Terroristen früherer Zeiten Paranoiker eher selten, spielt heute der Verfolgungswahn eine erhebliche Rolle. Der Terrorismus hat sich angepasst und wird von einem Fanatismus angetrieben, der sich unter anderem in wahllosen Massenmorden und Selbstmordanschlägen manifestiert.

Der Begriff des Fanatismus lässt sich auf das lateinische *fanum* (heiliger Ort) zurückführen, hat aber schon früh die Bedeutung von Besessenheit angenommen. Von Theologen und Religionshistorikern ist das Phänomen häufig beschrieben worden, während Psychologen und Psychiater sich oft vor seiner Untersuchung gescheut haben. Eine brauchbare Definition findet sich in Hitlers *Mein Kampf;* mehr als jede andere moderne Führungspersönlichkeit hat er den Fanatismus als wesentliches Element seiner Bewegung verstanden und eingesetzt. Die Mobilisierung der Massen, schrieb er, könne niemals »durch Halbheiten, durch schwaches Betonen eines so genannten Objektivitätsstandpunktes« erfolgen, sondern nur »durch rücksichtslose und fanatisch einseitige Einstellung auf das nun einmal zu erstrebende Ziel«. Der Feind müsse vernichtet und zermalmt werden, er habe nicht nur Unrecht, sondern befinde sich absolut im Irrtum. Die Größe jeder großen Bewegung, so Hitler, liege im religiösen Fanatismus, in der fanatischen Überzeugung vom eigenen Recht und der Unduldsamkeit allem anderen gegenüber. So gesehen, lag die Größe des Christentums nicht im Streben nach Kompromissen mit ähnlichen philosophischen Schulen, sondern in der unerbittlichen Durchsetzung der eigenen Lehre.

Hitlers Betonung der religiösen Quellen des Fanatismus sollte nicht darüber hinwegtäuschen, dass er selbst und seine Mitstreiter keineswegs von traditioneller Religiosität motiviert waren, es sei denn von einer neuen, selbst fabrizierten Abart. Genauso wenig war Hitler ein verlässlicher Kenner der Religion, denn immerhin war das Christentum in den ersten dreihundert Jahren seiner Geschichte die Religion einer verfolgten Minderheit – im Gegensatz zum Islam, dessen Gründer ein Militärführer war oder, um genau zu sein, wurde und dessen Anhänger in den folgenden drei Jahrhunderten in Asien und Nordafrika militärische Eroberungszüge unternahmen. Außerdem reichen die religiösen Quellen als Erklärung der Erscheinungsformen des heutigen Terrorismus nicht aus. Die ersten Selbstmordattentäter im Nahen Osten Anfang der achtziger Jahre waren keine Muslime, sondern säkulare Christen. Auch die Tamil Tigers, die in den neunziger Jahren mehr Selbstmordattentäter hervorbrachten als jede andere terroristische Bewegung, waren nicht von religiösen Motiven geleitet. Kurz, der Nationalismus kann ähnlich wie die Religion eine fanatische Anhängerschaft mobilisieren. Dafür sind die Kamikazepiloten des Zweiten Weltkriegs ebenso ein Beispiel wie Soldaten anderer Armeen, die in den Kriegen der jüngeren Vergangenheit Operationen ausführten, bei denen eine Rückkehr unwahrscheinlich war – SS-Einheiten bei so genannten Himmelfahrtskommandos oder deutsche U-Bootbesatzungen im Jahr 1944, um nur zwei Beispiele zu nennen. Schließlich spielte neben dem Nationalismus auch der Korpsgeist, die Loyalität gegenüber einer Gruppe, eine bedeutende Rolle.

Und dennoch kann es über die religiösen oder quasireligiösen Ursachen des Fanatismus keinen Zweifel geben. Am deutlichsten dürften sie in bestimmten Episoden der Geschichte des Christentums zutage getreten sein, wie etwa zur Zeit der Kreuzzüge. Papst

Urban II. und andere Kirchenfürsten riefen die Gläubigen auf, ins Heilige Land zu ziehen, um die heiligen Stätten aus den Händen der Sarazenen zu befreien, die sie angeblich entweiht und zerstört hatten. In den Chroniken ist nachzulesen, mit welcher Begeisterung der »Abschaum Frankreichs« (»faex residua Francorum«) darauf ansprach, wie er sich mit dem Ruf »Deus lo volt« (Gott will es) auf den Weg machte, wie sich später auch Adlige dem Kreuzzug anschlossen (ebenso wie viele Tausende völlig unvorbereiteter Kinder und Frauen, die es nie bis ins Heilige Land schafften), wie Jerusalem erobert und danach ein furchtbares Blutbad angerichtet wurde. Aber schon auf dem Weg dorthin waren viele jüdische Gemeinden zerstört worden, und auch ostkirchliche Kongregationen waren nicht verschont geblieben. Viele Zeitgenossen hielten die Kreuzzügler für besessen und verrückt, und doch zog die Bewegung Zehntausende in ihren Bann.

Selbstverständlich war der Papst nicht der einzige Anstifter gewesen, auch demagogische Priester wie etwa Peter von Amiens hatten das Ihrige dazu beigetragen. Er repräsentierte einen Typ des Fanatikers, der während des gesamten Mittelalters immer wieder in Erscheinung treten sollte, bis hin zu Savonarola, zur Inquisition und zu den Hexenverbrennungen. Der Fanatismus ging noch vor Beginn der Aufklärung zurück, erlebte dann aber in einigen Kirchen eine Wiedergeburt, so im späten 19. Jahrhundert in der russischen Orthodoxie, und auch anderswo waren negative Reaktionen auf ein Jahrhundert der Toleranz und Humanität zu beobachten.

Der russische Religionsphilosoph Nikolai Berdjajew hat 1937 ein psychologisches Profil erarbeitet, das vermutlich auf die Fanatiker aller Religionen passt. Danach sieht der Fanatiker überall Verrat, Betrug und Treuebruch an seiner geliebten Idee, allenthalben entdeckt er Verschwörungen gegen den Gegenstand seines Glaubens. Besessen von der manischen Suche nach den Fallstricken des Teufels, beherrscht von Verfolgungswahn, ist er nur sehr schwer in die Wirklichkeit zurückzuholen. Er, der überall Feinde sieht, wird doch immer selbst zum Verfolger. Er agiert mit größter Gewalt, Bosheit und Grausamkeit, denn der Teufel scheint äußerst stark, nachgerade allmächtig zu sein; in vielerlei Hinsicht glaubt der Fanatiker mehr an ihn als an Gott. Sein ganzes Leben ist der Verfolgung der Häresie gewidmet, ohne Feinde kann er nicht existieren. Er neigt dazu, die Welt in zwei feindliche Lager einzuteilen. Bis zu einem gewissen Grad gilt dies auch für den Islam unserer Zeit. Schwerer nachzuvollziehen sind Berdjajews Schlussfolgerungen, wenn er behauptet, der Fanatismus wurzle stets in einem Gefühl von Angst und Bedrohung. Die Faktoren Hass und Aggressivität zieht er gar nicht in Betracht. Genauso wenig trifft seine Behauptung zu, es bestehe insofern ein grundlegender Unterschied zwischen dem mittelalterlichen und dem modernen Fanatismus, als es im Mittelalter – aller Intoleranz zum Trotz – Kultur und geistige Schöpferkraft gegeben habe, die auf einer tiefen, in der Neuzeit nicht mehr vorhandenen Religiosität basierte. Tomás de Torquemada und die anderen Inquisitoren hätten geglaubt, sie würden foltern, um die Seelen ihrer Opfer vor der ewigen Verdammnis zu retten, was von der modernen Inquisition nicht gesagt werden könne.

Für das Christentum und die anderen großen Religionen sind Kreuzzüge, Inquisition und Hexenverbrennungen Vergangenheit. Dagegen hat der Fanatismus im Islam, einst einer der tolerantesten aller Religionen, in der Neuzeit in verschiedenen Formen (Wahhabismus, Salafismus und etliche mehr) eine Wiedergeburt erlebt. In einigen islamischen Konfessionen, wie dem Schiitentum, hat er stets eine größere Rolle gespielt als in anderen (wie das Phänomen der Selbstgeißelung zeigt). In den Jahrzehnten vor Ayatollah Khomeinis Aufstieg zur Macht im Iran schien die Tradition des erbitterten Kampfes gegen das Fremde jedoch im Schwinden begriffen gewesen zu sein.

Mit der Neubelebung des Fundamentalismus wurde auch der Fanatismus neu belebt. Die Vorstellung, die Seelen ihrer Opfer zu retten, ist heutigen Terroristen sicherlich fremd. Im Gegenteil zielen sie darauf ab, die Feinde auszulöschen, so dass nichts mehr an sie erinnert. Genauso wenig ist die terroristische Grausamkeit auf Ungläubige beschränkt; man denke nur an die algerischen Terroristen, die ihren Glaubensgenossen bis hin zu Kindern unaussprechliche Gräuel zufügen. Gewiss könnte der islamische Fanatismus zum Teil auch vorislamischen Ursprungs sein. Koran und Hadith verlangen beispielsweise, dass auch Feinden, zumal wenn es sich um Muslime handelt, ein anständiges Begräbnis zusteht. Im Irak und in anderen muslimischen Ländern war es in den fünfziger und sechziger Jahren jedoch üblich, die Leichen politischer Feinde zu verstümmeln. Ähnlich barbarisch haben sich auch die Taliban verhalten. Dies befand sich sicherlich nicht im Einklang mit den Vorschriften der Religion.

Der Fanatismus ist ein wesentlicher Bestandteil des Terrorismus, denn wie könnten Militante töten und in der Erwartung leben, selbst getötet zu werden, wenn nicht vor dem Hintergrund eines starken, zielgerichteten Glaubens? Daher der Aufschwung des Barbarischen im Terrorismus, und zwar im religiös wie im säkular motivierten. Dies ist ein grundlegender Unterschied zu den russischen Revolutionären von vor hundert Jahren, die ihre Morde (die sie für politisch notwendig hielten) als eine Sünde ansahen, für die sie bestraft werden würden. Sie waren von einem idealistischen Pflichtgefühl ihrem Land oder ihrer Klasse gegenüber beseelt, und die letzten Worte derer, die hingerichtet wurden, enthüllten die tiefe Überzeugung, dass auf ihnen die Bürde der Erlösung laste – ähnlich wie bei Adolf Fischer, einem der Angeklagten im Chicagoer Haymarket-Prozess, der vor seiner Exekution erklärte, dass dies der glücklichste Tag in seinem Leben sei. Die fanatische Hingabe früher Nationalsozialisten, wie etwa Albert Leo Schlageters, der 1923 wegen einiger Sabotageakte von den Franzosen exekutiert wurde, fand selbst bei führenden Bolschewiken Anerkennung. So schrieb Karl Radek damals, die Tatsache, dass Schlageter sein Leben aufs Spiel gesetzt hatte, zeige, wie entschlossen er war, seinem Land zu dienen. Die Kommunisten, fuhr Radek fort, sollten alles in ihrer Macht Stehende tun, um sicherzustellen, dass Männer wie Schlageter, die bereit gewesen seien, für ein Ideal in den Tod zu gehen, nicht umsonst gestorben seien, sondern als Vorboten einer besseren Welt.

Um das Offensichtliche zu wiederholen: Der Terrorismus hat sich im Lauf der Zeit verändert, und mit ihm haben sich seine Ursachen, die Terroristen und auch ihre Motive verändert. Vor einem Jahrhundert war der Terrorismus entweder sozialistisch-revolutionär oder anarchistisch, gelegentlich auch nationalistisch-separatistisch wie in Irland und auf dem Balkan. Eine Weltkarte des Terrorismus von 1970 sähe im Großen und Ganzen noch ziemlich genauso aus: linker Terrorismus in einigen europäischen Ländern und in Lateinamerika, nationalistischer Terrorismus im Nahen Osten; hinzugekommen wäre in Deutschland und Rumänien in den zwanziger und dreißiger Jahren, später auch in Italien, der Türkei und anderen Ländern ein rechtsextremer, vorwiegend innenpolitisch orientierter Terrorismus, der sich gegen die jeweilige Regierung oder andere Parteien und soziale Gruppen richtete. Nur in wenigen Fällen, wie im Nahen Osten und auf dem indischen Subkontinent, zielte der Terrorismus gegen ein anderes Land.

In den achtziger und frühen neunziger Jahren des 20. Jahrhunderts gingen die terroristischen Aktivitäten weltweit zurück. Die linken Gruppen waren mit wenigen Ausnahmen verschwunden, die rechten hatten an Einfluss eingebüßt, und die nationalistisch-separatistischen operierten zwar weiter, aber gewissermaßen auf Sparflamme: Die irischen und die baskischen Terroristen verhandelten, wenn auch mit Unterbrechungen, mit den Regierungen ihrer Länder, und im Nahen Osten hatte der Friedensprozess einen Rückgang der Terroranschläge zur Folge. Zudem hielten sich einige Förderer des Staatsterrorismus, etwa Libyen und der Sudan, merklich zurück, und auch die Iraner versuchten nun, bei terroristischen Operationen im Ausland die Spuren besser zu verwischen. In einem Bericht des US-Außenministeriums für das Jahr 2000 wird festgehalten, dass in jenem Jahr lediglich neunzehn US-Bürger durch Anschläge des internationalen Terrorismus ums Leben gekommen seien (siebzehn allein bei einem einzigen Anschlag – dem auf den US-Zerstörer Cole im Hafen von Aden).

Dennoch ist in den neunziger Jahren ein neuer Faktor aufgetaucht, der binnen weniger Jahre zum bei weitem bedeutendsten auf der Karte des internationalen Terrorismus geworden ist: der islamische Terrorismus. Gewiss hat es solche Gruppen, etwa in Algerien, schon früher gegeben, doch hatte man die einen schlicht übersehen, andere aber, wie in Kaschmir und Palästina, für lokale Erscheinungen mit separatistischen Zielen gehalten. Einen religiösen Hintergrund hatte man jedenfalls nicht wahrgenommen. (Die Konflikte in Kaschmir und Palästina waren tatsächlich anfangs nationalistischer Art gewesen, im Lauf der Zeit aber in zunehmendem

Maße religiös-politisch, das heißt islamistisch geworden.) Andernorts, wie etwa im Kaukasus und in Zentralasien, griffen islamische Gruppen bei ihren militärischen Operationen nicht zu terroristischen Mitteln, sondern zur Taktik der Guerillakriegführung. Doch seit al-Qaida unter Osama bin Laden daranging, so etwas wie ein internationales Koordinationsbüro muslimischer Terroristengruppen einzurichten und eine »Internationale Brigade« aufzubauen, hat der islamistische Terrorismus die beherrschende Stellung eingenommen, und alle anderen Gruppen sind in den Hintergrund getreten. Außer – natürlich – für die örtlichen Behörden, die mit ihnen zu kämpfen haben.

All dies gilt es im Blick zu behalten, da eine Analyse der Ursachen des Terrorismus zu Beginn des 21. Jahrhunderts nicht ausschließlich auf der Erfahrung früherer Zeiten beruhen kann. Aber, um es zu wiederholen, noch irreführender wäre es, bei dieser Analyse von der Annahme auszugehen, es gäbe keine Vorgeschichte. Die Elemente, die der neue Terrorismus mit dem alten gemeinsam hat, sind, genau wie die grundlegenden Unterschiede, hier in Betracht zu ziehen. Das vorherrschende Merkmal ist heute der religiöse und/oder nationalistische Fanatismus, doch das war nicht immer so. Es ist daher nicht auszuschließen, dass der Terrorismus in Zukunft wiederum andere Formen annehmen wird.

Ursprünge
des islamischen Terrorismus

Im 19. Jahrhundert und in weiten Teilen des 20. spielte der Terrorismus in der muslimischen und arabischen Welt keine bedeutende Rolle. Er war, um genau zu sein, ein begrenztes lokales Phänomen, das zwar existierte, aber weder vorherrschend war, noch sich in Motivation und Weltsicht von anderen Formen des Terrorismus wesentlich unterschied. Gegen Ende des 20. Jahrhunderts wurde er jedoch zur augenfälligsten Spielart des Weltterrorismus. Wie ist es dazu gekommen?

Seine Ursprünge hatte er in Erweckungsbewegungen, die eine Wiederbelebung des fundamentalistischen Islam anstrebten, und bei denjenigen ihrer Vertreter, die ihre Ziele mit Gewalt durchsetzen wollten. Solche Bewegungen entstanden in verschiedenen Ländern, auf der arabischen Halbinsel beispielsweise in Form des Wahhabismus, der die Lehre einer Sekte aus dem 18. Jahrhundert aufgriff – in ihrer Entstehungszeit hatte sie kaum Beachtung gefunden. Auf dem indischen Subkontinent war der Fundamentalismus mit dem Wunsch verbunden, die Identität der muslimischen Minderheit gegenüber der Hindumehrheit zu behaupten; die Gründer von Pakistan waren säkulare Politiker gewesen, doch am Rand ihrer Bewegung betätigten sich religiöse Extremisten, deren Bedeutung im Lauf der Zeit zunahm. Das Kernland des islamischen Fundamentalismus indes war Ägypten, auch wenn der Salafismus (wie er dort genannt wird) politisch niemals eine führende Rolle spielte. Der Begriff »Salafi« meint einfach den Frühislam und bezieht sich auf jene, die in den ersten Jahrhunderten nach Mohammed lebten. In religiöser Hinsicht bedeutet der Salafismus die Ablehnung von Reformen und die Säuberung des Islam von fremden Elementen – und das, obwohl er selbst eine Reformbewegung war, verfocht er doch eine Neuinterpretation der Ursprünge einer Religion, die ebenso wie diejenigen anderer Glaubensrichtungen (und

44

wahrscheinlich noch mehr als bei diesen) im Dunkeln lagen. Mit welchem Recht konnten diese modernen Verfechter eines reinen Islam behaupten, sie seien kenntnisreichere, vertrauenswürdigere Interpreten der heiligen Texte als diejenigen vergangener Zeiten? Der Salafismus hat dem Subjektivismus Tür und Tor geöffnet, denn in der Praxis wirkte er sich so aus, dass jeder sein eigener Schriftgelehrter war oder dies zumindest sein konnte – abgesehen natürlich davon, dass die Salafis glauben, ein Monopol auf die Wahrheit zu besitzen.

In der einen oder anderen Form hat es den islamischen Fundamentalismus immer gegeben, genauso wie es im Christen- und im Judentum stets vergleichbare Bestrebungen gab. Was aber war dann neu am neuen Terrorismus? Gepredigt wurde die strikte Einhaltung des Korans, der Glauben an Allah als den einzigen Gott, der allein Gehorsam und wahre Anbetung verdiene, und die Einzigartigkeit des Propheten Mohammed – Glaubenssätze, die jedem Muslim vertraut sind. Das wirklich Neue war vielmehr die Überzeugung der Salafis, dass sie den Islam als solchen und nicht nur eine Lehrmeinung unter vielen verträten, dass Staat und Gesellschaft anstelle des säkularen Rechts auf den religiösen Gesetzen, das heißt der Scharia beruhen müssten und dass dieses Ziel höchstwahrscheinlich nur mit Gewalt erreicht werden könne. Neu war außerdem die starke Betonung des Dschihad als heiliger Krieg, auch wenn nicht immer genau erklärt wurde, was damit gemeint war. Viele Fundamentalisten hielten es darüber hinaus für notwendig, das mit dem Zusammenbruch des Osmanischen Reichs nach dem Ersten Weltkrieg verschwundene Kalifat, die Einheit von politischer und religiöser Herrschaft also, wieder zu errichten. Über diesen Punkt gab es jedoch Meinungsverschiedenheiten. Die ägyptische Muslimbruderschaft beispielsweise, die diese Forderung anfangs favorisiert hatte, ließ sie später fallen. Solche grundlegenden Glaubenssätze kollidierten mit der bestehenden Ordnung in der muslimischen Welt und auch mit dem Nationalismus und den Nationalstaaten, die sich mit der Zeit entwickelt hatten.[1]

Die Wurzeln des Fundamentalismus sind von Religion zu Religion und von Land zu Land verschieden. In Ägypten und anderen Ländern des Nahen Ostens war die allgemeine Unzufriedenheit mit den herrschenden Zuständen und den Unzulänglichkeiten von Politik und Gesellschaft ebenso entscheidend wie die Furcht vor dem und der Widerstand gegen den ideologischen und materiellen Einfluss des Westens. Die Muslimbruderschaft, Hauptverfechter des Fundamentalismus, hat sich im Lauf der Jahre über viele Länder verbreitet und ist nie ein monolithischer Block gewesen. Mit der Zeit änderte sie ihre Taktik, ja sogar einige Aspekte ihrer Lehre, und war auf vielen Gebieten aktiv: in Bildung, Politik und Sozialwesen, und eben auch »militärisch«, was hier terroristisch meint. In dieser Hinsicht unterschied sie sich nicht von Bewegungen in anderen Weltgegenden – die IRA gehört zu Sinn Féin, einer politischen Partei; die ETA steht in enger Beziehung zu Herri Batasuna, ihrem politischen Arm; die Zionisten-Revisionisten haben Irgun als terroristischen Zweig, und in jüngerer Vergangenheit hat die Hamas nicht nur Selbstmordanschläge verübt, sondern auch Krankenhäuser und Schulen unterhalten.

Im Folgenden werden insbesondere die terroristischen Aktivitäten der Muslimbruderschaft beleuchtet. Sie müssen jedoch in einem größeren politischen Kontext gesehen werden; auch IRA und Irgun sind nicht immer der politischen Führung gefolgt, sondern agierten häufig ganz unabhängig, ja wandten sich manchmal sogar gegen diese. Beim bewaffneten Arm der Muslimbruderschaft war dies nicht anders. Gegründet wurde sie 1928 im ägyptischen Ismailia auf Anregung einiger strenggläubiger Muslime, die entsetzt waren über die Politik Mustafa Kemals (genannt Atatürk), des türkischen Präsidenten, der sein Land zum säkularen Staat machte. Für den Gründer der Muslimbruderschaft, Hassan al-Banna, bestand der Hauptzweck der neuen Organisation in religiöser Propaganda; er schuf sie, um zu missionieren, und zwar nicht nur durch religiöse Erziehung und den Bau von Moscheen, sondern auch mittels aller möglichen sozialen Aktivitäten (einschließlich Sportvereine und Jugendklubs, darunter allein 99 Fußballmannschaften und 16 Boxteams), ja sogar mit Hilfe von Wirtschaftsunternehmen, wie Baufirmen und kleinen Banken – all dies im Geist des Islam. Die Geschichte der Muslimbruderschaft ist in zahlreichen arabischen und auch einigen englischsprachigen Studien dargestellt worden.[2]

Zehn Jahre nach ihrer Gründung verfügte sie in Ägypten über viele lokale Ableger, hatte bereits begonnen, Kontakte zum Ausland zu knüpfen und sich überdies stärker politisiert und radikalisiert. Schließlich verkündete al-Banna, der Islam sei sowohl eine Religion als auch ein Staat – der Koran und das Schwert seien untrennbar.

Ungefähr zu dieser Zeit wurde die »Spezialeinheit«, auch Geheimapparat genannt, geschaffen, der bewaffnete Arm der Bruderschaft, dessen Aufgabe es war, Waffen zu kaufen (oder zu stehlen), in den Reihen der Armee und Polizei neue Mitglieder zu werben, Feinde der Bruderschaft zu ermorden und schließlich einen Staatsstreich auszuführen.[3] In der Anfangszeit gab es im Geheimapparat eigens einen Mufti, der über die religiöse Zulässigkeit von Mordanschlägen befand, und am Vorabend einer solchen Aktion fand in Abwesenheit des Angeklagten ein ritueller Prozess gegen das Opfer statt.[4]

Während des Zweiten Weltkriegs versuchten die Briten, die Bruderschaft zu überzeugen und auch zu bestechen, sie bei ihren Kriegsanstrengungen zu unterstützen – ohne großen Erfolg, denn die Sympathie der Bewegung galt den Achsenmächten. Versuche, Kontakt mit Rommels vorrückenden Truppen aufzunehmen, blieben indes ohne Folgen. Der Geheimapparat unternahm Anschläge auf in Ägypten lebende Juden und versuchte erfolglos, das jüdische Viertel von Kairo niederzubrennen. Den ersten Höhepunkt erreichten die Aktivitäten der Bewegung in den Jahren zwischen dem Ende des Zweiten Weltkriegs und der Revolution, die 1952 zum Sturz König Faruks führte. Im Kampf gegen die Briten stand die Bruderschaft an vorderster Front, sie schickte Tausende von Freiwilligen nach Palästina, um im Krieg gegen die Juden zu kämpfen, vor allem aber führte sie eine Terrorkampagne gegen ihre Feinde im Inland durch. Unter ihren Opfern waren neben einheimischen und ausländischen Journalisten auch zwei ägyptische Ministerpräsidenten, Achmed Maher, der 1945, und Mahmud Fahmi an-Noqrashi, der 1948 ermordet wurde. Als Vergeltung wurde im Jahr darauf Hassan al-Banna in Kairo auf offener Straße von der Polizei erschossen. Er war ein grundsätzlicher und unerschütterlicher Gegner des Westens gewesen, den er 1946 in einem offenen Brief an die Führungen der muslimischen Staaten nicht nur als ungerecht und tyrannisch, sondern auch als schwach und dekadent bezeichnet hatte. Ein starker Vorstoß der Armee der Gläubigen, so meinte er, und die ganze Welt würde unter dem Banner des Islam Ruhe und Frieden finden.[5]

Es gibt Anhaltspunkte dafür, dass al-Banna in den letzten Jahren seines Lebens die Aktivitäten des Geheimapparats, der unter seinem Führer al-Sanadi weitgehend unabhängig geworden war, missbilligt hat. Er wollte die Brücken sowohl zu den großen Parteien wie dem Wafd als auch zur Regierung nicht völlig abbrechen. Sein Nachfolger, der Richter Hassan Hodaibi, war sogar noch gemäßigter. Das hatte zur Folge, dass eine Phase der ideologischen und taktischen Verwirrung einsetzte, in der verschiedene Fraktionen miteinander im Richtungsstreit lagen. Einerseits unterstützte die Bruderschaft das Komitee der freien Offiziere, das sich 1952 unter Nagib und Nasser an die Macht geputscht hatte, andererseits ging sie auf Distanz zur neuen Führung, einerseits trat sie als erbitterter Gegner der gottlosen Kommunisten auf, andererseits machte sie mit ihnen gemeinsame Sache. Schließlich wurden, nachdem ein Muslimbruder während einer Rede in Minia ein Attentat auf Präsident Gamal Abd el-Nasser verübt hatte, 4000 Mitglieder der Bruderschaft verhaftet; Tausende flohen aus Ägypten, einige wurden hingerichtet. Danach war die Bewegung praktisch vernichtet, und für die nächsten fünfzehn Jahre war sie in Ägypten so gut wie nicht mehr vorhanden. 1964 gewährte Nasser allen Mitgliedern eine Generalamnestie. Dennoch drängte es die Muslimbruderschaft nicht, mit ihm zu kooperieren. Vielmehr nahm sie umgehend ihre auf den Sturz der Regierung zielenden Aktivitäten wieder auf. Die Ideologie lieferte Sayyid Qutb, dessen Gefängnisschriften in den folgenden Jahren zur Doktrin des militanten Flügels der Bruderschaft wurden.

Über den Theologen Qutb ist viel geschrieben worden; in unserem Zusammenhang gilt das Interesse allein dem Philosophen und Anstifter des Terrorismus.[6] Der 1906 bei Assiut in Oberägypten, dem Kernland der radikalislamischen Gruppen, als Kind einer Mittelstandsfamilie geborene Qutb war zunächst Literaturkritiker, Lehrer und Schulinspektor. Erst relativ spät, nach einem USA-Aufenthalt zwischen 1948 und 1950, wandte er sich dem Fundamentalismus zu und trat in die Muslimbruderschaft ein, die zu diesem Zeitpunkt bekanntlich bereits seit gut zwei Jahrzehnten aktiv war. Binnen kurzem avancierte er zu einem ihrer Anführer – dem radikalsten und einflussreichsten, der zugleich höchst umstritten war. Seiner Lehre zufolge ist der Islam der einzig wahre Glaube, alle anderen Religionen und Zivilisationen, verkündete er, seien barbarisch, bösartig und tierisch, und der Kontakt mit ihnen sei strikt zu meiden. Für Muslime sei der Westen der Feind par excellence; dort fürchte man den Islam, dessen spiritueller Überlegenheit man sich bewusst sei. Frieden mit dem Westen könne es nicht geben – nicht um Territorien gehe es in diesem Kampf, sondern um die einzig gültige, die Welt beherrschende Wahrheit. Was über Qutbs Leben bekannt ist, deutet auf einen Fanatiker, der sich der Sache, die er für richtig hielt, mit Haut und Haaren verschrieben hatte. Zugleich scheinen ihn tief greifende psychologische Probleme belastet zu haben. Eine formale theologische Ausbildung besaß er nicht, und in den ersten Jahren wurden seine Bücher von der Kairoer Universität al-Azhar, dem führenden religiösen Studienzentrum der islamischen Welt, als die eines Abweichlers, wenn nicht sogar Abtrünnigen geächtet.

Qutb hegte den Wunsch, als Märtyrer zu sterben, was er letzten Endes auch tat. Zusammen mit anderen militanten Muslimbrüdern verbrachte er unter Nasser viele Jahre in Gefängnissen und Konzentrationslagern, wo er, schenkt man seinen Anhängern Glauben, gefoltert wurde. Doch können die Bedingungen nicht allzu hart gewesen sein, denn immerhin war es ihm möglich, während der Haft zwanzig Bücher zu schreiben. Das wichtigste von ihnen ist, neben einer dreißig Bände umfassenden Koranauslegung (von denen fünfzehn in der Haft verfasst worden sind), eine Schrift mit dem Titel *Ma'alim fi al-tariq* (Wegzeichen), in der Qutb nicht weniger verlangte als die Exkommunikation *(takfir)* aller Muslime, die nicht mit seiner Version des Islam übereinstimmten. Die existierenden islamischen Staaten, so schrieb er, seien allesamt nicht wahrhaft islamisch und ihre Herrscher keine wahren Muslime, sondern Ungläubige, gegen die ein erbarmungsloser Vernichtungskrieg geführt werden müsse. Nicht nur für die damals Herrschenden, sondern auch die Gesellschaft insgesamt kam dies einer

Kriegserklärung gleich – eine Art von Radikalität, die auch die meisten älteren Mitglieder der Muslimbruderschaft, einschließlich derjenigen, die im Gefängnis saßen, ablehnten. Auf jüngere Radikale aber wirkte Qutbs Lehre überaus anziehend.

Mit der erwähnten Generalamnestie versuchte Nasser 1964 die Muslimbruderschaft zu beschwichtigen und in seine Arabische Sozialistische Union, die einzige Partei des Landes, mit einzubeziehen. Doch sein Kalkül ging nicht auf. Nach mehreren versuchten Attentaten auf den Präsidenten wurde die Führung der Bruderschaft erneut inhaftiert, und einige Rädelsführer fanden den Tod durch den Strang, darunter auch Qutb. Er wurde zum Helden der Extremisten; gerade seine Aufrufe zur Gewalt sprachen sie an.[7]

Nach seinem Tod wurden seine Schriften überall in der islamischen Welt in Hunderttausenden, wenn nicht Millionen Exemplaren gedruckt, und während einige geistige Führer seine Ansichten weiterhin ablehnten, wurden sie von anderen ganz oder teilweise übernommen. Im Kanon der Bruderschaft figuriert Qutb heute als einer der Führer und Vordenker, dessen Bedeutung nur noch von ihrem Gründer Hassan al-Banna übertroffen wird. Da al-Banna aber wesentlich weniger geschrieben hat als Qutb, kann man Letzteren getrost als denjenigen Denker der Bruderschaft bezeichnen, der auf die muslimischen Terroristen in der arabischen Welt ganz sicher den größten Einfluss genommen hat. Manche Beobachter haben zwar zu Recht angemerkt, dass viele von ihnen, die Anführer inbegriffen, nie ein Wort von Qutb gelesen haben, doch hat sich seine Botschaft vom heiligen Krieg, von allen theologischen Feinheiten befreit, auch bis zu jenen herumgesprochen, die seinen Namen noch niemals gehört haben. Die gemäßigten Reformer unter den muslimischen Religionsgelehrten waren in ihrer Wirkung – weder einzeln noch in ihrer Gesamtheit – nicht annähernd mit ihm vergleichbar.

Durch Nassers Niederlage im Krieg gegen Israel 1967 und seinen Tod drei Jahre später gewann die Muslimbruderschaft neue Freiräume, und Anwar as-Sadat, der dem »Rais«, wie Nasser genannt worden war, im Amt folgte, erließ eine weitere Generalamnestie. Er glaubte ihre Hilfe zu brauchen, um das Land von Nasseranhängern und Kommunisten zu säubern. Daher erhielten die muslimischen Radikalen eine Zeitlang freie Hand, ihre Feinde, die zufällig auch die Rivalen des neuen Regimes waren, aus einflussreichen Positionen im Bildungssektor sowie im kulturellen und sonstigen öffentlichen Leben zu entfernen. Doch war dies von Sadats Seite eine fatale Fehlkalkulation, die schließlich 1981 zu seiner Ermordung führte. Denn die Radikalen betrachteten die Säuberung der säkularen Gesellschaft nur als die erste Phase ihres Kampfs um die Macht, der nach ihren Vorstellungen in einen Staatsstreich münden sollte. In ihren Augen war Sadat, obwohl praktizierender Muslim, um keinen Deut besser als Nasser.

Qutbs Lehren inspirierten auch weiterhin eine ganze Reihe von Untergrundorganisationen. An der Spitze einer dieser Gruppen stand Mustafa Schukri, der in der Umgebung von Assiut die erste ägyptische Guerillabande ins Leben rief, die sich selbst als *Jama'at al Muslimin* (Gemeinschaft der Muslime) bezeichnete, von außen aber stets *Takfir wa-l hijra* (Exkommunikation und Auszug) genannt wurde.[8] Bei der Gruppe, die zwischen 1971 und 1977 aktiv war, handelte es sich um eine typische Sekte, die sich praktisch eine eigene Religion erschuf – so ultraorthodox, dass sie schon wieder antiislamisch war. Die Lehren sämtlicher *Ulema* (Schriftgelehrter) aus Vergangenheit und Gegenwart lehnte sie ab, weil diese von den jeweiligen Regierungen korrumpiert worden und daher nicht vertrauenswürdig seien. Wie Pol Pot kam auch Schukri zu dem Schluss, dass die Gesellschaft derart verdorben sei, dass sie nicht reformiert werden konnte, sondern zerstört werden musste. Da die *Jama'at al Muslimin* aber im Gegensatz zu den Roten Khmer hierfür zu schwach war, entschloss sie sich zunächst, den sündigen Städten den Rücken zu kehren und ihr Heil in den Höhlen entlegener Berggegenden zu suchen. Doch bald war den Einsiedlern das primitive Leben zu hart und sie kehrten zurück in die Städte, wo sich ihnen bald neue Mitglieder anschlossen.

Als Nächstes kam es zu Spaltungen in den eigenen Reihen, während zugleich andere, rivalisierende islamische Extremistengruppen versuchten, der *Jama'at al Muslimin* Anhänger abzuwerben. Da ein Austritt aus der Gemeinschaft als Verrat galt, als Abkehr vom Islam, reagierte Schukri mit Gewalt.[9] Außerdem be-

51

schloss er, die Finanzen der Gruppe auf eine solidere Basis zu stellen, indem er bekannte Persönlichkeiten entführte und Lösegeld verlangte. Das prominenteste Opfer war Mohammed al-Dhahabi, ein ehemaliger *Waqf*-Minister (zuständig für islamische Liegenschaften), der von seinen Entführern ermordet wurde, nachdem die Behörden sich geweigert hatten, die geforderten 200 000 ägyptischen Pfund zu zahlen. Einige Tage später wurden die meisten aktiven Mitglieder der Gruppe, die seit geraumer Zeit von der Polizei überwacht worden war, verhaftet. In der anschließenden Gerichtsverhandlung kamen erstaunliche Tatsachen ans Licht: Schukri etwa kannte aus dem Koran nicht einen einzigen Vers – und hätte ihn wohl ohnehin nicht verstanden. Er selbst und einige seiner Mitverschwörer wurden zum Tod verurteilt und 1977 hingerichtet. Für das religiöse Establishment waren Schukri und seine Bande Randfiguren gewesen, die außerhalb des Lagers der gläubigen Muslime standen. Zugleich gab man jedoch der Regierung die Schuld an der Entstehung der *Takfir wa-l hijra*, da jene, so wurde argumentiert, nicht in religiösen, sondern in säkularen Traditionen verwurzelt gewesen sei.

Mit der Aushebung der Gruppe war ihre Geschichte aber noch nicht zu Ende. 1985 tauchte sie unter dem neuen Namen *al-Wawaquf wa-l tabajun* wieder auf und verübte Attentate auf zwei Innenminister sowie den Chefredakteur von *Al-Mussawar*, der führenden Wochenzeitung Ägyptens. Die Terroristen wurden bald gefasst, und vor Gericht erklärte einer von ihnen, er glaube fest daran, dass sie die Einzigen seien, die vor der Hölle gerettet würden. Später, 1990, gab es in El-Fajum eine lokale terroristische Bande, die sich ebenfalls in der Nachfolge von *Takfir* sah. Ihr Anführer war ein militanter Ortsansässiger namens Schawqi el-Scheikh. Inwieweit diese Gruppe von religiösen oder aber kriminellen Motiven angetrieben wurde, lässt sich nicht mit Sicherheit sagen. Ihre Aktivitäten finanzierte sie jedenfalls, indem sie Schutzgeld von den Bauern der Gegend erpresste. Als diese sich deshalb beschwerten und die Polizei einschritt, kam es zu einer Schießerei, bei der neunzehn Menschen starben. Ein anderes Mal wäre es Schawqi beinahe gelungen, in einem Dorf namens Khak eine »befreite Zone« nach maoistischem Vorbild zu schaffen.

Interessant war die soziale Zusammensetzung der Bande: Die Anführer waren ausschließlich wohlhabende örtliche Würdenträger, während das Fußvolk aus Armen bestand: aus Bauern, Saisonarbeitern und Fischern. Wegen der weit verbreiteten Ressentiments gegen die Regierung besaß die Gruppe einen gewissen Rückhalt in der Bevölkerung, doch blieb sie immer auf das Gebiet beschränkt, in dem sie entstanden war.[10]

In den siebziger Jahren gab es in Ägypten noch weitere terroristische Gruppen. Einige hatten sich mehr oder weniger spontan formiert und waren relativ kurzlebig, diejenige von Salah Sarija etwa, einem Palästinenser, der erst wenige Jahre zuvor von Jordanien nach Ägypten übergesiedelt war. Im Umkreis der Muslimbruderschaft rekrutierte er eine Gruppe Studenten der Militärakademie von Heliopolis, mit der er im April 1974 einen überaus dilettantischen Versuch unternahm, die Akademie zu besetzen und Sadat zu ermorden. Die Wachmannschaft überwältigte die Angreifer; zwei von ihnen richtete man später hin, die andern erhielten hohe Haftstrafen. Sehr viel ernster zu nehmen waren zwei andere, langlebigere Gruppen, die unter den Namen *al-Dschihad* und *Gama'a al-Islamija* (Islamische Gruppe) in die Geschichte des ägyptischen Terrorismus eingingen.[11] Auch sie bezogen sich ideologisch auf Sayyid Qutb und setzten sich aus Studenten und Mitgliedern von Jugendorganisationen der Muslimbruderschaft zusammen.

Nach Qutbs Tod war ein lebender Guru vonnöten. Einen solchen fand man in Omar Abd ar-Rahman, einem blinden Scheich, dem der Ruf vorauseilte, extrem fundamentalistisch und regierungskritisch zu sein und die Anwendung von Gewalt zu befürworten. Manchen Quellen zufolge wurde er 1980 zum Mufti der Terrorgruppen, andere nennen das Jahr 1981; sicher ist, dass er jahrelang eine zentrale Rolle im ägyptischen Terrorismus spielte.[12] Aufgrund seiner Behinderung konnte er nicht zum offiziellen Anführer oder Kommandeur werden – unter seinen Anhängern wurde eine lange theologische Debatte über diese Frage geführt –, aber er war mit Gewissheit derjenige, der die Fäden zog. Er erließ die Fatwahs, die die Terroristen brauchten, sei es, um Raubüberfälle auf örtliche Goldschmiede (für gewöhnlich Christen) und deren Ermordung zu rechtfertigen, sei es, um einen Krieg gegen Amerika anzuzetteln, in dem er die Quelle allen Übels und den Hauptfeind des Islam sah, der für die missliche Lage der muslimischen Welt verantwortlich war. Jede Verschwörung gegen den Islam, jedes Komplott gehe auf Amerika zurück, so Scheich ar-Rahman; Aufgabe der Radikalen sei es, Amerika mit Terror zu schlagen und sich nicht vor dem Etikett des »Terrorismus« zu fürchten. Darum gehe es im Dschihad, dem Dschihad mit dem Schwert, mit Kanonen, Granaten und Raketen, dem Dschihad gegen die Feinde Gottes.[13]

Als Ende 1990 die meisten Mitglieder der mit ihm verbundenen Gruppen verhaftet wurden, floh ar-Rahman in die USA – oder es wurde ihm erlaubt, dorthin zu fliehen. Warum Washington einem Mann, der derart tief in terroristische Aktivitäten verwickelt war, Asyl gewährte, ist nicht ganz klar. Vielleicht hielt man ihn für harmlos. Die ägyptische Regierung behauptete später, sie habe seine Ausweisung verlangt, doch hat die US-Regierung augenscheinlich nicht darauf reagiert. Sie scheint ar-Rahman erst 1993 Beachtung geschenkt zu haben, als er im Zusammenhang mit dem ersten Bombenanschlag auf das World Trade Center und wegen anderer terroristischer Aktivitäten festgenommen wurde. Möglicherweise hielt man ihn in Freiheit für weniger gefährlich, weil es so leichter sein würde, die Umtriebe radikaler Muslime in den Vereinigten Staaten zu überwachen. Wenn dies so war, dann hatte man sich, wie sich später herausstellte, offenkundig verschätzt.

Scheich ar-Rahman, der vor allem mit al-Dschihad in Verbindung gebracht wurde, war nicht die einzige Inspirationsquelle der Terroristen. Eine wichtige Rolle spielte auch ein Elektrotechniker namens Mohammed Abd al-Salam Faraj, der Autor eines Pamphlets mit dem Titel *Al-farida al-gha'ibah* (Das vernachlässigte Gebot), das für die Gruppe, die Anwar as-Sadat ermordete, zur Bibel wurde. Farajs vernachlässigtes Gebot war der Dschihad, der bewaffnete Angriff auf die heimischen Tyrannen (den »Pharao«). Alles andere betrachtete er als unwichtig, den Bau von Moscheen ebenso wie religiöse Bildung und andere Religionspflichten. Sogar den Krieg gegen die Juden und Israel ordnete er der höchsten Pflicht unter, »die Gottesherrschaft zuerst in unserem Land zu errichten«.[14]

Der Text, der im Lauf der Zeit zahllose Neuauflagen erlebt hat, erlangte unter radikalen Muslimen Kultstatus.[15] Er ist eine vehemente Anklage gegen alle, die den Dschihad aus dem einen oder anderen Grund auf andere, liberalere Weise interpretieren oder aufschieben wollen. Besonders erbost war Faraj über diejenigen, die sich weigerten zu kämpfen, weil unter den Feinden auch Muslime waren. Hatte Mohammed nicht gesagt, der Mörder und der Ermordete würden im Feuer der Hölle enden? Woher also die Skrupel, Muslime zu töten? Das intellektuelle Niveau des Pamphlets ist ausgesprochen niedrig, und es mit den Schriften mittelalterlicher islamischer Juristen und Philosophen aus Bagdad oder Andalusien zu vergleichen, wäre schlicht lachhaft. Es besteht aus einer Aneinanderreihung von Koranversen und dem, was ausgewählte Interpreten dazu gesagt haben. Doch wurde es auch nicht für Intellektuelle geschrieben, sondern für halb gebildete junge Kämpfer, die nach Gewalttaten gierten.

Sadats Friedensschluss mit Israel war der Muslimbruderschaft und ähnlichen Gruppen alles andere als willkommen. Gleichwohl war dies sicherlich nicht der einzige Grund für seine Ermordung – die Islamisten hatten immerhin auch versucht, Nasser zu töten, obwohl er nicht bereit war, mit den Juden Frieden zu schließen. Zudem waren die ersten Versuche, Sadat aus dem Weg zu räumen, schon Jahre vor dem Abschluss des Friedensvertrags mit Israel unternommen worden.

Die genauen Umstände der Ermordung des ägyptischen Präsidenten während einer Militärparade am 6. Oktober 1981 sind im Prozess gegen die Attentäter an den Tag gekommen. Offenbar ging der Anschlag auf den mehr oder weniger impulsiven Entschluss eines Armeeleutnants namens Khaled al-Istambuli zurück, der aus der Gegend von Minia stammte und seinen Entschluss fasste, nachdem sein Bruder im Zuge einer der regelmäßigen Massenverhaftungen örtlicher Radikaler verhaftet worden war. Der Plan, der nicht nur die Ermordung des Präsidenten, sondern eine regelrechte Revolution vorsah, wurde der Kairoer Führung von *Gama'a al-Islamija* vorgelegt. Die Tat selbst war dann eine Gemeinschaftsaktion von *Gama'a* und *al-Dschihad*, zu deren Führern der junge

Ayman Mohammed al-Zawahiri gehörte, der spätere Stellvertreter Osama bin Ladens. Während der erste Teil des Plans relativ leicht umzusetzen war – drei Mann einer Panzerbesatzung würden von ihrem Fahrzeug springen und das Feuer auf Sadat eröffnen –, gehörte der zweite Teil, die Entfesselung eines Aufstands, ins Reich der Phantasie, und einige der reiferen und erfahreneren Verschwörer hatten von Anfang an kein gutes Gefühl dabei. Nach dem ersten von mehreren Prozessen wurden al-Istambuli und vier andere Mittäter hingerichtet. Sadats Stellvertreter Hosni Mubarak trat dessen Nachfolge an – und das einzige greifbare politische Resultat des Attentats war eine Spaltung in den Reihen der radikalen Islamisten. Die Muslimbruderschaft distanzierte sich von dem Mordanschlag, einige führende Mitglieder von *Gama'a*, die der Verhaftung entgangen waren, verließen die Gruppe, und Jahre sollten vergehen, bis die Gewaltverfechter in Ägypten wieder in der Lage waren, sich zu reorganisieren.[16] So brachte die Ermordung Sadats anstelle der erhofften Revolution nur das Ende eines Kapitels in der Geschichte des muslimischen Terrorismus im Land.

Noch einige Fragen sind offen, die hier zu behandeln sind, unter anderem die nach der Geographie des Terrorismus in Ägypten. Die weitgehende, von Anfang an bestehende Konzentration des Terrors auf die Provinzen Minia und Assiut im Süden kann ohne große Schwierigkeiten erklärt werden. Diese Gegenden sind relativ dicht besiedelt – die Hauptstädte Minia und Assiut haben 400 000 beziehungsweise fast 500 000 Einwohner –, werden aber von den Zentralbehörden vernachlässigt, die sich im fernen Kairo befinden. Umgekehrt hat dies jedoch auch zur Folge, dass beide Landesteile traditionell kaum von der Regierung zu kontrollieren sind. In den Hauptstädten gibt es jeweils eine Universität von beachtlicher Größe, vor allem aber sind große koptische Gemeinden dort ansässig. Die Anzahl der Kopten in Ägypten beläuft sich auf mindestens sechs Millionen – eine genaue Zahl ist lange nicht mehr veröffentlicht worden, da sie als Staatsgeheimnis behandelt wird.[17] Die Kopten werden sowohl von den islamischen Radikalen als auch von der Muslimbruderschaft als Bürger zweiter Klasse betrachtet; der gegenwärtige Chefberater der Bruderschaft hat sogar verlangt, sie sollten für den muslimischen Schutz vor Angriffen eine Sondersteuer entrichten.[18]

Hätte es noch nennenswerte Kolonien von Europäern oder Juden in Ägypten gegeben, dann hätte die Muslimbruderschaft zweifellos diese als unmittelbares Hauptangriffsziel ausgewählt, doch da man sie bereits unter Nasser aus dem Land getrieben hatte, galt es einen anderen Feind zu finden, und das waren die im Süden lebenden (christlichen) Kopten. Einzelne wurden umgebracht, ihre Kirchen und Institutionen überfallen und manchmal auch niedergebrannt, ihre Geschäfte geplündert. Abgesehen von der religiösen Feindschaft gab es Spannungen zwischen Dorfbewohnern und Ressentiments gegenüber besser gestellten Kopten. Nach Ansicht der Islamisten verhielten sich jene, als stünden sie mit den Muslimen auf einer Stufe. Kein Kopte, verlangten diese, dürfe eine führende Position im Staatsapparat oder bei den Sicherheitskräften erreichen. Zudem beschuldigte man sie, Waffen zu kaufen – was zutraf, aber vor allem der Selbstverteidigung diente. Auf jeden Fall wurden die Übergriffe auf Kopten, wenn nicht zum einzigen Zeitvertreib, so doch zu einer der Hauptbeschäftigungen der Muslimbruderschaft und insbesondere der radikalen Gruppen vor Ort, was aus unterschiedlichen Gründen sowohl die Regierung als auch die radikalislamische Führung in Kairo in arge Verlegenheit brachte. Letztere stand den »Kreuzrittern« ebenso ablehnend gegenüber wie ihre Geistesbrüder im Süden, sah in den Anschlägen auf geborene Ägypter aber eine Energieverschwendung, die nur von dem Hauptziel ablenkte: dem Kampf gegen die islamischen Ungläubigen in der Heimat und natürlich gegen Amerika. Bis heute sind Minia und Assiut Hochburgen der *Gama'a al-Islamija* geblieben.

Von Zeit zu Zeit haben die Behörden eine Kampagne gestartet, um die Situation in den südlichen Landesteilen unter Kontrolle zu bringen – nach dem Massaker von Luxor etwa, das im November 1997 stattfand. Aber die sporadischen Anschläge auf Kopten und Polizeipatrouillen gingen unvermindert weiter. Es gab Tausende von Verhaftungen, doch in einem durchschnittlichen Jahr wurden allein in den genannten beiden Provinzen zwischen hundert und zweihundert Menschen getötet.[19] Der Regierung gelang es niemals endgültig, den Terrorismus auszumerzen.

Nach der Ermordung Sadats und der gescheiterten Revolution von 1981 haben sich einzelne Radikale weiterhin bemüht, die Streitkräfte zu unterwandern, um unter jungen Offizieren Proselyten zu machen und über sie an Waffen heranzukommen. Doch waren die Behörden nun doppelt wachsam; einige der Unterwanderungsversuche schlugen fehl, da Informanten sie meldeten, andere scheiterten an der Unerfahrenheit der Verschwörer.[20] Eines der erfolgreicheren Unternehmen war die Flucht von Esam al-Qamari, einem ehemaligen Armeeoffizier, und zwei seiner Kameraden aus dem Gefängnis von Tura. Allerdings wurde er kurze Zeit später von der Polizei aufgespürt und kam in dem anschließenden Feuergefecht ums Leben. Als Nächstes provozierten die Terroristen im Kairoer Viertel al-Shams, einer ihrer Hochburgen, Zusammenstöße mit den Sicherheitskräften – Aktionen, die indes wiederum zu Massenverhaftungen und zu vier Hinrichtungen führten. Als Vergeltung versuchten die Radikalen, den damaligen Innen- und Informationsminister Sawfat al-Scharif zu ermorden, doch ihr Opfer wurde ein kleines Mädchen, während der Politiker dem Anschlag entging. Erfolgreicher verlief hingegen das Attentat auf Rauf Khairat, einen General des Staatssicherheitsdiensts.[21] Zeitweise wurden sogar mehrere Kairoer Stadtviertel zu »befreiten Zonen« erklärt. Aber die nächste Aktion, die ehrgeizigste überhaupt, scheiterte erneut – ein Mordanschlag auf Präsident Mubarak während einer Konferenz in Addis Abeba im Juni 1995. Weitere Operationen waren Anschläge auf die US-Botschaft in Islamabad und auf eine israelische Touristengruppe in Ägypten.

1991 war die *Gama'a* wieder völlig in den Untergrund abgetaucht und hatte der Regierung den offenen Krieg erklärt; mehr als tausend Menschen verloren in den neunziger Jahren durch ihre Attentate das Leben. Dennoch hatte man innerhalb der Organisation das Gefühl, nicht genug zu erreichen. Mehr als 20 000 Mitglieder und Sympathisanten waren verhaftet worden, verschiedene kleine Gruppen, die sich noch auf freiem Fuß befanden, operierten weitgehend unkoordiniert, und die inhaftierten Anführer schienen die Kontrolle über die Militanten außerhalb der Gefängnismauern verloren zu haben. 1997, als die Inhaftierten bereits über einen Waffenstillstand mit der Regierung nachdachten, verübte eine kleine

Gruppe von Terroristen das erwähnte Massaker an über fünfzig westlichen Touristen in Luxor, das in Ägypten selbst und noch mehr im Ausland Empörung hervorrief.

Zu diesem Zeitpunkt hatten sich die führenden Mitglieder von *al-Dschihad* bereits nach Afghanistan abgesetzt. Nach Aussage von al-Zawahiri, der bin Laden dorthin folgte, sei der Gruppe die Chance, ihre Aktivitäten nach Afghanistan zu verlegen, wie gerufen gekommen, denn in Ägypten habe sie stets unter strenger Beobachtung durch die Staatssicherheit gestanden. Er zitierte al-Banschiri, einen früheren Militärkommandeur von *al-Dschihad*, mit den Worten, jener habe sich, nach Afghanistan kommend, gefühlt, als seien seiner Lebensspanne hundert Jahre hinzugefügt worden.[22]

Von Afghanistan aus war es nicht nur möglich, in Ruhe neue Operationen zu planen, hier standen auch etliche Freiwillige bereit, die erpicht darauf waren, sie auszuführen. Zudem konnte man mit unbegrenztem Nachschub an Waffen und finanzieller Unterstützung von Seiten bin Ladens und anderer rechnen. Doch waren die Anführer von *al-Dschihad* nicht die Einzigen, die nach Afghanistan gingen, auch den Chef der neu belebten Spezialeinheit der Muslimbruderschaft, Kamal al-Sananiri, zog es dorthin. Bei einem Besuch in Kroatien nahm man ihn später fest und lieferte ihn an Ägypten aus, wo er im Gefängnis starb (oder getötet wurde).

Die Terroristenszene war, um es kurz zu sagen, mehr als nur ein bisschen in Verwirrung geraten: Zu viele Gruppen und Grüppchen operierten unkoordiniert nebeneinander her. Bin Laden versuchte sich mehrmals als Mittelsmann, um sie erneut zu einen, allerdings ohne großen Erfolg. Andererseits war es genau diese Situation, die es der ägyptischen Regierung ironischerweise erschwerte, die Terroristen im Auge zu behalten. Al-Zawahiri und diejenigen seiner Mitstreiter, die mit ihm nach Afghanistan gegangen waren, schlossen sich dem al-Qaida-Netzwerk an – hierüber wird noch zu reden sein – und verloren so den Kontakt zu den Militanten im Innern Ägyptens. Für die Haltung der inhaftierten Anführer, die sich mittlerweile für einen Waffenstillstand aussprachen, hatten sie nur Verachtung übrig. Treibende Kraft hinter der Initiative der Gefangenen waren der aus Assuan stammende Khalid Ibrahim sowie Muntasser al-Zayat, Anwalt verschiedener islamistischer Gruppen und, wenn

schon kein Mitglied, so doch aktiver Sympathisant. Al-Zayat, der
später ein Buch über seine Bemühungen schrieb, die extremistischen Gruppen zu einen, wandte sich auch an den in den USA inzwischen im Gefängnis sitzenden Omar Abd ar-Rahman, der bei
den ägyptischen Terroristen immer noch große Autorität besaß.[23]
Auch jener befürwortete, soweit es Terroraktionen in Ägypten betraf, einen Waffenstillstand. Doch einige seiner Mitbrüder im Exil,
insbesondere die in Afghanistan, blieben unnachgiebig. Nach al-
Zayats Ansicht war Gewalt unter Umständen gerechtfertigt, verlor
aber jede Rechtfertigung, wenn sie nicht mehr einem Vernunft-
schluss entsprang, sondern – wie im Fall des Anschlags von Luxor
– zu einer willkürlichen Strategie wurde, die sich gegen unschuldige Menschen richtete.

Al-Zawahiri erwiderte darauf mit einem scharfen Angriff auf die
Führung der Muslimbruderschaft in Ägypten, die, wie er behauptete, zahm und reformistisch geworden und nicht einmal bereit sei,
die hingerichteten oder im Gefängnis umgekommenen Kameraden
zu rächen.[24] Damit schadete er jedoch nur seinem Ansehen in der
Heimat – wer war er denn, dass er, der in relativer Sicherheit im
Ausland lebte, jene belehren wollte, die in Ägypten in Haft saßen?
Wenn die Führung der Muslimbruderschaft inzwischen ihre Strategie geändert hatte, dann gab es dafür gute Gründe. Zwar gestatteten die Behörden ihr nicht, sich unter eigenem Namen an Wahlen
zu beteiligen, doch konnte sie sich der Labour Party anschließen,
an deren Spitze ein zum Fundamentalisten gewandelter ehemaliger
Kommunist stand. Vor allem aber erkannte die Bruderschaft, dass
es im Land ein politisches Vakuum gab, durch das sie, so sie es zu
füllen vermochte, in eine Position von entscheidender Bedeutung
gelangen konnte. Dabei hatte man die Gewerkschaften und die Ver-
bände der freien Berufe im Auge, wie etwa die der Ingenieure, Ärzte, Zahnärzte und Apotheker. In den späten achtziger und neunziger
Jahren übernahm die Muslimbruderschaft in allen diesen Organisationen die Führung; die letzte Bastion, die ihr in die Hände fiel, war
der Anwaltsverband, früher eine Hochburg der säkular Orientierten
und Liberalen. Des Weiteren verstärkte sie ihren Einfluss sowohl
auf die privaten Moscheen als auch auf al-Azhar in Kairo. Während
die Terroristen die Islamisierung von oben angestrebt hatten, ver-

folgte die Bruderschaft eine Politik der Islamisierung von unten, und dies mit größtem Erfolg.[25] Ein neuer Führertyp, der in vielerlei Hinsicht verwestlicht war und über beträchtliche finanzielle Mittel verfügte (die hauptsächlich aus Saudi-Arabien und den Golfstaaten kamen), hatte das Ruder nun übernommen, wobei es sich nun weniger um radikale Fundamentalisten alten Stils als vielmehr – hier sei ein Begriff aus der israelischen Gesellschaft verwandt – um »Modern-orthodoxe« handelte. Und doch vertraten auch sie die Forderung, die Scharia zum Staatsgesetz zu erheben.

All dies gehört nur indirekt zur Geschichte des ägyptischen Terrorismus, erklärt aber, weshalb sich der terroristische Trend dort zumindest zeitweise abschwächte. Es ist gut möglich, genau genommen sogar wahrscheinlich, dass die Führung der Bruderschaft eine Doppelstrategie im Auge hatte, indem sie einerseits die legalen Möglichkeiten ausschöpfen und sich andererseits die militärische (terroristische) Option offen halten wollte, so dass sie, falls die Behörden ihre relativ liberale Haltung ändern sollten, in der Lage wäre, ihren Kampf mit anderen Mitteln fortzusetzen. Der Regierung Mubarak war dies nicht entgangen – deshalb die neue Welle von Verhaftungen (hauptsächlich von Akademikern) und Prozessen in den Jahren 2001 und 2002.

Die terroristischen Aktivitäten der neunziger Jahre waren so unkoordiniert wie zuvor: *Gama'a* war, wie in früheren Jahren die Muslimbruderschaft, in allen möglichen Bereichen aktiv, vom Bildungswesen über halblegale Unternehmungen bis hin zu Terrorakten. Stärker als *al-Dschihad*, bezog sie indes ihre Stärke aus Südägypten mehr denn aus Kairo, wo sich ihr Einfluss auf einige Kleineleuteviertel beschränkte, wie Imbaba und Ain Schams, in denen sich in jüngster Zeit viele Zuwanderer aus Oberägypten niedergelassen hatten. Als *Gama'a* ihre Aktivitäten in der Hauptstadt auszudehnen versuchte, erhielt sie eine Warnung der Sicherheitskräfte, die unbeachtet blieb. Daraufhin wurden siebzehn ihrer Mitglieder auf offener Straße erschossen. Die restlichen Militanten flohen nach Afghanistan, Großbritannien und in andere Länder. *Gama'a* betrieb Sozialdienste wie eine Armenküche, Sommerlager für die Jugend und mehrere kulturelle Einrichtungen, während sie zugleich Terrorakte verübte: die Ermordung des Parlamentssprechers Rifaat Machgoub etwa, Mordversuche an mehreren Ministern, Morde an Polizisten und Intellektuellen wie Farag Foda, einem ihrer intellektuellen Hauptgegner, und auch den Anschlag auf Literaturnobelpreisträger Nagib Machfus im Oktober 1994. Eine neue, dritte in Assiut beheimatete Gruppe plante zudem Anschläge auf ausländische Touristen und Botschaften, doch wurden ihre Anführer frühzeitig verhaftet und zum Tod verurteilt. *Al-Dschihad* blieb weiter aktiv, bewegte sich aber zumeist innerhalb des Netzwerks von bin Ladens neuer Dachorganisation und ging ihren terroristischen Aktivitäten nun außerhalb Ägyptens nach.

Zwei Fragen sind noch offen, die für unseren Kontext von Bedeutung sind. Da ist zunächst die nach den Gründen für die Anziehungskraft terroristischer Organisationen in Ägypten. Während *Gama'a* viel Energie darauf verwandte, Rückhalt bei den Armen der Hauptstadt zu gewinnen, war *al-Dschihad* eine elitäre Organisation, die nicht nach Massenunterstützung strebte, sondern Studenten, Jungakademiker, vor allem aber Armee- und Polizeioffiziere anzuwerben versuchte. Nichtsdestoweniger stammten auch die Führer und Militanten von *Gama'a* überwiegend aus gebildeten Mittel- und Oberschichtfamilien. Einer Untersuchung der sozialen Herkunft von Terroristen zufolge bestand die ursprüngliche Gruppe von Sayyid Qutb zu zwei Dritteln aus jungen Leuten mit Universitätsbildung. Bei *Takfir* lag der Anteil sogar bei 85 Prozent. Von den 326 Mitgliedern von *al-Dschihad*, die 1981 vor Gericht gestellt wurden, besaß mindestens die Hälfte eine Hochschulausbildung, und zwar mehrheitlich in modernen Fächern, also nicht in islamischer Theologie, sondern in Naturwissenschaften oder als Ingenieure.[26] Einige der Anführer kamen aus prominenten Familien – al-Zawahiri war keineswegs das einzige Beispiel dafür.

Was sie antrieb, war gewiss kein Klasseninteresse und auch kein Mitleid mit den armen Bauern und Arbeitern, sondern die Unruhe und Ungeduld der Jugend, die mit der Regierung und der Qualität der Politik in ihrem Land unzufrieden war und einen schnellen Wandel herbeiführen wollte. Fünfzig Jahre früher hätte sie sich faschistischen oder kommunistischen Organisationen angeschlossen. Faschisten und Kommunisten aber waren nun nicht mehr da, und die Militärherrscher hatten kein Rezept dafür, wie das entstandene ideologische Vakuum gefüllt werden konnte. In diese Lücke stießen die radikalen Islamisten vor.

Es gibt eine erhellende Autobiographie, in der die Konversion eines Jungen zum Islamismus beschrieben wird. Khaled al-Berry wuchs in Assiut auf und schloss sich der *Gama'a* an, weil viele seiner Fußballfreunde ihr angehörten. Ein charismatischer Scheich, der sich des viel versprechenden Rekruten annahm, hatte auf alle seine Fragen eine Antwort. Es gab keine plötzliche, strenge Indoktrination, sondern nur freundliche Gespräche, und nach und nach sah al-Berry ein, dass er nicht länger fernsehen sollte und seine Kassetten mit Liedern arabischer Sänger wegwerfen musste. In den folgenden drei Jahren lernte er den Koran und viele religiöse Traktate auswendig und wurde nach eigener Aussage eine kleine Replik von Sayyid Qutb. In der Schule wurde er zu einem Wortführer und galt mit noch nicht ganz sechzehn Jahren als so gefährlich, dass er auf eine andere, weit entfernte Schule wechseln musste. Doch selbst als Medizinstudent blieb er ein Militanter, der die Uniform der Radikalen trug: die Jellaba und den unvermeidlichen Bart. Er fühlte sich obenauf, als Rebell gegen die bürgerliche Gesellschaft, der sich nicht nur für herausragend, sondern für unfehlbar hielt und mit seiner Umgebung, die ihn wegen seiner Frömmigkeit achtete, in Frieden lebte.[27] Ein junger Islamist zu sein war in seinen Kreisen »in«; es war ein Akt der Rebellion gegen die verachtete säkulare Regierung und zugleich ein Zeichen des Gehorsams gegenüber Religion und Tradition.

Al-Berry berichtet, dass er einen großen Teil seiner Zeit im Gebet verbracht habe. Doch wie tief war diese Religiosität, abgesehen von der Einhaltung der Rituale – oder war das Ritual die Religion? Al-Berry und seine Freunde diskutierten ausgiebig über den Dschihad, aber wollten sie die islamische Revolution nur ausführen, um die religiösen Würdenträger an die Macht zu bringen? Gewiss, sie waren Idealisten – im selben Sinn, wie die rumänischen Faschisten der Legion Erzengel Michael, der späteren Eisernen Garde, Idealisten gewesen waren. Sie erregten sich über krasse soziale Ungerechtigkeit und wollten das Los der Armen verbessern. Korruption im öffentlichen und privaten Leben empörte sie; ihr Ziel war eine Gesellschaft, in der Anstand und Gerechtigkeit herrschten. Dass von alledem große Teile der Bevölkerung ausgeschlossen wären oder keine Gleichheit genießen würden – Minderheiten, Frauen und alle, die ihren Glauben ablehnten –, stand auf einem anderen Blatt. Al-Berrys Mentor hatte ihm versichert, dass es keinen Platz gebe für falsche Sentimentalität. Allah liebe nur die Gläubigen. Das Bild der idealen Gesellschaft blieb zwar verschwommen, letztlich aber hatten der Prophet Mohammed und der Koran alles vorgezeichnet. Die Demokratie nach westlichem (und jedem anderen) Vorbild jedenfalls war ein fremdartiger Import und im Übrigen völlig überflüssig, da Gerechtigkeit nur auf traditionellem islamischem Wege erreicht werden konnte.

Al-Berry und seine Kameraden waren Enthusiasten wie die frühen Bolschewiken oder die Faschisten. Wie für Letztere (und im Unterschied zu den Kommunisten) gab es für sie keinen Grund, sich auf ideologische Debatten einzulassen, weil ihre geistigen Führer alle entscheidenden Fragen bereits ein für allemal beantwortet hatten. Alles stand in den heiligen Schriften; nun galt es nur noch zu gehorchen, und die jungen Militanten waren bereit, im Kampf für ihre Ideale ihr Leben einzusetzen. Doch gab es auch eine dunkle Seite, über die kaum gesprochen und noch weniger geschrieben wird. Al-Berry, der körperlich nicht zu den Stärksten gehörte, wurde nie aufgefordert, an Strafexpeditionen gegen Abweichler und Feinde teilzunehmen, war aber abgestoßen von der Grausamkeit, die dabei angewandt wurde – der Verstümmelung und brutalen Ermordung von politischen Gegnern, Homosexuellen oder Kopten, die sich mit muslimischen Mädchen angefreundet hatten. Das Lynchen von Homosexuellen in den eigenen Reihen erinnert an ähnliche Praktiken der SS im Nationalsozialismus.

Ganz allgemein wird ein Schleier des Stillschweigens über die Homosexualität in der muslimischen Welt gebreitet. Zwar ist hier nicht der Ort, darauf näher einzugehen, doch sollte die Rolle der Sexualität unter Männern in der Diskussion über den Islamismus als Thema nicht ganz unterschlagen werden. Sie verdient vielmehr eine genauere Untersuchung. Mit einiger Sicherheit kann im Moment nur gesagt werden, dass eine erhebliche Kluft zwischen religiösem Gebot, äußerem Anschein und Realität existiert.[28] Walid Nafa ist der Held des algerischen Romans *Wovon die Wölfe träumen*,[29] in dem von einem jungen islamistischen Terroristen erzählt wird, der einen Intellektuellen ermorden soll, um herauszufinden, ob er das Zeug zum Killer hat. Später ersticht ein Mitglied von Walids Bande dessen Schwester, weil ihr Kleid nicht züchtig genug ist. In diesen jungen Menschen überwiegt der Hass sicherlich die Liebe zu ihren Mitmenschen, selbst wenn es sich um ihresgleichen, um Muslime handelt. Wie sonst ist die Ermordung von Zehntausenden Glaubensgenossen in Algerien zu erklären, von Kindern, Alten und Frauen, die in keiner Weise Feinde ihrer Mörder waren? Die theologische Rechtfertigung bestand darin, dass das Regime und damit auch die mit ihm verbundenen Menschen unislamisch seien. Darüber hinaus konnte man anführen, dass die Massen ebenso schuldig seien wie ihre Führung und ergo die elementaren Normen der Menschlichkeit und des Mitleids für sie nicht gelten würden. Dies wurde *takfir al-gumhur* genannt, die Brandmarkung der Massen als abtrünnige Ungläubige.[30] In diesem Falle war alles erlaubt, bis hin zur Vergewaltigung – ein sexueller Freibrief, der Männern gegeben wurde, die unter enormer sexueller Frustration litten, da es ihnen nicht erlaubt war, Beziehungen zum anderen Geschlecht zu unterhalten; theoretisch durften sie Frauen noch nicht einmal ansehen.[31]

Man könnte einwenden, dass Algerien ein extremes Beispiel sei, aber zu Taten von extremer Grausamkeit kam es auch andernorts, wo angebliche Feinde (die häufig keine waren) nicht nur ermordet, sondern auch systematisch gefoltert wurden. Aus Kaschmir ist berichtet worden, dass Opfer zerstückelt wurden, man ihnen die Genitalien herausschnitt, die Augen ausstach und dergleichen Gräuel mehr. Die türkische Hisbollah (auch Ilim genannt) unterzog in den späten achziger Jahren die von ihnen entführten Opfer systematischer Folter – und nahm das Ganze auf Video auf. So erging es auch der türkischen Feministin Konca Kuri, die sich im Fernsehen dafür ausgesprochen hatte, Frauen das Recht zu geben, bei muslimischen Begräbnissen an der Seite der Männer zu beten. Vor laufender Kamera wurde sie 35 Stunden lang gefoltert, bis sie schließlich ermordet wurde. Die meisten Opfer waren nicht einmal politische Feinde, sondern völlig Unbeteiligte oder muslimische Geschäftsleute, die ihre finanzielle Unterstützung eingestellt hatten.[32]

Aus Algerien sei hier noch ein weiteres Beispiel genannt, das für die dortige Situation in den neunziger Jahren nicht untypisch war: Am 25. Juni 1993 fiel Dr. Hammed Boukhobza, Direktor des nationalen Instituts für globale strategische Forschungen, in Telemly dem Anschlag einer islamistischen Terrorgruppe zum Opfer. Das Attentat hatte keinerlei persönliche Hintergründe, sondern war einfach nur Teil der allgemeinen Kampagne gegen Intellektuelle: Ärzte, Lehrer und viele andere mehr. Doch ermordete man nicht nur ihn in seiner Wohnung, sondern auch seine Frau und die Kinder, die man an der Flucht hinderte und zwang, zuzusehen, wie man ihn buchstäblich in Stücke schnitt und – er war noch am Leben – die Eingeweide aus dem Körper zerrte. Die Terroristen genossen es offenbar, ihn leiden zu sehen, und wollten, dass auch die Familie teil daran hatte.[33]

Woher diese Neigung zu Folter und Sadismus? Es war mehr als die Brutalisierung, die in jedem Krieg zu beobachten ist, es ging um Lust am Töten, am Zufügen von Schmerzen, am Anblick des Leidens und langsamen Sterbens anderer Menschen. An solchen Aktionen war nichts spezifisch Algerisches; oftmals wurde angemerkt, die afghanischen Araber hätten diese Praktiken mitgebracht. Als britische Touristen 1994 von militanten Islamisten entführt wurden, kündigte ihnen Ahmed Omar Sheikh, ein junger britischer Muslim, der an der London School of Economics studiert hatte, an, dass man sie köpfen werde, und dabei »lachte er, die Aussicht erregte ihn«, wie die ausersehenen Opfer später erzählten.[34]

Über ähnliches Verhalten von Terroristen wird auch aus anderen Ländern berichtet; es gab mehr als nur ein paar Sadisten unter ihnen, die danach lechzten, »das Blut ihrer Feinde zu trinken«, und erpicht darauf waren, Menschen umzubringen, und zwar nicht unbedingt auf die schnellste und schmerzloseste Weise. Die zugrunde liegenden Motive und Triebfedern entstammen dem Reich der Psychopathologie. Der Held der *Turner Diaries*, der Bibel der amerikanischen Neonazis (einschließlich Timothy McVeighs, des Attentäters von Oklahoma City), gehört in diese Kategorie – auch wenn er kein Muslim, sondern ein heidnischer »Arier« ist. Mit Vergnügen schneidet er Negern, Juden und dummen »Ariern« die Kehle durch, um ihren Todeskampf dann mit liebevollen Worten festzuhalten – doch seine Tagebücher sind einer kranken literarischen Phantasie entsprungen und keine Realität.

Auch in Europa (auf dem Balkan) und Südamerika gab es einige sadistische Vorfälle nach Art von Charles Manson, und in größerer Zahl kamen sie in afrikanischen Bürgerkriegen vor, etwa in Sierra Leone oder in Ostafrika (Gottesarmee), wo Rebellengruppen Frauen vergewaltigten, Frauen und Kindern Gliedmaßen amputierten und junge Mädchen zur Prostitution zwangen. Aber mit Abstand am häufigsten waren sie in muslimischen Ländern, und es stellt sich die Frage, wie dies angesichts des strengen islamischen Moralkodexes in Bezug auf die Sexualität möglich war. Überlebende derartiger Gräuel in Algerien haben berichtet, dass die Täter, die ihre Opfer – Frauen, die sie als Sexsklavinnen hielten – vergewaltigten und schließlich töteten, sich fünfmal am Tag die Zeit nahmen zu beten. Sie waren überzeugt, dass einem Mudschahed alles erlaubt sei; im Übrigen erfüllten sie die rechtlichen Formalitäten, indem sie in Übereinstimmung mit dem islamischen Recht für die Dauer der Vergewaltigung eine Ehe auf Zeit mit ihren Opfern eingingen, eine so genannte Vergnügungsehe *(zawaj al-mutaa)*.[35] In anderen arabischen Ländern waren solche Fälle von Massenvergewaltigung, Massenmord und sexueller Versklavung junger Mädchen kaum anzutreffen.

Indessen gibt es in Bezug auf die seelische Verfassung der Terroristen, wie bereits angedeutet, noch einen weiteren Aspekt, der weitgehend übersehen oder ignoriert worden ist: die Tatsache nämlich, dass die in modernen islamischen Gesellschaften übliche Unterdrückung der Sexualität häufig zu Homosexualität und Masturbation führt – beides vom Islam geächtete Praktiken.[36] Trotz der Ermahnungen seines Mentors verbrachte auch Khaled al-Berry Stunden am Fenster seines Zimmers, um einen Blick auf das im Haus gegenüber wohnende koptische Mädchen zu erhaschen, wenn es sich auszog. Dies wiederum rief Schuldgefühle hervor und steigerte die Aggressivität. Ein algerischer Psychoanalytiker (ein Jungianer) hat die These aufgestellt, in der islamischen Kultur sei die sadistische Analphase wesentlich länger als anderswo; Gläubige konzentrierten einen großen Teil ihrer Libido auf Gott, so dass die Bedeutung des Ichs abnehme, was durch eine rigide Erziehung verstärkt werde, der es nicht um das Individuum und unabhängiges Denken gehe, sondern nur um die Annahme feststehender Normen.[37]

Mit den nicht selten ungeschickten Reaktionen der Regierungen ist hier abschließend noch ein letzter Faktor zu benennen, der zur Verbreitung des islamistischen Terrorismus beitrug. Die Maßnahmen, die etwa die ägyptische Staatsführung besonders in den frühen Jahren gegen die Terroristen ergriff, waren hart und oftmals auch willkürlich. Unter den damals Verhafteten, die häufig für Jahre ins Gefängnis kamen, befanden sich nicht nur Täter, deren Schuld bewiesen war, sondern auch Sympathisanten und Mitläufer der radikalislamischen Gruppen. Manche von ihnen wurden gefoltert, andere starben infolge der Haftbedingungen. Das Gefängnis war die Schule der Radikalisierung, gibt es doch Grund zu der Annahme, dass zumindest einige der Häftlinge erst durch die Erfahrungen, die sie dort machten, zu Terroristen wurden. Viele Jahre lang unternahmen die Behörden keinerlei Anstrengungen, die Gefangenen zu resozialisieren, ihnen klarzumachen, dass sie von Demagogen irregeleitet worden waren und dass die islamischen Lehren, die man ihnen beigebracht hatte, weder die einzige noch die maßgebliche Interpretation des Islam darstellten.

Fasste man staatlicherseits die Terroristen hart an, lief man Gefahr, von Menschenrechtsorganisationen verurteilt zu werden und die eigenen Verfehlungen in den vom US-Außenministerium herausgegebenen Jahresberichten zur Menschrechtslage wiederzufinden. Im Gegenzug wies dann die ägyptische Regierung darauf hin, dass die Terroristen ihr einen schmutzigen Krieg erklärt hätten, indem sie systematisch Anschläge auf mehr oder weniger prominente Persönlichkeiten aus Politik, Literatur und Kunst verübten. Darüber hinaus wurden, wie in Algerien und Afghanistan, Menschen wahllos entführt oder ermordet, um die Gesellschaft in Angst und Schrecken zu versetzen. Unter diesen Umständen schien man der Gefahr nur wirkungsvoll begegnen zu können, indem man die Gesetze großzügig auslegte. Am schlimmsten trieben es die Terroristen in Algerien, wo sie versuchten, ganze Bevölkerungsteile (wie die kleinstädtische Intelligenz) einfach auszurotten – entsprechend drastisch fiel die Reaktion der Regierung aus.

Die ägyptische Antwort auf den Terrorismus war nicht weniger brutal und rechtschaffen wirkungsvoll. In den achtziger Jahren saßen zu jedem beliebigen Zeitpunkt etwa zehntausend radikale Muslime, Terroristen und potenzielle Terroristen in Gefängnissen oder Konzentrationslagern ein. Später könnten es sogar noch mehr gewesen sein. Da die ägyptischen Behörden diese Zahl nicht erhöht sehen wollten, gestatteten sie vielen von ihnen, nach Afghanistan auszureisen, um sich dort am Krieg der Mudschaheddin zu beteiligen – ja, sie ermutigten sie sogar, dies zu tun. Zu den sechs- bis achttausend radikalislamischen Ägyptern, die diese Gelegenheit nutzten, gehörte auch al-Zawahiri. Nach dem Ende des Afghanistankrieges kehrten viele der ägyptischen Kämpfer in ihre Heimat zurück, wo sie jedoch, besonders wenn sie ihre terroristischen Aktivitäten fortzusetzen gedachten, alles andere als willkommen waren.

Mit aller Härte gingen die ägyptischen Sicherheitskräfte gegen sie vor und lösten damit eine zweite Auswanderungswelle aus; einige kehrten nach Afghanistan zurück, wo bin Laden seine neue Organisation aufgebaut hatte, andere zog es in die Kämpfe auf dem Balkan, und wieder andere verschlug es nach Westeuropa. Zur inoffiziellen Hauptstadt des ägyptischen (und nahöstlichen) Terrorismus wurde London, doch lehnte Großbritannien (»Londonistan«) ägyptische Auslieferungsbegehren in Bezug auf die Rädelsführer regelmäßig ab, weil man in ihnen politische Flüchtlinge sah. Im Übrigen konnten selbst diejenigen, die in der Heimat wegen Mordes rechtskräftig verurteilt worden waren, nicht ausgeliefert werden, denn dort drohte ihnen die Todesstrafe.[38] Kurz, die ägyptische Regierung trug eindeutig die Schuld am Export ihres Terrorismusproblems nach Südostasien und Westeuropa – eine Politik, die sie Jahre später bereuen sollte.

Ähnlich kompromisslos war die Haltung der syrischen Staatsführung gegenüber den dortigen radikalen Islamisten. Die Geschichte der Muslimbruderschaft in Syrien ist lang und aufgrund von endlosen internen Streitigkeiten zwischen Konservativen und Radikalen sowie anderweitigen Spaltungen ziemlich kompliziert. Hier genügt die Feststellung, dass die Bruderschaft, als sie in Ägypten verboten wurde, einige ihrer Aktivitäten nach Syrien verlegte, wo sie, obwohl auch dort offiziell verboten, größere Handlungsspielräume hatte. Ihr von Isaak Farhan und Marwan Hadid geleiteter terroristischer Arm, das heißt Gruppen wie die Kämpfer der Hisbollah und Mohammeds Phalanx, hatte den Sturz des Baath-Regimes zum Ziel. Die Baath-Partei war säkular und extrem nationalistisch, um nicht zu sagen semifaschistisch, und die Muslimbruderschaft versuchte sie durch die Anstiftung von Generalstreiks und Aufruhr, aber auch durch Terrorakte wie das Massaker an Kadetten der Militärakademie von Aleppo im Juni 1979 und einen Attentatsversuch auf den syrischen Diktator Hafis al-Assad von der Macht zu verdrängen. Die Baath-Führung schwankte zwischen Beschwichtigung, indem sie die Bruderschaft legalisierte und ihre Mitglieder aus der Haft entließ, und harten Maßnahmen, denen recht wahllos radikale Militante, auch solche, die im Gefängnis saßen, zum Opfer fielen.[39]

Nach mehreren Terroranschlägen (einschließlich des Attentats auf Assad) spitzte sich die Situation zu, als die syrische Armee in Hama, einer Stadt im Orontestal und traditionellen Hochburg der Muslimbruderschaft, einzumarschieren versuchte, um führende Terroristen festzunehmen und ihre Waffen zu beschlagnahmen. Doch die Betreffenden waren gerüstet, riefen den Dschihad aus, und die Regierungstruppen mussten den Rückzug antreten. Im Februar 1982 kamen sie zurück, machten das Zentrum der Stadt dem Erdboden gleich und töteten zwischen fünf- und fünfundzwanzigtausend Menschen (nach manchen Schätzungen war die Zahl der Opfer noch größer).[40] Die terroristischen Aktivitäten der radikalen Islamisten in Nordsyrien waren hiermit für viele Jahre beendet. Die Bruderschaft blieb bestehen, stellte aber für die Regierung keine Gefahr mehr dar. Das Massaker von Hama ging als eine der schlimmsten Bürgerrechtsverletzungen der Neuzeit in die Geschichte ein, doch in der arabischen Welt rührte sich kein Protest. Als Assads Sohn Rifaat viele Jahre später, kurz nach dem 11. September 2001, einen Ausschuss des US-Kongresses empfing, leitete er seine Ausführungen mit der Bemerkung ein, Amerika könne aus den syrischen Erfahrungen bei der Bekämpfung von Terroristen einiges lernen. Was er meinte, war, dass nur massive Repression etwas bewirken könne, halbherziges Vorgehen hingegen nichts.

In Ägypten endete der Terrorismus fürs Erste 1999 mit dem Aufruf von Mustafa Hazan, dem Anführer der größten noch existierenden Gruppe, sämtliche Feindseligkeiten auf ägyptischem Boden einzustellen. Die Sensation der literarischen Saison 2002 war eine vierbändige Buchreihe: Anführer der *Gama'a* (die meisten befanden sich noch in Haft) legten über die Fehler ihrer Vergangenheit Rechenschaft ab.[41] Rückblickend gaben sie zu, dass ihr Extremismus nicht im Einklang mit den religiösen Gesetzen gestanden hatte. Es sei falsch gewesen, Attentate auf Politiker und Polizisten zu verüben, die immerhin ebenfalls Muslime gewesen seien. Ein gläubiger Muslim dürfe nicht als Feind betrachtet werden, und selbst jene, die sich nicht an die religiösen Vorschriften hielten, müssten mit anderen als mit physischen Mitteln davon überzeugt werden, ihr Verhalten zu ändern. Der Anschlag von Luxor sei zu verurteilen, weil es falsch sei, Zivilisten zu töten. Ausländer, die nach Ägypten kämen, hätten ein Recht auf einen sicheren Aufenthalt. Ebenso bedauerlich seien die Angriffe auf Kopten, denen verfassungsgemäß die gleichen Rechte zuständen wie allen anderen Ägyptern auch. Die Autoren distanzierten sich von bin Laden und al-Zawahiri; den Mitgliedern ihrer Organisation verboten sie, sich al-Qaida oder einer ihrer Tarnorganisationen anzuschließen.

Im Juni 2002 gingen der zu lebenslanger Haft verurteilte Karam Zohdi und andere, ebenfalls inhaftierte und teilweise von der Todesstrafe bedrohte *Gama'a*-Führer in einem langen Interview mit der Zeitung *Al-Mussawar* noch einen Schritt weiter, indem sie erklärten, sie wollten das ägyptische Volk um Entschuldigung bitten.[42] Die Regierung war sich zwar nicht sicher, wie ernst diese Schuldeingeständnisse zu nehmen waren, wollte aber die Chance der Reintegration der Inhaftierten nicht versäumen und ermöglichte ihnen den Kontakt mit den Medien.[43] Zwar schworen die Exterroristen dem Dschihad und der Gewalt nicht vollständig ab, richteten die Drohung aber nicht mehr gegen ihre muslimischen

Glaubensgenossen, sondern gegen die wahren Feinde, den Zionismus und den Westen. Diejenigen, die den terroristischen Aktivitäten in Ägypten entsagt haben, stehen jetzt in den Vierzigern und Fünfzigern, und es bleibt abzuwarten, ob die nachfolgende Generation von Radikalen in ihre Fußstapfen treten wird. Vorläufig jedoch hat sich der Terrorismus in andere Weltgegenden verlagert, und diese neuen Kräfte im radikalen Islamismus sollen hier nun zur Sprache kommen.

Dschihad

In den neunziger Jahren des letzten Jahrhunderts ist der Terrorismus zum ersten Mal wirklich international geworden. Aus lokalen Konflikten sind weltweite Kampagnen hervorgegangen. Der Afghanistankrieg hatte rund zehn Jahre gedauert, und radikale Islamisten glaubten in ihrer Begeisterung, sie könnten innerhalb der nächsten Dekade die gegenwärtigen arabischen und muslimischen Regierungen stürzen und anschließend in wenigen Jahren auch Amerika und den Westen niederwerfen. Denn über kurz oder lang, so nahmen sie an, würde die junge Generation in der muslimischen Welt aus ihrer Lethargie erwachen. In der Phase des Überschwangs nach dem sowjetischen Rückzug von 1989 schien fast alles möglich zu sein. Dass Afghanistan dabei war, in einen erbittert geführten Bürgerkrieg einzutreten, der schließlich zur Herrschaft der Taliban führen sollte, beunruhigte die Sieger nicht allzu sehr. Im Gegenteil, es eröffnete ihnen ganz neue Möglichkeiten, auch wenn ihnen klar war, dass Afghanistan nur ein Nebenschauplatz war und die Haupthandlung in nächster Zeit anderswo stattfinden würde.

Schon in der Vergangenheit hatten Terroristengruppen gelegentlich zusammengearbeitet, doch ging die Kooperation meist nicht sehr weit. Die Anarchisten waren zu individualistisch und zu wenig organisiert, um eine eigene internationale Organisation aufzubauen, die sie für ihre begrenzten, von Einzelnen ausgeführten Operationen auch nicht brauchten. Indische Terroristen vom Anfang des 20. Jahrhunderts bewunderten ihre russischen Genossen und nahmen sie sich zum Vorbild, und auf dem Balkan gab es Verbindungen zwischen verschiedenen Gruppen, wie der mazedonischen IMRO und den Kroaten, aber die Kommunikationsmittel waren erst wenig entwickelt, und dies schränkte das Ausmaß der Zusammenarbeit zusätzlich ein.

Nach dem Zweiten Weltkrieg trat eine Veränderung ein. Die

73

deutschen Terroristen der siebziger Jahre – die Baader-Meinhof-Gruppe und besonders ihre Nachfolger – unterhielten Beziehungen zu Kampfgefährten in anderen europäischen Ländern, und wenn die Situation daheim für sie zu brenzlig wurde, setzten sie sich für eine Weile nach Holland oder Frankreich ab. Vor allem aber arbeiteten sie eng mit radikalen Palästinensergruppen wie den verschiedenen Volksfronten für die Befreiung Palästinas zusammen, die damals auf den Marxismus-Leninismus schworen. Deutsche Terroristen besuchten Ausbildungslager in Jordanien und anderswo in der arabischen Welt, sie erhielten Waffen und andere Hilfe von dort und unternahmen gemeinsame Aktionen, wie etwa Flugzeugentführungen.[1] Sie hatten sogar geplant, eine zum Gedenken an das nationalsozialistische Pogrom vom November 1938 in Berlin stattfindende jüdische Versammlung in die Luft zu jagen, doch die Operation schlug fehl.

Der bedeutendste Vorgänger des heutigen internationalen Terrorismus war Ramírez Sánchez, besser bekannt als Carlos, der Schakal. Der Sohn eines venezolanischen Rechtsanwalts und Millionärs, der seine Laufbahn bei der Volksfront zur Befreiung Palästinas (PFLP) begonnen hatte, verfügte über internationale Kontakte; seine Hauptsponsoren waren die ostdeutschen Sicherheitsdienste (die er durch seinen Mangel an Selbstdisziplin auf die Palme brachte), er war aber in zahlreichen Staaten aktiv. 1997 wurde er von einem Pariser Gericht zu dreißig Jahren Gefängnis verurteilt, doch sein internationales Netzwerk hatte sich schon früher aufgelöst.[2]

Im Großen und Ganzen waren solche Allianzen von kurzer Dauer, und nur wenige waren beteiligt. Der muslimischen Internationale der neunziger Jahre ähnlicher war die Internationale Brigade im Spanischen Bürgerkrieg, der Antifaschisten aus vielen Ländern angehörten. Auf Francos Seite gab es auch eine faschistische internationale Brigade, aber sie war wesentlich kleiner und militärisch kaum von Bedeutung. Das Ziel der ausländischen Kämpfer war allerdings begrenzt und lediglich defensiver Natur: Sie wollten den Vormarsch des Faschismus in Spanien stoppen (daher ihr Slogan: »No pasarán« – sie kommen nicht durch), nicht weniger, doch auch nicht mehr. Niemals hatten sie die Absicht, ihren Kampf auf andere Länder auszudehnen.

Der neuen Globalisierung des Terrorismus lag das Konzept des Dschihad zugrunde. In seiner derzeitigen Form ist darunter ein lockerer Zusammenschluss von Terroristengruppen zu verstehen, wie er sich in den siebziger und achtziger Jahren herausgebildet hat. Für radikale Muslime und insbesondere für Araber war dies keine gute Zeit, herrschten in den arabischen Ländern doch Militärdiktatoren, und selbst in den militantesten Staaten wie Libyen und Syrien wurde jeder Versuch, ein wahrhaft islamisches Regime einzuführen, rücksichtslos unterdrückt. Einen Hoffnungsschimmer gab es jedoch – den Sturz des Schahs und die Machtübernahme durch Khomeini und seine Gefolgsleute. Hier war endlich eine Bewegung, die den Islam ernst nahm und ein Regierungssystem einführte, das auf den religiösen Gesetzen, der Scharia, beruhte und darüber hinaus die Bestrebungen von Muslimen in anderen Ländern unterstützte. Im Export von aggressiver Religiosität und Terrorismus war der (schiitische) Iran damals das aktivste Land. Allerdings war es die falsche Art von Islam; zu tief sind die Differenzen zwischen Sunniten und Schiiten in der Geschichte verwurzelt, als dass eine enge Zusammenarbeit zwischen ihnen denkbar wäre.

Der Ausbruch des Afghanistankriegs eröffnete plötzlich neue Möglichkeiten, und Militante aus allen Teilen der muslimischen Welt beeilten sich, sie zu nutzen. Der erste Ideologe und Organisator dieses neuen, von Afghanistan ausgehenden Dschihad war Abdullah Azzam, ein in Palästina geborener Aktivist, der dort zunächst Landwirtschaft studiert hatte, bevor er in Syrien und Ägypten ein Islamstudium durchlief. Er war Dozent an einer saudischen Universität, doch hing sein Herz nicht an einer akademischen Laufbahn. In Ägypten war er, offenbar zum Teil unter dem Einfluss des Bruders von Sayyid Qutb, zum radikalen Islamisten geworden, und er wollte sein Leben dem Dschihad widmen, dem sich anzuschließen er für die Pflicht eines jeden Muslims hielt. Deshalb entschloss er sich Anfang der achtziger Jahre, nach Pakistan zu gehen, wo er in Peschawar das *Bait al-Ansar* gründete, das später in *Mektab al-Khadamat* (Service-Büro) umbenannt wurde und jahrelang als Verbindungsbüro für die Anwerbung von Freiwilligen aus vielen muslimischen Ländern fungierte. Obwohl er

1967 im Sechstagekrieg gegen Israel gekämpft hatte, war Azzam, auch wenn er an militärischen Aktionen teilnahm, in erster Linie kein Militär, sondern ein politischer Führer und Visionär – ein Mann mit unerschöpflicher Energie, der ständig herumreiste, um die Jugend in der muslimischen Welt zu bewegen, sich dem bewaffneten Kampf gegen die Ungläubigen anzuschließen und die *Khilafa*, die Gottesherrschaft auf Erden, zu errichten. Außerdem war er sehr fromm und hielt Rituale (wie das Fasten an jedem Montag und Donnerstag) ein, die über das von der religiösen Tradition Geforderte weit hinausgingen.[3]

Aus Azzams Sicht war die Befreiung Afghanistans nur der erste Schritt im kommenden Dschihad. Das eigentliche Ziel bestand darin, die muslimische Herrschaft über alle Gebiete wiederherzustellen, die einst islamisch gewesen waren, von Südspanien bis zu den Philippinen, von Zentralasien bis nach Indien, von Teilen Europas bis nach Afrika.[4] Er glaubte an etwas, das man als muslimische Breschnewdoktrin bezeichnen könnte – so wie nach Breschnews Auffassung ein Land, das einmal kommunistisch geworden war, es für immer zu bleiben hatte, musste nach Azzams Ansicht jedes Land, das irgendwann einmal von Muslimen besetzt gewesen war, wieder unter die Herrschaft Allahs gebracht werden. Aber warum eigentlich nur Spanien? Wieso nicht auch Frankreich, der Rest Europas sowie Amerika und Asien? Laut Azzam musste der Dschihad weitergehen, bis die ganze Menschheit nur noch Allah anbetete. So wie die Kommunisten an den letztendlichen totalen Sieg der Weltrevolution geglaubt hatten, so glaubte Azzam an den letztendlichen (und nahen) Sieg des Islam. Einige seiner Nachfolger äußerten sich, wie wir noch sehen werden, in dieser Beziehung sogar noch deutlicher.

Azzams größter Beitrag war zweifellos die Schaffung des Mythos der muslimischen Unbesiegbarkeit. Einmal erklärte er, er fühle sich, als wäre er neun Jahre alt – siebeneinhalb Jahre im afghanischen Dschihad und anderthalb im palästinensischen –, der Rest seiner Jahre habe keinen Wert. Seine Botschaft lautete, dass die Gotteskrieger, nachdem sie die starke sowjetische Armee geschlagen hatten, über jeden Feind triumphieren würden. Das Gewehr wurde, wie sein Biograph es ausdrückte, zu seinem Beruf und seiner Erholung, und sein Motto lautete:»Keine Verhandlungen, keine Konferenzen, kein Dialog!« Wenn alle Muslime dem Aufruf zum Dschihad folgten und für nur eine Woche nach Palästina gingen, um dort zu kämpfen, dann wäre, so glaubte er fest, das Land für immer von Juden gesäubert.[5] Azzam war aber auch ein praktischer Mann, und als solcher gelangte er offenbar zu dem Schluss, dass man einen Schritt nach dem anderen tun sollte: zuerst der Sieg in Afghanistan, dann der Export der islamischen Revolution. So jedenfalls verbreitete er es auf Flugblättern, im Rundfunk, auf Videobändern und in Pamphleten – alles auf Arabisch. Diejenigen, die die Rekrutierung muslimischer Freiwilliger unterstützen, wie die CIA, konnten Arabisch vermutlich nicht lesen, oder, wie im Falle der Pakistanis und Saudis, es war ihnen egal; vielleicht begrüßten sie es sogar bis zu einem gewissen Punkt.

In Peshawar lernte Azzam auch einen jungen Saudi namens Osama bin Laden kennen, der sich ihm anschloss und sein bedeutendster Geldgeber wurde. 1989 kam Azzam zusammen mit zweien seiner Söhne unter bis heute nicht ganz geklärten Umständen ums Leben. Sein Auto flog außerhalb Peschawars in die Luft; es war bereits der zweite Anschlag – erst kurz zuvor war er einem Attentatsversuch entkommen. Wer hatte ihn töten wollen? Das Gerücht hält sich hartnäckig, dass bin Laden in den Fall verwickelt gewesen sei, aber ein Beweis dafür ist nie gefunden worden, und bin Laden selbst hat später stets mit Ehrerbietung und Bewunderung über Azzam gesprochen. Die Mörder sind nie gefunden worden – man scheint allerdings auch nicht besonders intensiv nach ihnen gesucht zu haben.

Wer waren die ausländischen Freiwilligen, die in Afghanistan in den Dschihad zogen? Sie stammten aus allen Teilen der Welt, sogar aus den USA, Großbritannien, der früheren Sowjetunion und Australien. Die größten Kontingente kamen indes aus Algerien, Ägypten, Saudi-Arabien und dem Jemen. Einige waren schon da, als der Krieg gegen die sowjetischen Besatzer noch im Gang war, und hatten ihre Ausbildung in den afghanischen Lagern Ansar und Faruq oder in einem Stützpunkt in Pakistan erhalten. Ihr Hauptsponsor war der pakistanische Geheimdienst ISI und dessen Direktor General Hameed Gul. Die nach Kriegsende eingetroffenen Freiwilligen wurden hauptsächlich auf Sabotageoperationen vorbereitet. Diejenigen, die aus dem Westen stammten, waren häufig erst kurz zuvor zu Anhängern des radikalen Islam geworden, indoktriniert durch fanatische Prediger in den Moscheen der Heimat. Es gab Abenteurer und labile junge Männer mit psychischen Problemen unter ihnen, aber in der Mehrheit waren es ernsthafte Idealisten, denen gesagt worden war, der Islam sei überall auf der Welt Angriffen der Ungläubigen ausgesetzt und verfolgten Glaubensgenossen müsse den Forderungen des Korans gemäß geholfen werden. Aus Ländern wie Ägypten kamen vielfach altgediente Radikale, die unter der Bedingung aus dem Gefängnis entlassen worden waren, dass sie, wenn es denn sein musste, den Dschihad in der Ferne fortsetzten, etwa in Afghanistan, nur nicht auf ägyptischem Boden.[6]

Der unmittelbare Feind der Islamisten in Afghanistan war die Sowjetunion, doch sobald deren Armee sich zurückzog, änderte sich die Strategie. Die arabischen Afghanen hatten kein Interesse daran, allzu tief in den nach dem sowjetischen Abmarsch ausbrechenden Bürgerkrieg verwickelt zu werden, doch sie standen in der Schuld der Pakistanis. Wann wurde Amerika der große Satan, der Hauptfeind? Immerhin hatten die Vereinigten Staaten den afghanischen Widerstand, wenn auch aus eigennützigen Gründen, mit erheblichen Hilfsleistungen unterstützt. Die Frage ist unterschiedlich beantwortet worden, wahrscheinlich ist aber, dass sich diese Entwicklung schrittweise vollzog. Genauso trifft jedoch zu, dass die radikalen Islamisten schon immer antiamerikanisch eingestellt waren; das Bündnis mit den Amerikanern war in ihren Augen rein taktischer Natur gewesen.

Als die Taliban in Erscheinung traten und rasch fast das ganze Land eroberten, gehörten die ausländischen Freiwilligen zu ihren ersten Helfern, zumal der ISI sie dazu ermutigte. Hauptziel der arabischen Afghanen war es, eine sichere Ausgangsbasis für ihre künftigen Aktivitäten zu gewinnen, und für bin Laden war Afghanistan die beste Chance, seit die sudanesische Regierung ihn aufgefordert hatte, das Land zu verlassen. Bin Ladens Geschichte ist bekannt und braucht hier nur kurz umrissen zu werden.[7] Als einer von vielen Söhnen eines saudischen Unternehmers hatte er keine religiöse Ausbildung genossen, sondern sich erst während seines Studiums dem radikalen Islam zugewandt und sich freiwillig bereit erklärt, nach Afghanistan zu gehen, um dort die inoffiziellen saudischen Hilfsleistungen für die Gotteskrieger zu koordinieren. Seine Familie verfügte über gewaltigen Reichtum, stammte aber aus Hadramaut, einem wenig angesehenen Landesteil, der als sozial vergleichsweise niedrig stehend galt. Jedenfalls gehörte bin Laden nicht dem inneren Kreis der politischen Entscheidungsträger an, obwohl er anscheinend mächtige Beschützer hatte, wie etwa Prinz Turki, den Chef des saudischen Nachrichtendienstes. Durch den Golfkrieg wurde sein Ressentiment gegenüber dem saudischen Establishment verstärkt, denn obwohl er das Vorgehen der Irakis ablehnte, hielt er es für unverzeihlich, amerikanische Soldaten (darunter auch Frauen) ins Land zu holen, um Kuwait und Saudi-Arabien zu verteidigen. In seinen Augen war es eine Blasphemie, eine Entweihung heiligen arabischen Bodens, und dieser Vorwurf wog im Kontext seiner politischen Vorstellungen schwer. Die religiöse Rechtfertigung war nicht sonderlich überzeugend, denn ob der Koran die gesamte arabische Halbinsel zum heiligen Ort erklärt, ist umstritten. Zwar soll der Prophet nach muslimischer Überlieferung auf dem Sterbebett gesagt haben, es dürfe in Arabien keine zwei Religionen geben, doch bezog er sich damit auf Mekka, Medina und den Hedschas im Allgemeinen, und die US-Streitkräfte waren weit von diesen Orten entfernt stationiert. Mit welcher Begründung auch immer, soweit es bin Laden betraf, wurde die Anwesenheit von Ungläubigen zu einem zentralen Handlungsmotiv.

Bin Laden hatte Azzams Organisation übernommen und erheblich ausgebaut, bevor er 1988 al-Qaida (die Basis) gründete. Manchen Quellen zufolge geschah dies aufgrund der Erkenntnis, dass das Service-Büro von Agenten arabischer Regierungen unterwandert war und nicht mehr als sicher galt. Man brauchte eine stärker konspirativ agierende Gruppe. Zu diesem Zeitpunkt, möglicherweise auch schon vor dem endgültigen Rückzug der sowjetischen Truppen aus Afghanistan, planten diese Gruppe und ihre Verbündeten bereits Angriffe auf neue Feinde. Seit Michail Gorbatschow

1985 das erste Mal davon gesprochen hatte, dass eine diplomatische Lösung des Afghanistanproblems wünschenswert sei, war das Ende des Krieges nur noch eine Frage der Zeit gewesen. Als dies sich nun zu konkretisieren begann, sah sich al-Qaida daher nach einer anderen, näher an den neuen Zielen liegenden Ausgangsbasis um. Sie fand sie im Sudan.

Der Sudan ist eines der ärmsten Länder Afrikas und auf jeden Fall das am wenigsten entwickelte arabische Land. Ob es angesichts der ethnischen Zusammensetzung der Bevölkerung, insbesondere im Süden, überhaupt als arabisches Land bezeichnet werden kann, sei dahingestellt, auch wenn sich die Regierung aktiv an der arabischen Politik beteiligt. 1989 übernahm eine fundamentalistische Militärjunta die Macht in Khartoum, doch die Fäden dabei zog ein Mann, der im Hintergrund agierte: Dr. Hassan Tourabi, ein Intellektueller, der sich als einer der eifrigsten Verfechter des radikalen Islamismus profiliert hatte. Er hatte verlauten lassen, dass die Regierung bereit sei, bin Laden, der auf der Suche nach einem neuen Stützpunkt sei, als Gast in ihrem Land aufzunehmen. Hier und da kamen Zweifel auf: Konnte man jemandem wie ihm, der an der Sorbonne studiert und sich einige Zeit in den USA aufgehalten hatte, das heißt dem westlichen Einfluss ausgesetzt gewesen war, überhaupt trauen?[8] Diese Bedenken waren insofern interessant, als sie an die Sowjetunion unter Stalin erinnerten, wo jedem, der irgendwann einmal im korrumpierenden Klima des Westens gelebt hatte, mit ähnlichem Misstrauen begegnet wurde. Was Tourabi anging, wurden die Zweifel schließlich ausgeräumt, und so konnte sich bin Laden nach einem Aufenthalt in seiner saudischen Heimat (wo er damals noch nicht zur Persona non grata geworden war) zusammen mit vielen seiner engsten Mitarbeiter im Sudan niederlassen. In der anschließenden Periode investierte er große Summen in die sudanesische Wirtschaft; so errichtete er mehrere Fabriken, gründete eine Bank und unterstützte die Landwirtschaft. Später äußerte er sich in Gesprächen sehr optimistisch über die wirtschaftlichen Chancen des Landes; offenbar hatte er etwas von der Business-Begabung seines Vaters geerbt, der ein großes Bauimperium geschaffen hatte.[9]

Gleichzeitig wurden der organisatorische Ausbau und die Vorbereitung von Terroranschlägen fortgesetzt. Der Sudan als Ausgangsbasis hatte beträchtliche Vorteile – man konnte in fast jeden Teil der Welt reisen, Geld transferieren (und waschen), Waffen kaufen und Ausbildungslager einrichten. Islamische Nichtregierungsorganisationen (NGOs) wie die Muslim World League und die International Islamic Relief Organization wurden gegründet, respektable, von der UNO anerkannte Organisationen, die in vielen Ländern Vertretungen unterhielten und gleichzeitig den Gotteskriegern als Tarnorganisation dienten. Vom Sudan aus wurde eine Reihe von terroristischen Operationen im Nahen Osten und in Nordafrika durchgeführt. Aber die Wirkung von bin Ladens Organisation war immer noch begrenzt, die Basis der Gruppe war zu schmal, und bin Laden war in der Terrorszene nur ein Akteur unter anderen. Einige der spektakuläreren Anschläge dieser Zeit, wie etwa 1993 der Versuch, das World Trade Center in die Luft zu jagen, wurden von unabhängigen Zellen verübt. Der vom Iran geförderte Terrorismus war damals weit wichtiger als al-Qaida; bin Ladens Hauptinteresse galt dem Balkan und Ostafrika – seine sonstigen Pläne waren langfristig angelegt.

Das sudanesische Intermezzo dauerte bis 1996, als der Westen (und arabische Regierungen) Khartoum bedrängte, sich des gefährlichen, mittlerweile zu stark gewordenen Gastes zu entledigen. Sogar Tourabi konnte jetzt nicht mehr helfen, und so trafen bin Laden und seine Anhänger im Mai 1996 wieder in Afghanistan ein, wo sie von den inzwischen an die Macht gelangten Taliban herzlich aufgenommen wurden. In den nächsten drei Jahren etablierte sich bin Laden als Hauptkoordinator der bedeutenden radikalislamischen Kräfte und erklärte dem Rest der Welt den Krieg.[10]

Nach Azzams Tod war bin Laden unter den Einfluss von Ayman al-Zawahiri geraten, dem ägyptischen Terroristenführer, der in den achtziger Jahren nach Afghanistan gegangen war. Obwohl al-Zawahiri im Gegensatz zu Azzam kein Ideologe war und auch keine islamische Ausbildung genossen hatte und obwohl seine Bücher nicht sehr verbreitet waren, war er doch eine Persönlichkeit mit festen Überzeugungen, kurz: ein Fanatiker. Seine Weltanschauung, die zu derjenigen bin Ladens wurde, hatte sich in ägyptischen Gefängnissen herausgebildet, wo die Anführer von *Gama'a* und *al-Dschihad* jahrelang Zeit gehabt hatten, über ihre ideologische Orientierung nachzudenken. Thema ihrer Aufzeichnungen, die später, legal oder illegal, für ein breites Publikum oder einen kleinen Kreis Eingeweihter, als Pamphlete erschienen, war die Konfrontation mit dem Westen. Aus ihrer Sicht war dies die alles entscheidende Frage, denn wenn die Macht des Westens nicht gebrochen werde, bestehe, so meinten sie, keinerlei Chance, eine auf den wahren islamischen Gesetzen basierende Gesellschaft aufzubauen. Erreicht werden könne die Herrschaft des Islam, des Friedens und allgemeiner Wohlfahrt also, nur durch den Dschihad, den heiligen Krieg. Die Verbrechen des Westens, die Ausbeutung während der Kolonialzeit und die damals begangenen Massaker, müssten geahndet werden. Aber auch dort, wo es kein koloniales Erbe zu bewältigen gebe, sei der Westen wegen des demoralisierenden Einflusses seiner Kultur und seiner wirtschaftlichen Vormachtstellung das Haupthindernis auf dem Weg zum weltweiten Sieg des Islam.

Der Kampf, so viel war klar, würde nicht einfach werden, doch glaubten die Gotteskrieger, dass sie ihn gewinnen konnten und würden. Ihrer Meinung nach sprachen viele Anzeichen für die Schwäche des Westens und dafür, dass er in Todesangst vor der geistigen Überlegenheit des Islam lebte; die gläubigen Muslime andererseits verfügten über die uneingeschränkte Bereitschaft, zu kämpfen und für ihren Glauben zu sterben.[11] Diese Strategie musste auf mehreren Ebenen gleichzeitig umgesetzt werden, denn hier war auch Propaganda vonnöten – um zum einen den Glauben der Muslime zu stärken und zum anderen nicht nur die westliche Macht zu zerstören, sondern auch die westlichen Ideen und Konzepte entscheidend zu schwächen.

Dies waren die Grundpfeiler der Ideologie der Gotteskrieger, wie sie zuerst in Ägypten formuliert und später von den afghanischen Arabern übernommen wurde. Auch die Anfang 1998 gegründete Islamische Weltfront für den Dschihad gegen Juden und »Kreuzzügler« bewegte sich in diesem ideologischen Rahmen. Gründer waren, neben bin Laden als Vertreter von al-Qaida, al-Zawahiri im Namen von *al-Dschihad*, Abu Jasir als Repräsentant von *Gama'a*, Scheich Mir Hamza für die pakistanische *Dschamijat ulama* und schließlich Fazlul Rahman, der Führer der Dschihad-Bewegung in Bangladesch.[12] Hauptstützen der neuen Organisation waren die Ägypter und bin Laden, das heißt, es handelte sich um einen lockeren Zusammenschluss verschiedener Gruppen, die von der Finanzierung durch bin Laden zusammengehalten wurden.[13] Schon während seines Sudanaufenthalts hatten erste Gespräche zwischen den einzelnen Führern stattgefunden.

Man hätte unter den Mitgliedsorganisationen auch die algerischen GIA und einige kleinere ägyptische Terroristengruppen erwartet; wahrscheinlich hatte man sie nicht dazugebeten. Die Anwesenheit des pakistanischen Scheichs war nötig, um der am Ende des Treffens von bin Laden und al-Zawahiri erlassenen Fatwah religiöse Gesetzeskraft zu verleihen, denn keiner von beiden besaß die religiöse Autorität, die hierzu erforderlich ist. Es handelte sich um eine Kriegserklärung gegen die Vereinigten Staaten, die, so hieß es im Text, mit der arabischen Halbinsel die heiligste Stätte des Islam besetzt hielten und ihre Reichtümer ausplünderten. Scharf verurteilt wurde auch die »fortgesetzte Aggression gegen das irakische Volk«. Die Amerikaner, die in diesen Kriegen wirtschaftliche und religiöse Ziele verfolgten, nützten zudem noch dem Kleinstaat der Juden, indem sie von der israelischen Besatzung Jerusalems und den dort verübten Morden an Muslimen ablenkten. In dieser Situation seien die religiösen Autoritäten des Islam einhellig zu dem Schluss gelangt, dass bei Angriffen auf muslimische Länder der Dschihad zur persönlichen Pflicht eines jeden Muslims werde. Es gehe darum, die Amerikaner und ihre Verbündeten zu töten, und zwar Militärs wie Zivilisten. Dies sei, wann immer möglich, die individuelle Pflicht eines jeden, der körperlich dazu in der Lage sei, bis die Al-Aksa-Moschee in Jerusalem wie auch die Haram-Moschee in Mekka aus ihren Händen befreit und ihre Armeen vernichtet seien und sie sich aus sämtlichen islamischen Gebieten zurückgezogen hätten, so dass sie keinen Muslim mehr bedrohen könnten.[14] Diese ideologischen Richtlinien wurden sogar noch nach der Niederlage der Taliban und der Zerstreuung von al-Qaida regelmäßig wiederholt. So schrieb der al-Qaida-Sprecher Suleiman Abu Gaith im Juni 2002: »Amerika ist der Kopf der Ketzerei in unserer modernen Welt, und es führt ein ungläubiges demokratisches

Regime, das auf der Trennung von Staat und Religion und der Volkssouveränität beruht, in dem Gesetze erlassen werden, die dem Weg Allahs widersprechen und erlauben, was Allah verboten hat.« Deshalb auch sein Aufruf, die ganze Welt der Herrschaft des Islam zu unterwerfen, der geschaffen worden sei, »um im Zentrum der Führerschaft, im Zentrum von Hegemonie und Herrschaft« zu stehen, deshalb auch die Feststellung: »Wir haben ... das Recht, [mindestens] vier Millionen Amerikaner zu töten.«[15]

Dieses Manifest war alles andere als sensationell, denn es verkündete nur, was von Anfang an die Doktrin der radikalen Islamisten, die es in den Dschihad zog, gewesen war. Nachzulesen ist sie beispielsweise in dem so genannten al-Qaida-Handbuch, das – wahrscheinlich in mehreren Schritten – zwischen 1989 und 1995 zusammengestellt worden ist.[16] Dort sind nach dem Vorbild des *Anarchistischen Kochbuchs* aus dem 19. Jahrhundert detaillierte Anleitungen für den Bau von Bomben und anderen Waffen enthalten, und es werden die Grundregeln des konspirativen Verhaltens erläutert. Daneben enthält es Abschnitte, die nur im Zusammenhang mit dem Dschihad einen Sinn ergeben, Richtlinien für die Behandlung von Geiseln etwa, denen zufolge Schriftgelehrte wie Imam Mosallem es gestattet haben, Geiseln zu schlagen (das heißt zu foltern). Nichtmuslimische Geiseln, so das Handbuch, dürften so lange geschlagen werden, bis sie ihre Geheimnisse preisgeben. Hielten sie Informationen vor Muslimen zurück, sei es erlaubt, sie zu töten – was natürlich mit Verweisen auf Koran und Hadith, insbesondere auf die Schlacht von Honein im Jahr 630 (eine der wichtigsten, die von Mohammed geschlagen wurden), begründet wird. Diese Anleitungen wurden Jahre vor der offiziellen Kriegserklärung gegen »Juden und Kreuzzügler« zusammengestellt.[17]

Neu war daran der taktische Wechsel des Ziels: Hauptgegner waren vorläufig nicht mehr, wie von Sayyid Qutb und seinen Schülern gepredigt, die inneren Feinde, sondern besagte Kreuzzügler (Christen) und Juden. Dies zu akzeptieren dürfte Männern wie al-Zawahiri, der immer die ägyptische Regierung als Hauptfeind betrachtet hatte, nicht leicht gefallen sein, aber er gelangte offenbar zu dem Schluss, dass der Kampf in der Heimat wesentlich unbeliebter war als der Dschihad gegen die äußeren Feinde, für den sich leichter Freiwillige mobilisieren ließen.

Zu den Rekruten gehörten zuerst und vor allem die afghanischen Araber, die sich zum Zeitpunkt der Kriegserklärung von 1998 in viele Länder zerstreut hatten und einen der beiden Hauptpfeiler des Dschihad bildeten. Genaue Angaben darüber, wie viele ausländische Freiwillige in Afghanistan gekämpft haben, sind nicht vorhanden; es könnten zwanzig- bis dreißigtausend gewesen sein, von denen ein erheblicher Teil nur zeitweise in die Kampfhandlungen eingriff. Viele von ihnen stammten aus dem benachbarten Pakistan und gehörten einem der örtlichen Stämme an. Die Schätzungen gehen weit auseinander – die Anzahl der algerischen Freiwilligen wird von den einen auf 500, von anderen auf 3000 geschätzt, ähnliche Diskrepanzen gibt es bei den Zahlen für die ägyptischen und jemenitischen Gotteskrieger. Nach dem Abzug der sowjetischen Truppen und dem Zusammenbruch des prosowjetischen Regimes in Kabul im Januar 1992 begannen sie Afghanistan zu verlassen.[18] Andererseits gab es nach dem Ende des Krieges gegen die Sowjetunion einen neuerlichen Zustrom von muslimischen Terroristen aus dem Nahen Osten.

Offenbar sind relativ wenige Freiwillige im Krieg gefallen, und kaum einer geriet in Gefangenschaft. Einige schlossen sich al-Qaida an, die Mehrheit aber wahrscheinlich nicht; viele waren jedoch bereit, den Kampf auch nach der Rückkehr in ihren Heimatländern oder an den neuen Schauplätzen fortzusetzen, zu denen man sie schickte. Nach ägyptischen Erkenntnissen hielten sich Ende 1998 gut 2800 Kämpfer in bin Ladens Lagern in Afghanistan auf, darunter knapp 600 Ägypter, gut 400 Jordanier, etwa 300 Jemeniten und über 250 Iraki.[19] Noch mehr Freiwillige waren in Pakistan stationiert, obwohl das Land sich verpflichtet hatte, die Lager der afghanischen Araber zu schließen. Als im Oktober 2001 die amerikanische Offensive gegen das Talibanregime begann, schätzte man die Zahl der al-Qaida-Kämpfer auf rund 7000. Viele waren jedoch in ihre Heimatländer zurückgekehrt, die einen legal, andere illegal. Willkommen waren sie nirgendwo, denn die Regierungen fürchteten das Gewaltpotential der vom Evangelium des Dschihad indoktrinierten Heimkehrer, die nichts anderes gelernt hatten als zu kämpfen. Ihre Situation ähnelte in mancher Hinsicht derjenigen der militanten Rechtsradikalen in Europa nach dem Ersten Weltkrieg: Auch sie waren Kriegsveteranen gewesen, die sich nicht wieder in die Zivilgesellschaft eingliedern wollten oder konnten und sich in Deutschland und dem Baltikum in den so genannten Freikorps, in Italien in den *Squadristi* zusammenfanden, beides Organisationen, die terroristisch aktiv waren und zur Keimzelle der faschistischen Parteien in ihren Ländern wurden.[20]

Auch im Hinblick auf die Zufluchtsorte der afghanischen Araber gibt es nur grobe Schätzungen; einige sind spurlos verschwunden, andere kämpften in anderen Weltgegenden weiter. 4000 Gotteskrieger sollen ins frühere Jugoslawien, wo sie auf Seiten der Bosnier kämpfen wollten, sowie ins Kosovo und nach Albanien gegangen sein. Von ihrem Hauptlager in Zenica aus verübten sie Terroranschläge und beteiligten sich am Guerillakrieg gegen die Serben. Manche scheinen auch ehrgeizigere Pläne verfolgt zu haben: Sie wollten Bosnien und das Kosovo zur neuen Ausgangsbasis von al-Qaida für Operationen in Europa machen, um von dort aus Anschläge auf westliche Militäreinrichtungen und Botschaften in Deutschland, Frankreich und anderswo durchzuführen. Viele von ihnen erhielten bosnische Pässe, aber nachdem die Kämpfe abgeklungen waren, drängte der Westen die bosnische Regierung verstärkt, sich der Gotteskrieger zu entledigen. Zwar kam man dieser Aufforderung in gewissem Maß nach, doch mehrere hundert Terroristen blieben im Land. Eine Gruppe suchte sich Frankreich und Belgien als neues Betätigungsfeld aus und verübte Terroranschläge und Überfälle, etwa bei Roubaix in Nordfrankreich.[21]

Andere kehrten nach Algerien zurück, woher sie eigentlich stammten, und schlossen sich den GIA an, der radikalsten Terrororganisation des Landes, die für die Massaker der neunziger Jahre verantwortlich war. Hier hat der Terrorismus mit mindestens 100 000 mehr Todesopfer als in jedem anderen Land gefordert. Die GIA verfügten auch über aktive Zellen unter algerischen Emigranten in Frankreich und vielen anderen europäischen Staaten. Sie besaßen mehr Kontakte in Europa als jede andere islamistische Terroristengruppe, eine Infrastruktur, die sich als sehr hilfreich erweisen sollte, als al-Qaida ihre weltweiten Aktivitäten aufnahm. Eine weitere größere Gruppe zog in den Jemen, wo sie mit der politischen Opposition und regierungsfeindlichen Stammesgruppen zusammenarbeitete. Nachdem sie von einigen islamistischen Terroristen aus Großbritannien Verstärkung erhalten hatte, verlegte sie sich zur Finanzierung ihrer Operationen eine Zeit lang auf die Entführung von Ausländern.

Eine beachtliche Zahl afghanischer Araber ging nach Ägypten, einige freiwillig, andere, die in Albanien, Pakistan oder anderen Ländern unerwünscht geworden waren, zwangsweise.[22] In Ägypten waren sie in viele Terroranschläge verwickelt, bis 1998 insofern ein weiterer Strategiewechsel vorgenommen wurde, als fortan alle Energie auf Angriffe auf amerikanische Ziele rund um die Welt konzentriert werden sollte. An den spektakulären Anschlägen auf die US-Botschaften in Nairobi und Daressalam waren auch ägyptische Terroristen beteiligt, und die anderen Attentäter standen auf die eine oder andere Weise ebenfalls mit al-Qaida in Verbindung. Die ägyptische Regierung griff gegen die Rückkehrer hart durch und führte eine Reihe von Massenprozessen durch. Zu den (zumeist in Abwesenheit) zum Tode Verurteilten gehörten al-Zawahiri, dessen Bruder Mohammed und al-Istambuli, der Bruder des Terroristen, der Sadat ermordet hatte. In den Verfahren kamen einige interessante Tatsachen über das Innenleben von al-Qaida ans Licht, über die wenig erfolgreichen Bemühungen etwa, engere Beziehungen zwischen den verschiedenen Terroristengruppen aufzubauen, über Versuche, die islamistischen Terroraktivitäten auf den Kaukasus auszudehnen (Tschetschenien und Dagestan), und über interne Meinungsverschiedenheiten, einen Waffenstillstand mit den Regierungen von Ägypten und Algerien betreffend.

Was aus den Verhören und Prozessen nicht hervorging, waren Hinweise auf die ehrgeizigsten Vorhaben von al-Qaida: die Angriffe auf die Vereinigten Staaten im September 2001. Dies war kein Zufall, denn die Beteiligten an den Anschlägen vom 11. September waren keine afghanischen Araber, sondern Mitglieder einer anderen Rekrutengruppe, die aus der Diaspora in Europa oder aus Saudiarabien stammte und in Europa oder den USA studiert hatte. Die afghanischen Veteranen waren zwar erfahrene Kämpfer, die vollauf dazu in der Lage waren, den Dschihad in der arabischen Welt und auf dem Balkan fortzusetzen. Aber für Operationen in Europa und Amerika waren ein anderer Hintergrund und andere Fähigkeiten nötig als jene, die man sich in pakistanischen oder afghanischen Ausbildungslagern aneignen konnte: eine höhere Bildung, gute Sprachkenntnisse und eine gewisse Erfahrung im Verhalten in fremden Gesellschaften.

Im Jahr 2000 hatte al-Qaida einigen Grund, mit dem bisher Erreichten zufrieden zu sein. Wenngleich westliche und arabische Regierungen auf ihre Existenz aufmerksam geworden waren und Gegenmaßnahmen ergriffen hatten, waren diese doch noch nicht effektiv genug, um ihre Operationen ernsthaft zu gefährden. Der Ruf bin Ladens und seiner Organisation hatte sich in der gesamten muslimischen Welt herumgesprochen, und so fiel es al-Qaida nicht schwer, neue Mitglieder anzuwerben. Andererseits war ihr Potenzial noch beschränkt: Den Muslimen auf dem Balkan konnte man nur in begrenztem Umfang beispringen, von jenen im Kaukasus ganz zu schweigen. Auch den Glaubensbrüdern in Palästina konnte oder wollte man keine Hilfe zukommen lassen. Die Ressourcen wurden zum überwiegenden Teil für den Hauptschlag gegen den »großen Satan« gebraucht.

Europäischer Islam?

Waren der Sudan und Afghanistan der eine Pfeiler der neuen islamischen Revolution, so war, was wenige vermutet hätten, Westeuropa der zweite. Vor dem Zweiten Weltkrieg hatten in Europa nicht viele Muslime gelebt, abgesehen vom Balkan, der jahrhundertelang ein Teil des Osmanischen Reiches gewesen war. Um der bitteren Armut in ihren Heimatländern zu entkommen, strömten dann in den sechziger und siebziger Jahren Millionen Muslime aus aller Welt nach Westeuropa, weil es dort, nach dem längsten Aufschwung in der Geschichte des Kontinents, genügend Arbeit gab. Sie kamen aus Nordafrika (hauptsächlich nach Frankreich, Spanien und Italien), aus der Türkei (nach Deutschland) und Südasien (nach Großbritannien). Im Jahr 2000 lebten in Frankreich gut vier Millionen Muslime, in Deutschland zweieinhalb bis drei und in England nicht ganz zwei Millionen. Auch in kleineren Ländern gibt es Kolonien von beachtlicher Größe – in den Niederlanden und Belgien leben über eine Million, und sogar in Schweden ist der Islam zur zweitgrößten Religionsgemeinschaft geworden. In Spanien und Italien sind selbst grobe Schätzungen unmöglich, weil die Zahl der illegal dort lebenden Muslime wahrscheinlich größer ist als die der legal Eingewanderten – viele Hunderttausende sind es allemal. Anfangs waren die Beziehungen zum Gastland relativ problemlos. Die meisten waren gekommen, um Geld zu verdienen, und hatten vor, nach einer gewissen Zeit in die Heimat zurückzukehren. Doch die große Mehrheit von ihnen kehrte nicht zurück, nicht zuletzt deshalb, weil sie in ihren Gastländern heimisch geworden war und sich an deren höheren Lebensstandard gewöhnt hatte. Zwar wurden die Immigranten von den wirtschaftlichen Abschwüngen der siebziger und achtziger Jahren hart getroffen, aber die Sozialleistungen boten ihnen eine Sicherheit, die es in ihren Heimatländern nicht gab. Für die Tatsache, dass die Arbeitslosigkeit unter ihnen, insbesondere den Angehörigen der zweiten Generation (den »beurres«, wie sie in Frankreich genannt werden), deutlich höher war als beim Rest der Bevölkerung, gab es jedoch noch einen anderen Grund: Viele hatten sich, besonders in Großbritannien und zum Teil auch in Frankreich, in den Zentren der alten, traditionellen Industrien angesiedelt, die sich im Niedergang befanden und ihre Produktion nach und nach ganz einstellten.

Die neuen Immigranten leben in den Großstädten konzentriert in eigenen Vierteln, wie in der Pariser Banlieue, in London und den Städten der Midlands. Dies war auch bei früheren Einwanderungswellen der Fall gewesen, aber damals hatten sich die Zugezogenen relativ schnell in die Gesellschaft vor Ort integriert und das Ghetto dann bald verlassen. So hatte man es von ihnen erwartet, und sie fügten sich nur zu willig. Unter den muslimischen Einwanderern der Zeit nach dem Zweiten Weltkrieg gab es diese Integrationsbereitschaft nicht. Sie wollten ihre Art zu leben in den meisten Belangen beibehalten, und im Zeitalter des Multikulturalismus wurde dies als ganz natürlich angesehen.

Eine gewisse kulturelle Assimilation hat zwar stattgefunden –

sie manifestiert sich vor allem in der Beherrschung der Sprache des Gastlandes, die von der zweiten und dritten Generation akzentfrei oder, genauer gesagt, im lokalen Dialekt gesprochen wird. Aber, wie der nordafrikanische Schriftsteller Tahar Ben Jelloun in Bezug auf die Angehörigen der zweiten Einwanderergeneration in Frankreich festgestellt hat: Sie essen französisch, singen französische Lieder und gehen in Diskotheken, doch sie fühlen nicht französisch; wenn die Fußballnationalmannschaften von Frankreich und Algerien gegeneinander spielen, versuchen sie die Marseillaise niederzubrüllen.[23] Soziale Kontakte, von Ehen über die ethnischen Grenzen hinweg ganz zu schweigen, kamen (und kommen) – in Frankreich etwas schneller als in Deutschland und Großbritannien – nur zögernd zustande, was sich auch auf die soziale Mobilität auswirkte. Während frühere Einwanderer nicht nur das Ziel hatten, ein besseres Leben zu führen, sondern auch eine bessere Bildung anstrebten, traf dies für die islamischen Immigranten nach dem Zweiten Weltkrieg nicht mehr zu. Das war keine Klassenfrage: In Frankreich erhalten 25 bis 30 Prozent der Arbeiterkinder eine höhere Bildung, aber nur vier Prozent der Kinder von Nordafrikanern. Die Folge war, dass viele junge Leute nicht nur arbeitslos waren, sondern auch als nicht vermittelbar galten. Sie wurden (beziehungsweise blieben) Angehörige des neuen Proletariats, nur wenigen ist der Aufstieg gelungen.

Hat irgendjemand bewusst versucht, diese Menschen klein zu halten, oder muss man die Ursachen anderswo suchen? Es liegt nahe, eine »rassistische« Regierung oder Gesellschaft für die eigene Misere verantwortlich zu machen. Doch entspricht dies nicht den Tatsachen; es ist nicht einmal die halbe Wahrheit. Genauso wenig ist damit erklärt, warum einige Angehörige dieser radikalisierten jüngeren Generation zu Terroristen wurden. Denn unter diesen Neulingen befanden sich viele, die weder arm noch ungebildet waren.

Die meisten, die nach Westeuropa auswanderten, waren zwar praktizierende Muslime, aber keine Ultraorthodoxen oder gar Radikalen gewesen. Die Türken, die nach Deutschland kamen, waren allerdings religiöser als die Mehrheit der türkischen Gesellschaft, denn sie stammten nicht aus den überwiegend säkular geprägten Großstädten, sondern aus dem ländlichen Anatolien, wo der Islam noch tief verwurzelt war. Das Gleiche galt *mutatis mutandis* für die Pakistanis, die sich in Großbritannien niederließen.

Mit dem Zustrom einer neuen Generation von jungen, radikalen und hauptsächlich mit saudischem Geld bezahlten Predigern in den achtziger Jahren setzte dann eine Radikalisierung ein. Diese Prediger, Schüler von Sayyid Qutb und dem pakistanischen Theoretiker Maulana Abul Ala Maududi, Gründer der fundamentaloppositionellen Partei *Jamaat-i-Islami*, richteten neue Moscheen und Kulturzentren ein. Allein in Großbritannien wurden 1500 neue Moscheen gebaut, über 5000 Koranschulen geschaffen sowie Kulturzentren und radikale Studentenverbände gegründet. Sie lehrten ihre Anhänger, dass sie dem Islam gemäß zuerst und vor allem Muslime seien, überall für die Rechte und Interessen der Muslime zu kämpfen hätten und dem ungläubigen Land, in dem sie zufälligerweise lebten, nichts schuldeten. Die Demokratie sei ein böses politisches System, Freiheit und Toleranz seien Ideale, die ihrer Religion fremd seien. So predigte auch Imam Fazazi von der Hamburger Moschee, man sollte Christen und Juden die Kehle durchschneiden.[24] Auf dieser Basis war es nicht einfach, einen Dialog zwischen den Kulturen zu führen.

Die Prediger gründeten Verlage, wie Azzam in Großbritannien, der nach dem bereits erwähnten Guru des Dschihad benannt wurde. Alle Muslime, so die Botschaft, seien Extremisten oder sollten es zumindest sein, genau wie der Prophet Mohammed, der immerhin in Medina 700 Juden habe köpfen lassen und unermüdlich in den Kampf gezogen sei. Heute stehe ein langer Krieg bevor, der mehrere Jahre, wenn nicht Jahrzehnte dauern und mit dem Sieg der Gläubigen enden werde. Die Muslime würden dabei immer im Recht sein, denn ihr Krieg sei ein Dschihad, und niemand dürfe die gegen sie kämpfenden Ungläubigen irgendwie unterstützen. Muslime und muslimische Organisationen, die ein gemäßigtes Bild des Islam zu zeichnen versuchten, seien Verräter und Abtrünnige, denn: »So etwas wie einen gemäßigten oder liberalen Muslim gibt es nicht.«[25]

Die britische Regierung gewährte diesen neuen religiösen Würdenträgern unbegrenzte Aufenthaltserlaubnis, ohne zu überprüfen, ob ihre Hauptbeschäftigung anstelle der religiösen Erziehung nicht vielmehr in politischer Propaganda besteht. Hätte eine Neonazigruppe zum Mord an allen Schwarzen aufgerufen, dann hätte sie Probleme mit dem Race Relation Act bekommen, dem britischen Gesetz gegen Rassendiskriminierung, doch die islamistischen Hassprediger wurden als religiöse Würdenträger betrachtet und waren daher gegen Ermittlungen geschützt. Die türkische Regierung war über die in Deutschland unter dem Deckmantel der Religion betriebene politische Propaganda sicherlich nicht erfreut, doch sahen die deutschen Behörden keine Möglichkeit zu intervenieren, weil das Grundgesetz die Religionsfreiheit garantiert. Ähnlich beunruhigt verfolgte die algerische Regierung die Indoktrination, der die algerische Kolonie in Frankreich ausgesetzt war, aber wie die britische war auch die französische Staatsführung nicht geneigt, in ihrer Ansicht nach innere Angelegenheiten von Religionsgemeinschaften einzugreifen, denen laut Gesetz die volle Freiheit zustand.

Die Indoktrination wäre weniger erfolgreich gewesen, wenn nicht die soziale und psychologische Situation reif gewesen wäre für die Entstehung des Extremismus. Die Jugendarbeitslosigkeit, die die vorhandene Tendenz zur Entfremdung von der Gesellschaft weiter verstärkte, kam hier bereits zur Sprache. Zwar ist in Westeuropa die höhere Bildung kostenlos, aber nur wenige junge Muslime nutzten diese Chance – und selbst diejenigen, die es taten, blieben von der allgemeinen Radikalisierung nicht verschont. Im liberalen Schweden machte 2002 der folgende Vorfall Schlagzeilen: Ein Kurde hatte seine Tochter ermordet, weil sie seiner Ansicht nach durch den Besuch der Universität die Familie entehrt hatte, und dies, obwohl sie alle seit vielen Jahren in Schweden lebten und gut integriert zu sein schienen. Viele junge Muslime kamen mit dem Gesetz in Konflikt; die ethnische Aufschlüsselung der Gefängnisinsassen gilt jedoch als politisch inkorrekt und wird als sozialer Zündstoff angesehen, weshalb man die entsprechenden Zahlen für gewöhnlich nicht veröffentlicht. Etlichen Berichten zufolge beträgt das muslimische Kontingent unter jugendlichen Straftätern in bestimmten Gegenden Frankreichs und Großbritanniens allerdings bis zu 80 Prozent. Ein großer Teil der westeuro-

– womit die Gefährten gemeint waren, die mit Mohammed von Mekka nach Medina gegangen waren). In einem Interview mit *Le Monde* erklärte er, er und seine Männer würden nicht ruhen, ehe nicht ihre Fahne über dem Elysée und Downing Street Nummer 10 wehte.[36] Mit seiner Vorstellung, dass Großbritannien das erste wirklich islamische Land werden solle, befand er sich allerdings im Widerspruch zu anderen Glaubensbrüdern, nach deren Ansicht die islamische Revolution in Ländern wie dem Jemen beginnen sollte. Bakri beschränkte sich in seinen Verlautbarungen nicht darauf, zum Mord an Juden und Christen aufzurufen, sondern erklärte auch alle Regierenden in der muslimischen Welt für vogelfrei, denn sie seien ohne Ausnahme Kreaturen des Westens.[37] Im Gespräch mit einer arabischsprachigen Zeitung prophezeite er, der Westen werde entweder durch eine Eroberung von außen oder durch eine ideologische Eroberung von innen zu einem Teil der islamischen Welt werden:»Wenn ein islamischer Staat sich erhebt und gegen den Westen marschiert, werden wir seine Armee und seine Soldaten im Innern sein.«[38]

Seine Haltung war jedoch nicht unbedingt konsistent, hatte er doch früher keine Drohungen gegen Großbritannien ausgesprochen. Nach diesem Sinneswandel befragt, erklärte er, in früheren Jahren hätte er ein Übereinkommen mit den britischen Behörden gehabt, dann aber nach und nach seine Meinung geändert. 1998 wurde er von den britischen Sicherheitskräften vernommen, weil ihm vorgeworfen wurde, zum Mord an Premierminister John Major aufgerufen zu haben. Er hatte gesagt, dass Major, wenn er in ein arabisches oder muslimisches Land reise, ein legitimes Ziel für einen Anschlag sei; später wiederholte er dies in Bezug auf Tony Blair. Zum Dschihad gegen Großbritannien rief er ebenfalls auf, wobei er nun alle Juden und Christen als legitime Ziele bezeichnete.

Vor dem 11. September hatte Bakri behauptet, bin Ladens persönlicher Repräsentant zu sein. Nach diesem Tag hieß es nur noch, es gebe eine geistige Verwandtschaft, aber keine organisatorischen Verbindungen. Die Geistlichen in der muslimischen Welt, seine Kollegen, beschimpfte er als feige Hunde, denn was zähle, seien nicht Bücherweisheiten, sondern die Tat. Er ließ Plakate mit der

Aufschrift »Tötet die Juden« drucken und verkündete, dass kein Muslim an die scheindemokratischen britischen Gesetze gebunden sei, die ein Parlament von Affen beschlossen habe. Diese und andere Aussprüche konnte man auf Bakris Seite im Internet, in Broschüren über den Dschihad und in den vielen Interviews, die er den Medien freimütig gab, nachlesen.

Ab und an wurde im Unterhaus eine Anfrage eingebracht, oder die Presse ereiferte sich über die Hetzreden der radikalen Propagandisten – immerhin war Ausländern schon wegen weit harmloserer Äußerungen die Einreise nach Großbritannien verweigert worden. Doch sahen die britischen Behörden angesichts der Gesetzeslage offenbar keine Möglichkeit, strafrechtlich gegen den Scheich vorzugehen, oder sie hielten ihn nicht für einflussreich genug und wollten ihn nicht zum Märtyrer machen. Tatsächlich wurden seine Aktivitäten sogar indirekt vom Staat finanziert, da er für sich und seine fünf Kinder eine monatliche Sozialhilfe von rund 2000 Pfund erhielt. Auf Nachfragen einer britischen Zeitung erklärte er, es sei schwierig für ihn, einen Arbeitsplatz zu bekommen; im Übrigen würden die meisten führenden Persönlichkeiten der islamischen Bewegung in Großbritannien von Sozialleistungen profitieren.[39] Sprecher der muslimischen Mehrheit bezeichneten Bakri als Clown, der für die britischen Muslime nicht repräsentativ sei. Und dennoch traten die meisten nur zögerlich mit Äußerungen gegen ihn hervor.

Einiges von dem, was Bakri nach eigener Aussage erreicht haben wollte, war übertrieben, zum Teil sogar krass übertrieben. So traf es nicht zu, dass er viele hundert oder sogar Tausende von jungen britischen Muslimen für den Kampf in Afghanistan, Kaschmir, Jordanien, im Libanon und in anderen Ländern angeworben hatte. Zwar ist ihre Zahl nicht bekannt, aber sie war mit Sicherheit nicht hoch – in Bosnien kamen zwei Freiwillige ums Leben, in Tschetschenien wurde ein junger Muslim aus Großbritannien getötet, und in Afghanistan geriet eine Handvoll von ihnen in Gefangenschaft. Bakris Kollege Abu Hamsa al-Masri hatte acht britische Muslime für den Kampf im Jemen rekrutiert. Zwischen den verschiedenen Scheichs gab es eine Arbeitsteilung: So leitete der in Westlondon ansässige Jussuf al-Qaradawi den elektronischen

Dschihad, was meint, dass er Geld aufbrachte und wusch, während Abdullah al-Faisal einer der führenden Propagandisten war, dessen Kassetten vor vielen Moscheen verkauft wurden. Eine Zentralfigur war Abu Qatada, der an der Moschee von Finsbury und in mehreren islamischen Kulturzentren wirkte. Die europäischen Polizeien sahen eher in ihm – der kein Englisch sprach – als in Bakri den wichtigsten Vertreter von al-Qaida in Europa. Auch er lebte von staatlicher Unterstützung, ebenso wie Omar Othman, ein aus Palästina stammender Geistlicher, der in dem amerikanischen Prozess gegen die Verschwörer, die 1998 die US-Botschaften in Afrika in die Luft gejagt hatten, als Komplize benannt worden war. Um die Fortzahlung seiner Sozialhilfe zu erreichen, zog er sogar vor Gericht. Als die Polizei Qatadas Wohnung durchsuchte, fand sie mehrere hunderttausend Dollar. Wenige Stunden zuvor hatte das britische Parlament ein Gesetz verabschiedet, nach dem Qatada hätte verhaftet werden können. Er jedoch konnte sich absetzen, was bei den Medien den Verdacht hervorrief, er sei die ganze Zeit ein Agent des britischen Sicherheitsdienstes MI5 gewesen.[40] In der Moschee von Finsbury im Norden von London wurden junge Muslime in der Handhabung von Kalaschnikows unterwiesen; andere wurden auf Farmen im Umland geschickt, um dort eine militärische und Sabotageausbildung zu erhalten.[41] Laut Bakri war es die Pflicht eines jeden kräftigen jungen Muslims, der das fünfzehnte Lebensjahr vollendet hatte, ein solches Training zu absolvieren.

Die Ursprünge der *Hisb ut-Tahrir* werden an anderer Stelle in dieser Studie dargestellt werden. Ihr Ableger in Großbritannien blieb jedenfalls für Freund und Feind ein Rätsel. Zum Ärger anderer islamischer und islamistischer Organisationen zog die Partei der Befreiung unverhältnismäßig viel Aufmerksamkeit auf sich. Man warf ihnen vor, falsche Anschuldigungen gegen gläubige Muslime zu erheben. Zudem wisse niemand wirklich, wer ihre Anführer seien und wo sie sich versteckten. Sie verfolge eine Spaltungstaktik, indem sie Versammlungen anderer muslimischer Organisationen zu sprengen versuche. Im Übrigen spiele sie mit ihrem Radikalismus nur den Zionisten in die Hände.[42] Doch nur wenige wagten öffentlich gegen die Gotteskrieger aufzutreten, auch wenn diese nur eine lautstarke Minderheit darstellten. Sie hatten Anhänger nicht nur in London, sondern auch in Städten wie Liverpool, Leicester und Maidenhead, und ihre Broschüren und Kassetten wurden nicht nur in ihren eigenen Gotteshäusern verkauft, sondern auch vor der Moschee am Londoner Regent's Park. Sie zogen Hunderte, wenn nicht sogar Tausende junger, aktiver Muslime in ihren Bann und verfügten damit über eine beachtliche Reserve an potenziellen Kämpfern. Die englischen Behörden wurden von ihren europäischen und amerikanischen Pendants regelmäßig für ihre mangelnde Kooperation im Kampf gegen den Terrorismus gerügt, denn obwohl London zum Zufluchtsort muslimischer Radikaler geworden war, weigerten sie sich, terroristischer Aktivitäten beschuldigte militante Muslime in Länder auszuliefern, in denen man sie zum Tode verurteilen könnte. Doch auch Auslieferungsanträge anderer europäischer Staaten lehnten sie ab. Dies änderte sich teilweise erst nach dem September 2001, als neue Antiterrorgesetze beschlossen wurden.

Die Situation in Deutschland unterscheidet sich insofern von der in Frankreich und Großbritannien, als es für die Einwanderer aus der Türkei nicht leicht ist, deutsche Staatsbürger zu werden. Andererseits haben lokale Einrichtungen, insbesondere die Kirchen, große Anstrengungen unternommen, in einen Dialog mit den Muslimen zu treten. Allerdings beruhten diese Versuche sowohl katholischer als auch protestantischer Kirchenvertreter nicht zuletzt auf einem gerüttelt Maß an Naivität und Ignoranz gegenüber dem Islam und seiner Haltung zu ökumenischen Initiativen.[43] Darüber hinaus konzentrierten sie ihre Bemühungen auf die radikaleren Elemente unter den Türken, wie etwa die Islamische Gemeinschaft Milli Görüş, die nur etwa drei Prozent der Muslime repräsentiert.[44] Die militanteste Gruppe, diejenige von Metin Kaplan, auch Kalif von Köln genannt, hatte 1100 Mitglieder und kämpfte für die Wiedererrichtung des Kalifats und die weltweite Macht des Islam.[45] Diese Extremisten betrieben nicht nur Propaganda, sondern planten auch Terroranschläge, vor allem gegen Säkularisten in ihrem Herkunftsland.

Terrororganisationen aus muslimischen Ländern, etwa aus Algerien, Ägypten und Palästina, waren in ganz Deutschland präsent und sind es teilweise heute noch. Von Auseinandersetzungen zwischen radikalen Vertretern ethnischer Gruppen wie militanten Türken und der Kurdischen Arbeiterpartei (PKK) einmal abgesehen, gab es jedoch relativ wenige Gewaltakte. Vermutlich fürchteten die Militanten, dass sie bei einer Verhaftung nicht nur ihre beträchtlichen Sozialleistungen verlieren, sondern auch des Landes verwiesen würden.

Deutschland war für die Islamisten aus dem gleichen Grund von Bedeutung wie Großbritannien – als sicherer Zufluchtsort und Ausgangsbasis für Operationen in anderen Ländern. Mehrere Selbstmordattentäter hatten in Deutschland studiert, beispielsweise in Hamburg, wo sie zwar die al-Quds-Moschee besucht, sich aber von aktiver Gewalt zurückgehalten hatten. Tatsächlich waren sie angewiesen worden, sich nicht politisch zu betätigen, um nicht die Aufmerksamkeit der Behörden zu erregen und so ihre Mission zu gefährden. Die radikalen Islamisten hinderte dies indes nicht daran, in ihren Moscheen, politischen und kulturellen Zentren die Feindschaft gegenüber dem Westen, Antisemitismus und Gewalt zu predigen und die Gläubigen zu lehren, wie sie den größten Nutzen aus den Angeboten der demokratischen Gesellschaften ziehen konnten – Gesellschaften, deren Prinzipien, wie etwa politische Freiheit, Toleranz und Säkularismus, es nichtsdestoweniger scharf zu verurteilen galt.

Auch Spanien und Italien galten bei den Terroristen als sichere Häfen. In Spanien war 1985 ein Bombenanschlag auf ein in der Nähe eines US-Stützpunkts gelegenes Restaurant verübt worden, bei dem 18 Spanier ums Leben kamen; vergleichbare Operationen hatte es seitdem nicht mehr gegeben. Die spanische Polizei, vollauf beschäftigt mit dem Kampf gegen die baskische ETA, wollte keine zweite Front gegen potenzielle muslimische Terroristen eröffnen. Unter den 600 000 überwiegend aus Nordafrika stammenden muslimischen Immigranten vermutete man einige hundert Militante des al-Qaida-Netzwerks, unter strengere Überwachung kamen sie jedoch erst nach dem 11. September 2001, als mehrere Verhaftungen erfolgten.

Viele der Muslime, die illegal aus Albanien nach Italien kamen, hatten keine vorrangigen politischen Ziele, sondern waren vor allem in Drogenschmuggel und Prostitution aktiv. Etliche gingen von hier aus in andere europäische Länder; die politischen Aktivitäten eines Teils der Nordafrikaner empfanden sie eher als störend, denn sie machten alle Illegalen verdächtig und hatten verstärkte Polizeikontrollen zur Folge. Einige Zeit vor dem 11. September gelang es der italienischen Polizei, eine bedeutende Terrorzelle in Mailand auszuheben, die Kontakte in ganz Europa besaß. In der für Ende 2001 geplanten Terroroffensive, bei der man auch Anschläge auf die US-Botschaften in Paris, Rom und Tirana sowie andere Ziele hatte verüben wollen, sollte sie eine wichtige Rolle spielen.

Die Geschichte des radikalen Islamismus und der Terrorzellen in Westeuropa muss erst noch geschrieben werden. Obwohl die Umstände von Staat zu Staat variierten, scheint sich, das sei hier nochmals betont, die Integration von Immigranten aus muslimischen Ländern grundsätzlich schwieriger gestaltet zu haben als diejenige früherer Einwanderergruppen. Viele hatten gar nicht den Wunsch, Teil der Gesellschaft zu werden, sondern wollten ihre traditionelle Lebensweise beibehalten. Dies erschwerte ihre wirtschaftliche und soziale Integration und verurteilte viele von ihnen zu einer proletarischen oder subproletarischen Existenz. Die Vorstellung, im Lauf der Zeit würde sich ein offener und liberaler europäischer Islam entwickeln, erwies sich zumindest als voreilig. In der Folge wuchs eine neue Generation heran, die zwar oberflächlich assimiliert, aber großenteils zutiefst unzufrieden war. Hier fanden die Prediger des Dschihad ihre Gefolgsleute.

All das hieß aber nicht, dass die soziale und kulturelle Integration von vornherein zum Scheitern verurteilt war und nie zustande kommen würde, aber sie würde wesentlich länger dauern, als ursprünglich angenommen, eher drei Generationen als eine. Modernität und westlicher Lebensstil zeigten wesentlich langsamer Wirkung, als viele erwartet hatten. Indessen war ihre Anziehungskraft nicht zu übersehen; die Verderbnis war (nach Ansicht der Prediger) überall, und es gab keinen Ausweg, es sei denn, man unterband jeglichen Kontakt mit der Außenwelt, was auf lange Sicht natürlich unmöglich war. So weit die soziologische Lage, doch die Anführer der Terroristen waren, um es zu wiederholen, nicht darauf aus, Millionen von Stimmen zu erobern – von Demokratie und Mehrheiten hielten sie nicht viel. Ihr Ziel bestand vielmehr darin, ein paar hundert Aktivisten zu finden, die bereit waren, in den Dschihad zu ziehen, und darüber hinaus einen Teil der muslimischen Gemeinde, wenn schon nicht als aktive Kämpfer, dann doch als Sympathisanten und Helfer zu gewinnen. Dieses Reservoir war ganz klar vorhanden und wird es bis auf weiteres mit Sicherheit auch sein.

Bisher ist nur von Europa die Rede gewesen, aber afghanische Freiwillige und örtliche Sympathisanten von al-Qaida sind auch auf anderen Kontinenten aktiv, vor allem in Südostasien, aber auch in Amerika.[46] In den meisten muslimischen Ländern und auch solchen mit einer muslimischen Minderheit betreiben sie Propaganda, in Zentralasien, im Kaukasus, in Malaysia und auf den Philippinen (um nur einige Orte zu nennen) haben sie auch Terroranschläge verübt. Zwischen den verschiedenen lokalen Gruppen bestehen allerdings erhebliche Unterschiede. Im Kaukasus gibt es eine Mischung aus kulturell-religiösen und nationalen Motiven im Kampf gegen Russland; die tschetschenischen Banden in Moskau entsprechen stärker dem Modell der Mafia als dem des Korans, und wenn sich Abu Sayyaf auf den Philippinen auf die Entführung ausländischer Touristen spezialisiert hat, dann weniger im Rahmen des Dschihad als vielmehr zur Geldbeschaffung. Andere Operationen, wie das nicht ausgeführte Vorhaben Ramsi Jussufs und anderer, 1994 über dem Pazifik mehrere Linienflugzeuge in die Luft zu jagen, waren Vorläufer des September 2001.

Muss man nach einem gemeinsamen Nenner suchen? Gibt es eine muslimische (oder islamistische) Internationale nach dem Muster der Komintern, der Kommunistischen Internationale von 1919 bis 1943? Oder handelt es sich nur um eine Verschwörung, die, teilweise jedenfalls, in der Öffentlichkeit stattfand? Wollen sich die Terroristen, nachdem sie so viel antisemitische Propaganda verbreitet haben, ein Beispiel an den *Protokollen der Weisen von Zion* nehmen? Zum ersten Mal in der Geschichte des Terrorismus hat sich eine, wenn auch nur locker verbundene, internationale Organisation gebildet. Es gibt allerdings keine zentrale Führung wie einst bei der Dritten Internationale, sondern nur eine gemeinsame

Ideologie. Wie die Komintern operiert die islamistische Internationale auf mehreren Ebenen, mit Hilfe legaler religiöser und politischer Vereinigungen ebenso wie mit einem illegalen Untergrundapparat und einer Vielzahl von NGOs. In mancher Hinsicht ist sie wie ein multinationaler Konzern organisiert, in dem die einzelnen Töchter allerdings nicht verpflichtet sind, der Zentrale Bilanzen vorzulegen. Ein besserer Vergleich wäre wohl der mit der Zweiten (Sozialistischen) Internationale, einer lockeren Vereinigung von Parteien – wenn man einmal davon absieht, dass die Zweite Internationale den Terrorismus strikt ablehnte. Auch der Vergleich mit dem von den rechtsradikalen amerikanischen Milizen gepredigten »führerlosen Widerstand« drängt sich auf, einer Organisationsform, die darauf baut, dass eine Gruppe (oder eine Phantomzelle) ohne sichtbare Führung für die Sicherheitskräfte schwer aufzuspüren und, falls man sie entdeckte, schwer auszuschalten sei. Eine ähnliche Strategie verfolgt auch der radikale Flügel der amerikanischen Umweltschützer. Angesichts der ehrgeizigen Ziele von Gruppen wie al-Qaida auf der einen Seite und der logistischen Komplexität der modernen Gesellschaften auf der anderen ist eine solche Strategie allerdings in der Praxis weit schwerer umzusetzen, als es in der Theorie den Anschein hat.

Im Vergleich mit der Komintern haben die Praktiker des Dschihad den großen Vorteil, dass sie Räumlichkeiten nutzen können – Moscheen und andere religiöse Einrichtungen –, die in demokratischen Ländern außerhalb der Jurisdiktion und der Aufsicht der Sicherheitskräfte stehen; dort können sie ihre Operationen ungestört planen und vorbereiten. Die Moscheen, die islamischen Kulturzentren und Schulen sind heute das, was einst der Sudan und später Afghanistan unter der Talibanherrschaft gewesen sind. Wie in der Komintern herrscht eine ziemlich klare Trennung zwischen legaler und illegaler Arbeit. Den Terroristen werden, was den Umgang mit Ungläubigen angeht, beträchtliche Freiheiten gestattet: so rät man ihnen, sich zu rasieren, um nicht aufzufallen, und sie dürfen, wenn nötig, Dinge tun, die strenggläubigen Muslimen verboten sind, bis hin zum Konsum von Alkohol.

Parteidisziplin und eine bis ins Kleinste verbindliche Ideologie wie in der Komintern gibt es in der terroristischen Internationale

allerdings nicht; bindend ist hier allenfalls eine sehr allgemein ge-
haltene Anerkennung der Doktrin des Dschihad und die Auflage,
die verschiedenen Rituale durchzuführen, wann immer dies möglich ist. Für ihre Operationen besitzen die Terrorzellen einen erheblichen Spielraum. All dies ist höchstwahrscheinlich nicht nach
einem Generalplan entwickelt worden, sondern hat sich spontan
ergeben – ein strenges bürokratisches System hätte in einem organisatorischen Gebilde, das Menschen mit unterschiedlichster nationaler und sozialer Herkunft vereint, nicht funktioniert. Begriffe wie
»Netzwerk« oder »Vermittlung« helfen in dieser Hinsicht nicht viel
weiter; Verschwörer, die eine Gewalttat planen, finden immer
Gleichgesinnte, in Klubs und Buchhandlungen oder anderswo im
Umkreis einer Moschee, die bekannt ist für den Radikalismus, der
dort gepredigt wird.

In den Geheimgesellschaften und Sekten des 19. Jahrhunderts
waren Verschwörungen dieser Art gang und gäbe, und außer den
Kommunikationsmitteln hat sich seither nicht viel verändert. Die
Mitglieder solcher Zellen von damals, ob Christen oder Muslime,
würden sich in den heutigen Gruppen sicherlich heimisch fühlen,
sieht man einmal davon ab, dass diese international operieren,
während ihre Vorläufer sich in der Regel auf ein Land beschränkten. Radikale Prediger spielen eine Schlüsselrolle, weil sie alle die
gleichen religiösen Seminare besucht haben, doch können auch
radikale Geschäftsleute und Diplomaten mit ihren internationalen
Kontakten und Aktivitäten diese Funktion ausfüllen. Daher besitzt
die neue islamistische Internationale keine besonders ausgeprägte
Struktur. Das ist nicht notwendigerweise ein Nachteil, denn wenn
es sich um eine moderne internationale Organisation und nicht um
eine vormoderne nach dem Muster des 19. Jahrhunderts handelte,
würde es leichter fallen, sie zu verstehen und zu bekämpfen.

Selbstmordmissionen

Anschläge, bei denen der Täter wissentlich auch das eigene Leben opfert, sind eine der auffallendsten Erscheinungen des heutigen Terrorismus, und für diejenigen, die im gemeinhin postheroisch genannten Zeitalter leben, am schwersten zu verstehen. Mitunter hat dies zu dem Schluss geführt, dass Menschen, die so etwas tun, extrem idealistisch sein müssten und die Sache, für die sie dieses größte aller Opfer bringen, gerecht und ehrenwert sein müsse. Zugleich wird regelmäßig behauptet, Selbstmordanschläge seien etwas Neues und spezifisch Muslimisches (in den achtziger Jahren des letzten Jahrhunderts hielt man sie für spezifisch schiitisch). Doch in vielen Ländern und Kulturen existiert das Phänomen schon seit langer Zeit. Ein Blick in die Geschichte zeigt, dass der Terrorismus bis in die 1960er Jahre hinein überwiegend dieses Mittel einsetzte, und nur wenige Attentäter blieben dabei am Leben. Nach allem, was man über ihre Geistesverfassung weiß, erwarteten sie auch nicht, davonzukommen – in vielen Fällen versuchten sie es nicht einmal. Will man sie verstehen, muss man eine Vielzahl von Umständen und Motiven in Rechnung ziehen und darf sich nicht auf eine einzelne Gruppe und Religion konzentrieren, selbst wenn diese gerade besonders im Rampenlicht stehen.

Manche sehen in religiösen Vorschriften die Ursache des Selbstmordterrorismus. Zwar ist im Islam der Selbstmord verboten, doch der Märtyrertod im Kampf für Allah ist es nicht – ganz im Gegenteil, er ist eine religiöse Pflicht.[1] Das Wort *schahid* bedeutet ursprünglich »Zeuge« (etwa in einer Gerichtsverhandlung) – wie übrigens im Christentum auch –, hat aber mit der Zeit eine andere Bedeutung angenommen: die eines Märtyrers nämlich, der gegen die Ungläubigen kämpft und seine Hingabe mit dem Tod besiegelt. Der *schahid* erhält große Privilegien im Paradies, wo er in der Nähe Gottes leben wird. Seine Wunden werden am Tag des Jüngsten

Gerichts rot und glänzen und duften wie Moschus. Der Märtyrer ist der Einzige, der das Privileg besitzt, auf die Erde zurückkehren zu dürfen und das Martyrium noch weitere zehn Mal zu erleiden. Von der orthodoxen islamischen Theologie wird das Verlangen, als Märtyrer zu sterben, allerdings nicht gefördert, denn diese Art des Selbstopfers ähnelt allzu sehr dem vom Islam verdammten Selbstmord – und das hätte schließlich zur Folge, dass letzten Endes fast jeder, der eines gewaltsamen Todes stirbt, als *schahid* betrachtet werden kann.[2]

In unserer Zeit haben sich verschiedene ägyptische und saudische Schriftgelehrte gegen den Selbstmordterrorismus ausgesprochen, andere aber, wie der Mufti von Jerusalem und Palästina, haben die *schahada* (Märtyrertum) gerechtfertigt. Wieder andere haben den Mittelweg beschritten, indem sie Angriffe auf feindliche Soldaten für zulässig erklärt, Attacken gegen Zivilisten aber ausgeschlossen haben. Und eine letzte Gruppe schließlich hat Selbstmordanschläge auf zionistische Siedler in Palästina befürwortet, solche gegen Muslime jedoch verurteilt.[3] Scheich Mohammed Tantawi, das Oberhaupt von al-Azhar in Kairo, hat einmal gesagt, alle Juden – Männer, Frauen und Kinder gleichermaßen – seien Besatzer und daher legitime Ziele von Selbstmordattentätern. Bei anderer Gelegenheit betonte er dagegen, kein Moslem dürfe sich inmitten von Kindern und Frauen in die Luft sprengen; dies sei nur unter Aggressoren, das heißt unter Soldaten gestattet. Auch Jussuf al-Qaradawi, der in der gesamten arabischen Welt berühmte TV-Scheich des Fernsehsenders al-Dschazira, erklärte den Selbstmordterrorismus zur höchsten und daher überaus empfehlenswerten Form des Dschihad.

Die Argumente für ein solches Märtyrertum sind historischer Natur und beziehen sich in der Regel auf Schlachten, die zu Lebzeiten des Propheten oder kurz danach geschlagen wurden. So verwies Scheich Sabri, der Mufti von Jerusalem, in einer Rede, in der er Selbstmordanschläge rechtfertigte, auf die Schlacht (oder den Feldzug) von Mu'tah (629), in der Mohammeds Gefolgsleute gegen eine überlegene byzantinische Streitmacht fochten. Nachdem der Befehlshaber Said Ibn al-Halitha frühzeitig gefallen war, hatte Jafar Ibn Abu Taleb seinen Platz eingenommen, der den Kampf selbst dann noch fortsetzte, als er schon tödlich verletzt war. Den Chroniken zufolge hatte er fünfzig Verwundungen, aber keine davon im Rücken, denn den Rückzug trat er nicht an. Der Prophet nannte ihn Jafar den Fliegenden, weil Allah ihm beim Eintritt ins Paradies zwei Flügel verliehen habe, um die beiden Hände zu ersetzen, die er in der Schlacht verloren hatte. Als dritter Befehlshaber trat Abdullah Ibn Rawaha an die Spitze der Kämpfenden, bis auch er den Märtyrertod starb. Und so ging es weiter, bis Khaled Ibn Walid das Kommando übernahm und einen brillanten Rückzugsplan erdachte, der es ihm und den übrig gebliebenen Truppen ermöglichte, den Kampf später fortzusetzen.[4]

Aufrufe, in eine Schlacht zu ziehen, aus der eine Rückkehr unmöglich war, hat es in der muslimischen Tradition häufiger gegeben. So warnte al-Baraa Ibn Malik vom Stamm der Ansar vor der Schlacht von Jamama:»Oh, Ansar, dass keiner von euch glaube, er werde nach Medina zurückkehren. Nach diesem Tag gibt es für euch kein Medina, sondern nur Allah und dann das Paradies.« Von al-Baraa wird überliefert, er sei in einer anderen Schlacht gestorben, nachdem er Gott gebeten hatte, ihm das Martyrium zu gewähren. Heutige Geistliche, wie der Mufti von Jerusalem, betrachten diese Heldentaten nicht als selbstmörderisch, sondern als religiöse Pflichterfüllung, durch die sich die Märtyrer den direkten Einzug ins Paradies verdient hätten, ohne sich vorher der Überprüfung durch die»Vernehmungsengel« unterziehen oder durch die reinigenden Feuer des Islam gehen zu müssen. Die Feinde des Islam liebten das Leben, so der Mufti am Ende der Predigt, die Muslime aber liebten den Tod und strebten nach dem Märtyrertum.[5]

Das war weder neu noch einzigartig, sondern stand in einer langen mündlich und schriftlich überlieferten Tradition ähnlicher Legenden von Heldentum und Aufopferung aus anderen Ländern, Kulturen und Religionen. In späteren romantischen Zeitaltern sollten weitere hinzukommen. Ein typisches Beispiel für religiöse Motivation in der Kriegführung war das antike Assyrien, das im 9. und 8. Jahrhundert v. Chr. fast ununterbrochen Feldzüge unternahm. Diese Angriffskriege waren jedoch in keiner Weise imperialistisch-säkularer Natur (obwohl sie die Entstehung eines assyrischen Reichs nach sich zogen), sondern, wie man meinte, von den Göt-

tern angeregt und befohlen, vor allem vom Gott Assur. Krieg zu
führen war ein religiöser Dienst *ad majorem Dei gloriam*, und die
Götter rechtfertigten die Kriege selbst dann, wenn sie mit äußerster
Brutalität geführt wurden.[6] Der Kult um die Heldengräber mit seinen verschiedenen Zere-
monien reicht in unvordenkliche Zeiten zurück. Schon aus der
frühesten griechischen Geschichte ist er überliefert. Die spartani-
schen Helden, die unter König Leonidas in der Schlacht an den
Thermopylen bis zum letzten Mann gekämpft hatten, hatten dies
getan, weil das Gesetz es so wollte, und das Gesetz war sanktioniert
durch die Götter. Der Dichter Simonides fasste diese Motivation
später in die berühmten Worte, die Friedrich Schiller in seinem
Spaziergang so übersetzt hat:»Wanderer, kommst du nach Sparta,
verkündige dorten, du habest / Uns hier liegen gesehn, wie das
Gesetz es befahl.«[7] Die jüdischen Zeloten, die sich in die Festung
Masada am Toten Meer zurückzogen, um an diesem letzten Zufluchtsort schließlich kollektiven Selbstmord zu begehen, gehören
ebenfalls in diese Tradition. Die Römer betrachteten alle ihre Kriege nicht nur als gerecht *(bellum iustum)*, sondern auch als gott-
gefällig *(pium)*, und am Beginn eines solchen Krieges stand das
quasireligiöse Ritual, einen Speer auf feindliches Territorium zu
werfen.

Die nordischen Sagen (isländische, germanische und die der Wi-
kinger) handeln von kaum etwas anderem als Heldentaten, wobei
die heidnischen Götter eine bedeutende Rolle spielen. Im Kampf
gefallene Heroen wurden nach Asgard gebracht, dem Sitz der Götter, in die Ruhmeshalle Walhall mit ihren 540 Türen. Hier blieben
sie, bis sie am Weltenende in die Ragnarök ziehen würden, die letzte Entscheidungsschlacht. Ihr Leben in Asgard wird als äußerst be-
quem beschrieben. Sie aßen ausgezeichnetes Wildschweinfleisch
und tranken feinsten Met. Feierten sie keine Feste, kämpften sie
miteinander und hieben sich gegenseitig in Stücke. Doch bis zum
nächsten Gelage waren die Wunden wieder verheilt, und sie kehr-
ten zurück nach Walhall.[8] Denselben Tenor haben die Sagen des frühen Mittelalters, das
berühmte *Rolandslied* etwa, das von dem heldenhaften Nachhut-
gefecht der kaiserlichen Armee im Engpass von Roncevaux erzählt.

Trotz der überwältigenden Übermacht der Sarazenen ist Roland, der Neffe Karls des Großen, zu stolz, dem Rat seines Freundes und Waffengefährten Olivier zu folgen und ins Horn Olifant zu stoßen, um den Kaiser und seine Truppen zurückzurufen. Als das Horn schließlich doch noch ertönt, ist es zu spät, und als Entsatz auf dem Schlachtfeld eintrifft, sind die Helden gefallen. In dem Lied heißt es, sie seien nicht nur für ihr Land gefallen – *la douce France* –, sondern vor allem im Kampf mit den Heiden für ihre Religion. Für die Kirche waren sie ebensolche Märtyrer wie diejenigen, die wegen ihres Glaubens an Christus verfolgt und getötet worden waren. So wurde den Rittern, die an den Kreuzzügen teilnahmen, nicht nur die Vergebung aller Sünden versprochen, sondern auch, genauso wie den muslimischen Kämpfern, der Einzug ins Paradies.

Es gibt zahllose Geschichten über Selbstaufopferungen im Krieg, etwa die von Arnold Winkelried, jenem Schweizer, der sich in der Schlacht bei Sempach mitten in die feindliche Aufstellung warf und so die Aufmerksamkeit des Feindes allein auf sich lenkte, so dass sich seinen Mitstreitern eine Bresche öffnete. In einem späteren romantischen Zeitalter wurde Winkelried neben Wilhelm Tell zur Hauptfigur der Schweizer Nationalmythologie. Für den slawischen Raum zeigt die Legende von Iwan Sussanin, die Michail Glinkas Oper *Ein Leben für den Zaren* zugrunde liegt, dass nicht nur Bojaren, Ritter und gelernte Krieger, sondern auch einfache Bauern Märtyrer werden konnten.[9] Sie erzählt die Geschichte eines Mannes, der in der Zeit der Wirren die einmarschierende polnische Armee in einen tiefen Wald führt, um dem Zaren die Gelegenheit zur Flucht zu geben. Von den Polen erschlagen, wird er zum Nationalhelden, der bis heute von politischen Führern (einschließlich Stalins) beschworen wird. Hier geht es um mehr als um patriotische Treue, denn der Zar war nicht nur der weltliche Herrscher, sondern stand auch an der Spitze der orthodoxen Kirche.

Die Geschichte dieser Zeitalter zu schreiben heißt, vor allem über Helden, Heldenkult und Märtyrertum zu schreiben. Waren diese Traditionen in der Aufklärung vorübergehend außer Mode gekommen, so wurden sie von der Romantik mit wahrer Leidenschaft wiederentdeckt. Deutschland ist das beste Beispiel dafür. So schrieb etwa Theodor Körner, der Dichter der Napoleonischen Befreiungskriege, am 12. Mai 1813, dem Morgen eines Gefechts: »Nur in dem Opfertod reift uns das Glück.«[10] Einen solchen Tod starb auch er selbst.

Doch schon zuvor, im Jahr 1797, hatte ein größerer Dichter als er, nämlich Hölderlin, der gewiss nicht als aggressiver Militarist bekannt ist, ein Gedicht mit dem Titel »Der Tod fürs Vaterland« geschrieben, das ganz auf dieser Linie liegt. Nach dem Ersten Weltkrieg wurde in vielen Schulaulen nicht nur in Deutschland, sondern auch in Großbritannien und Frankreich der Horazvers »Dulce et decorum est pro patria mori« – süß und ehrenvoll ist es, für das Vaterland zu sterben – angebracht. Er galt vor allem dem Gedenken an die Helden der Schlacht von Langemarck in Flandern, in der im November 1914 Tausende von jungen Studenten und Mitgliedern der Jugendbewegung Wandervogel mit dem Deutschlandlied auf den Lippen (das damals noch nicht die Nationalhymne war) gegen die alliierten Linien anrannten. Die Gefallenen symbolisierten den Triumph der Jugend, denn, wie damals weit verbreitete Bilder nahe legten, sie waren nicht wirklich tot, sondern schliefen im Schoß Christi. Ihre Gräber und Friedhöfe wurden zu Nationalheiligtümern.[11] Die Helden, so empfand man es, waren nicht vergeblich gestorben, sondern in der Tradition von Ludwig Uhlands berühmtem Gedicht »Der gute Kamerad« ins ewige Leben übergegangen. Der Text, dessen Vertonung von Friedrich Silcher sehr beliebt wurde, endet mit den Versen: »Kann dir die Hand nicht geben, / Bleib du im ew'gen Leben / Mein guter Kamerad!«

Unter den Nazis wurde die Tradition des Heldenkults, zu der das Selbstopfer gehörte, nicht nur fortgesetzt, sondern zu einem wesentlichen Bestandteil der staatstragenden Ideologie, was vielleicht mehr als alles andere dazu beitrug, dass einige Zeitgenossen den Nationalsozialismus als politische Religion interpretierten; manche katholischen Beobachter zogen sogar Parallelen zum frühen Islam. Bis zum Kriegsausbruch galt der Kult vor allem denjenigen, die im nationalsozialistischen Kampf um die Macht, das heißt in den Straßenschlachten der frühen dreißiger Jahre, ums Leben gekommen waren.[12] In der halbamtlichen Hymne des NS-Regimes, dem Horst-Wessel-Lied, das dem Gedenken an einen vor 1933 ermordeten Berliner Nazi gewidmet war, hieß es ausdrücklich: »Kameraden, die Rotfront und Reaktion erschossen, / Marschiern im Geist in unsern Reihen mit.«

Später konzentrierte sich die NS-Propaganda auf die in den Feldzügen im Westen und Osten Gefallenen. Propagandisten waren angewiesen, den Hinterbliebenen zu erklären, dass es keinen Grund zur Trauer gebe, dies schade nur der nationalen Moral; vielmehr sollten sie dankbar sein, dass ihre Liebsten Gelegenheit erhalten hatten, ihr Leben für ein höheres Ideal zu opfern. Sie würden keine Schmerzen leiden, sondern, lebendiger als alle anderen, in der Ewigkeit leben und hätten nicht nur einen notwendigen, sondern einen ehrenvollen und schönen Tod erlitten. Diese Vorstellungen fanden in Hunderten von Gedichten ihren Niederschlag. Die Gefallenen, hieß es einmal, seien lebendig, weil sie »in unsern Atemzügen weiterlebten«, ihr Tod sei ein großartiger Triumph über den Tod gewesen.[13] Ein anderes Mal wurde eine Vision beschworen: Ein Wunder sei geschehen, die Gefallenen seien aus ihren Gräbern auferstanden und hätten ihren Platz in den durch die Stadt marschierenden Kolonnen eingenommen.[14] Bei rituellen Gelegenheiten war es sowohl bei den deutschen als auch bei den rumänischen Faschisten üblich, nach der Verlesung der Namen der Anwesenden diejenigen von Gefallenen hinzuzufügen, wobei stellvertretend jeweils einer der Anwesenden beim Aufruf der Toten »Hier!« rief.

Die Gedichte über diejenigen, die den Heldentod gestorben waren, stammten nicht nur von Parteischreibern, sondern zum Teil auch von renommierten Schriftstellern, die nicht einmal Mitglieder der NSDAP waren. Einer von ihnen war Ernst Bertram, einer der führenden Germanisten seiner Zeit, Mitglied des elitären George-Kreises und Freund von Thomas Mann (den er für die Verleihung der Ehrendoktorwürde der Bonner Universität vorgeschlagen hatte, was später einen akademischen Skandal auslösen sollte). Bertram schrieb, nur Gräber würden Heimat schaffen und nur die Toten uns Licht geben; erst über Särgen würden die Menschen ein Volk.[15]

Der Heldenkult und vor allem die gefallenen Helden spielten auch in der Ideologie und Praxis anderer faschistischer Bewegungen eine bedeutende Rolle, wie etwa bei der rumänischen Eisernen Garde, die mehr als jede andere von religiösen Vorstellungen durchdrungen war.[16] Viele Jahre später schrieb ein Bewunderer des Gründers der Legion Erzengel Michael über die »Gardisten«: »In der Ethik der Legionäre hatten Opfer, Märtyrertum und Tod eine größere Bedeutung als das Leben. Opferbereitschaft und Todesglaube erscheinen in den Schriften von Corneliu Codreanu, Ion Mota und Alexandru Cantacuzino als kriegerische Leidenschaft, als ein Mystizismus, der dem Kampfgeist und der Rolle des Selbstmords in der Weltanschauung der japanischen Samurai ähnelt. Im 20. Jahrhundert ist Ähnliches nur in den Autodafés der Kamikazepiloten und dem rituellen *seppuku* des Dichters Yukio Mishima zu finden – der Triumph des Willens, der Triumph des Opfers.«[17]

Ion Mota, Codreanus Stellvertreter an der Spitze der Eisernen Garde, ist im Spanischen Bürgerkrieg gefallen, in dem er auf Seiten Francos gekämpft hat. Die Rückführung seines Leichnams nach Rumänien wurde von seinen Kameraden als größter Augenblick in der Geschichte ihrer Bewegung begangen. Ein anderer großer Bewunderer Codreanus und seines Märtyrer- und Heldenkults war der Kulturphilosoph Julius (Graf Giulio Cesare Andrea) Evola, ein Sympathisant und intellektueller Wegbereiter des Faschismus in Italien und prominenter Gegner des Westens, der Demokratie und Moderne sowie Verfechter des Heldentods, auf den sich die italienischen Neonazis heute erneut berufen.[18] Auch im frühen spanischen Faschismus unter der Führung von José Antonio Primo de Rivera herrschte ein ähnlicher Geist.

Die Angehörigen der SS trugen sowohl auf ihrer Mütze als auch auf Ring, Dolch und Gürtelschnalle das Totenkopfemblem – ein Schädel mit gekreuzten Knochen darunter. Nicht nur von Eliteeinheiten, sondern auch von gewöhnlichen Soldaten wurde erwartet, Aufträge auszuführen, bei denen die Chance der Rückkehr nur gering oder gar nicht vorhanden war. Ein Beispiel dafür waren die Angehörigen der deutschen U-Bootwaffe ab 1943, das Gleiche galt im letzten Kriegsjahr für die Soldaten an der Ostfront. Im Nachhinein hat man oft die Frage gestellt, warum sie weiterkämpften, obwohl die militärische Lage hoffnungslos war. Konsens der Historiker ist mittlerweile, dass neben ideologischer Indoktrination die Angst sowohl vor der Militärgerichtsbarkeit und dem Sicherheitsdienst als auch vor den Russen eine Rolle spielten, der wichtigste

Einzelgrund aber der Korpsgeist war, das Solidaritätsgefühl mit den Mitkämpfern. Diese Verbundenheit war natürlich nicht auf die deutsche Wehrmacht beschränkt. In der sowjetischen Armee wurde die Legende von Alexander Matrossow schon früh im Krieg zum leuchtenden Beispiel der Selbstaufopferung. Matrossow hatte sich angeblich vor ein feindliches Maschinengewehr geworfen, um seinen Kameraden die Chance zu geben, die deutschen Positionen zu erstürmen. Dem heutigen Selbstmordterrorismus am nächsten kamen jedoch die japanischen Kamikazeflieger der Jahre 1944 und 1945. Die Entscheidung, Piloten mit ihren Flugzeugen auf amerikanische Schiffe stürzen zu lassen, war ein Akt der Verzweiflung und keine Strategie mit einer gewissen Erfolgsaussicht, und sei sie noch so gering; überlebende Kamikazepiloten gestanden später selbst die Nutzlosigkeit solcher Operationen ein. Mehrere tausend junge Offiziere und Kadetten meldeten sich freiwillig für diese Missionen, für die es tatsächlich eine Warteliste gab. Bei Angriffen bei Okinawa, im Südchinesischen Meer und in der Nähe der Philippinen sowie vor Australien wurden einige Dutzend amerikanische Schiffe von Kamikazeflugzeugen getroffen, am Ausgang des Krieges änderte dies indes nichts.[19]

Wer waren die Freiwilligen, und was trieb sie an? Aus den Abschiedsbriefen der Selbstmordpiloten, aus Interviews mit Überlebenden (die ausgewählt worden waren, aber wegen technischer Probleme oder aus anderen Gründen ihre Missionen nicht durchführen konnten) und anderen Quellen geht hervor, dass der Religion, in diesem Fall dem Schintoismus, bei der Entscheidung, sich als Freiwilliger zu melden, eine wesentliche Bedeutung zukam. In der ersten Zeile buchstäblich jedes Abschiedsbriefs wird der als Gott verehrte Kaiser beschworen. Aber es war nicht die traditionelle Religion allein (einige der Kamikazepiloten waren Christen), sondern die gesamte kulturelle und soziale Tradition Japans, die »japanische Ideologie« der Schowaperiode (1926–1945) mit ihrem extremen Nationalismus, ihren quasifaschistischen Elementen und ihrer Betonung des bedingungslosen Gehorsams gegenüber der Autorität, die die Mentalität dieser jungen Leute im Alter von 17 bis 25 Jahren geprägt hatte. Sie glaubten allesamt an die Überlegenheit der japanischen Lebensart, auch wenn viele von ihnen den Konflikt zwischen ihrer patriotischen Pflicht in einem heiligen Krieg – »Wenn ich sieben Leben hätte, würde ich sie mit Freuden opfern, um den Feind zu zerschmettern«, schrieb einer von ihnen – und ihrer Pflicht gegenüber den Eltern bedauerten, die sie vermissen würden. Ebenso überzeugt waren sie davon, dass es ein Leben nach dem Tod gab und sie als Geister weiterleben würden. Das Wissen darum, dass tapfere japanische Soldaten in Yasukuni, einem Ort der Verehrung, beigesetzt wurden, mag eine Rolle gespielt haben, eine entscheidende aber offenbar nicht. Einige Kamikazepiloten waren froh darüber, die Gelegenheit zu erhalten, für das, was ihnen teuer war, zu sterben, während bei anderen das Pflichtgefühl im Vordergrund stand. Wieder andere zögerten, diese sinnlose Mission durchzuführen, waren aber durch die Erziehung, die sie schon lange vor ihrem Eintritt in die Streitkräfte genossen hatten, darauf geeicht, Befehle nicht in Frage zu stellen; dass der Aufruf, sich freiwillig zu melden, ein kaum verschleierter Befehl war, war ihnen nur zu bewusst.[20] Die Zeugnisse, die viele Jahre später über die damaligen Ereignisse gesammelt wurden, sind widersprüchlich. Von nicht wenigen Selbstmordkandidaten wurde berichtet, sie seien vor ihrem Einsatz traurig gewesen und hätten geweint. Über den Ausgang des Krieges hätten sie keine Illusionen gehabt, obwohl ihnen gesagt worden sei, die Amerikaner und Briten seien Teufel. Der wichtigste Faktor für ihre Entscheidung seien die militärische Disziplin und der Gruppendruck gewesen.[21]

Die Bereitschaft zum Opfergang

Auch nach dem zweiten Weltkrieg gab es Selbstmordoperationen in bewaffneten Konflikten, wie dem Krieg zwischen Irak und Iran (hier vor allem auf Seiten junger Angehöriger der verschiedenen religiösen Polizeiorganisationen im Iran), dem Korea- und auch dem Vietnamkrieg. Aber sie fanden außerhalb Europas und der beiden Amerikas statt, überdies in einer postheroischen Ära, in der Kämpfe häufig zu einem Wettstreit von Technologien wurden. So geriet nach und nach in Vergessenheit, dass in früheren Zeiten, als ebenso oft Krieg herrschte wie Frieden, die Bereitschaft, den höchsten Preis zu zahlen, als selbstverständlich vorausgesetzt wurde.

Ein Historiker der irischen Nationalbewegung hat die Aufmerksamkeit auf die Tradition von Volkshelden wie Cuchulain gelenkt, dem mythischen Clanchef, der sein Leben opferte, um seinen Kampfgefährten Gefangenschaft und Tod zu ersparen – Themen, die von führenden Dichtern der Zeit, wie William Butler Yeats, aufgegriffen wurden. Von Cuchulain ließ sich eine Linie bis zum Osteraufstand von 1916 ziehen, dem entscheidenden Ereignis in der Geschichte des irischen Nationalismus und zudem einer Rebellion, die ohne die geringste Aussicht auf Erfolg begonnen wurde. Das Opfermotiv kann sogar noch weiter bis 1981 verfolgt werden, als zehn republikanische Militante sich im Belfaster Maze-Gefängnis zu Tode hungerten.[22] Noch mehr Gefangene, darunter mehrere Terroristen, sind in den Jahren 2001 und 2002 in türkischen Gefängnissen im Hungerstreik gestorben.

In Indien und Südostasien – an der Malabarküste in Südwestindien, in Pondicherry in Südostindien, in Atjeh in Indonesien und auf den Philippinen – gibt es eine Tradition des Selbstmordterrorismus, die bis zur Ankunft der Spanier und Portugiesen (und ihrer Missionare) zurückreicht. Soweit bekannt, sind auch einige der im 18. und 19. Jahrhundert von zeitgenössischen Beobachtern beschriebenen Amokläufe in Indien vor einem religiös-politischen Hintergrund zu sehen.[23] Die Bereitschaft, Selbstmordaktionen durchzuführen, hätte also bei Terroristen vergangener Zeiten überall auf der Welt kein Erstaunen hervorgerufen. In den Aufnahmeriten vieler Terrororganisationen wurden die künftigen Mitglieder aufgefordert, dies durch einen Eid zu bekräftigen, wobei vorausgesetzt wurde, dass sie sich von dem Leben, so wie es ihr Umfeld verstand, bereits verabschiedet hatten.

Bevor man das Dynamit erfand, als Dolch und Pistole noch die wichtigsten Waffen waren, hatten Terroristen nur geringe Chancen, bei einem Anschlag nicht getötet oder gefangen genommen und exekutiert zu werden. Selbst in den letzten Jahrzehnten des 19. Jahrhunderts war es derart riskant, eine Bombe zu bauen (und die fertiggestellten Bomben waren derart instabil), dass die Gefahr, während des Anschlags oder schon vorher in die Luft zu fliegen, sehr hoch war. Ähnlich groß war das Risiko, bei Operationen im Ausland entdeckt und verhaftet zu werden. Als 1944 zwei Mitglieder des rechten israelischen Untergrunds nach Kairo gingen, um Lord Moyne, den für den Nahen Osten zuständigen britischen Minister, zu töten, war ihre Chance, lebend davonzukommen, praktisch gleich null. In die gleiche Kategorie gehörte der Anschlag, den die japanische Rote Armee 1972 auf dem Flugplatz Lod verübte, auch wenn ein Mitglied der Gruppe überlebte. Führende Mitglieder der Baader-Meinhof-Gruppe brachten sich im Gefängnis Stammheim mit hineingeschmuggelten Waffen um.

Das mehr oder weniger systematisch verwendete Mittel des Selbstmordanschlags in heutiger Zeit – der zumeist, aber nicht immer, mit Bomben durchgeführt wird – geht auf die frühen achtziger Jahre zurück. Verschiedene Gruppen machten davon Gebrauch, vor allem im Nahen Osten, aber auch in Südostasien, auf dem Balkan und andernorts: Schiiten, Sunniten, Muslime und Nichtmuslime, Christen, Sikhs, Hindus und Juden (wie etwa Baruch Goldstein, der in Bethlehem eine Gruppe betender Araber tötete) und auch Atheisten, wie am Beispiel der kurdischen PKK, der libanesischen kommunistischen Partei und der verschiedenen Volksfronten zur Befreiung Palästinas zu sehen ist. Die Motive der Attentäter waren komplex, und die Verwirrung im Westen wurde noch dadurch gesteigert, dass sich die Aufmerksamkeit fast ausschließlich auf bestimmte Gruppen im Nahen Osten richtete, während man andere ignorierte. Über die Selbstmordoperationen der palästinensischen Hamas schrieben Hunderte, wenn nicht Tausende von Journalisten; es gab zahllose Interviews und Artikel und akademische Forschungsarbeiten.

Die sri-lankischen Tamil Tigers (LTTE) hingegen blieben fast unbeachtet, obwohl sie, im Verhältnis zur Größe der Minderheit, der sie angehörten (die Jaffna-Tamilen zählten weniger als eine Million Menschen), wesentlich mehr Selbstmordanschläge verübten als die Terroristen im Nahen Osten. Doch im Gegensatz zu Jerusalem und Bethlehem waren die tamilische Halbinsel und ihre Umgebung der westlichen Öffentlichkeit nur wenig bekannt; ein großes ausländisches Medienkorps war hier schlicht nicht vorhanden, und man konnte immer noch argumentieren, der tamilische Terrorismus sei eine innere Angelegenheit Sri Lankas ohne internationale Auswirkungen. Dass dies allerdings nur zum Teil der Wahrheit entsprach, hat die Ermordung des indischen Premierministers Rajiv Gandhi durch Mitglieder dieser Gruppe gezeigt.[24] Gemeinsam war den Selbstmordattentätern die Überzeugung, sie seien Kämpfer in einem gerechten Kampf in der besten Tradition ihrer jeweiligen Religion (oder Nation), ihre religiöse (oder ethnische) Gruppe werde brutal unterdrückt und das Opfer, das sie brachten, sei nicht nur wünschenswert, sondern unbedingt erforderlich. Außerdem teilten sie die Ansicht, das Kollektiv (die Religion, Sekte, Nation oder Rasse) sei unendlich viel mehr wert als das Individuum. Auch ihr geistiger Imperativ lautete *»Dulce et decorum…«*, süß und ehrenvoll ist es, für das Vaterland zu sterben – und dabei so viele Feinde wie möglich zu töten. Hinzu kamen das Gefühl der rassischen oder religiösen Überlegenheit und ein »ewiger« Konflikt zwischen der eigenen Rasse oder Religion und jener des Feindes – bei der SS ebenso wie bei den tamilischen oder islamischen Terroristen. Außerdem einte sie alle der Glaube, sie würden nicht nur in der Erinnerung für immer fortleben, sondern, indem sie den Tod wählten, sich in Wirklichkeit für das ewige Leben entscheiden, in der einen oder anderen Form: Die Versprechen, die man ihnen machte, variierten je nach dem religiös-politischen Charakter der Gruppe, der sie angehörten.

Der heutige Selbstmordterrorismus begann im April 1983 im Libanon und setzte sich im Dezember desselben Jahres in Sri Lanka fort. Im Nahen Osten richteten sich die Anschläge hauptsächlich gegen die in Beirut stationierten amerikanischen und französischen UN-Truppen. Sie waren ebenso spektakulär wie erfolgreich; Hunderte von Menschen wurden getötet, und schließlich wurden außer den syrischen alle ausländischen Streitkräfte aus dem Libanon abgezogen. Auch die US-Botschaft war Ziel eines Anschlags, ebenso wie israelische Militäreinrichtungen. Die meisten dieser Aktionen wurden von einer kaum bekannten schiitischen Organisation namens Hisbollah ausgeführt, die unter iranischer Schirmherrschaft agierte und erhebliche materielle Unterstützung aus Teheran erhielt.

Nicht nur im Libanon hat es in den folgenden Jahren weitere Anschläge gegeben; dort sind es seit 1983 rund sechzig gewesen, deren Größenordnung allerdings relativ gering war. Die blutigsten
wurden 1992 und 1994 in Argentinien verübt und richteten sich gegen jüdische Institutionen. Auch muslimische Führer wurden zum
Ziel von Selbstmordmissionen radikalislamischer Gruppen – nach
Anwar as-Sadat (1981) und dem libanesischen Ministerpräsidenten
Baschir Gemayel (1982) traf es 1985 auch den Emir von Kuwait,
Scheich Jaber al-Ahmad al-Sabah. Später wurde, wir sahen es, klar,
dass das Attentat auf Sadat Teil eines allgemeinen Aufstandsplans
in Ägypten war, der jedoch nie realisiert wurde.[25] Aber nicht allein
in Ägypten, sondern auch in Algerien, dem früheren Jugoslawien,
Pakistan und Afghanistan – wo im September 2001 General Massud, der Chef der Nordallianz, ermordet wurde – fielen prominente Muslime Selbstmordanschlägen zum Opfer. In Israel sprengte
sich erstmals 1993 ein Attentäter selbst in die Luft. Doch bevor wir
uns eingehender mit dieser neuen Strategie in der arabischen und
muslimischen Welt beschäftigen, wo sie zunächst nur sporadisch
Anwendung fand, gilt es einen weiteren Schauplatz ins Auge zu
fassen, wo sie seit Jahren gewissermaßen zum Alltag gehört: Sri
Lanka.

Seitdem die Insel 1948 die Unabhängigkeit von Großbritannien
erlangt hatte, waren im früheren Ceylon gewählte, weitgehend demokratische Regierungen an der Macht, in denen die singhalesische Mehrheit dominierte. Die Beziehungen zwischen den ethnischen Gruppen waren jedoch alles andere als freundlich; die vor
allem im Norden des Landes lebenden Tamilen fühlten sich unterdrückt und diskriminiert. Anfangs versuchten sie ihre Forderung
nach mehr Unabhängigkeit mit politischen, gewaltlosen Mitteln
durchzusetzen, dann aber folgte eine neue, militantere junge Generation, die zum bewaffneten Kampf überging. 1983 verschlimmer-
ten Rassenunruhen, in denen etwa 3000 Tamilen ums Leben gekommen sein sollen, die Lage. Viele fühlten sich ohnmächtig, und
unter den Jungen gewann die Überzeugung an Boden, dass sich die
Unabhängigkeit (und damit die eigene Würde) nur durch militärische Aktionen wiederherstellen lasse. Dies führte zur Gründung
einer ganzen Reihe von aktivistischen Gruppen, die hauptsächlich

aus linken Studenten bestanden. Die bei weitem wichtigste Gruppierung wurden seit Ende der siebziger Jahre die Tamil Tigers, allerdings erst, nachdem sie, nicht selten mit Gewalt, ihre Konkurrenten ausgeschaltet hatten. An ihrer Spitze steht seit ihrer Gründung Velupillai Prabhakaran, bis heute unangefochten der politische und militärische Führer. Seine persönliche Position ist absolut zentral und nur vergleichbar mit derjenigen der europäischen Diktatoren der dreißiger Jahre des 20. Jahrhunderts.

Prabhakaran hat die LTTE aus bescheidenen Anfängen heraus zu immer größerer Bedeutung geführt und aus einer kleinen Bande, die sich bislang durch Raubüberfälle die Mittel für Guerillakriegführung und Terrorismus beschafft hatte, eine schlagkräftige Truppe gemacht, die über eine kleine Flottille gebot, mit der sie sowohl die Regierung angreifen als auch die Verbindung zu den zahllosen tamilischen Gemeinden in Südindien aufrechterhalten konnte. Zeitweise richteten die Tigers auch »befreite Zonen« ein, vor allem auf der Halbinsel Jaffna. Die Unterstützung von Seiten der 70 Millionen Tamilen in Südindien hielt sich in Grenzen, erhebliche finanzielle Hilfe für den bewaffneten Kampf der LTTE kam jedoch von den 800 000 Landsleuten, die in anderen Teilen der Welt lebten; Schätzungen zufolge wurden pro Jahr bis zu 150 Millionen Dollar gesammelt, unter anderem in Kanada und Australien. In den zwei Jahrzehnten seit Beginn der Terror- und Guerillaoperationen wurden etwa 65 000 Bürger Sri Lankas getötet – allein im Jahr 2000 waren es 3700. Zwischenzeitlich gab es Waffenstillstände und Verhandlungen, aber ein Durchbruch konnte erst im Jahr 2002 erzielt werden.

Die Ursachen des Konflikts und der Unnachgiebigkeit, mit der er ausgetragen wurde, sind nicht leicht zu finden, denn die Tatsachen und ihre Wahrnehmung klaffen weit auseinander. Die tamilische Forderung nach einem eigenen Staat wird historisch begründet, doch hat es ein tamilisches Königreich in Sri Lanka niemals gegeben, und die singhalesische Mehrheit hat mit den Tamilen jahrhundertelang mehr oder weniger friedlich zusammengelebt. Als sich die Briten aus Ceylon zurückzogen, gab es zunächst keine Forderung nach einer tamilischen Autonomie. Ob das Gefühl der Unterdrückung also gerechtfertigt war, steht auf einem anderen

Blatt – die Singhalesen jedenfalls führen an, dass die Tamilen in jeder Hinsicht mehr als einen fairen Anteil am staatlichen Leben erhielten. Für eine Minderheit waren sie in der Regierung überdurchschnittlich vertreten, und unter den Briten wie in den Jahrzehnten danach hatten sie in jedem Bereich der Gesellschaft Schlüsselpositionen besetzt, bei der Polizei wie am Obersten Gericht, in der Kultur und an den Hochschulen.

Auch die Religion spielte in dem Konflikt keine zentrale Rolle, obwohl die Singhalesen Buddhisten, die Tamilen hingegen überwiegend Hindus sind. Die Separatistenbewegung berief sich in ihrer Propaganda denn auch nicht auf religiöse Motive – zumal sie die 15 Prozent ihres Volkes, die christlichen Glaubens sind, nicht vor den Kopf stoßen wollte. Hinzu kam, dass der Hinduismus vor allem in der Oberschicht verbreitet war, während die Tamil Tigers vorwiegend aus den weniger wohlhabenden (wenn auch nicht den armen) Schichten stammten. Um es auf den Punkt zu bringen: Die tamilischen Separatisten sind säkular ausgerichtet, und ihre Führung ist atheistisch. Und doch benutzen sie eine Symbolik, die auf alte Mythen zurückgeht – der Tiger ist das Symbol von Murugan, einem der beliebtesten tamilischen Götter. Es gibt die Vorstellung von Tod und Auferstehung und die von der tapferen Mutter, die um der Befreiung willen ihre Familie opfert. Da ist überdies der Gedanke von der unbedingten Loyalität zur Bruderschaft und der Hingabe an die Nation. Auch die Idee des Märtyrertums spielt eine erhebliche Rolle, genau wie der Märtyrerkult.[26]

Wie ist also, angesichts der Tatsache, dass sie keine Gläubigen sind, die religiöse Inbrunst der Tamil Tigers zu erklären? Mitunter wurde versucht, dieses Phänomen als zivile Religion oder hysterischen Massenkult zu deuten,[27] doch lassen sich hiermit die totale Hingabe der Radikalen über viele Jahre hinweg, der Fanatismus und die Hartnäckigkeit ihres Kampfes nicht zufrieden stellend erklären. An objektiven Maßstäben gemessen, war die Lage der Tamilen in ihrem Land erheblich besser gewesen als die der meisten Minderheiten anderswo in Asien und Afrika. Und doch war das Gefühl, diskriminiert zu werden, für sie offenbar sehr real. Es gab auch keine traditionelle Neigung zu Gewalt und Selbstmordmissionen. Vielmehr zeichnet sich der Hinduismus durch ein starkes Ele-

121

ment der Gewaltlosigkeit aus *(ahimsa* und *satyagraha)*, auch wenn die Hindus nicht immer danach leben.

Hinzu kommt weiterhin, dass keineswegs alle Tamilen die Radikalisierung und den Terrorismus billigten, vor allem nicht die im Süden Sri Lankas und die Intelligenz. Zwar hatte es in Ceylon eine Tradition des politischen Radikalismus gegeben, der sich im Süden, wie Kritiker es nannten, als »Lumpenmarxismus« ausprägte (so dürfte Ceylon das einzige Land der Welt mit einer beachtenswerten trotzkistischen Partei gewesen sein), während im Norden, so meinten Beobachter, eher Chauvinismus und Rassismus anzutreffen waren, die sich hart an der Grenze zu faschistischen Ideen bewegten. Doch hatte sich dieser Radikalismus vor den siebziger Jahren selten in systematischer Gewalt manifestiert.[28]

Darüber hinaus hat die singhalesische Regierung, aus bitterer Erfahrung klug geworden, den Tamilen im Lauf der Jahre mehrere weitreichende Angebote unterbreitet, die allesamt zurückgewiesen wurden. Auch der ökonomische Faktor war somit hier nicht entscheidend. Zwar führte die dirigistische Wirtschaftspolitik (Sri Lanka bezeichnet sich bis heute als sozialistische Republik) zu Stagnation und Arbeitslosigkeit, aber junge, unternehmende Tamilen hätten, statt sich auf Selbstmordoperationen einzulassen, es leicht denjenigen nachtun können, die ihr Glück außer Landes versuchten, und dies vielfach mit Erfolg. In ihrem politischen Programm jedenfalls tauchten soziale Fragen nicht auf.

Angesichts dessen bleibt nur noch eine Erklärung: die Antipathie zwischen verschiedenen nationalen oder religiösen Gruppen in multinationalen Gesellschaften, die aus unerfindlichen Gründen auf Inseln, wie Irland, Sri Lanka und Zypern, besonders stark zu sein scheint. Offenbar gibt es eine tief sitzende Abneigung dagegen, ein gemeinsames Land zu teilen, und einen ebenso tief verwurzelten Wunsch nach einem eigenen Staat. In mancher Hinsicht, etwa in der Sprachenfrage, hat sich die singhalesische Regierung den Minderheiten gegenüber unsensibel verhalten. Die singhalesischen Radikalen hielten das Englische für die Wurzel allen Übels und wollten es durch ihre eigene Sprache ersetzen; auf der anderen Seite dachten die Tamilen ganz ähnlich. Es kam zu Auseinandersetzungen, die Opfer forderten, aber es bedarf schon einer blühenden Phantasie, um zu glauben, die Regierung und die singhalesische Mehrheit hätten, wie es die tamilische Propaganda behauptete, einen Genozid im Sinn gehabt.

Betrachtet man den tamilischen Terrorismus in seinen spezifischen Aspekten, so ist als Erstes die Mischung von Guerillakriegführung (die »Befreiung« von Gebieten und der Aufbau einer eigenen Verwaltung) und Terrorismus zu nennen. Die Armee von Sri Lanka war schwach, und die Tamilen, denen es nicht an Geld fehlte, verfügten über moderne Waffen wie die Boden-Luft-Rakete SA 7; häufig waren sie weit besser ausgerüstet als die Armee. So konnten sie der indischen Friedenstruppe derart das Leben schwer machen, dass Indien seine Soldaten nach einigen Jahren abzog. Allgemein gesprochen, haben die Tamil Tigers nicht nur Ausdauer bewiesen, sondern auch großen Einfallsreichtum. Obwohl sie im Unterschied zum palästinensischen Widerstand keine Nachbarländer hatten, die ihrer Sache wohlwollend gegenüberstanden, sie mit Nachschub versorgten und ihnen, wenn nötig, Zuflucht boten, konnten sie auf ihren Speedbooten, mit denen sie zwischen Indien und Sri Lanka hin- und herpendelten, fast ungehindert Waffen (sowie Kämpfer und Rauschgift) transportieren.

Die Selbstmordanschläge der Tamil Tigers konnten jeden treffen, und was die Zahl der Opfer und den Erfolg ihrer Operationen anging, agierten sie überaus spektakulär. So ermordeten sie nicht nur einen indischen, sondern auch den sri-lankischen Präsidenten Ranasinghe Premadasa. Sie töteten oder verwundeten zahlreiche Minister und Militärbefehlshaber, aber auch singhalesische (und gelegentlich auch muslimische) Bauern und andere Bürger, die das Pech hatten, der falschen ethnischen Minderheit anzugehören. Die Tigers standen in dem Ruf, ehrlich und nicht korrupt zu sein; gleichzeitig ermordeten sie, ohne zu zögern, nicht nur Nichttamilen, sondern auch diejenigen aus ihrer eigenen Gemeinschaft, die sie als Rivalen betrachteten oder denen sie mangelnde Begeisterung für ihre Sache unterstellten. Politisch waren die Auswirkungen des Selbstmordterrorismus jedoch weniger beeindruckend, denn eine Entscheidung im Kampf gegen die Regierung führte er nicht herbei. Im Februar 2002 haben die Tamil Tigers aus verschiedenen Gründen einen Waffenstillstand erklärt. So konnte der Terrorismus, gleich, welche Ziele er verfolgte, aufgrund der Weltlage kaum noch mit Sympathie rechnen, die finanzielle Unterstützung von Seiten im Ausland lebender Tamilen ging zurück, und es war eine neue Front eröffnet worden, die der muslimischen Bewohner des nördlichen Teils von Sri Lanka.[29]

Unter den Tigers, die Selbstmordaktionen ausführten, gab es im Unterschied zum muslimischen Suizidterrorismus mit rund 30 Prozent relativ viele Frauen. Die systematische Indoktrination durch die LTTE begann bereits im Schulalter – bei vielen Operationen wurden mit Sprengstoff umgürtete Vierzehnjährige eingesetzt. Häufig wurde ihnen am Vorabend ihrer Mission die Ehre eines letzten Mahls mit dem Führer der Tigers zuteil. Man nahm weithin an, dass sie Zyanidkapseln bei sich hatten, um dem Feind nicht lebend in die Hände zu fallen. Zumindest teilweise scheint dies jedoch eine Legende zu sein, denn immer wieder wurden Mitglieder der Gruppe verhaftet, und nur wenige von ihnen hatten Gift bei sich.

Ähnlich der zentralen Rolle, die Hitler im deutschen Nationalsozialismus und Mussolini im italienischen Faschismus spielten, dürfte letztendlich – neben dem Gefühl der rassischen Unvereinbarkeit der beiden Volksgruppen – beim tamilischen Selbstmordterrorismus die Persönlichkeit des Führers der Bewegung ausschlaggebend gewesen sein. Sie ist jedenfalls von wesentlich größerer Bedeutung als in den meisten anderen Gruppen. Interessanterweise zeigen die in Indien lebenden Tamilen nicht die gleiche Neigung zur Gewalt wie ein Teil der sri-lankischen. Ihre Haltung gegenüber den Tigers ähnelt derjenigen der in der Republik Irland lebenden Iren gegenüber der nordirischen IRA: Zwar empfinden sie vage Sympathie für die Bewegung, aber keine Solidarität für die Terrorkampagne.

Als weiterer wichtiger Aspekt ist der Korpsgeist zu nennen, das Gefühl, dem Kommandeur und den Kampfgefährten verpflichtet zu sein und sie nicht im Stich lassen zu dürfen. Bedeutsam ist auch der von den Tigers wiederbelebte historische Märtyrerkult, der verschiedene Formen annimmt: Ahnenverehrung, spezielle Friedhöfe (wie diejenigen, die in Europa für die Gefallenen der beiden Weltkriege angelegt worden sind) und so genannte »Heldensteine«. Laut LTTE-Doktrin gehört der Held dem Kollektiv, der Öffentlichkeit, und nicht nur seinen Angehörigen. Die Tamil Tigers sind also in vieler Hinsicht einzigartig. Was ihre Rücksichtslosigkeit angeht, sind sie mit den Nationalsozialisten und Pol Pots Roten Khmer verglichen worden. Doch historische und kulturelle Bezüge helfen kaum weiter, wenn man den Fanatismus und die Hartnäckigkeit der LTTE erklären will. Die zentrale Rolle Prabhakarans legt den Gedanken an eine Sekte nahe, in der die Anhänger dem Führer blind folgen. Der Inhalt seiner Botschaft ist sicherlich wichtig, aber offenbar weniger als der ihr zugrunde liegende Tatendrang.

Selbstmordterrorismus hat es zu allen Zeiten gegeben, aber ebenso klar ist, dass er in manchen Zeiten öfter zuschlug als in anderen. Während, wie hier beschrieben, die Hauptschauplätze in den achtziger Jahren Sri Lanka und der Libanon waren, wo vor allem schiitische Gruppen zu diesem Mittel griffen, verlagerte sich später der Schwerpunkt nach Israel, in die Türkei, auf den indischen Subkontinent und auf amerikanische Einrichtungen in aller Welt. Es sind etwa 16 Gruppen identifiziert worden, die Selbstmordanschläge verübt haben. Doch solche Zahlen sind notgedrungen ungenau, da manche dieser Gruppen nur wenige Aktionen durchführen und dann von der Bildfläche verschwinden und in anderen Fällen gleich mehrere die Verantwortung für einen Anschlag übernehmen. Einige Attentate wurden von Einzelnen mit Hilfe, aber nicht notwendigerweise unter dem Kommando einer Terroristengruppe durchgeführt. Zudem ändern die Gruppen immer wieder Namen, Charakter und Vorgehensweise. So wurde die in Kaschmir und Pakistan aktive *Harkat ul-Ansar* zur *Harkat ul-Mudschaheddin* und schließlich zur *Jaisch-e-Mohammad* – das alles innerhalb von fünf Jahren. Eine Gruppierung wie die von bin Laden und al-Zawahiri gegründete al-Qaida entstand bekanntlich durch die Fusion mehrerer radikaler Gruppen aus verschiedenen Ländern, die eng zusammenarbeiten, aber nicht notwendigerweise immer unter der strikten Kontrolle der Zentrale handeln. Einige der spektakulärsten politischen Attentate und Terrorakte der neunziger Jahre sind von

Einzeltätern ausgeführt worden (hier sei nur an die Ermordung Itzhak Rabins und Oklahoma City erinnert).

Obwohl die Szene, die Selbstmordanschläge verübt, von Anfang an ständigen Veränderungen unterlag, lassen sich die in dieser Hinsicht aktivsten Gruppen ohne Schwierigkeiten benennen.[30] Allen voran sind da die Tamil Tigers, auf deren Konto rund 200 solcher Aktionen gehen, gefolgt von der schiitischen Hisbollah und der Amal-Miliz (sowie einigen säkularen nationalistischen Gruppen) im Libanon, die in den achtziger Jahren gut 50 Selbstmordoperationen ausführten. In den neunziger Jahren sind die Hamas und der Islamische Dschihad für vielleicht 70 bis 80 solcher Anschläge in Israel verantwortlich, und schließlich ist noch die PKK zu erwähnen, die es im Lauf der Jahre auf über zwanzig Attentate gebracht hat. Alle diese Gruppen neigen dazu, ihre Stärke zu übertreiben, um den Gegnern Angst einzujagen. So prahlte der Islamische Dschihad einmal damit, er hätte 4000 Freiwillige, die nur darauf warteten, den Märtyrertod zu sterben. Zutreffend ist allerdings, dass seit dem Beginn der zweiten Intifada und dem Abebben der Auseinandersetzungen in Sri Lanka die meisten Selbstmordanschläge von Mitgliedern palästinensischer Gruppen verübt worden sind.

Die Angaben über den Selbstmordterrorismus sind bestenfalls Annäherungszahlen, da weder bekannt ist, wie viele Versuche aus technischen Gründen abgebrochen worden sind, noch, wie oft sich die Attentäter aus irgendwelchen Gründen entschlossen, ihr Vorhaben nicht zu Ende zu bringen. Manche schätzen, dass jeder zweite palästinensische Anschlag erfolgreich gewesen ist, andere, dass es nur jeder fünfte war.[31] Doch Zahlen erzählen nicht die ganze Geschichte. So gibt es offensichtlich einen Unterschied zwischen den massiven, internationale Krisen auslösenden Anschlägen von al-Qaida (auf Botschaften in Afrika, auf den US-Zerstörer Cole, auf New York und Washington) und Vorfällen in entlegenen Dörfern in der Türkei oder in Kaschmir, bei denen nur wenige Menschen ums Leben kamen und die noch nicht einmal eine Zeitungsmeldung wert waren. Schon ein unvollständiger Überblick über den Suizidterrorismus zeigt, dass zwar viele, wenn nicht die meisten Anschläge von säkular ausgerichteten Gruppen verübt wurden, dass aber für die wirkungsvollsten, die die meisten Opfer forderten und die größte Aufmerksamkeit erregten, islamistische Gruppen verantwortlich zeichneten, und diese gilt es nun zu betrachten.

Nach den spektakulären Anschlägen von Hamas und al-Qaida gab es unter Muslimen und außen stehenden Beobachtern endlose Debatten darüber, ob der Islam den Selbstmordterrorismus fördere. Konsens besteht darüber, dass der Koran den Selbstmord verbietet und diejenigen, die ihn begehen, nicht ins Paradies kommen. Aber es wird auch allgemein anerkannt, dass diejenigen, die zur Verteidigung des Islam in den Kampf ziehen, einen Dschihad, das heißt einen heiligen Krieg führen. Sie gelten als Helden, die gemäß den grundlegendsten Vorschriften ihrer Religion handeln, denn schon im Koran steht geschrieben:»Und sagt nicht von denen, die um der Sache Gottes willen getötet werden, sie seien tot. Sie sind vielmehr lebendig (im Jenseits). Aber ihr seid euch dessen nicht bewusst.« (Sure 2:»Die Kuh«, Al-Baqarah) Ähnliche Aussagen sind, wie oben ausgeführt, in der antiken Mythologie, in mittelalterlichen Legenden sowie in Gedichten aus Deutschland und anderen Ländern zu finden. Märtyrer, das sei hier festgehalten, sind jene, die im Kampf für die Sache Gottes getötet worden sind und die allein für Gott gekämpft haben, nicht für einen König, eine Nation oder eine ethnische Gruppe – und auch nicht für Ruhm oder Ehre.

Der Dschihad ist allerdings, wie viele andere islamische Begriffe auch, von muslimischen Kommentatoren höchst unterschiedlich interpretiert worden.[32] Bedeutet er Krieg, oder bezieht er sich auf einen moralischen Kampf, in dem der Einzelne, wie es die Sufi-Schule behauptet, seine Grundinstinkte zu überwinden versucht? In der einflussreichsten Hadithsammlung – al-Bukhari – finden sich 199 Erwähnungen des Dschihad, und jedes Mal wird angenommen, dass Krieg gemeint ist. Dennoch haben islamische Juristen im Mittelalter die ursprüngliche Bedeutung, nach der ein ununterbrochener Kampf bis zum endgültigen weltweiten Sieg über die Ungläubigen hätte geführt werden müssen, ein Stück weit entschärft, indem sie darauf hinwiesen, dass der Prophet selbst vorübergehende Waffenstillstände mit seinen Feinden geschlossen habe.

Doch diese gemäßigte Auslegung wurde keineswegs von allen akzeptiert. Der bekannteste Vertreter einer aggressiven Interpretation war Ibn Taimiyya (1268–1328), der den Dschihad als Krieg zur elementaren Pflicht jedes Muslims erklärte und Herrscher, die sich nicht daran hielten, als Ungläubige und Apostaten verdammte.[33] Die auf ihn zurückgehende Tradition fand über die Jahrhunderte hinweg ihre Fortsetzung und ist mit dem Aufkommen des radikalen Islamismus zur Grundlage der offiziellen Ideologie eines bedeutenden Teils der muslimischen Denker und Politiker geworden. In einer aktualisierten Fassung lieferte sie schließlich die Doktrin für den islamistischen Terrorismus der neunziger Jahre, die auf der Annahme beruht, dass auf Erden erst erst nach einem weltweiten Sieg des Islam Frieden und soziale Ordnung vorherrschen würden, da alle anderen Religionen und Ideologien die wahren Gläubigen verfolgten und den Untergang des Islam zum Ziel hätten. Trotzdem haben die radikalen Muslime sogar mit Ibn Taimiyya ihre Probleme, hatte er doch bestritten, dass Jerusalem zu den heiligen islamischen Stätten gehört.

Was die Frage des Lebens nach dem Tod anbetrifft, lehrt der Islam, dass Märtyrer nicht betrauert werden sollten, weil ihr Tod keinen wirklichen Verlust darstelle – sie würden als Gäste des Herrn weiterleben. Die Ähnlichkeit mit dem Totenkult der Nationalsozialisten ist verblüffend; auch sie wandten sich gegen allzu große Trauer und glaubten, Märtyrer empfänden im Augenblick ihres Todes keinen Schmerz. Nach islamischer Vorstellung werden Märtyrern alle Sünden vergeben, und ihnen wird das Vorrecht zuteil, zugunsten ihrer Familie oder ihres Klans zu intervenieren, um diesen den Weg ins Paradies zu ebnen, das im Übrigen detailliert beschrieben wird: phantastische Gärten, Bäche mit klarem Wasser und über allem eine juwelenbesetzte Kuppel, die sich etwa von Damaskus bis zum Südjemen erstreckt. Die Märtyrer ruhen auf Thronen und essen und trinken in größter Glückseligkeit. 70 000 Diener stehen für sie bereit, und siebzig schwarzäugige Frauen, allesamt noch unberührt, jung und vollbusig, warten nur auf einen Wink von ihnen.

Die Aussicht auf solch luxuriöse Bedingungen im nächsten Leben haben manche Korankommentatoren und radikalen Muslime in Verlegenheit gebracht. Nach ihrer Ansicht lässt sich ein junger Mann aus Gaza oder Dschenin bei der Entscheidung, zum *schahid*

(Märtyrer) zu werden, nicht von der Aussicht auf sexuelle Gratifikationen, sondern zuallererst vom Hass auf die israelische Besatzung leiten. Das mag zwar zutreffen, genauso trifft es jedoch zu, dass die Belohnungen tatsächlich versprochen werden und der Märtyrertod häufig als »Hochzeit« beschrieben wird. Nach dem Selbstmordanschlag der achtzehnjährigen Palästinenserin Ayat al-Akhras in einem Vorort von Jerusalem Ende März 2002 hat deren dreijährige Nichte erklärt: »Ich will meiner Tante im Paradies Gesellschaft leisten.«[34] Diese Reaktion dürfte kaum das Ergebnis tiefen Nachdenkens oder einer emotionalen Erschütterung gewesen sein, auch nicht des Drucks von Gleichaltrigen. Sie muss dem kleinen Mädchen als das Natürlichste der Welt eingefallen sein, das heißt dem entsprochen haben, was sie von den Älteren gelernt hatte.

Bezüglich der zitierten Passagen über die Freuden des Paradieses haben andere wieder behauptet, sie stammten von weniger bedeutsamen Kommentatoren und seien nicht wörtlich zu nehmen. Doch viele Beschreibungen tauchen im Koran mehrmals auf, die Sache mit den Jungfrauen etwa in den Suren 52 (»Der Berg«, At-Tur), 56 (»Die hereinbrechende Katastrophe«, Al Waq'ia) und 78 (»Was verkündet wird«, An-Naba) sowie in autoritativen Teilen des Hadith. Ob die angehenden Märtyrer allen Verheißungen über das Paradies Glauben schenken, ist eine andere Frage. Dass es dort Bäche mit klarem Wasser gibt, dürfte für einen Wüstenbewohner des 7. Jahrhunderts weitaus beeindruckender gewesen sein als für einen heutigen jungen Araber, der an fließendes Wasser in den Häusern gewöhnt ist. Das Versprechen der Jungfrauen ist in von sexueller Unterdrückung geprägten Gesellschaften heftig umstritten. Manche Übersetzer von Koran und Hadith haben das Wort »Jungfrau« durch »Engel« ersetzt, doch das ergibt im gegebenen Zusammenhang keinen Sinn. Einer der angesehensten Kommentatoren, der Ägypter Jalal al-Din al-Suyuti (1445–1505), der in einem weniger repressiven Zeitalter lebte, hat die sexuellen Freuden genauestens beschrieben. Die Märtyrer, erläuterte er, hätten eine Dauererektion, ihr Penis würde niemals weich, und das Gefühl, das sie empfänden, sei derart überwältigend, dass ein Erdenbewohner, der es erlebte, in Ohnmacht fallen würde. Was die Frauen anging, so werden sie als allzeit willig charakterisiert; sie hätten reizvolle Vaginen.[35] Andererseits hat ein westlicher Interpret in jüngster Zeit erklärt, viele Passagen des Korans blieben unklar, solange man sie auf Arabisch lese, würden aber klarer, wenn man zur syro-aramäischen Fassung greife. In dieser sei statt von Jungfrauen von »weißen, kristallklaren Weintrauben« die Rede. Christoph Luxenbergs Entdeckung wirft allerdings ein Problem auf: Im Vergleich mit glutäugigen Jungfrauen wären kristallklare Weintrauben selbst für Wüstenbewohner ein weit geringerer Anreiz gewesen, sich um den Eintritt ins Paradies zu bemühen. Im Übrigen werden arabische Fundamentalisten niemals eine derart weit reichende Neuinterpretation ihrer heiligen Schriften akzeptieren. Und diejenigen, die mit Vorstellungen über das Leben nach dem Tod indoktriniert worden sind, haben von Jungfrauen gehört, und nicht von Luxenbergs Trauben.[36]

Brennpunkte und Täterprofile

Der detaillierteste Überblick über den Selbstmordterrorismus liegt für Israel vor. Insgesamt sind hier und in den besetzten Gebieten bis Juli 2001 hundert solche Aktionen unternommen worden, die während der israelischen Besatzung im Libanon verübten Anschläge nicht mitgerechnet. Von diesen hundert fanden dreißig in den Jahren 2000 und 2001 statt. 75 Terroristen wurden getötet und 25 abgefangen, bevor sie ihr Vorhaben ausführen konnten oder weil ihr Sprengstoff nicht explodierte. (Zwischen Juli 2001 und August 2002 begaben sich 98 weitere Selbstmordattentäter auf ihre Missionen; diesmal waren es 35, denen es nicht gelang, sich in die Luft zu sprengen oder die man rechtzeitig abfing.)[37] Zwei Drittel der Täter gehörten der Hamas an, ein Drittel dem Islamischen Dschihad. Später wurden solche Operationen auch von anderen Gruppen, wie den Al-Aksa-Brigaden der Fatah, organisiert. Zwei Drittel der »Märtyrer« waren unter 23 Jahre alt, und kaum einer war über dreißig. Die Mehrheit kam aus Gaza (54 Prozent), 45 Prozent aus dem Westjordanland, und einer – der Älteste – war ein israelischer

Araber. 23 Prozent besaßen eine Grundschulbildung, der Rest hatte die Oberschule oder die Universität absolviert. 86 waren Junggesellen und 14 verheiratet. Von den bis zum August 2002 zu beklagenden 605 Opfern der Attentate waren rund drei Viertel Zivilisten, darunter auch Bürger anderer Länder. Buchstäblich alle Selbstmordattentäter kamen aus kinderreichen Familien. Hamas und Islamischer Dschihad verkündeten, sie würden nie ein Einzelkind auf eine Selbstmordmission schicken. Manche Eltern äußerten nach der Tat, sie seien stolz auf ihr Kind; andere sagten, wenn es möglich gewesen wäre, hätten sie verhindert, dass ihr Kind einen solchen Anschlag begeht – sie seien jedenfalls nicht bereit, noch einen Sohn oder eine Tochter zu opfern. Die jungen Frauen unter den Attentätern waren allesamt unverheiratet; eine war von ihrem Mann geschieden worden, weil sie unfruchtbar war.

Nach einem Bericht der israelischen Sicherheitskräfte vom Juli 2002 litt ein erheblicher Teil der palästinensischen Selbstmordattentäter an schweren Krankheiten physischer oder psychischer Art im fortgeschrittenen Stadium. Da das Dokument in seinen Einzelheiten nicht für die Veröffentlichung vorgesehen war, können propagandistische Absichten als unwahrscheinlich ausgeschlossen werden. Doch solange die genauen Zahlen nicht verfügbar sind, kann diese Aussage nur unter Vorbehalt wiedergegeben werden.[38]

Der Islamische Dschihad setzte insgesamt jüngere, weniger gut ausgebildete Täter im Alter von 17 oder 18 Jahren ein, deren Anschläge in der Regel primitiver waren und weniger Opfer forderten.[39] Im weiteren Verlauf des Kampfs gegen Israel im Jahr 2002 nahm sowohl der Anteil der Frauen unter den Selbstmordattentätern als auch der an Kindern von 13 oder 14 Jahren zu. Nachdem sich im April 2002 zwei Dreizehnjährige (Ismail Abu Nada und Anwar Hamduna) in die Luft gesprengt hatten, wandte sich die Hamas-Führung in Gaza jedoch gegen den Einsatz von Kindern für solche Missionen. Ein Sprecher der palästinensischen Verwaltung erklärte, die Medien seien indirekt mitverantwortlich, weil sie tagtäglich Sendungen brächten, in denen das Märtyrertum verherrlicht werde. Ein Angehöriger eines der beiden Jungen sagte in einem Interview, dieser könne die Entscheidung, sich in die Luft zu sprengen, unmöglich selbst getroffen haben.[40]

131

Die junge Palästinenserin Sumaya Farhat Naser hat in einem Interview festgestellt, dass die Selbstmordanschläge in den Kontext einer allgemeinen Brutalisierung der palästinensischen Gesellschaft gehörten, die sich in Form von Gewalt in der Familie, Aggressivität in der Schule und Geisteskrankheiten äußere. Die Hälfte der Kinder, erklärte sie, sei hyperaktiv und könne nicht länger als zehn Minuten still sitzen.[41] Andererseits sind Interviews veröffentlicht und Dokumentarberichte gezeigt worden, in denen Mütter und Väter von Selbstmordattentätern sich völlig mit ihren Kindern identifizierten, sie beglückwünschten und behaupteten, der Tag, an dem sie sich töteten, sei der glücklichste in ihrem Leben gewesen – so zum Beispiel Um Nidal über ihren Sohn Mohammed.[42]

Im Unterschied zu den Aktivitäten der Palästinenser waren die internationalen Unternehmungen von al-Qaida, deren Zahl erheblich geringer war, lange Zeit im Voraus geplant, und die Beteiligten stammten aus ganz anderen Verhältnissen. Ihre Eltern, häufig Akademiker, gehörten der Mittelschicht an. Einige waren Ägypter, andere kamen aus anderen nordafrikanischen Ländern (vor allem aus Algerien), aber die Mehrheit waren Saudis, vorwiegend aus bestimmten Gegenden in Asir, der Südregion des Landes, und dort wiederum aus ganz bestimmten Stämmen und Klans. Ein gut informierter saudischer Beobachter bemerkte, die meisten Selbstmordattentäter kämen aus einem Gebiet, das in den letzten drei Jahrzehnten enorme Fortschritte gemacht habe und nun wohlhabend und zu einem Reiseziel für den Rest des Landes geworden sei. Die Beteiligung von Bewohnern des Südens an Terrorakten habe also nichts mit Armut zu tun, sondern vielmehr mit bestimmten indirekten Folgen der Urbanisierung. Die geistige Entwicklung habe mit der technischen nicht Schritt gehalten. Der dortige Menschenschlag sei vertrauensvoll, gottesfürchtig und naiv, und gewisse Prediger hätten die Religion als Tarnung benutzt, um hier ihr Gift zu verbreiten. Kurzum: Die Menschen »glauben alles, was man ihnen sagt. Sie haben aufmerksamer zugehört, als sie es hätten tun sollen, … ohne darauf zu achten, wer auf der Kanzel stand.«[43]
    Die Mehrheit der saudischen Selbstmordattentäter hatte eine höhere Bildung, die allem Anschein nach allerdings nicht umfas-

send, sondern fast ausschließlich technisch ausgerichtet war. Ihre Allgemeinbildung war begrenzt, und sie waren ganz sicherlich weder Intellektuelle noch (das gilt zumindest für die meisten von ihnen) in der Religion besonders bewandert. Sie hatten regelmäßig die Moschee besucht und die rituellen Gebete gesprochen, aber wie viel sie vom Islam wussten, steht auf einem anderen Blatt. Dass sich in einem der Prozesse gegen ägyptische Terroristengruppen – Ablegern der Muslimbrüderschaft – herausstellte, dass der Anführer keinen einzigen Koranvers auswendig wusste, wurde bereits erwähnt, und dies war beileibe kein Einzelfall. Der Abschiedsbrief, den Mohammed Atta, der Führer und Organisator der Gruppe vom 11. September, am Vorabend der Anschläge an seine Kameraden geschrieben hat, enthält nicht nur einfache Fehler im Gebrauch des Arabischen, seiner Muttersprache (was der Eile, in der er den Brief schrieb, geschuldet sein mag), sondern auch eine enthüllende Auslassung: Wenn er aus dem Koran zitiert (was er häufig tut), fehlt jedes Mal die obligatorische Einleitung »Der Allmächtige hat Recht«, die kein frommer Muslim je vergessen würde.[44] Mit anderen Worten, die religiöse Bildung der Selbstmordattentäter beschränkt sich auf elementare Formeln und Zitate, die sie von ihren Predigern gehört haben.

Das kann jedoch kaum überraschen, denn die Operationen von al-Qaida fanden im Ausland statt, und diejenigen, die hierfür ausgewählt wurden, mussten sich zumindest ein wenig in der Außenwelt auskennen. Die Fähigkeit, sich in Europa und Amerika möglichst unauffällig zu bewegen, war wichtiger als tief schürfende Korankenntnisse – und in pakistanischen Religionsschulen oder palästinensischen Flüchtlingslagern sicher nicht zu erwerben. Dennoch wirft die Tatsache, dass viele der Selbstmordattentäter ihre eigene Religion nur mangelhaft kannten, ein bezeichnendes Licht auf ihre Motivation.

Innerhalb der radikalislamischen Internationale bestanden erhebliche Unterschiede zwischen denjenigen, die im Nahen Osten aufgewachsen waren, und den Rekruten aus Westeuropa, unter denen neu bekehrte radikale Islamisten ebenso vertreten waren wie Kleinkriminelle, Rauschgiftschmuggler und nicht wenige labile Persönlichkeiten, die für Terrormissionen ausgesucht worden waren, weil sie britische, französische oder deutsche Schulen besucht hatten, sich in der Welt auskannten und die erforderlichen technischen oder sprachlichen Fähigkeiten besaßen. Ein typisches Beispiel für einen westeuropäischen Rekruten war Nizar Trabelsi, ein Nordafrikaner, der nach Belgien ausgewandert war und eine enttäuschende Fußballerkarriere in Deutschland hinter sich hatte. Er trank, wurde später wegen Rauschgifthandels verhaftet, saß in Deutschland eine Gefängnisstrafe ab und geriet danach in den Umkreis von al-Qaida. Für ihn wie für viele andere schien die radikale Religion einen Ausweg aus einer festgefahrenen Lebenssituation zu sein; sie gab ihm ein Glaubensgefüge und vielleicht auch etwas Hoffnung. Vor allem aber wurde er in eine Gruppe gleichgesinnter Kameraden aufgenommen, die ihm gleichzeitig, anstelle von Resignation, die Chance zu einem aktiven Leben eröffnete.

Eine ähnliche Figur war Richard Reid, der im Dezember 2001 in seinen Schuhen Sprengstoff in ein Flugzeug schmuggelte und erfolglos versuchte, ihn zu zünden. Als Sohn eines aus Westindien stammenden Vaters (der den größten Teil seines Lebens im Gefängnis verbrachte) und einer Britin in England geboren, hatte er die Schule abgebrochen und war nach mehreren Verhaftungen wegen diverser Kleinverbrechen von einem radikalen muslimischen Prediger, der sich außerhalb Londons um die Insassen eines Jugendgefängnisses kümmerte, zum Islam bekehrt worden.[45] Von ähnlichem Schlag war ein al-Qaida-Kurier, der Sprengstoff von Kanada nach Seattle zu schmuggeln versuchte, aber aufgrund der Wachsamkeit einer Grenzwache bei Vancouver gefasst wurde. Auch er war in Kanada vorbestraft. Dann gibt es noch die Geschichte von dem jungen unternehmungslustigen, aber extrem launischen Australier, der sich treiben ließ und schließlich in Afghanistan landete; oder die von dem jungen Schotten, aus einer Akademikerfamilie stammend, der das Studium abbrach, sich einer psychiatrischen Behandlung unterzog und zum Islam übertrat, um schließlich in Afghanistan seine, wie er meinte, religiöse Pflicht zu erfüllen. Wieder eine andere Geschichte handelt von einem Jungen aus Marin County in Kalifornien, einem nicht untypischen Produkt der ultrapermissiven Lebensweise in den Mittelschichtvororten mit all ihrer Verwirrung, der nach Afghanistan ging und dort von seinen Landsleuten gefangen genommen wurde. Doch schlossen sich diese ausländischen Freiwilligen eher den Taliban an als al-Qaida, und mit ihren Geschichten soll auch nicht angedeutet werden, die Selbstmordattentäter seien in der Regel Aussteiger oder geistig labil und/oder vorbestraft. Professor Ariel Merari, der an der Universität von Tel Aviv Psychologie lehrt und das Phänomen des palästinensischen Selbstmordterrorismus wie kein Zweiter studiert hat, bemerkte auf der Grundlage zahlreicher Befragungen, er hätte unter den Kandidaten für solche Taten keinen einzigen Psychopathen gefunden. Allerdings gebe es Hinweise darauf, dass viele ein schwaches Ego hätten und in einer verwirrenden Welt nach geistigem Halt, nach Gewissheiten und Gemeinschaft suchten.

Die ersten Selbstmordanschläge der neueren Zeit, die 1982/83 im Libanon stattfanden, wurden von schiitischen Organisationen verübt, die vom Iran ausgebildet, finanziert und ausgerüstet worden waren und sich nicht nur in der Heimat mit solchen Operationen hervortaten. Anfangs hatten viele Beobachter den Eindruck, der Suizidterrorismus sei ein spezifisch schiitisches Phänomen, dessen Ursachen im besonders bösartigen Charakter der *Schi'a* und der von ihnen praktizierten Selbstzerstörung und -züchtigung lägen, zumal die Schiiten nach Khomeinis Revolution im Iran enormen Auftrieb erhalten hatten. Die Attentäter aus ihren Reihen, so hat man damals gemeint, marschierten in den Tod wie einst Mohammeds Neffe Hussein in der Schlacht von Kerbela (632). Doch hätte spätestens von 1985 an klar sein müssen, dass die Schiiten kein Monopol auf den Selbstmordterrorismus besaßen, denn ungefähr die Hälfte der Anschläge im Libanon wurde von Mitgliedern nationalistischer und linker Organisationen (einschließlich der kommunistischen Partei) verübt.[46] Dass deren Anschläge weniger wirkungsvoll ausfielen, lag zum Teil daran, dass sie nicht so gut organisiert und vorbereitet waren wie diejenigen der Hisbollah, die ja immerhin über Berater und Geld aus dem Iran verfügte. Während unter den säkularen Selbstmordterroristen im Libanon auch Frauen waren, wäre es für eine radikalislamische Organisation undenkbar gewesen, jemand anderen als einen jungen Mann auf eine solche Mission zu schicken.

Dass an den Selbstmordaktionen der Tamil Tigers viele Frauen beteiligt waren, kam hier bereits zur Sprache; unter den Selbstmordattentätern der PKK in den neunziger Jahren war ihr Anteil sogar noch höher. Die Kurdische Arbeiterpartei PKK war 1978 von mehreren marxistisch-leninistisch ausgerichteten Studenten gegründet worden, die Freiheit für Kurdistan forderten. Das nationalistisch-separatistische Motiv war indes um vieles stärker als das marxistische, das im Lauf der Zeit immer weiter in den Hintergrund trat. Beherrschende Figur der Partei war (wie bei den Tamil Tigers) der Führer, Abdullah Öcalan. Es ist bezeichnend, dass nur einer der Selbstmordattentäter der PKK sich freiwillig meldete – alle anderen waren ausgewählt worden. Insgesamt wurden zwischen 1994 und 1998, als die Kampagne allmählich zu Ende ging, 16 Anschläge verübt; elf der Täter waren Frauen.[47] Aufgrund ungenügender Ausbildung und technischer Vorbereitung verursachten die meisten Anschläge nur relativ geringe Schäden und kaum jemand kam ums Leben. In unserem Zusammenhang ist allerdings weniger der Erfolg oder das Scheitern von Bedeutung, als vielmehr die Entscheidung, eine solche Aktion durchzuführen – und die Motivation, die ihr zugrunde liegt. Der hohe Prozentsatz von Frauen unter den PKK-Terroristen ist mit dem Leid und der niedrigen sozialen Stellung der Frau in der kurdischen Gesellschaft erklärt worden (vor allem in ländlichen Gegenden, aus denen die meisten PKK-Anhänger stammten). Sonderlich überzeugend ist das allerdings nicht, denn die Stellung der Frau in der muslimischen Gesellschaft ist sogar noch niedriger. Die tamilischen Frauen hingegen werden keineswegs diskriminiert, was sie jedoch nicht davon abhielt, sich am Terrorkampf zu beteiligen.

Es ist nicht nötig, sämtliche terroristischen Bewegungen, die Selbstmordaktionen durchgeführt haben, im Einzelnen darzustellen, um Gemeinsamkeiten und Unterschiede herauszuarbeiten. Es handelt sich um eine Strategie, die aus einer ganzen Reihe von Gründen ausgewählt wird: Selbstmordanschläge erregen mehr Aufmerksamkeit als andere Terrorakte, und in der Regel gibt es viele Opfer. Bei den Betroffenen erzeugen sie Angst und sogar Panik; sie sind relativ leicht zu planen, weil keine Fluchtroute benötigt wird. Es ist schwierig, einen Attentäter, der sich einmal auf den Weg gemacht hat, zu stoppen – auch wenn er das vorgesehene Ziel nicht erreicht, ist er meist doch noch in der Lage, dem Feind selbst während der Festnahme beträchtlichen Schaden zuzufügen.

Wenn schon der Terrorismus im Allgemeinen aufgrund seines plötzlichen und unvermuteten Auftretens sowie der Tatsache, dass offenbar jeder, egal, wo er sich aufhält, zum Opfer werden kann, im Vergleich mit seiner tatsächlichen politischen Bedeutung unverhältnismäßig viel Aufmerksamkeit auf sich zieht, dann gilt dies für den Suizidterrorismus in noch größerem Maße. Doch der Selbstmordattentäter ist nur das letzte Glied in einer langen Kette, denn spontane Aktionen gibt es nicht. Die Kandidaten werden von den Anführern der jeweiligen Organisation ausgewählt, sie werden indoktriniert, ausgebildet, mit Informationen versorgt und schließlich mit den Waffen und dem Sprengstoff für ihre Mission ausgestattet. Diejenigen, von denen sie ihre Befehle erhalten, verfolgen politische Absichten; sie organisieren die Anschläge nicht als sinnlose Verzweiflungstaten, sondern um bestimmte politische Ziele zu erreichen, und wenn die Attentäter selbst auch nicht aufzuhalten sein mögen, so sind es die Hintermänner gewiss. (Indem man ihnen unzumutbare Schäden zufügt, sind sie durchaus abzuschrecken.) So hat die libanesische Hisbollah, nachdem sie jahrelang Selbstmordaktionen durchgeführt hatte, von dieser Strategie schließlich abgelassen, weil ihre Wirksamkeit offenbar nachließ. Die Begeisterung in dieser Hinsicht scheint auf die Angehörigen einer bestimmten Generation beschränkt zu sein – sobald die Einsicht dämmert, dass man durch das Märtyrertum dieser jungen Leute den angestrebten Zielen um keinen Zentimeter näher kommt, schwindet die Bereitschaft zusehends, sein Leben tatsächlich zu opfern.

Die Motivation religiöser Selbstmordterroristen ist wesentlich einfacher zu erklären als diejenige ihrer säkularen Kollegen. Den radikalen Muslimen sind verschiedene Belohnungen versprochen worden, die Versorgung der Familie etwa und ein Leben im Paradies (die Einzelheiten wurden hier schon beschrieben). Sie glauben, dass sie nicht wirklich tot sein, sondern in einer anderen, reicheren Existenzform weiterleben werden. Die Unterstützung für die Familien der Märtyrer ist eine ebenso wichtige Erwägung wie die religiöse Pflicht, vor der Selbstmordmission seine Schulden zu begleichen. Daher die finanziellen Zuwendungen (von bis zu 25 000 Dollar) für die Familien von Selbstmordattentätern durch den Iran, den Irak und andere arabische Länder sowie durch muslimische Stiftungen. Zum Vergleich: Die Familien derjenigen, die im offenen Kampf mit den Israelis gefallen waren, erhielten nur 2000 Dollar. Saudi-Arabien ermöglicht den Angehörigen eine Reise nach Mekka; weitere Begünstigungen, wie etwa Wohnungen, kommen hinzu. Und so wie in Sri Lanka die künftigen Märtyrer ein letztes Mahl mit dem Führer der Tamil Tigers einnahmen, wird auch im Libanon und in Palästina am Vorabend der Mission ein regelrechtes Ritual inszeniert, bei dem man die Attentäter fotografiert. Damit soll ihrem Vorhaben ein feierlicher, quasireligiöser Anstrich gegeben werden.

Den säkularen Terroristen fehlen solche Aussichten. Dennoch könnten die Unterschiede zwischen religiöser und säkularer Motivation kleiner sein, als zumeist angenommen wird, was ihr zugrunde liegt, dürfte in beiden Fällen recht ähnlich sein: Zum einen ist da das Gefühl, seine (religiöse und/oder patriotische) Pflicht zu tun, und der Hass auf den Feind, die Ungläubigen, die Besatzer. Zum anderen ist die Bereitschaft, sein Leben einzusetzen, das Ergebnis eines Prozesses der Indoktrination – in orthodoxen Religionsschulen oder konspirativen Kreisen. Diese Indoktrination, ob nun religiös oder ideologisch, benötigt wiederum eine gewisse Verwurzelung in einer objektiven Situation; Wut und Hass auf den Feind müssen als selbstverständlich wahrgenommen werden. In manchen Fällen genügt allerdings schon die Person des Führers, um die Anhänger zu Taten zu bewegen, die sonst unbegreiflich wären, der kollektive Selbstmord ganzer Gruppen von Sektenmitgliedern etwa, wie 1978 in Jonestown.

Hier sei noch einmal auf das Beispiel Sri Lanka verwiesen, wo der Kult des Selbstmordterrorismus ja, nach Bekunden der LTTE, »jenseits der Religion« ist. Bei genauerem Hinsehen entdeckt man jedoch weitreichende Ähnlichkeiten mit dem muslimischen Kult: Erinnern wir uns an die ausgefeilte Symbolik, an Todesmystik und blindes Vertrauen.[48] Es wird sogar jedes Jahr im November eine »Märtyrerwoche« begangen (ganz zufällig hat der Anführer Prabhakaran in dieser Zeit Geburtstag). Daraus wird ersichtlich, dass die Tamil Tigers in ihrer Auffassung des Märtyrertums zutiefst religiös geprägt sind, auch wenn sie, wie ein Historiker feststellt, sich dessen nicht bewusst sind. Ebenso wie die radikalislamischen Gruppen im Nahen Osten sind sie eine politische Bewegung mit religiösen Wurzeln und religiösen Absichten. Beiden gemeinsam ist die Vorstellung von absolutem Gehorsam, die auch Mohammed Atta in den letzten Anweisungen an seine Kameraden erwähnte. Ganz wie es auch Ignatius von Loyola, der Gründer des Jesuitenordens, in seinen *Constitutiones* verlangt: die Mitglieder des Ordens haben Gott und ihren Oberen uneingeschränkt Folge zu leisten,»perinde ac si cadaver essent« – Kadavergehorsam also.

Andererseits gibt es auch erhebliche Unterschiede zwischen den tamilischen und den muslimischen Selbstmordterroristen. Die Tamil Tigers haben eine beachtliche Zahl führender Politiker ermordet, und die meisten ihrer Anschläge galten Einrichtungen von Militär und Polizei. Stolz zählten sie die Zahl ihrer Aktionen, um ihrer zu gedenken, rechneten dabei die Angriffe auf zivile Ziele aber nicht mit. Solche Terrorakte waren für sie »terroristisch«, und auch wenn sie selbst sie verübten, so wollten sie doch als Soldaten einer nationalen Befreiungsarmee in Erinnerung bleiben. In dieser Hinsicht unterschieden sie sich deutlich von Organisationen wie der Hamas oder dem Islamischen Dschihad, aber auch von al-Qaida, die allesamt glaubten, die Doktrin des Dschihad gebe ihnen das Recht, im Zuge ihres heiligen Krieges alles und jeden anzugreifen.

Zur Erklärung des Selbstmordterrorismus sind diverse psychologische Begriffe herangezogen worden, psychoanalytische ebenso wie orthodox psychiatrische, unter anderem derjenige der »überbewerteten Ideen«, das heißt des besessenen Glaubens an eine Idee, Ideologie oder ein Wertesystem.[49] Darin mag ein Fanatismus begründet sein, zu dem die Bereitschaft gehört, sein Leben zu opfern, aber auch das Verhalten derjenigen, die die Selbstmordattentäter auf ihre Missionen schicken. Doch ist es zweifelhaft, dass komplexe Erklärungen dem Gegenstand gerecht werden. Die Motive der Täter sind stets in der Geschichte verwurzelt, im kulturellen und sozialen Kontext, kurz, in der Gesellschaft, aus der sie stammen. Wobei zu beachten ist, dass es sich dabei um geschlossene Gesellschaften handelt, in denen Gehorsam verlangt wird und eine kritische Haltung, wie sie dem Westen in moderner Zeit so teuer ist, völlig fehlt. Der Selbstmordterrorist wird hier hineingeboren – oder er hat sich bei seiner Suche nach geistigen Gewissheiten für dieses Leben entschieden; Konvertiten neigen dazu, fanatischer zu sein als die in dem jeweiligen Glauben Geborenen. Fraglich ist, ob der Inhalt der Indoktrination von entscheidender Bedeutung ist, könnte doch ein extremer Nationalismus oder irgendeine andere Ideologie auf tief sitzende psychologische Bedürfnisse ebenso anziehend wirken wie ein fester religiöser Glaube.

Eyad Serraj, ein Psychiater aus Gaza, hat festgestellt, dass in jedem Fall von Selbstmordterrorismus ein persönliches Trauma oder eine persönliche Tragödie vorlag, wie der Tod eines nahen Verwandten oder Freundes von der Hand der israelischen Besatzer.[50] Auf die saudischen Selbstmordattentäter vom 11. September 2001 trifft das jedoch nicht zu; keiner von ihnen hat unter israelischer Besatzung gelebt. Genauso wenig taugt dies als Erklärung für die Selbstmordmissionen in Kaschmir und anderen Weltgegenden. Algerische Psychiater haben die zentrale Rolle der Faszination von *khulud* (Unsterblichkeit), *schahid* (Märtyrer) und *al-adhija* (Opfer) sowie vom Totenkult bei der Indoktrination der Jugend durch radikale algerische Prediger hervorgehoben. Algerien ist seit Jahrzehnten unabhängig, weshalb die Besatzung durch Ausländer dort keine Rolle gespielt haben kann.[51]

Arabische Psychiater haben darauf hingewiesen, dass Selbstmordterroristen in der Regel eher introvertiert seien – eine Beobachtung, die, wie einige andere auch, noch genauer untersucht werden müsste. Akio Namimura, ein Mitglied der Aum-Sekte, die 1995 den Giftgasanschlag in der Tokioter U-Bahn verübt hat, sagte in einem Interview, er habe nach dem Schulabschluss vor der Alternative gestanden, entweder Mönch zu werden oder Selbstmord zu begehen. Außerdem hätten die Voraussagen von Nostradamus großen Einfluss auf seine Generation ausgeübt.[52] Ob Namimura für seine Generation in Japan typisch ist, ist indessen nicht sicher, von anderen Kulturen und Zivilisationen ganz zu schweigen.

Wie ist zu erklären, dass die Indoktrination jahrelang den Versuchungen der westlichen Zivilisation standhält, wie es bei den Terroristen, die die Anschläge auf Manhattan und Washington ausführten, der Fall war? Vergessen wir nicht, dass es hier um eine relativ kleine Gruppe geht – es ist keineswegs ausgemacht, dass die Mehrheit derjenigen, die diesen Versuchungen ausgesetzt sind, auf lange Sicht nicht doch korrumpiert wird. Was die wenigen angeht, die unzugänglich bleiben, so leben sie zwar physisch in einer westlichen Gesellschaft, befinden sich im Herzen wie im Geiste aber noch immer zu Hause bei den Gurus ihrer prägenden Jahre. In einigen seltenen Fällen waren al-Qaida-Mitglieder tatsächlich in Europa geboren (wie der Londoner »Schuhbomber« oder ein junger Schwede mit arabischem Vater und finnischer Mutter); für sie mag die Faszination der Vorstellung, einer Verschwörung anzugehören, ausschlaggebend gewesen sein.

Die meisten stammen jedoch aus dem Nahen Osten. Sie blieben auch in London, Paris oder Hamburg unter sich, sie beteten und verbrachten ihre Freizeit in einem kleinen Kreis Gleichgesinnter. Weit davon entfernt, nach und nach die Sitten und Gebräuche ihrer Gastländer zu übernehmen, fühlten sie sich vielmehr in die Defensive gedrängt; das in ihren Augen sündige Leben, mit dem sie überall konfrontiert waren, befremdete sie. Als Sayyid Qutb, der Ideologe des radikalen Islam, Ende der vierziger Jahre nach Amerika ging, war er während der Überfahrt angeblich den Verführungsversuchen einer betrunkenen Frau ausgesetzt. Dieses Erlebnis spielte eine wesentliche Rolle für seine radikale Abkehr vom Westen. Uns liegt nur Qutbs eigene Schilderung vor (und es ist bekannt, dass er mit dem anderen Geschlecht seine Schwierigkeiten hatte), aber wie so oft zählt nicht die Wirklichkeit, sondern die Wahrnehmung – es ist die Geschichte von Joseph und Potiphars Frau und der Versuchung des Fleisches, der so mancher der christlichen Märtyrer ausgesetzt war.

Bisher ist die Psychologie des geschlossenen Geistes nicht allzu gründlich erforscht worden. Dass Selbstmordterroristen im Westen eine technische Ausbildung erworben haben, bedeutet jedenfalls nicht, dass sie die westlichen Werte verstehen oder diese gar akzeptieren. Die Indoktrination beginnt schon früh, so ist an den Wänden von Hamas-Kindergärten in den besetzten Gebieten Palästinas etwa zu lesen, dass die Kinder »die heiligen Märtyrer von morgen« sind. Nach Auffassung des ägyptischen Soziologen Huda Zakaria, der das Phänomen des Selbstmordterrorismus untersucht hat, unterscheidet sich die terroristische Gruppe »von der vorherigen Gruppe (etwa der Familie); wenn sie während Kindheit und Jugend nach und nach ihre Werte einpflanzt, dann nicht zu einem konstruktiven Zweck, sondern in Vorbereitung auf Zerstörung und Tod«. Diejenigen, die den Jugendlichen solche Ideen einpflanzen, würden sie, indem sie ihre Persönlichkeit im Sinne der neuen Gruppe umformen, in eine tickende Zeitbombe verwandeln. Für eine rasche Indoktrination würden »die für die Seele heiligsten Mittel, wie der religiöse Glaube, aktiviert«. Die Kandidaten für den Selbstmordterrorismus seien ferngesteuert und könnten jederzeit explodieren. Aus der Geschichte des palästinensischen Selbstmordterrorismus sei wenigstens ein Fall bekannt, in dem die Explosion nicht vom Attentäter selbst, sondern per Fernzündung ausgelöst worden sei – durch einen Telefonanruf.

Indoktrination ist der zentrale Faktor, aber sie ist weder einzigartig noch neu, sondern im Verlauf der Geschichte bei der psychologischen Vorbereitung junger Menschen auf die Zugehörigkeit zu militärischen Eliteeinheiten häufig angewandt worden, und zwar in den verschiedensten Geheimgesellschaften, bei den Janitscharen im Osmanischen Reich und in den Ordensburgen der SS, um nur zwei Beispiele zu nennen. Der Selbstmordterrorist hört auf zu denken und findet Inspiration und Zuflucht im Gebet, wie es auch Mohammed Atta vor den Anschlägen des 11. September in seinem Brief an die Mittäter geraten hatte: Nach einer rituellen Waschung und Rasur sollten sie die Nacht im Gebet verbringen, um die Welt zu vergessen. »Lächelt und fühlt euch sicher«, beschwor Atta die Kameraden. »Denn Gott ist mit den Gläubigen, und die Engel beschützen sie, ohne dass sie es merken.« (Wie viele der Selbstmordterroristen die letzte Nacht tatsächlich im Gebet verbracht haben, ist nicht bekannt; einige haben den Abend in einem Nachtklub verbracht.) Sobald sie im Flugzeug saßen, sollten sie fortfahren, Gott anzurufen, und das Reisegebet sprechen, denn sie würden direkt zu Gott reisen. Danach würden ihre Herzen gereinigt sein, und sie hätten das Recht, jeden, der sich ihnen entgegenstelle, abzuschlachten wie Vieh, auch Geiseln, die sich nicht wehrten. Dies sei eine Opfergabe sowohl an Gott als auch an ihre Eltern, ein von Gott gewährter Akt der Gnade.[53]

Dies sind in einem kurzen Überblick einige Grundzüge der Psychologie von Selbstmordterroristen, die sich von religiösen oder quasireligiösen Motiven leiten lassen. Das Thema zu untersuchen ist extrem schwierig, denn genauso, wie es verschiedene Arten von Terrorismus gibt, sind auch Charakter und Motivation der Selbstmordattentäter von Land zu Land verschieden. Letztlich sind nur wenige bereit, ihr Leben zu opfern. Mit anderen Worten: Obwohl die Indoktrination eine entscheidende Rolle spielt, muss auch eine psychologische Disposition vorhanden sein. Da die Kandidaten für solche Missionen sich aber wohl kaum entsprechenden Tests unterziehen oder sich in Gespräche über ihre Motive einlassen (deren sie sich womöglich nicht einmal gänzlich bewusst sind), bleibt vieles im Bereich der Spekulation.

Im Zusammenhang mit den Aktivitäten einiger neuer religiöser Kulte und Sekten in Europa und Amerika ist viel über das Thema der Indoktrination (oder Gehirnwäsche) gesprochen worden. In mehreren westeuropäischen Ländern ist die Gehirnwäsche kriminalisiert worden, und man hat große Anstrengungen unternommen, wirksame Methoden zur »Deprogrammierung« der Betroffenen zu entwickeln. Die American Psychological Association hat sich kritisch zur Geisteskontrolle geäußert, während diejenigen, um die es ging, heftig gegen jeden Versuch protestiert haben, das einzuschränken, was sie unter Religionsfreiheit verstehen.[54] Wenn es möglich ist, Hunderte von Menschen dazu zu bewegen, sich umzubringen (wie bei einigen Sekten geschehen), dürfte es vermutlich kaum schwieriger sein, sie dahin gehend zu beeinflussen, sich für terroristische Selbstmordaktionen zur Verfügung zu stellen.

Nicht nur muslimische Terroristengruppen haben behauptet, von Indoktrination könne bei ihnen nicht die Rede sein, der Dschihad sei eine religiöse Pflicht, und es würden sich mehr Freiwillige melden, als sie für solche Missionen einsetzen könnten. In Wirklichkeit spielen überall, wo der Selbstmordterrorismus auftritt, Prediger (oder nationalistische Propagandisten) eine entscheidenden Rolle bei der Schaffung eines für solche Aktionen günstigen Klimas. Was die psychologische Disposition anbelangt, so haben die Verhöre von Selbstmordattentätern, deren Missionen gescheitert waren oder die man vorher verhaftet hatte, gezeigt, dass sie auf die Frage nach ihren Motiven nur wiederholen – und zwar zumeist wörtlich –, was ihre geistlichen (politisch-ideologischen) Lehrer ihnen eingetrichtert haben. Nach kritischen Geistern oder unabhängigen Denkern unter ihnen zu suchen wäre vergebliche Mühe.

Für jemanden, der in einer säkularen Gesellschaft lebt, in der ideologische Leidenschaft weitgehend verpufft und Fanatismus zu einem auf Randgruppen beschränkten Phänomen geworden ist, ist der Selbstmordterrorismus kaum nachvollziehbar. Er erscheint nicht nur als mysteriös, sondern auch als unbesiegbar, denn wie könnte man gegen einen Angreifer ankommen, der bereit ist, sein Leben zu opfern? Der Suizidterrorismus kann beim »Feind«, wenigstens zeitweise, Panik auslösen und, wie im Fall Israels, erhebliche finanzielle Einbußen nach sich ziehen. Überdies ist er ein nützliches Instrument im Kampf um die öffentliche Meinung außerhalb des direkt betroffenen Landes. Dementsprechend hat sich die Neigung herausgebildet, ihn zu überschätzen. Er ist in einer ganzen Reihe von Ländern angewandt, doch meist nach einiger Zeit wieder aufgegeben worden, nicht nur von der libanesischen Hisbollah, sondern auch von der LTTE, in bestimmten Phasen die bekanntesten Organisationen, die dieses Mittel einsetzten. Der von ihnen verursachte wirtschaftliche Schaden war nicht verheerend genug; eine Handvoll unredlicher amerikanischer Unternehmenschefs hat den Börsen und dem Ansehen des kapitalistischen Systems mehr geschadet als alle Terroristen zusammen.

In den letzten Jahren ist Israel zur einzigen Ausnahme geworden, was zum Teil an der beträchtlichen Zahl derjenigen liegt, die sich freiwillig für Selbstmordmissionen melden, vor allem aber auf Fehler der israelischen Regierung zurückzuführen ist: auf politische Fehler wie die Absicht, an allen 1967 besetzten Gebieten festzuhalten, und auf taktische Fehler, die in ideologischer Verbohrtheit wurzeln. Israel besitzt die effektivste und am weitesten entwickelte Technik für die Terrorismusbekämpfung, hat es aber wegen der Weigerung, Gebiete aufzugeben oder eine Teilung Jerusalems zu akzeptieren, lange abgelehnt, sie einzusetzen. Mauern und andere physische Hindernisse sind keine Allheilmittel; Artillerischarmützel über die Grenze hinweg, wie dies in Kaschmir geschieht, können auch sie nicht verhindern. Sie sind allerdings in der Lage, die Zahl der Selbstmordmissionen erheblich zu reduzieren.

Beim Selbstmordterrorismus handelt es sich um asymmetrische Kriegführung par excellence: Er kennt keine Regeln, die Märtyrer dürfen die verheerendsten Waffen benutzen und ihre Angriffe gegen Zivilisten richten, scheint es sich doch bei ihnen um Menschen zu handeln, die die Hoffnungslosigkeit zur Verzweiflung trieb. Dem Staat hingegen ist es nicht erlaubt, auf wirkungsvolle Weise Vergeltung zu üben – er muss sich an Regeln und Konventionen halten. Es fällt auf, wie stark westliche Kommentatoren die Elemente von Verzweiflung und Hoffnungslosigkeit hervorgehoben haben, die in manchen Fällen wohl tatsächlich eine Rolle spielen, in vielen anderen aber nicht. So wurden, um nur ein Beispiel herauszugreifen, die jungen Saudis, die am 11. September die Flugzeuge entführten, gewiss nicht von Hoffnungslosigkeit getrieben; als religiös motivierte Attentäter waren sie sich sicher, ins Paradies einzugehen, wenn sie sich in die Luft sprengten. Anders ausgedrückt, sie waren nicht voller Verzweiflung, sondern voller Hoffnung.

Was die Unbesiegbarkeit der Selbstmordattentäter anbelangt, so ist schon bei Tertullian (160–225) nachzulesen, das Blut von Märtyrern sei der Samen der Kirche.[55] Aber in der pazifistischen Tradition stehende christliche Märtyrer sind mit den Anhängern des Dschihad im Grunde nicht vergleichbar, und historisch hat sich der Islam durch seine militärischen Feldzüge verbreitet, nicht weil er die andere Wange hinhielt. Der Selbstmordterrorismus ist kein sporadisch auftretendes Phänomen; er benötigt nicht nur Menschen, die willens sind, Märtyrer zu werden, sondern auch Organisatoren und Koordinatoren – an diesem Punkt ist er am verwundbarsten.

Außerdem ist zu bezweifeln, dass unerschöpfliche Reserven an Kandidaten vorhanden sind, die zu solchen Missionen bereit sind. Der Selbstmordterrorismus hat sich als eine wirkungsvollere Waffe als andere Strategien erwiesen – aber nur, wenn diejenigen, die er ins Visier nimmt, die falschen politischen und militärischen Gegenmaßnahmen ergreifen.[56]

Die Begeisterung für das Märtyrertum hält so lange an, wie die Aussicht besteht, dass es zum Sieg führt. Opfer müssen einen Sinn haben.[57] Selbstmordanschläge können Versöhnung verhindern und sogar einen Krieg auslösen. Aber was ist, wenn die Attentäter und ihre Hintermänner nach jahrelanger Anwendung dieser Strategie und Hunderten von Märtyrern in ihren Reihen das Gefühl haben, dem Ziel um keinen Schritt näher gekommen zu sein? Oder wenn die Militanten zwar obsiegen, wie in Algerien im Kampf gegen Frankreich, das daraus hervorgehende politische System aber das Gegenteil dessen ist, was sie sich erhofft hatten? LTTE-Chef Prabhakaran hat einmal bemerkt, die Tamilen würden in hundert Jahren sowieso die Unabhängigkeit erlangen, der Terrorismus kürze diesen Prozess nur ab. Mit bemerkenswerter Hartnäckigkeit und enormem Einfallsreichtum haben die Tamil Tigers fast zwanzig Jahre lang eine Terrorkampagne durchgeführt, die kaum etwas erreicht und viel zerstört hat. Auch bei den Palästinensern begannen im Sommer 2002 Intellektuelle Fragen zu stellen – nicht so sehr in Bezug auf die Moral von Selbstmordanschlägen, sondern auf ihre Wirksamkeit. Die Mehrheit der Palästinenser jedoch sah in ihnen noch immer die wirkungsvollste Waffe. Wie aber lässt sich dieser Schwung auf lange Sicht aufrechterhalten? Diesem Problem stehen früher oder später die Organisatoren jeder derartigen Kampagne gegenüber.

Israel und die Palästinenser

Der Konflikt zwischen Israelis und Palästinensern ist ein Kampf zweier Völker um ein Land, und er hat sich im Lauf der Jahre in jeder möglichen Form von politischer Gewalt manifestiert, von regulärer Kriegführung und Bürgerkrieg über Guerilla und Terrorismus bis hin zu zivilem Ungehorsam und sogar zum Stellvertreterkrieg. Hier geht es nicht um den Konflikt als solchen, sondern um das terroristische Element, das, wie so oft, nicht leicht herauszufiltern ist, da es häufig in Kombination mit anderen Formen der politischen Gewalt auftritt.

Der Terrorismus spielt in diesem Konflikt in der Tat eine große Rolle: Einige Hauptfiguren des Dramas wurden von Terroristen ermordet, wie König Abdullah von Jordanien, Anwar as-Sadat und Itzhak Rabin. Zwar führten Abdullahs Erben seine Politik fort, ebenso wie Mubarak im Großen und Ganzen Sadats Linie treu blieb, und hätte Rabin weitergelebt, wäre er auf dem Weg zum Frieden mit denselben Schwierigkeiten konfrontiert gewesen wie seine Nachfolger. Aber auf die öffentliche Meinung haben die Terroristen erheblichen Einfluss ausgeübt, so dass aus einem ohnehin schwierigen Problem ein noch vertrackteres geworden ist.

Die arabischen Unruhen von 1920 und 1929 waren Wellen gewalttätiger Übergriffe auf in Großstädten lebende Juden gewesen, die von den palästinensischen Arabern als Eindringlinge betrachtet wurden. 1929 glaubten viele Araber, die Juden wollten ihnen ihre religiösen Rechte in Jerusalem streitig machen. Doch ging es schon damals nicht nur um Jerusalem und den Zionismus; die jüdische Gemeinde von Hebron, die es dort seit Menschengedenken gab und die alles andere als zionistisch war, wurde in einem Massaker buchstäblich ausgelöscht.

Die Unruhen von 1936 breiteten sich dann auch auf ländliche

Gegenden aus. Es handelte sich um einen Volksaufstand, in dem zugleich alte Rechnungen beglichen wurden – arabische Aufständische brachten mehr Araber um als Juden und Engländer –, darüber hinaus war es zum Teil auch ein Guerillakampf. Welche Folgen hatte die Rebellion? Auf die britische Politik wirkte sie sich insofern aus, als die jüdische Einwanderung drastisch beschränkt wurde. Es gibt allerdings Hinweise darauf, dass die Briten eine solche Politik ohnehin verfolgt hätten. Die Kriegsgefahr war unverkennbar, und die britische Regierung brauchte in diesem Fall den guten Willen der Araber mehr als den der Juden, von denen es weit weniger gab und deren Unterstützung im Kampf gegen Hitler vorausgesetzt werden durfte. Darüber hinaus waren die Einreisebeschränkungen schon 1936 eingeführt worden, zu Beginn des arabischen Aufstands also, oder sogar noch davor.

Am Ende des Zweiten Weltkriegs und in den Nachkriegsjahren trat ein jüdischer Terrorismus hervor, dessen Träger, Irgun und Stern-Bande (LEHI), städtische Gruppen waren, die gegen die britische Mandatsregierung kämpften. Seither haben sie selbst und ihre Sympathisanten immer wieder vorgebracht, der Rückzug der Briten aus Palästina und die Gründung des jüdischen Staats seien vor allem ihren Aktivitäten zu verdanken. Doch ist dies alles andere als sicher. Nachdem sich die Briten entschlossen hatten, Indien aufzugeben, gab es keinen strategischen Grund mehr, an den Stützpunkten im Nahen Osten festzuhalten, die stets eine Brückenfunktion zu den britischen Besitzungen in Süd- und Südostasien gehabt hatten. Mit anderen Worten, die Briten hätten, ebenso wie sie Ägypten und andere Stützpunkte aufgaben, ihr Völkerbundmandat auf jeden Fall niedergelegt. Man könnte höchstens spekulieren, dass sie es ohne die Aktivitäten der zionistischen Terroristen möglicherweise etwas später getan hätten, das heißt zu einem Zeitpunkt, an dem die politische Konstellation vom zionistischen Standpunkt aus weniger günstig gewesen wäre. Denn in der Zwischenzeit wäre der Kalte Krieg in vollem Gange gewesen, und in den Vereinten Nationen hätte sich vielleicht keine Mehrheit für die Gründung eines jüdischen und eines palästinensischen Staats gefunden. Zur Gründung des jüdischen Staats wäre es wahrscheinlich dennoch früher oder später gekommen.

Die Palästinenser lehnten die UN-Resolution von 1947 und damit das Recht ab, einen eigenen Staat zu bilden, was im Rückblick ein gewaltiger Fehler war, so wenig zufrieden stellend die Lösung für sie auch war. Das hatte zur Folge, dass die Gebiete, auf denen dieser Staat hätte entstehen können, an Jordanien fielen. Der sich formierende jüdische Staat wurde von den Nachbarn nicht anerkannt. Es gab viele gewalttätige Übergriffe, vor allem von über die Grenzen einsickernden arabischen Flüchtlingen, aber auch Terrorakte von politisch motivierten »Fedajin«, Vorläufern der Terroristen der siebziger und achtziger Jahre, die von der ägyptischen und gelegentlich auch der jordanischen Armee unterstützt wurden. Israel reagierte mit Vergeltungsaktionen, und so begann die lange Spirale von Aktion und Reaktion, Gewalt und Gegengewalt. Es war kein Guerillakrieg; vielmehr handelte es sich um grenzüberschreitende Vorstöße von kurzer Dauer – Israel war ein kleines Land, in dem man sich nirgends verstecken konnte. Die Bedingungen für einen Guerillakrieg waren einfach nicht vorhanden. Trotzdem stellten die Überfälle erhebliche Störungen dar. In einem israelischen Bericht jener Zeit hieß es:»Sie stören den Frieden, beschwören eine Kriegsatmosphäre herauf und schädigen die Wirtschaft sowohl direkt als auch indirekt und indem umfangreiche Sicherheitsmaßnahmen erforderlich werden.«[1]

Der Sechstagekrieg von 1967 endete mit einem überwältigenden israelischen Sieg, durch den das gesamte Territorium, auf dem 1946 der palästinensische Staat hätte entstehen sollen, unter israelische Kontrolle kam. Man könnte schwerlich anführen, Israel habe vor 1967 Gelegenheiten für einen Frieden mit den Arabern versäumt – das Land war zu klein und dem Anschein nach zu schwach, und es hätte keine territorialen Zugeständnisse machen können. Auf jeden Fall glaubten die meisten Araber, dass es nicht überleben würde. Das änderte sich 1967. Gewiss erklärten die arabischen Regierungen weiterhin, dass sie niemals mit Israel Frieden schließen würden, aber das Image des jüdischen Staats hatte sich verändert, nun konnte er von einer Position der Stärke aus handeln. Doch statt aktiv eine Politik der Konfliktbewältigung zu betreiben, wartete Israel auf arabische Initiativen, die allerdings niemals kamen.[2] Statt freiwillig besetzte Gebiete zu räumen, wurden Siedlungen gegründet, in der Regel von religiös-nationalistischen Siedlern, die glaubten, das gesamte historische Palästina gehöre von Rechts wegen ihnen. Juden ließen sich nicht nur am Rand von Jerusalem nieder, sondern auch in Hebron und an entlegenen Orten, die weit von jeder anderen jüdischen Siedlung entfernt waren, aber in der Nähe von arabischen Städten und Dörfern lagen. Diese Prestigegründungen mussten auf Dauer mit erheblichen Summen unterstützt werden, und vom Sicherheitsstandpunkt aus waren sie ein Alptraum. Man könnte natürlich einwenden, dass die Aufgabe von besetzten Gebieten nicht notwendigerweise zum Frieden mit den Arabern geführt hätte. Doch im Rückblick ist klar, dass Israel die meisten einseitig hätte räumen sollen, einfach weil der Preis zu hoch ist, um sie auf ewig zu halten. Die arabische Bevölkerung ist zu groß, um sie in Israel einzugliedern, und die Siedlungspolitik ist weit davon entfernt, das Land sicherer zu machen; vielmehr hat sie Grenzen geschaffen, die nur schwer oder gar nicht zu verteidigen sind.

Nach dem Sechstagekrieg entstand ein religiös-nationalistischer Mythos, der es den israelischen Regierungen erschwerte, eine rationale Politik zu betreiben. Dies galt in gleicher Weise auch für Jerusalem. Vor 1967 hatten die Zionisten nicht das Ziel verfolgt, die ganze Stadt in Besitz zu nehmen und die Kontrolle über alle heiligen Stätten zu erlangen. Tatsächlich war die Haltung der führenden Zionisten zur Jerusalemfrage bestenfalls zwiespältig; sie mochten die Stadt nicht, die vieles vom Negativen in der jüdischen Geschichte verkörperte, wovon sie sich absetzen wollten. Die Minister und die Mitglieder der Knesset kamen zwar in Jerusalem zu ihren Sitzungen zusammen, aber die meisten wohnten weiterhin in Tel Aviv. Dadurch, dass Israel auf der Herrschaft in einem ungeteilten Jerusalem beharrte, wurde die israelisch-palästinensische Auseinandersetzung von einem Territorialkonflikt zu einer religiösen Konfrontation mit der gesamten muslimischen Welt. Dass 1967 versäumt wurde, entscheidende Schritte zu unternehmen, war ein gewaltiger Fehler. Je länger die Besatzung andauerte, desto schwieriger wurde es, sie aufrechtzuerhalten, und desto weniger war eine Lösung in Sicht.

Die Fatah, Jahre später der Hauptgegner Israels, wurde Anfang der sechziger Jahre von einer Gruppe in Kairo studierender emigrierter Palästinenser gegründet, unter ihnen Yassir Arafat.[3] Ungefähr zur gleichen Zeit (1964) wurde nach einem Entschluss der arabischen Staaten, eine Organisation zu schaffen, die die verschiedenen Palästinensergruppen vereinen sollte, die Palästinensische Befreiungsfront (PLO) gegründet. Die Fatah war die aktivste der in der PLO aufgehenden Gruppen, und binnen kurzem übernahm sie die Führung und startete eine Terrorkampagne im Innern Israels. Dabei handelte es sich in der Anfangsphase zwischen 1964 und 1966 um kleinere Anschläge, wie den Versuch, einen Abschnitt der Hauptwasserleitung des Landes in die Luft zu jagen.[4] Massiv eingesetzt wurde der Terrorismus erst nach dem Sechstagekrieg; die erste der dann folgenden spektakulären Aktionen war die Entführung einer in Rom gestarteten El-Al-Maschine, die zur Landung in Algier gezwungen wurde. Im September 1970 folgte die Massenentführung von drei amerikanischen Flugzeugen und einer Schweizer Maschine, die später auf dem Flugplatz Dawson's Field in Jordanien gesprengt wurden. Am meisten Aufsehen erregte 1972 die Ermordung von elf israelischen Sportlern bei den Olympischen Spielen in München.

Anfangs hatte die Fatah der ägyptischen Muslimbruderschaft nahe gestanden, doch unter Nasser war diese nicht mehr wohl gelitten, und so passte sich die Fatah geschmeidig der herrschenden Ideologie des panarabischen Nationalismus an. Das Ziel war die Rückkehr nach Palästina, und als einziges Mittel, dies durchzusetzen, galt der »bewaffnete Kampf«. Außerdem vertrat die Bewegung in ihren Verlautbarungen die Idee einer palästinensischen Revolution, die in eine Weltrevolution zur Befreiung von Kolonialismus und Imperialismus übergehen würde – ein Zugeständnis an den Zeitgeist, das nicht allzu ernst zu nehmen war und später fallen gelassen wurde.

Die damalige Strategie bestand darin, im Westjordanland und in Gaza einen Guerillakrieg anzuzetteln, was allein deshalb schon scheitern musste, weil es im Unterschied zu den Ländern, in denen ein erfolgreicher Guerillakrieg geführt wurde, im Westjordanland weder Dschungel noch einsame Gebirgsregionen gab, wo sich die Kämpfer hätten verstecken können. Deshalb verlegte man sich hauptsächlich auf grenzüberschreitende Angriffe, vor allem von

Jordanien und dem Libanon aus. Dies führte bald zu einer militärischen Konfrontation mit den Regierungen beider Länder, die die Konsequenzen der israelischen Vergeltungsschläge, auf die sie nicht vorbereitet waren, zu tragen hatten. In der Folge kam es in Jordanien zu schweren Kämpfen (»Schwarzer September«), die damit endeten, dass die Fatah des Landes verwiesen wurde. Später kam es im Libanon zu einer ähnlichen Konfrontation, wo sie mit den christlichen Milizen und zeitweise auch mit den Schiiten im Süden des Landes aneinander geriet.

Die Volksfront für die Befreiung Palästinas (PFLP), auf deren Konto die erwähnten Flugzeugentführungen gingen, war erst nach dem Sechstagekrieg gegründet worden. Sie stützte sich auf eine Reihe politischer Gruppen, die seit den späten vierziger Jahren aktiv waren. Der bekannteste ihrer Anführer war der Arzt George Habasch, ein christlicher Araber. Ihre Ideologie war damals der Marxismus-Leninismus, den sie als »wissenschaftlichen Leitfaden für revolutionäres Handeln« verstand. Im weltweiten Kampf zwischen Kommunismus und Imperialismus sah sie sich fest an der Seite Kubas, Vietnams, Nordkoreas und der linken Terroristen in Westeuropa, mit denen sie kooperierte. Zu ihren Gegnern zählte sie im Übrigen auch das arabische Bürgertum, in ihren Augen ein »objektiver Verbündeter des Zionismus«, den es ebenfalls mit Krieg zu überziehen galt.[5]

Die PFLP führte zwischen 1968 und 1972 etwa fünfzehn Anschläge aus, die weltweit Aufsehen erregten, wie Flugzeugentführungen und Botschaftsbesetzungen. Etwas spezifisch Marxistisch-Leninistisches war in ihrer Strategie jedoch nicht zu entdecken; genauso wenig war sie geeignet, die Gruppe ihrem Ziel näher zu bringen, eine revolutionäre Partei aufzubauen, oder den Kampf gegen das arabische Bürgertum voranzutreiben. Sie war allerdings insofern hilfreich, als die Sowjetunion und andere kommunistische Staaten sich bemüßigt fühlten, die PFLP zu unterstützen, auch wenn man in Moskau schon früh an der Wahrhaftigkeit ihrer ideologischen Überzeugung zu zweifeln begann, die denn auch im Lauf der Zeit immer fadenscheiniger wurde. Zudem wurde die PFLP durch die Abspaltung der Volksdemokratischen Front für die Befreiung Palästinas (PDFLP) im Jahr 1969 geschwächt.

Auch an der Spitze der neuen Gruppe, die sich bald wieder spaltete, stand mit dem in Jordanien geborenen Naif Hawatme ein christlicher Araber. Jahre später gehörte die PDFLP wie die PFLP zur »Ablehnungsfront« derjenigen, die grundsätzlich gegen jegliche Friedensverhandlungen mit Israel waren.[6] Im Lauf der Zeit nahmen Hawatmes Anhänger jedoch eine gemäßigtere Position ein und kooperierten mit Arafat. Die PDFLP unternahm mehrere Vorstöße über die israelische Grenze hinweg, von denen vor allem der Überfall auf eine Schule in Ma'alot in Nordisrael, bei dem 27 Schüler ermordet wurden, sowie Angriffe auf Bet Schean und Jerusalem zu nennen wären. Insgesamt aber legte die PDFLP in Abkehr von dem, was sie bei der PFLP als »Romantik des Terrorismus« kritisierte, größeres Gewicht auf die politische Arbeit. Anfangs wurde sie von Syrien und Libyen unterstützt, doch als die Zahl ihrer Mitglieder schrumpfte und sich einige von ihnen der PLO anschlossen, wurde die Hilfe eingestellt.

Etwa 1973 (und zum Teil infolge des Jom-Kippur-Krieges im selben Jahr) beschlossen die wichtigsten palästinensischen Gruppen, künftig keine internationalen Terrorakte wie Flugzeugentführungen mehr durchzuführen, da deren Wirksamkeit nachließ. Für diejenigen, die später stattfanden, wie die Flugzeugentführungen nach Mogadischu und Entebbe sowie die *Achille Lauro*-Affäre, waren kleine abtrünnige Splittergruppen verantwortlich. Die neue Strategie der Fatah bestand darin, sich im Südlibanon einzunisten, um einen Brückenkopf im Kampf gegen Israel zu besitzen. Damit mischte sie sich allerdings in den libanesischen Bürgerkrieg ein, was 1982 zum Einmarsch der israelischen Armee führte. Zugleich wurde die Fatah in innerarabische Auseinandersetzungen verwickelt; Syrien hatte durch die Besetzung des Libanon ursprünglich vor allem Arafats Einfluss beschneiden wollen. Nach der israelischen Belagerung von Beirut mussten Arafat und die gesamte PLO-Führung nach Tunis evakuiert werden.

Durch den Einmarsch der Israelis und die Errichtung einer Sicherheitszone im Südlibanon, die bis ins Jahr 2000 gehalten wurde, war die Sicherheit der Bewohner Nordpalästinas gewährleistet. Doch hatte dies seinen Preis: Hatten die Schiiten im Südlibanon die israelischen Truppen anfangs noch begrüßt, wandten sie sich mit zunehmender Dauer der Besatzung gegen Israel. Ihre politisch-militärischen Organisationen, die Amal-Miliz und vor allem die Hisbollah, wurden stärker und entwickelten sich mit iranischer und syrischer Hilfe zu einer ernst zu nehmenden Bedrohung. In einem Zeitraum von fünfzehn Jahren wurden rund 800 Soldaten der israelischen Armee und ihres Verbündeten, der christlichen SLA-Miliz, getötet.[7]

Die gegen Israel kämpfenden irregulären palästinensischen Einheiten änderten im Lauf der Jahre, je nach der allgemeinen Weltlage und der Situation im Nahen Osten, mehrmals ihre Strategie. Die spektakulären Aktionen in verschiedenen Teilen der Welt, auf die man anfangs gesetzt hatte, schadeten der Fatah mehr, als dass sie ihr genützt hätten; die PLO war mittlerweile von vielen Ländern als Repräsentant des palästinensischen Volks anerkannt worden, da passten Flugzeugentführungen nicht mehr ins Bild. 1988 wurde offiziell ein Staat Palästina ausgerufen, und im Jahr darauf kam in Madrid der Friedensprozess langsam in Gang.

In den folgenden Jahren gab es weiterhin Terroraktionen, die indes überwiegend nicht von der Fatah verübt wurden, sondern von kleinen »unabhängigen« Gruppen, der von Abu Nidal etwa (die Unterstützung durch Syrien erhielt), oder – wie 1994 beim Anschlag auf eine jüdische Einrichtung in Argentinien – vom iranischen Geheimdienst. In dem Maße, wie die Fatah zu einem »werdenden Staat« wurde, musste sie sich an bestehende Regeln halten. Zwar konnte sie ihre terroristischen Aktivitäten, um der psychologischen Wirkung im Westjordanland willen, nicht gänzlich aufgeben. Gleichzeitig war sie aber nicht mehr in der Lage, den größten Teil ihrer Ressourcen zu diesem Zweck zu verwenden – und konnte es sich nicht leisten, ihr internationales Ansehen durch Anschläge zu gefährden, die ihr negative Publizität eingebracht hätten.

Es wird geschätzt, dass rund 80 Prozent der zwischen 1970 und 2000 ausgeführten Terroranschläge gegen israelische Zivilisten gerichtet waren; die restlichen 20 Prozent galten verschiedenen militärischen Zielen. Den gleichen Quellen zufolge wurden bei 45 Prozent der Anschläge Sprengbomben und bei 28 Prozent Brandbomben benutzt; bei 14 Prozent handelte es sich um Artillerieangriffe über die Grenze hinweg, bei 5 Prozent um andere Formen bewaffneter Attacken. Zu den besonders spektakulären Mitteln des Terrors gehörten Geiselnahmen (18 an der Zahl) und Selbstmordattentate. Man nimmt an, dass während der ersten Intifada die Hälfte der Anschläge spontan verübt wurde, seit ihrem Ende aber die überwiegende Mehrheit geplant war und von einer der großen terroristischen Organisationen ausgeführt wurde. Nicht in diese Statistik einbezogen wurden Attentate auf Israelis oder israelische Einrichtungen im Ausland.

Der Ausbruch der Intifada im Dezember 1987 schien einen Ausweg aus dem Dilemma der PLO zu weisen, auch wenn nichts darauf hindeutet, dass sie den Aufstand im Einzelnen geplant hat. Unmittelbarer Anlass war ein Verkehrsunfall im Gazastreifen, bei dem Araber durch einen israelischen Lastwagen getötet worden waren, doch war die Lage derart angespannt, dass nahezu jeder Vorfall sie hätte auslösen können. Es begann ein spontaner Widerstandskampf mit Streiks und Betriebsschließungen, die von gewalttätigen (wenn auch unbewaffneten) Demonstrationen gegen die Besatzungstruppen begleitet waren. Anstelle von Gewehren und Bomben wurden Steine, einige Molotowcocktails und Messer eingesetzt.[8] An vorderster Front standen Kinder und Jugendliche; die Bilder von Kindern, die israelische Panzer und schwer bewaffnete Soldaten mit Steinen bewarfen, waren die beste Werbung für die PLO – ein Paradebeispiel für asymmetrische Kriegführung, David trat an gegen Goliath, was alles andere als Terrorismus, sondern vielmehr ein Volksaufstand war.

Zu Beginn hatte die Fatah kaum Kontrolle über die Intifada. Ihre Führung befand sich noch immer im fernen Tunis, und die treibenden Kräfte im Westjordanland und in Gaza waren die Anführer der Hamas (von der noch die Rede sein wird) oder islamistische Sympathisanten. Das ist von der PFLP bestritten worden, die behauptete, die Hamas-Führung hätte sich in den ersten drei Monaten zurückgehalten. Die ursprüngliche Taktik der Intifada war der zivile Ungehorsam – Verweigerung von Steuerzahlungen und der Kooperation mit den israelischen Behörden. Doch gab es von Anfang an auch ein Element von terroristischer Gewalt, das im Lauf der Zeit an Bedeutung gewann. Da waren zum einen die Morde an arabischen »Kollaborateuren«; einige der Opfer waren tatsächlich

Informanten gewesen oder hatten den Israelis auf andere Weise geholfen, aber unter ihnen befanden sich auch viele Unschuldige, die von einer Massenhysterie zu Sündenböcken gemacht worden waren. Zum anderen wurden alte Fehden zwischen Familien und Klans ausgetragen. Man schätzt, dass – nicht selten zum Leidwesen der Führung – 300 bis 400 Menschen von der aufgebrachten Menge getötet wurden. Außerdem brannten die Militanten mehr oder weniger systematisch in jüdischem Besitz befindliche Felder, Obstplantagen und Wälder nieder. Dabei kam zwar niemand ums Leben, aber der Sachschaden war enorm. Schließlich wurden Kinder auf dem Schulweg gesteinigt und verletzt, und im Oktober 1990 kam es auf dem Tempelberg in Jerusalem zu tätlichen Auseinandersetzungen zwischen arabischen Gläubigen und der Polizei und später auch gegen in der Nähe betende Juden. 18 Araber wurden getötet, und es gab auf beiden Seiten viele Verletzte. Nichts deutet darauf hin, dass dieser Vorfall geplant war. Vielmehr hatte sich, bei zu geringer Polizeipräsenz, eine angespannte Situation zugespitzt – viele tausend Menschen hatten sich auf engem Raum gedrängt, geschoben und gestoßen, bis schließlich die ersten Steine flogen.

Die (erste) Intifada kostete nicht nur rund achtzig Israelis das Leben, sondern hatte für Israel auch erhebliche wirtschaftliche Verluste zur Folge. Die Zahl der in den ersten drei Jahren getöteten Araber war wesentlich höher – sie lag zwischen 400 (israelische Schätzung) und 700 (arabische Schätzung). Auf jüdischer Seite führte die Intifada zu einer politischen Polarisierung und zeigte auch Auswirkungen auf die Moral der Armee. Auch auf arabischer Seite war ein enormer wirtschaftlicher Schaden zu verzeichnen, überdies wurde die Radikalisierung der jungen Generation zu einem bedeutenden politischen Faktor. Mit der Unterzeichnung des ersten Osloer Abkommens im Jahr 1993 wurde die Intifada für beendet erklärt. In den sechs Jahren, die sie gedauert hatte, waren terroristische Aktionen nur am Rande vorgekommen; im Wesentlichen war sie ein spontan ausgebrochener Volksaufstand geblieben.[9] Die typischen Terroroperationen, die in der späteren Phase der Intifada und insbesondere nach ihrem Ende stattfanden, wurden von einem neuen Akteur geplant und ausgeführt: der Hamas, der wir uns jetzt zuwenden wollen.

Die Hamas

Die Hamas (*Harakat al-muqawamah al-Islamija*, Islamische Widerstandsbewegung) war ursprünglich ein Ableger der Muslimbruderschaft in Palästina, der sich viele Jahre mit religiösen und kulturellen Aktivitäten beschäftigte und wie die Mutterorganisation den Bedürftigen soziale Unterstützung zukommen ließ.[10] Die Bruderschaft (oder der islamische Trend, wie sie häufig genannt wurde) hatte in den Unruhen von 1936 bis 1938 eine bescheidene Rolle gespielt, sie besaß ein Büro in Jerusalem und war 1947/48 an der Organisation des arabischen Widerstands beteiligt. Später führte sie ihre Tätigkeit in Jordanien fort, wo sie sogar an Parlamentswahlen teilnahm.

Nach dem Sechstagekrieg war sie vor allem im Gazastreifen aktiv, wo sie in gewissem Umfang von den israelischen Behörden, die in ihr vermutlich ein Gegengewicht zur Fatah sahen, gefördert wurde. 1979 wurde die Hamas in Israel (wenn auch unter anderem Namen) amtlich als Organisation registriert, die sich mit Religionsunterricht, dem Bau von Moscheen sowie der Einrichtung von Sozialklubs und anderer Sozialarbeit beschäftigte. Ihr Anführer war der seit einem Unfall in seiner Jugend gelähmte Ahmed Yassin.

1987/88 machte die Hamas dann aufgrund verschiedener Umstände eine Politisierung und Radikalisierung durch. Sie folgte damit dem damals in der muslimischen Welt allgemein zu beobachtenden Trend. Die schlechten Bedingungen in Gaza, der Hochburg der Bewegung, trugen das Ihrige dazu bei. Darüber hinaus befand sich die Bewegung in Konkurrenz zu Fatah und PLO, deren Position weit weniger orthodox-islamisch war. Später übte sie sich in Selbstkritik, indem sie einräumte, dass sie sich in der Anfangsphase ihrer Aktivitäten der Vernachlässigung des Dschihad schuldig gemacht und es auf diese Weise nationalistischen und kommunistischen Organisationen ermöglicht habe, sie auszustechen. Diese »linken Organisationen«, wie sie sie nannte, hätten die junge Generation einer Gehirnwäsche unterziehen können, weil sie, die Hamas, es versäumt habe, aktiv in den nationalen Kampf einzugreifen.[11]

Die Hinwendung zum Dschihad schlug sich in der 1987 ver-öffentlichten Charta der Hamas nieder,[12] die den heiligen Krieg als Ziel vorgab. Da Palästina bis zum Tag des Jüngsten Gerichts den Muslimen anvertraut worden sei, hätten kein Araber und nicht einmal alle arabischen Staaten zusammen das Recht, auch nur einen Teil des Landes aufzugeben. Der Dschihad gegen Christen und Juden sei, so hieß es weiter, für jeden Muslim eine religiöse Pflicht, ebenso wie die palästinensische Sache, und die Jugend müsse für diesen Kampf ausgebildet werden. Auch muslimische Frauen dürften sich am Dschihad beteiligen, selbst ohne die Erlaubnis ihrer Ehemänner, genauso wie Sklaven das Recht gehabt hätten, ohne ihre Herren zu fragen in den Dschihad zu ziehen.

Für eine friedliche Lösung und internationale Konferenzen zur Beilegung des Palästinakonflikts sah die Hamas, ihrer Charta zufolge, keinen Raum. Dies seien nichts als Kinderspiele, und das palästinensische Volk sei sich zu schade, um auf solche Manöver einzugehen. Einziger Zweck von Verhandlungen sei die Errichtung der Herrschaft der Ungläubigen im Land der Muslime – wie der Koran sage, würden Christen und Juden erst zufrieden sein, wenn die Muslime ihre Religion angenommen hätten. In ihren englischsprachigen Veröffentlichungen behauptet die Gruppe, der Dschihad richte sich nicht gegen die Juden als Religionsangehörige, doch lässt sich dies schwer mit den antisemitischen Verweisen in ihrer Propaganda vereinbaren, die sich unter anderem auf von den Nationalsozialisten verbreitete »Dokumente« wie die *Protokolle der Weisen von Zion* stützt.[13]

Durch ihre unversöhnliche Dschihaddoktrin verwickelte sich die Bewegung in gewisse Widersprüche. Die Muslimbruderschaft und andere radikalislamische Gruppen hatten den Nationalismus stets als fremdartigen Import aus dem Westen abgelehnt; dies hatte im Mittelpunkt ihres Kampfes gegen Nasser, Sadat und die syrischen Herrscher gestanden. Die Hamas versuchte dieses dogmatische Problem zu umgehen, indem sie erklärte, der arabische Nationalismus sei nicht schlecht, vorausgesetzt, er betrachte sich als Teil der islamistischen Ideologie. Andere Nationalismen waren also materialistisch und säkular, während ihr eigener palästinensischer mit dem Islam konform ging und ein »göttliches Banner« trug. Damit war auch die Zusammenarbeit mit anderen nationalistischen palästinensischen Gruppen gerechtfertigt, obwohl sie säkular waren oder die radikalislamische Ausrichtung der Hamas nicht teilten. Man brächte ihnen, so ließ die Führung ganz in diesem Geiste verlauten, Hochachtung und Wertschätzung entgegen und wäre glücklich über eine Kooperation. Nur diejenigen Gruppen der marxistischen Linken, die dem kommunistischen Osten ergeben waren, wurden ausgeschlossen (ebenso wie diejenigen, deren Loyalität dem auf dem Kreuzzug befindlichen Westen galt). Die Hamas erklärte, sie fühle sich PLO und Fatah näher als jeder anderen Organisation – wie könne man Verwandten oder Freunden die kalte Schulter zeigen?»Wir haben nur ein Heimatland, eine Heimsuchung, ein gemeinsames Schicksal«, konstatierte sie in der Charta, um anschließend vor Freimaurern, Rotariern und Lions zu warnen, deren Klubs beziehungsweise Logen Spionagehöhlen zu Nutz und Frommen der Zionisten seien, die auch hinter dem Rauschgift- und Alkoholhandel stünden. Als Beweis führt die Charta ausdrücklich die *Protokolle der Weisen von Zion* an, jene berühmt-berüchtigte Fälschung aus dem 19. Jahrhundert, die angeblich einen Welteroberungsplan der Juden enthält. Kurz, die Hamas folgte in wesentlichen Punkten der Lehre der europäischen Rechtsradikalen und des Nationalsozialismus – nichts vom modischen Gerede über Antiimperialismus und Antikolonialismus, von der Postmoderne ganz zu schweigen. Das einzige Zugeständnis, das die Gruppe machte, war gegen Ende des programmatischen Dokuments die Erklärung, sie sei eine humanistische Bewegung, die niemals Menschen anderen Glaubens verfolgen werde. Christen und Juden könnten durchaus in Frieden und Eintracht mit Muslimen leben, im Schatten des Islam und unter seiner Herrschaft, versteht sich. Der Begriff *dhimmi*, den man an dieser Stelle benutzte, meint»Bürger zweiter Klasse«, solche also, die den Muslimen eine Abgabe zahlen für den Schutz, den sie ihnen gewähren. Schließlich kritisierte die Charta Ägypten und andere Länder, weil sie dem Dschihad entsagt hatten. Für die Hamas war das Hochverrat.

In der Theorie mochte das Dokument eine Lösung für diverse ideologische und politische Probleme bieten, in der Praxis stieß das Programm jedoch häufig an seine Grenzen. So war das Verhältnis zu Fatah und PLO von Anfang an gespannt. Das plötzliche Auftauchen der Hamas als ernst zu nehmender Rivale im Kampf um die Macht hatte die Fatah überrascht. Die Hamas verfügte in Gestalt ihrer Klubs und anderer Basisorganisationen vor allem im Gazastreifen, aber auch im Westjordanland über eine funktionierende Infrastruktur, die wahrscheinlich leistungsfähiger war als die der Fatah. Jedenfalls befürchtete diese, dass die Hamas sie als radikalere und militantere Organisation überflügeln könnte. Zudem erhielt Letztere von Saudi-Arabien, den Golfstaaten und islamistischen Organisationen aus anderen Teilen der Welt erhebliche finanzielle Zuwendungen. Darüber hinaus unterminierte sie die Stellung der PLO als der künftigen palästinensischen Regierung, und wie sollte die PLO Verhandlungen mit anderen Ländern führen, wenn sie nicht alle Fäden in der Hand hielt? Die Fatah lehnte den Terrorismus natürlich nicht generell ab, aber sie wollte ihn zur Unterstützung ihrer politischen Initiativen einsetzen, und die Aktivitäten der Hamas machten ihr in dieser Hinsicht einen Strich durch die Rechnung.

Daher war das Nebeneinander beider Bewegungen von Anfang an heikel. Schon 1987 veröffentlichte die Hamas gegen die Fatah gerichtete Flugblätter, in denen sie deren Führer sowohl der Feigheit als auch der Korruption bezichtigte. Gewalttätige Zusammenstöße zwischen Anhängern beider Lager erreichten 1994 ihren Höhepunkt, als bei Kämpfen in Gaza achtzehn Palästinenser getötet und etliche mehr verletzt wurden.[14] Es folgten Friedensverhandlungen und Perioden enger Zusammenarbeit, die jedoch immer wieder vom Aufflackern des alten Konflikts unterbrochen wurden. Die Hamas war zu stark, um von der PLO ignoriert oder unterdrückt werden zu können. Nach Meinungsumfragen des Palästinensischen Studien- und Forschungszentrums in Nablus lag die Unterstützung der Hamas in den Jahren 1993 bis 1995 bei etwa 20 Prozent, wobei sie bei Studenten und in Gaza überdurchschnittlich hoch war. Deshalb musste die Fatah, wollte sie nicht ganz das Gesicht verlieren, von Zeit zu Zeit etwas gegen den Rivalen unternehmen.

Trotz ihrer extremistischen Slogans war die Hamas zu taktischen Zugeständnissen bereit. So erklärte sie in regelmäßigen Abständen

einen Waffenstillstand – den sie einmal fast ein Jahr lang einhielt.
Dann wieder arbeitete sie in der »Ablehnungsfront« gegen die PLO
mit der säkularen PFLP zusammen, oder ihre Vertreter trafen sich
mit amerikanischen Diplomaten, stürzten sich in politische Aktivitäten und versuchten in den USA Spenden zu sammeln. Scheich
Yassin blieb der geistige Führer, aber die politische Macht ging in
andere Hände über, vor allem in die von Musa Abu Marsuk, der in
einem Flüchtlingslager zur Welt gekommen war, in Ägypten ein In-
genieurstudium absolviert und später über zehn Jahre lang in den
Vereinigten Staaten gelebt hatte. Er fungierte als Chefunterhändler
mit der PLO und der iranischen Regierung, dem wichtigsten Förderer der Hamas.

Die terroristischen Aktivitäten der Hamas begannen 1988/89
kurz nach dem Ausbruch der ersten Intifada. Ihr militärischer Arm,
das Kommando (oder Bataillon oder die Brigade) Izz Eddin al-
Kassem, war nach einem Scheich benannt, der 1935 gegen die Briten in Palästina gekämpft hatte. Die ersten Operationen richteten
sich gegen Araber, aber ab 1989 wurden auch mehrere antiisraelische Anschläge ausgeführt: In Gaza wurden zwei Juden erstochen,
zwei israelische Soldaten wurden getötet, und in einer Fabrik in
Jaffa drei Arbeiter ermordet. Generell war in dieser Anfangsphase
des Dschihad das Messer die bevorzugte Waffe; so wurden im Oktober 1991 in der Nähe von Tel Aviv israelische Anhalter überfallen, und im Juni 1992 wurde ein weiterer Zivilist von einem
axtschwingenden Attentäter angegriffen. Eine andere beliebte Methode bestand darin, am Straßenrand wartenden Soldaten eine
Mitfahrgelegenheit anzubieten und sie dann im Auto zu töten (die
Fahrzeuge hatten israelische Nummernschilder, und die für solche
Aufträge ausgewählten Terroristen sprachen fließend Hebräisch).
Schließlich wurde gelegentlich auch aus fahrenden Autos heraus
geschossen. Fast alle Terroristen kamen aus Gaza und Umgebung.[15] Nur selten wurde der Versuch unternommen, einen israelischen Araber für eine Terrormission zu gewinnen.

Damals besaßen die Terroristengruppen noch nicht viel Erfahrung im Umgang mit Sprengstoff, und auch Kandidaten für Selbstmordanschläge wurden noch nicht ausgebildet. Das änderte sich
1993/94, als die Hamas Fachleute für die Herstellung von Bomben

angeworben hatte und die ersten Selbstmordattentäter aussandte. Einige der ersten Operationen wurden abgebrochen. Der erste erfolgreiche Anschlag fand im Oktober 1993 im Jordantal statt. Im April 1994 folgte in Afula in Nordisrael der erste Angriff auf einen Bus. Dann ging es Schlag auf Schlag: Oktober 1994, Tel Aviv, 21 Tote; Januar 1995, Netanja, 19 Tote; Februar 1996, Jerusalem, 26 Tote; März 1996, Jerusalem, 19 Tote – um nur die Anschläge mit den meisten Opfern zu nennen.

Der Zeitpunkt der Attentate war nicht zufällig; je vielversprechender die Friedensverhandlungen waren, desto größere Anstrengungen unternahm Hamas, sie zu sabotieren. Einen Höhepunkt erreichten die Anschläge nach der Ermordung von Ministerpräsident Rabin 1995. Es wird allgemein angenommen, dass die Bombenanschläge in Jerusalem und Tel Aviv der Grund sind, weshalb die Arbeitspartei die Wahlen von 1996 verlor und der Likud-Block unter Benjamin Netanjahu ans Ruder kam. Außerdem wird vermutet, dass diese Strategie ihren Ursprung in Teheran hatte, obwohl die Hamas sicherlich nicht lange überredet werden musste, sie anzuwenden, denn an ihrer Ablehnung des Friedensprozesses hatte sich nichts geändert. Ihr übergeordnetes Ziel blieb, wie sie bei vielen Gelegenheiten immer wieder betonte, die Vertreibung der Juden aus allen Teilen des historischen Palästina.

Die Anschläge von 1995/96 zogen von israelischer Seite harte Maßnahmen nach sich: Viele Hamas-Terroristen wurden verhaftet und die Hauptbombenbauer getötet. Auch die palästinensische Autonomiebehörde reagierte und nahm einige Militante fest. 1997 bis 1999 war ein beträchtlicher Rückgang in den terroristischen Aktivitäten der Hamas zu verzeichnen: Es gab nur zwei Selbstmordanschläge (im Juli 1997 auf dem Mahane-Yehuda-Markt in Jerusalem und im September desselben Jahres in der Jerusalemer Ben-Jehuda-Straße) und einige wenige Hinterhalte. Die militärische Führung der Gruppe war verhaftet worden oder in andere arabische Länder – vor allem nach Syrien – und in den Iran geflohen. In Interviews mit arabischen Zeitungen erklärten sie, sie wüssten die Zuflucht, die Syrien ihnen biete, und die »islamische Unterstützung« durch den Iran zu schätzen; der Widerstand in Israel sei äußerst schwierig geworden. Die Gefängnisse seien voll mit Söhnen der Hamas, einige hätten Geständnisse abgelegt, in denen sie Militärgeheimnisse verrieten. Der Terrorkampf der Hamas sei Gegenstand von Verzerrungen, Verleumdungen und schmutziger psychologischer Kriegführung von Seiten der Befürworter der Osloer Friedensabkommen. Schuld daran trage unter anderem die CIA, die Berichten zufolge den Austausch von Nachrichtendienstinformationen zwischen Israel und der palästinensischen Autonomiebehörde koordiniere.[16]

Das Thema des Suizidterrorismus ist weiter oben bereits erörtert worden. Im gegebenen Kontext ist zu ergänzen, dass vor dem Jahr 2002 die Mehrheit der in Israel eingesetzten Selbstmordattentäter der Hamas angehörte und islamistische Bildungseinrichtungen durchlaufen hatte. Seither stellen der militärische Flügel der Fatah und die PFLP einen beträchtlichen Teil der Selbstmordterroristen, wobei es häufig vorkam, dass die Kandidaten von einer Gruppe zur anderen wechselten. Sie waren jung, unverheiratet und offenbar vom Beispiel der libanesischen Hisbollah beeinflusst, die bekanntlich im Jahrzehnt zuvor als Pionier auf diesem Gebiet agiert hatte. Einige derjenigen, die verhaftet wurden, bevor sie ihren Auftrag ausführen konnten, haben ausgesagt, sie seien auch von dem Wunsch nach Rache für den Tod von Verwandten oder Freunden beseelt gewesen; der vorherrschende Antrieb war allerdings religiöser Fanatismus.[17]

Nach und nach erholte sich die Hamas von dem Rückschlag, den sie zu Beginn der neunziger Jahre erlitten hatte, und nahm ihre Aktivitäten wieder auf: nach dem Ausbruch der zweiten Intifada in der Hauptsache Selbstmordanschläge. Die ersten Ziele waren Militäreinrichtungen und Siedlungen in den von Israel besetzten Gebieten. Doch bald begriff man, dass Angriffe auf Militärstützpunkte zu schwierig waren und Anschläge auf Siedlungen nur wenige Opfer forderten, da es im Westjordanland keine größeren Menschenansammlungen gab. Deshalb richteten sich die Anschläge seit November 2000 gegen ausgesuchte Ziele in Israel – unter anderem in Jerusalem, bei Tel Aviv, in Hadera und Netanja. Meistens fanden die Attentäter den Tod, aber in einigen Fällen funktionierten die Bomben nicht, und eine beträchtliche Zahl von Terroristen wurde abgefangen, bevor sie ihre Mission vollenden konnten.

Doch selbst angesichts dieser Umstände wird geschätzt, dass die Hamas im Jahr 2000 für doppelt so viele Anschläge verantwortlich war wie alle anderen Terroristengruppen zusammen.

Die militärischen Folgen der Anschläge waren unbedeutend, aber psychologisch erzielten sie eine erhebliche Wirkung. In der israelischen Zivilbevölkerung schufen sie ein Klima der Unsicherheit und trugen zur Radikalisierung vieler Israelis bei, die zu dem Schluss gelangten, dass weit härtere Maßnahmen gegen die Bewohner des Westjordanlands und des Gazastreifens ergriffen werden müssten, wenn nötig, bis hin zu ihrer Vertreibung. Kurz, die Selbstmordanschläge verschärften den Konflikt. Nichtsdestoweniger meinten manche auswärtigen Beobachter, man solle den Radikalismus der Hamas nicht überbewerten, und zitierten eine arabische Redewendung, der zufolge alle Fundamentalisten Opportunisten seien *(kul al-wusulijin usulijin)*. Selbstverständlich trifft es zu, dass die Hamas, wie andere solche Gruppierungen auch, bei ihren Aktivitäten den Realitäten Tribut zollen musste; ihre ideologischen Verlautbarungen blieben davon allerdings unberührt.[18] Häufiger jedoch irrten sich westliche Beobachter in der entgegengesetzten Richtung, indem sie die Tiefe des Fanatismus und Hasses unterschätzten, die die radikalislamischen Gruppen umtrieben.

Bisher war nur von der Hamas die Rede, doch gab es noch andere Gruppen, wie etwa den Palästinensischen Islamischen Dschihad (PIJ, *Harakat al-Dschihad al-islami al-filastini*). Gegründet wurde er 1979 von Fathi Schikaki, Baschir Musa und Ramadan Schalah, palästinensischen Intellektuellen, die aus Ägypten ausgewiesen worden waren, weil ihre Aktivitäten von der Regierung als subversiv angesehen wurden. Schalah hatte, wie andere Anführer extremistischer Gruppen auch, jahrelang in den USA gelebt. Schikaki wurde 1995 auf Malta getötet, wahrscheinlich von israelischen Antiterroragenten. Die PIJ hatte eine Anhängerschaft von nur einigen hundert Personen, doch aufgrund der materiellen Unterstützung, die sie vor allem aus dem Iran erhielt, konnte sie einige große Terrorakte durchführen. Im Unterschied zur Hamas engagierte sie sich nicht im religiösen oder sozialen Bereich, sondern konzentrierte sich ganz auf den Terrorismus. Ihre Ideologie stimmte weitgehend mit derjenigen der Hamas überein und zeugte von Unzufriedenheit mit der Muslimbruderschaft, die sie für zu zahm und gemäßigt hielt. Das vorrangige Ziel des Dschihad sei die Errichtung eines großen, vom Atlantik bis zum Pazifik reichenden islamischen Staats.[19] Es gab jedoch einen wichtigen dogmatischen Unterschied: Für die streng sunnitische Hamas konnte Khomeinis Revolution im Iran kein Vorbild sein, denn die schiitische Religion war für sie eine Abweichung vom wahren Islam. Eine enge Zusammenarbeit mit dem Iran wäre deshalb fast so schlimm gewesen wie die Anerkennung des Papstes durch einen fundamentalistischen Protestanten. Dagegen waren die PIJ-Intellektuellen zutiefst vom iranischen Beispiel beeinflusst und versuchten es nachzuahmen. Besonders beeindruckt waren sie jedoch von den Aktivitäten der libanesischen Hisbollah, die großen Anteil daran gehabt hatte, dass die israelischen Truppen aus dem Libanon abgerückt waren. Die iranische Regierung revanchierte sich mit finanzieller und militärischer Hilfe. Die PIJ-Führer befürworteten öffentlich eine proiranische und prosyrische Orientierung; Schikaki schrieb ein Buch mit dem Titel *Khomeini, die Alternative und die islamische Lösung.*

Der Islamische Dschihad besaß einige Beschützer in der Fatah (»Abu Dschihad«), doch gleichzeitig gab es einen erbitterten Konkurrenzkampf sowohl mit der Fatah als auch mit der Hamas um einflussreiche Posten in Institutionen in Gaza und im Westjordanland. Einmal kam es in Gaza sogar zu gewalttätigen Auseinandersetzungen. Zu einer engeren Zusammenarbeit war man erst nach dem Ausbruch der zweiten Intifada im September 2000 bereit.

Der militärische (terroristische) Arm des Islamischen Dschihad bestand aus zwei relativ kleinen Gruppen. Zu den von ihnen ausgeführten großen Aktionen gehörten Bombenanschläge im Gazastreifen im Jahr 1993 sowie im März 1996 in Tel Aviv, wo zwanzig Menschen starben, ferner zwei im Jahr 1998 in Jerusalem und einer im März 2001, und schließlich im Juli respektive August 2001 in Hadera und Binjamina. Es ist gelegentlich schwierig festzustellen, wer für einen Anschlag verantwortlich ist, weil entweder mehrere Organisationen die Urheberschaft für sich reklamieren oder, ist eine Operation gescheitert, keine sich zu ihr bekennt. Was

165

die Mittel angeht, so brachte der PIJ entweder Autobomben oder Selbstmordterroristen zum Einsatz, die sich an öffentlichen Plätzen wie in einer Pizzeria, auf einem Markt oder an einer Bushaltestelle in die Luft sprengten. Das war nicht gerade neu. Interessanter war da schon die ideologische Motivation der Täter. Sie waren allesamt praktizierende Muslime, manche, wie Scheich Tamimi aus Hebron, sogar bekannte Geistliche. Aber sie hatten sich, so wie es auch einige der ägyptischen Gotteskrieger getan hatten, ihre eigene Privatinterpretation des Islam zurechtgelegt und weigerten sich, die Autorität der islamischen Gelehrten der vergangenen tausend Jahre zu akzeptieren (von den zeitgenössischen ganz zu schweigen), und hielten sich ausschließlich an den Propheten und seine unmittelbaren Nachfolger. Die enge Zusammenarbeit mit den iranischen Schiiten weckte zusätzliche Zweifel an ihrer islamischen Rechtgläubigkeit. Sie waren gewiss Radikale, aber eher Sektierer als wahre Fundamentalisten.

Während Hamas, Islamischer Dschihad und PFLP ihre Aktivitäten fortsetzten und in Ramallah die palästinensische Autonomiebehörde aufgebaut wurde, verstärkte auch die Fatah ihr militärisches Potenzial. In diesem Zusammenhang ist zuerst und vor allem die Tansim-Miliz (Fatah Tanzim) zu nennen. Sie wurde 1995, zum Teil als Gegengewicht gegen die islamistischen bewaffneten Gruppen, hauptsächlich aber als Armee des künftigen palästinensischen Staats, von der Autonomiebehörde gegründet, die auch ihr Budget und ihre Ausrüstung bereitstellte. Die Tansim-Miliz war eine von der palästinensischen Polizei getrennte Organisation, auch wenn sie mit ihr kooperierte. Ihr Kommandeur, Marwan Barguti, stammte aus einer bekannten Familie aus Ramallah und hatte als Student zu den Militanten gehört. Sein Offizierskorps bestand zum großen Teil aus ehemaligen Fatah-Aktivisten, die in israelischen Gefängnissen gesessen hatten.[20] Obwohl die Tansim-Miliz Yassir Arafat unterstand, blieb sie auf Distanz zum politischen Teil der Autonomiebehörde. Das brachte ihr den Ruf ein, sich eine gewisse Unabhängigkeit bewahrt zu haben, obwohl sie keine eigene Ideologie hatte.

Die Organisation, die im Westjordanland stärker war als im Gazastreifen, nahm an Angriffen auf israelische Truppen teil – Feuerüberfälle an Grenzübergängen etwa –, verübte aber später, nach dem September 2000, auch Bombenanschläge. (Die zweite Intifada, die damals begann, war nach einem Besuch von Ariel Scharon, damals noch Oppositionsführer in der Knesset, auf dem Tempelberg ausgebrochen. Sein Auftritt wurde von vielen als unklug, wenn nicht gar provokativ eingeschätzt; andererseits war die Atmosphäre derart gespannt gewesen, dass es früher oder später wohl auf jeden Fall zu einem neuen Ausbruch der Massengewalt gekommen wäre.) Hatten zuvor noch die Hamas und der Islamische Dschihad doppelt so viele bewaffnete Angriffe auf israelische Ziele verübt wie die Tansim-Miliz, so änderte sich dies nun grundlegend: weit mehr als auf das Konto der islamistischen Gruppen gingen die Anschläge jetzt auf das ihre, das der Eliteeinheit »Force 17« – und vor allem das der Al-Aksa-Brigade.[21]

Die Geschichte der Force 17, des persönlichen Sicherheitsapparats von Arafat, reicht bis in die siebziger Jahre zurück. Als die PLO-Führung nach Tunis evakuiert wurde, ging auch die Force 17 mit. Sie änderte mehrmals Namen und Organisationsstruktur (»Sondersicherheitsapparat«, »Sicherheitseinheit des Präsidenten«) und wuchs bis zum Jahr 2001 von einigen hundert auf 3000 Mitglieder an. Die ersten Kommandeure waren 1972 an dem Anschlag auf israelische Sportler bei den Olympischen Spielen in München beteiligt gewesen; von der israelischen Gegenspionage wurden sie systematisch gejagt und schließlich getötet. In späteren Jahren ging die Force 17 von Stützpunkten in Jordanien, aber auch in Europa aus sowohl terroristischen als auch nachrichtendienstlichen Aktivitäten nach. Zu ihren Opfern zählten arabische Kritiker und Gegner von Fatah und PLO. Nach Ausbruch der zweiten Intifada war die Einheit an Feuerüberfällen und Artillerieangriffen auf Israelis sowohl im Westjordanland als auch im Gazastreifen beteiligt. Viele dieser Angriffe wurden unter dem Oberbefehl der Al-Aksa-Brigade verübt, die sich aus Kämpfern der Tansim-Miliz und der Force 17 zusammensetzte.

Und schließlich spielte die bereits mehrmals erwähnte libanesisch-schiitische Hisbollah, die »Partei Gottes«, in den achtziger und neunziger Jahren eine bedeutende Rolle im libanesischen Bürgerkrieg und später im Kampf gegen die Israelis. Sie war sowohl eine Guerilla- als auch eine Terrorgruppe, zudem engagierte sie sich in politischen und sozialen Aktivitäten.[22] Aus dem Iran und Syrien erhielt sie rückhaltlose Unterstützung, so dass sie über sichere Zufluchtsorte verfügte und viele andere Vorteile genoss. Andererseits schränkte diese Abhängigkeit ihren Handlungsspielraum ein. Zu den frühen Aktionen der Hisbollah im Libanon, die häufig dargestellt worden sind, gehörten Bombenanschläge auf ausländische Botschaften und Geiselnahmen. Später konzentrierte sie sich auf guerillaartige Angriffe auf israelische Truppen. Nach deren Rückzug im Jahr 2000 übte sie, ungeachtet der Behörden der libanesischen Regierung in diesem Gebiet, praktisch die Kontrolle über den Süden des Libanon aus und unternahm von dort aus weiterhin gelegentliche Angriffe über die israelische Grenze hinweg. Gleichzeitig etablierte sie sich als politische Partei mit Vertretern im libanesischen Parlament.

Bei der Analyse des israelisch-palästinensischen Konflikts stellt man fest, dass der Terrorismus von Anfang an eine bedeutende Rolle gespielt hat, dessen Akteure aber stets größere, ehrgeizigere Ziele vor Augen hatten. Die wichtigste jüdische Gruppe der dreißiger und vierziger Jahre, die Nationale Militärorganisation (Irgun oder IZL), eiferte den irischen Rebellen nach; die palästinensischen Militanten der späten sechziger Jahre nahmen sich die Algerier und Vietnamesen zum Vorbild für einen nationalen Befreiungskampf, in dem der individuelle Terrorismus zwar eingesetzt wurde, aber nur ein untergeordnetes Element darstellte. Doch ein kleines Land wie Palästina war für einen Guerillakrieg nach algerischem oder vietnamesischem Muster ungeeignet. Viele Jahre später brach in Gestalt der Intifada ein Volksaufstand aus, der weniger von Hinterhalten und Selbstmordanschlägen als vielmehr von gewalttätigen Demonstrationen geprägt war. Dies änderte sich allerdings nach einiger Zeit; die Demonstrationen hörten auf, und an die Stelle der Steinewerfer traten Terroristen. Den gleichen Verlauf nahm die zweite Intifada, in die darüber hinaus auch die israelische Armee und die bewaffneten Kräfte der palästinensischen Autonomiebehörde sowie ältere terroristische Organisationen wie die Hamas eingegriffen haben. Kurz, es gibt Terrorismus, aber auch Elemente eines Bürgerkriegs – die Wirklichkeit ist stets komplizierter als Theorien und Strategien.

Wie andere nationale und ethnische Konflikte wirft auch dieser die Frage auf, warum der Terrorismus entstanden ist und ob er hätte verhindert werden können. Für die Irgun war er in den dreißiger Jahren das einzig mögliche Kampfmittel, und das Gleiche gilt für den palästinensischen Widerstand. Wenn rückblickend betrachtet der Kardinalfehler der Palästinenser darin bestanden hatte, den UN-Teilungsplan von 1947, durch den sie einen eigenen Staat erhalten hätten, abzulehnen, dann war es der Hauptfehler der israelischen Regierungen, dass sie an den 1967 eroberten Gebieten festhielten. Hätte es sich um eine Supermacht gehandelt, wäre eine solche Besetzung, wenn schon nicht vergeben, dann wenigstens vergessen worden. Aber Israel war nur ein kleines Land, das mit Zwängen konfrontiert war, die eine Supermacht nicht kannte. Obwohl es prinzipiell gegen einen binationalen Staat war, verfolgte es seit 1967 eine Politik, die genau diesen hervorbrachte – wenn man einmal davon absieht, dass die andere Nation, die Palästinenser, die israelische Herrschaft aus tiefstem Herzen ablehnte.

Man verfuhr so aus zweierlei Gründen: Zum einen verwies man darauf, dass die Grenzen von 1948 nicht zu verteidigen seien. Zum anderen, und das war noch wichtiger, trug man dem religiös-nationalistischen Mythos Rechnung, nach dem das Volk Israel das Recht besaß, über ganz Palästina zu herrschen. Aus demselben Grund bestand man darauf, dass Jerusalem für immer ungeteilt in israelischer Hand bleiben müsse; es sei die Hauptstadt Israels und keines anderen Staats.[23] In den ersten Jahren betrieb man eine gemäßigte Besatzungspolitik; man wollte sich nicht in innerarabische Angelegenheiten einmischen. Aber selbst die freundlichste Besatzung ist Herrschaft von Fremden und zieht Widerstand nach sich, und Widerstand führt zu schärferen Vorschriften, und in genau diesen Teufelskreis geriet man im Lauf der Zeit mehr und mehr.

Das restliche Israel wurde zur Geisel religiös-nationalistischer Siedler mit messianischen Visionen. Weit davon entfernt, den Rest des Landes zu verteidigen, wurden die Siedlungen politisch zu einer Provokation (wie die Anwesenheit der Siedler in Hebron), finanziell zu einem Fass ohne Boden und militärisch zu einem

Alptraum. Ein bedeutender Teil der israelischen Armee war nur noch damit beschäftigt, entlegene Siedlungen und die zu ihnen führenden Straßen zu schützen. Unter diesen Umständen befanden sich die Israelis ständig in der Defensive und konnten ihre technologische Überlegenheit nicht zum Tragen bringen. Wenn sich Israel hinter die alten Grenzen zurückgezogen hätte, wäre es wahrscheinlich weiterhin grenzüberschreitenden Terrorangriffen ausgesetzt gewesen. Aber die Infiltration hätte durch physische Hindernisse wesentlich erschwert werden können, und wäre es zu einem militärischen Konflikt gekommen, so wäre dies ein Krieg zwischen zwei Staaten gewesen, der für Israel leichter zu führen (und zu gewinnen) gewesen wäre.

In der terroristischen Kampagne waren die Palästinenser gegenüber den Israelis, auch wenn diese alle möglichen hoch entwickelten Waffen besaßen, in mehrfacher Hinsicht im Vorteil. Vor allem hatten sie die aktive Unterstützung der arabischen Staaten – politisch, finanziell, als Waffenlieferanten und als Zufluchtsorte. Im Lauf der Zeit wurden die palästinensischen Terrorakte raffinierter und kühner, und die Welle des Islamismus brachte eine große Zahl von Kandidaten für Selbstmordmissionen hervor. Es ist häufig behauptet worden, dass man sich dagegen nicht zur Wehr setzen könne, doch das stimmt nicht. Durch radikale Maßnahmen kann dem Selbstmordterrorismus sehr wohl ein Strich durch die Rechnung gemacht werden, etwa, indem man die Familien der Attentäter als Geiseln nimmt und hinrichtet, ganze Dörfer zerstört und die rebellische Bevölkerung vertreibt. Feuer kann mit Feuer bekämpft werden, allerdings nur um einen hohen Preis, den sich kleine Länder, die vom guten Willen zumindest eines Teils der Weltgemeinschaft abhängen, nicht leisten können. Dies war das Dilemma, in dem Israel steckte, und dies ist der Grund, weshalb die meisten Palästinenser den Schluss zogen, dass sie endlich eine Waffe gefunden hatten, gegen die der zionistische Feind sich nicht verteidigen konnte.[24]

Russland hätte das Tschetschenienproblem theoretisch auf die Art lösen können, wie Stalin in solchen Fällen verfuhr: durch Zwangsumsiedlung, das heißt die Vertreibung einer gesamten ethnischen Gruppe. Aber das konnte sich nicht einmal Putins Russland erlauben, und Israel besitzt keine arktischen oder zentralasiatischen Gebiete, wo man die Vertriebenen ansiedeln könnte. Die Reaktion der Weltöffentlichkeit, die sich sowieso schon gegen Israel gewandt hatte, kann man sich vorstellen, hätte man dort zu noch drastischeren Maßnahmen gegriffen.

Der Handlungsspielraum war also erheblich begrenzt. Die Flüchtlingslager waren für die israelischen Sicherheitskräfte buchstäblich zu verbotenen Zonen geworden – obwohl gerade dort die Bombenfabriken lagen, die Terroristen ihre Ausbildung erhielten und nach einem Anschlag Unterschlupf fanden. Wären israelische Einheiten bei der Verfolgung von Verdächtigen in ein Flüchtlingslager eingedrungen, hätten sie einen Sturm der Empörung ausgelöst, denn das hätte bedeutet, dass sie Frauen und Kinder in Angst und Schrecken versetzt hätten, in Elendsunterkünfte eingebrochen wären und diese in manchen Fällen auch zerstört hätten. Die Terroristen hingegen versteckten sich hinter Alten, Frauen und Kindern – was im zeitgenössischen Terrorismus eine ganz legitime Taktik ist. Hier sind Operationen erlaubt, die für staatliche Sicherheitskräfte tabu sind. So wurde Israel heftig gescholten, weil es in der zweiten Intifada dazu überging, Schlüsselfiguren der Terrorszene systematisch zu töten.

Nach den Regeln der asymmetrischen Kriegführung hat der Terrorismus – im Gegensatz zum angegriffenen Staat – das Recht zum Einsatz jeglicher Waffe und Strategie. Es heißt, er sei die Handhabe der Schwachen, doch die Schwachen haben Privilegien, die die andere Seite nicht hat. Dazu gehört auch die Ermordung von Zivilisten, während die staatlichen Kräfte, den bestehenden Normen entsprechend, ohne Prozess niemanden hinrichten dürfen. In den Augen der Terroristen des 19. Jahrhunderts wäre es feige gewesen, Frauen und Kinder als Schutzschild zu benutzen oder, ganz allgemein, wahllose, also nicht gegen ein bestimmtes Ziel oder Opfer gerichtete Anschläge zu verüben. Doch solche Skrupel stammen aus einer anderen Zeit und Kultur und von einem anderen Kontinent.

Die Maßstäbe der asymmetrischen Kriegführung gelten indes nur so lange, wie die terroristische Bedrohung nicht mehr als ein, wenn auch erhebliches Ärgernis darstellt. Sobald sie die Existenz eines Staats zu gefährden beginnt, ändert sich die Situation, und viele bisherige Einschränkungen fallen weg. Ein Staat begeht nicht freiwillig Selbstmord, und wenn er seine Existenz in Gefahr sieht und es ums Überleben geht, wird er Rechtsfragen und Imageerwägungen, wie wichtig sie auch sein mögen, hintanstellen und zur Beseitigung der Bedrohung alles tun, was in seiner Macht steht. Die Anführer terroristischer Gruppen neigen dazu, dies zu vergessen. Doch die historische Erfahrung zeigt, dass der Terrorismus nur bis zu einem gewissen Punkt gegen einen Staat ankommt. Sobald seine Kerninteressen betroffen sind, ist selbst der schwächste Staat noch stärker als die stärkste Terrorbewegung.

Jüdischer Terrorismus

Ein Überblick über die Lage in Israel wäre unvollständig, wenn der nach dem Sechstagekrieg entstandene religiös-nationalistische Untergrund nicht wenigstens erwähnt würde. Die entsprechenden extremistischen Gruppen bildeten sich im Umkreis bestimmter Religionsschulen *(jeschiwot)* und Siedlungen jenseits der Grünen Linie, wie beispielsweise Kirjat Arba, und waren Teil der allgemeinen Neubelebung des Fundamentalismus. Die ultraorthodoxen Juden waren immer antizionistisch gewesen; manche erkannten nicht einmal die Existenz des Staates Israel an, und soweit es sie betraf, spielte es nicht die geringste Rolle, wer die physische Kontrolle über Palästina und die heiligen Stätten ausübte. Andererseits betrachteten es die religiös-nationalistischen Juden als ihre heilige Pflicht, niemals auch nur einen Quadratzentimeter des Landes aufzugeben, das Gott ihnen in der Bibel versprochen und im Sechstagekrieg zurückgegeben hatte.

Schon vor 1967 hatte es einige Anschläge und mindestens einen Mord gegeben – an Rudolf Kastner, der während des Zweiten Weltkriegs geschäftsführender Vizepräsident des jüdischen Unterstützungs- und Rettungskomitees in Budapest gewesen war und dem vorgeworfen wurde, in Verhandlungen mit den Nationalsozialisten Juden geopfert zu haben (um andere Juden zu retten). Doch dieser Mord ging auf das Konto einer kleinen Gruppe säkularer Verschwörer, während die politische Gewalt nach 1967 in einer bestimmten messianischen Interpretation des Judentums wurzelte, die nicht weniger unnachgiebig war als der Islamismus, nur mit dem Unterschied, dass sie lediglich ein einziges Land betraf, nämlich Israel/Palästina. Dieser Terrorismus bestand aus verschiedenen Gruppen, deren Ziele und Motivationen sich keineswegs deckten. Eine von ihnen spezialisierte sich auf eine Art sporadischen Bürgerwehrterrorismus, indem sie Angriffe auf Bürgermeister arabischer Städte wie auf Bassam Schaka in Nablus unternahm und einzelne Araber aus benachbarten Dörfern ermordete, hauptsächlich als Vergeltung für Anschläge auf jüdische Siedler und vielleicht auch als Versuch, den Arabern Angst einzujagen und sie zum Verlassen des Landes zu bewegen.

Später bildeten einige Mitglieder zusammen mit neuen Anhängern, die wie sie ihre Mission darin sahen, die Wiedererrichtung des Königreichs Israel zu durchzusetzen, neue Untergrundzellen. Ihrer Lehre zufolge musste auf dem Tempelberg die Al-Aksa-Moschee niedergerissen und der Tempel wieder aufgebaut werden; viermal versuchten sie die Moschee in Brand zu stecken, doch waren sie immer schlecht vorbereitet und scheiterten. Potenziell war diese Gruppe allerdings extrem gefährlich, ist doch die Al-Aksa-Moschee nach der Kaaba in Mekka eine der heiligsten Stätten des Islam. Jeder Versuch, sie zu zerstören, würde womöglich einen Religionskrieg nicht nur mit den Palästinensern, sondern mit der gesamten muslimischen Welt nach sich ziehen, so wie die Zerstörung der Ayodhya-Moschee in Indien vor mehr als einem Jahrzehnt große Unruhen ausgelöst und eine bis heute schwärende Wunde hinterlassen hat. Die Terroristen hatten die Vorstellung, es müsse zu einem letzten Entscheidungskampf zwischen den Kräften des Guten und des Bösen kommen, und verstanden es als ihre heilige Pflicht, diesen durch eine Provokation so schnell wie möglich herbeizuführen.

Einige der jüdischen Terrorakte waren die Taten Einzelner, die es für ihre persönliche Pflicht hielten, in den heiligen Krieg zu ziehen, und die hofften, durch ihr Handeln andere zu mobilisieren oder zumindest zu bewirken, dass dem ihrer Meinung nach fatalen Prozess der Preisgabe von Land, das nach göttlichem Recht den Juden gehört, ein Ende gesetzt wurde. Soweit nachvollziehbar, war dies auch die Motivation von Baruch Goldstein, einem amerikanischen Arzt und Mitglied einer nationalistischen Siedlergruppe, der im Februar 1994 in Hebron in eine Moschee ging und auf die dort betenden Araber feuerte, bis man ihn selbst erschoss. Nach den Erkenntnissen einer staatlichen israelischen Untersuchungskommission hatte er sich in eine Belagerungsmentalität hineingesteigert und das Überleben des jüdischen Volks gefährdet gesehen, was ihn auf die Idee brachte, dass nur eine extreme Tat die verhängnisvolle Entwicklung stoppen könne. Goldstein und seinesgleichen hatten die Osloer Friedensabkommen, die ihrer Ansicht nach einen weiteren großen Schritt in die falsche Richtung darstellten, mit tiefer Enttäuschung aufgenommen.[25] Sein Grab wurde zu einer Pilgerstätte für gleich gesinnte Fanatiker,[26] und im April 2002 wurden mehrere israelische Extremisten verhaftet, die einen Bombenanschlag auf eine arabische Mädchenschule in Jerusalem geplant hatten. Kurz, es gab und gibt noch heute in der jüdischen Gesellschaft einen kleinen, aber gefährlichen terroristischen Untergrund, und angesichts der angespannten Lage kann schon ein kleiner Anschlag unabsehbare Folgen haben.[27]

Der Attentäter, der Ministerpräsident Itzhak Rabin ermordete, war kein Siedler, sondern ein fünfundzwanzigjähriger Student der Computerwissenschaft namens Jigal Amir, der aus einer Mittelschichtfamilie jemenitischer Herkunft stammte. Es war die Tat eines Einzelnen, doch wurde sie nicht in einem geistigen und organisatorischen Vakuum verübt. In den vorangegangenen Monaten hatten rechte Parteien Rabin als Verräter gebrandmarkt, der bereit sei, nicht nur Hebron, sondern auch andere Orte, die sich in jüdischer Hand befanden, aufzugeben. Amir hatte in der Tat führende Rabbis danach gefragt, ob »din mosser« oder »din rodef« gültig sei, mittelalterliche jüdische Rechtsentscheidungen in Bezug auf die mögliche Gewaltanwendung gegen Feinde, die von Juden entweder bespitzelt oder aktiv verfolgt werden. Die Rabbis ihrerseits hatten die israelischen Soldaten aufgerufen, Befehle zur Evakuierung jüdischer Siedlungen zu missachten.

Ungefähr einen Monat vor Rabins Ermordung am 4. November 1995 hatte sich eine Gruppe von Extremisten vor seinem Haus in

Jerusalem eingefunden, um die *Pulsa denura* zu beten, eine altertümliche, eher mystische als jüdisch-orthodoxe Verwünschung mit etwa dem folgenden Wortlaut:»Die Engel der Zerstörung mögen ihn heimsuchen, er sei verdammt, wo immer er hingehen mag, seine Seele möge seinen Körper augenblicklich verlassen ...«[28] Kurz, es wurde – in kleinen Gruppen wie bei Massenaufmärschen – zur Gewaltanwendung aufgerufen, und im Rückblick war es nur eine Frage der Zeit, bis jemand aus dem radikalen Lager eine Gewalttat gegen einen angeblichen Verräter beging. Jigal Amir stand in der Tradition der Zeloten, die zweitausend Jahre zuvor ebenfalls Verfechter der Gewalt gewesen waren; indessen ist zweifelhaft, dass seine Motive irgendeinen spezifisch jüdischen Aspekt aufwiesen. Seine Ideologie unterschied sich kaum von derjenigen der Mörder Anwar as-Sadats, die glaubten, der persönliche Dschihad, die Ermordung eines Staatsoberhaupts oder Regierungschefs, sei ein göttliches Gebot.

Abschließend sei noch Rabbi Meir Kahanes Jüdische Verteidigungsliga (JDL) erwähnt, die es Jahr für Jahr auf die vom amerikanischen Außenministerium herausgegebene Liste terroristischer Organisationen schafft. Sie hat sicherlich Gewalttaten begangen, wollte aber das Unmögliche, nämlich gleichzeitig als Terroristengruppe und als politische Partei in Israel agieren. Im Ergebnis erreichte sie auf beiden Gebieten nicht viel. Gegründet wurde die JDL 1968 in Brooklyn, und sie ist, wenn auch in reduzierter Form, bis heute aktiv. Kahane selbst ging 1971 nach Israel, wo er eine zweite Karriere begann. Er stammte aus einer Familie von Rabbis, hatte in seiner Jugend jedoch nicht nach dem orthodoxen Kanon gelebt, und auch später war sein Nationalismus weit stärker ausgeprägt als seine religiös-orthodoxe Einstellung. Ein religiöser Fundamentalist war er sicherlich nicht. Seine Gruppe tendierte sowohl in Amerika als auch in Israel zu demonstrativen Gewalttaten.

In Amerika verkündete die JDL, sie würde die wehrlosen New Yorker Juden gegen gewalttätige Übergriffe schützen. Mitunter beleidigte und überfiel sie auch sowjetische Diplomaten in den USA, um die Aufmerksamkeit auf das Los der Juden in der Sowjetunion zu lenken. Kahane war ein scharfer Gegner von »Mischehen« und

wurde in Israel zum führenden Verfechter der Vertreibung der Palästinenser sowohl aus Israel als auch aus den besetzten Gebieten.
Er war publizitätssüchtig, und als talentierter Demagoge wusste er,
dass die öffentliche Aufmerksamkeit, die er brauchte, nur mit einer
gewalttätigen Sprache und ebensolchen Gesten zu gewinnen war.
Wie andere Mitglieder seiner Organisation wurde auch er wegen
des illegalen Besitzes von Waffen, Munition und Sprengstoff verhaftet. Seine Gefolgsleute begingen in den siebziger Jahren in den
USA eine Reihe von Terrorakten, wie zum Beispiel einen Bombenanschlag auf das Büro von Sol Hurok, einem Theaterproduzenten,
der sich im amerikanisch-sowjetischen Kulturaustausch engagierte.
In Israel steckten seine Anhänger Arabern gehörende Autos in
Brand und schossen auf arabische Busse. Um einen Kommentar
gebeten, sagte Kahane, er unterstütze diese Aktivitäten voll und
ganz, denn »solange sie [die Araber] hier sind, sind wir verloren«.[29] Anfangs fand er sich wegen der großen Konkurrenz am
rechten Ende des politischen Spektrums nur schwer in Israel zu-
recht, aber im Lauf der Zeit gewann er eine kleine Anhängerschar
und wurde in die Knesset gewählt. Doch der Kahanismus wurde für
Regierung und Gesellschaft des Landes zu einem Ärgernis und
schließlich verboten. Kahane selbst wurde im November 1990 von
einem Mitglied einer arabischen Terroristengruppe ermordet, das,
wie sich später herausstellte, zum Kreis derer gehörte, die 1993 den
ersten Versuch unternahmen, das World Trade Center zu sprengen.
Kahanes Sohn, seine Schwiegertochter und Enkel kamen im Westjordanland bei einem Terroranschlag auf ihr Fahrzeug ums Leben.

Dem Kahanismus war also nicht allzu viel Erfolg beschieden –
für die streng Orthodoxen war er zu säkular, für die linken Intellektuellen, die für den Terrorismus – sofern er ihnen ideologisch
genehm war – häufig mildernde Umstände fanden, war er ein
Gräuel, und sogar rechte Exterroristen wie Itzhak Schamir, der spätere Ministerpräsident und einstige Anführer der Stern-Bande, hielten nicht viel von Kahane. »Kahane ein Terrorist?«, fragte er, um
sich gleich selbst zu antworten: »Er war ein zweitrangiger
Terrorist, alles nur Getöse, Symbole und Rhetorik fast ohne reales
Handeln. Er hatte keine Ahnung von Untergrundmilitarismus und
-kameradschaft.«[30]

In den meisten anderen Ländern ist der Terrorismus ein innenpolitisches Problem oder höchstens ein Konflikt zwischen benachbarten Ländern wie derjenige um Kaschmir. Die politischen Folgen im Fall von Israel/Palästina reichen indes wesentlich weiter. Die Sache der Palästinenser hat in der arabischen und in geringerem Umfang auch in der muslimischen Welt insgesamt immer Unterstützer gehabt. Selbst während der Unruhen von 1936 bis 1939 hatte die ägyptische Muslimbruderschaft Freiwillige nach Palästina geschickt, und als 1948 der jüdische Staat gegründet wurde, leisteten die arabischen und muslimischen Länder aktiven Widerstand. Im Lauf der Zeit nahmen die Sympathie und Unterstützung für die politischen Ziele und den Terrorismus der Palästinenser eher zu als ab. Arabische Fernsehsender brachten Abend für Abend Bilder, die zeigten, wie brutale israelische Soldaten palästinensische Flüchtlingskinder und -frauen bedrohten und töteten. Nicht durch seine Erfolge gewann der dortige Terrorismus die Unterstützung der arabischen Welt, sondern durch seine Niederlagen und seine Schwäche, die eine enorme Wut auslösten. Und als die Welle des Islamismus die arabische und muslimische Welt erfasste, wurde Israel zu einem der Hauptangriffsziele des Dschihad. Palästina und insbesondere Jerusalem sind für gläubige Muslime heilige Orte; die bloße Anwesenheit von Juden stellt für sie eine Entweihung und eine Beleidigung Gottes dar, weshalb das »zionistische Gebilde« ausgemerzt werden muss. Nach Feststellung der marokkanischen Soziologin Nadira Barkallil ist Palästina für viele zu einer Projektionsfläche für Sehnsüchte und Träume geworden, die in den eigenen Ländern aufgrund von Repression und Hoffnungslosigkeit nicht verwirklicht werden können. Vor diesem psychologischen Hintergrund, so Barkallil, erscheine der palästinensische Widerstand als etwas Magisches und Heiliges: heldenhafte Kämpfer, die sich keiner Übermacht beugen. So habe die mit einer halben Million Teilnehmer größte Demonstration in der Geschichte Marokkos denn auch bei Ausbruch der zweiten Intifada im September 2000 stattgefunden.[31]

Die israelische Politik nach dem Sechstagekrieg in Bezug auf Jerusalem und die besetzten Gebiete spielte den Islamisten in die

Hände. Israel konnte tausend Mal darauf hinweisen, dass Mekka und Medina für Muslime weit heiligere Stätten als Jerusalem seien und dass die Stadt im Koran kaum einmal erwähnt werde. Vom islamistischen Standpunkt aus ist dies völlig irrelevant; nicht die Tatsachen zählen, sondern die Wahrnehmung – wichtig ist nicht, was in den heiligen Schriften steht, sondern was die Islamisten der Gegenwart fühlen: Jerusalem soll ihnen gehören und die Juden gilt es zu töten oder zu vertreiben, nur das ist von Bedeutung. So wurde Israel zum Katalysator der muslimischen Wut; ihr Gegenstand war es nicht, zumindest nicht hauptsächlich. Auf bin Ladens Tagesordnung, um nur dieses Beispiel herauszugreifen, rangiert das palästinensische Problem einigermaßen weit hinten. Hätte es Israel nicht gegeben, dann hätten Wut und Frustration der Muslime ein anderes Ventil gefunden. Doch Israel existiert und findet sich als Objekt all dieser Feindseligkeit und all des Hasses wieder.

Der dortige Terrorismus ist zu einer internationalen Angelegenheit geworden, daher war es nicht überraschend, dass vielerorts im Westen die Überzeugung zunahm, dass man Israel, ungeachtet aller anderen Überlegungen, zu weitreichenden Zugeständnissen zwingen solle, um die arabischen und muslimischen Ressentiments zu beschwichtigen. Ob dies genügen würde, um die islamistischen Gefühle zu befrieden, war allerdings keineswegs sicher, denn angesichts des Verlangens der radikalen Islamisten, den jüdischen Staat zu vernichten, war es mehr als zweifelhaft, dass sich die Ursachen der muslimischen Wut überhaupt durch Konzessionen beseitigen ließen, so weitreichend sie auch sein mochten. Andererseits hat die mangelnde israelische Kompromissbereitschaft in Bezug auf die heiligen Stätten und die besetzten Gebiete die außenpolitische Stellung des Landes geschwächt und eine wirkungsvolle Verteidigung gegen Terroranschläge erschwert. Ob der Konflikt hätte vermieden werden können, ist äußerst fraglich. Aber er hätte für die muslimische Welt (und infolgedessen auch in der internationalen Politik) wahrscheinlich nicht solche Bedeutung gewonnen, wenn nicht im israelischen Denken Ideologie und Gefühl über gesunden Menschenverstand und Realismus die Oberhand gewonnen hätten. Er wäre auf die Region beschränkt geblieben und nicht zu einem Religionskrieg geworden.

Haben die Nachrichtendienste versagt?

Die muslimische Herrschaft in Spanien endete mit der Niederlage des arabischen Heers im Jahr 1492. Was danach geschehen sein soll, hat der polnische Nationaldichter Adam Mickiewicz in dem Gedicht »Ballade (Alpuhara)« beschrieben:[1] Almansur, der König der Muslime, begab sich ins spanische Lager, wo er um sein Leben bat und sich bereit erklärte, dem christlichen Gott und seinen Propheten zu dienen. Er wolle, erklärte er, ein Bruder der Sieger werden, und um seine guten Absichten zu unterstreichen, umarmte er die spanischen Heerführer und küsste sie auf den Mund. Dann erlitt er plötzlich einen Schwächeanfall und rief, kreidebleich geworden, aus:

»Seht her, ihr Giauren! bin fahl und bleich …
Erratet ihr euer Verderben?
Ich komm' von Granada, ich täuschte euch,
Ich brachte die Pest und das Sterben.

Mit meinem Kusse trank euer Herz
Ein Gift, bestimmt, euch zu quälen.
Kommt her und seht den marternden Schmerz,
Bald wird er sich euch erwählen.«

Danach starb er mit teuflischem Lachen. Die Spanier verstummten und versuchten zu fliehen, aber die Pest folgte ihnen, und das gesamte Heer fiel ihr zum Opfer. Diese Geschichte ist der dichterischen Phantasie entsprungen, also reine Erfindung. Sie sollte auch nicht als Anprangerung der Muslime verstanden werden. Hauptthema des Poems *Konrad Wallenrod*, in dem diese Episode erzählt wird, ist der aus patriotischen Gründen begangene Verrat. Die Haltung des Dichters ist ausgesprochen kompliziert, versucht er diesen

179

Verrat doch zumindest indirekt zu rechtfertigen. Handelte es sich um ein historisch belegtes Ereignis, würde dies für den an der Geschichte der militärischen Abwehr Interessierten eine Reihe von Fragen aufwerfen: Warum war dieser Überraschungsangriff von Erfolg gekrönt? Wieso wussten die Spanier so wenig über Almansurs wahre Absichten? War es Naivität, fühlten sie sich zu sicher, oder verstanden sie die Psyche des Gegners nicht? War ihnen bekannt, dass im feindlichen Lager die Pest wütete? Themen wie Überraschungsangriffe und Versagen der Nachrichtendienste sind nach dem 11. September 2001, vielleicht zum ersten Mal in der Geschichte des Terrorismus, in den Vordergrund gerückt. Denn vorher hatten die Terrorgruppen ihre Existenz und ihre Absichten so gut wie niemals geheim gehalten, wenn sie auch nicht so weit gingen, Ort und Zeit ihres nächsten Anschlags bekannt zu geben. Die britische Polizei war gut über die Aktivitäten der irischen Fenier informiert, und die russische Polizei wusste über ihre Terroristen sogar noch besser Bescheid, denn sie hatte deren Organisationen mit Spitzeln und *Agents provocateurs* unterwandert. Wenn dennoch eine Reihe von Königen, Ministerpräsidenten und anderen Würdenträgern ermordet werden konnten, dann deshalb, weil die gefährlichsten Anschläge von Einzelnen oder kleinen Gruppen ausgeführt wurden, die von den Sicherheitskräften nicht infiltriert werden konnten.

Der 11. September wird, ob zu Recht oder zu Unrecht, als nachrichtendienstliches Versagen betrachtet, das sich, wie man meint, nur mit Pearl Harbor, Hitlers Angriff auf die Sowjetunion im Juni 1941, dem Zusammenbruch der Sowjetunion oder Saddam Husseins Einmarsch im Kuwait vergleichen lässt.[2] Aber ist dieser Rückschluss fair? Ist es realistisch, einen Terroranschlag mit groß angelegten Militäroperationen zu vergleichen, zu denen erhebliche Truppenkonzentrationen und andere Vorbereitungen gehörten, die auf vielfache Weise hätten entdeckt werden können?

Angesichts des Schocks und der enormen Überraschung, die der 11. September auslöste, stellt sich die Frage, ob das so sein musste. Gab es Vorzeichen, wurden sie ignoriert, und wenn ja, warum? Mit diesen Fragen wird sich in den kommenden Jahren vermutlich eine Vielzahl von Untersuchungsausschüssen befassen. Doch sollten die

Nachforschungen nicht auf die staatlichen Nachrichtendienste beschränkt werden, denn diese besitzen kein Monopol auf die Nachrichtenbeschaffung und die Einschätzung der politischen Lage im Ausland. Auch die Rolle der Medien wäre zu untersuchen, ebenso wie die Informationen und Auffassungen der Regionalexperten, insbesondere jener für den Nahen Osten sowie Süd- und Zentralasien. Darüber hinaus sollte auch die Sicht der Wissenschaftler, die sich über Jahre hinweg mit dem Terrorismus beschäftigt haben, in Betracht gezogen werden.

Medien und Experten schaffen ein Meinungsklima; was sie sagen, hat Einfluss auf die Öffentlichkeit und indirekt auch auf die Nachrichtendienste. Dann gibt es das Problem des Zugangs beziehungsweise der Verteilung: Wer sich auf diesem Gebiet auskennt, weiß, dass die Informationsbeschaffung allein noch nicht viel bedeutet. Die Dienste müssen auch in der Lage sein, ihre Erkenntnisse an die richtigen Stellen weiterzuleiten – an den Präsidenten, an die Minister für Verteidigung, für Äußeres und so weiter; zudem müssen sie deren Vertrauen genießen. Dennoch muss eine Untersuchung des Versagens der Nachrichtendienste selbstverständlich zuerst bei der CIA und den anderen Sicherheitsbehörden der USA ansetzen. Das Gleiche gilt für die Sicherheitsdienste der anderen Staaten, in denen al-Qaida und mit ihr verbundene Gruppen aktiv waren oder noch sind.

Die CIA ist kurz nach dem Zweiten Weltkrieg gegründet worden; ihre Hauptaufgabe war die Gewährleistung der Sicherheit der Vereinigten Staaten im Kalten Krieg. Nach allgemeiner Ansicht arbeitete sie, was die technischen Mittel der Beobachtung anging, in der elektronischen und fotografischen Informationsbeschaffung also, effektiv und innovativ. Als weniger gut erwies sie sich in der »Humint« (human intelligence), das heißt beim Einsatz von Agenten, die rechtzeitig verlässliche Informationen liefern sollten. In einer offenen Gesellschaft lässt sich natürlich erheblich einfacher spionieren als in einem streng überwachten Polizeistaat. Darüber hinaus hatte die CIA mehrere Handicaps zu überwinden: Nach der Enthüllung einer Reihe von Skandalen in den siebziger Jahren wurde sie heftig kritisiert und häufig als »wilder Elefant« bezeichnet. Infolge von Säuberungen, strengeren Kontrollen und anderen Reformen von zweifelhaftem Wert blieb ihr kaum noch Handlungs-spielraum. Zugleich reagierte sie auf die Vorwürfe der Kompetenz-überschreitung damit, dass sie sich bürokratisierte, wozu auch beitrug, dass die erste, stärker motivierte und erfahrenere Genera-tion von CIA-Beamten der zweiten und dritten Generation Platz machte, die auf die harte Tour gelernt hatte, dass die Übernahme von Risiken in ihrer Organisation nicht belohnt wurde. Während des Kalten Krieges besaß der Terrorismus für die CIA sicherlich keine Priorität. Ihre Berichte aus den sechziger Jahren glänzten jedenfalls nicht mit besonderen Einsichten auf diesem Ge-biet. Es war durchaus nicht ungewöhnlich, dass man die Auskunft erhielt, die Wahrnehmung des Terrorismus sei von Land zu Land verschieden; während Gewalttäter in dem einen als Terroristen be-trachtet würden, gälten sie anderswo als Kämpfer für die nationale (oder soziale) Befreiung.

Beim FBI sah es nicht anders aus. Es gab in den USA nur we-nige Terrorakte, und das FBI behandelte die Akteure der Regie-rungspolitik entsprechend als gewöhnliche Kriminelle.[3] Vom ad-ministrativen Standpunkt aus war diese Einordnung vielleicht notwendig, aber sie behinderte das Verständnis der Motive und politischen Ziele. Das FBI war mehr mit Banküberfällen als mit Terrorismusbekämpfung beschäftigt. Darüber hinaus hatte man nach Aussage eines führenden Beamten Anfang der siebziger Jah-re allgemein das Gefühl, das FBI sei aus dem Ruder gelaufen und müsse gezügelt werden.[4] Daher rührte in späteren Jahren sowohl bei Agenten im Außendienst als auch bei Mitarbeitern der Zentrale die, so formulierte es der Beamte,»lähmende Furcht davor, Risiken einzugehen«.

Nach dem Ende des Kalten Krieges meinten viele, es bestehe kein Grund mehr, die Nachrichtendienste im gleichen Umfang wie bisher mit Finanzmitteln und Personal auszustatten, schließlich seien die Hauptbedrohungen für die Vereinigten Staaten, wie der Atomkrieg, verschwunden. Die CIA war anderer Ansicht, denn wie ihr früherer Direktor James Wolseley vor einem Kongress-ausschuss erklärte, war der Drache nur durch einen Dschungel voller Giftschlangen ersetzt worden.[5] Diese Argumentation wurde indes nur teilweise akzeptiert; es gab Budgetkürzungen, CIA-Stationen wurden geschlossen und andere Einsparungen vorgenommen. Auch aus anderen Gründen war die CIA nicht besonders gut auf die Giftschlangen vorbereitet. Nachdem der Feind nun ein anderer war, besaßen die technischen Hilfsmittel plötzlich weitaus geringeren Wert. Es galt nicht mehr eine riesige Militärmaschinerie zu observieren; Abhören und Entschlüsseln waren bei relativ kleinen Terroristengruppen kaum von Nutzen. Und wenn es schon nicht leicht gewesen war, Agenten so auszubilden, dass sie fließend Russisch sprachen und die osteuropäischen Länder und deren Mentalität verstanden, so war es noch um vieles schwieriger, Leute zu finden, die nahöstliche oder asiatische Sprachen beherrschten. Zudem hatten die Kandidaten, die man fand, sehr wahrscheinlich Verwandte, die in als feindlich geltenden Ländern lebten, so dass die für ihre Anstellung nötige Unbedenklichkeitsbescheinigung, wenn überhaupt, dann nur schwer zu erhalten war.

Das allgemeine Meinungsklima tat ein Übriges. In den Colleges und Universitäten, wo sich die CIA nach Nachwuchs umschaute, traf sie häufig auf eine feindselige Haltung. Viele Studenten hatten von ihren Dozenten und Professoren gehört, dass es unehrenhaft sei, für den Spionagedienst eines imperialistischen Landes zu arbeiten. Sogar populäre Thrillerautoren wie John Le Carré sagten ihren Lesern, in den gegenwärtigen Konflikten gebe es zwischen den beiden Seiten nicht viel zu wählen – ihrer Meinung nach herrschte ein moralisches Gleichgewicht. Diejenigen, die in den siebziger und achtziger Jahren in die Nachrichtendienste eintraten, waren notwendigerweise Produkte des Zeitgeistes, und auf dem Campus war man nicht besonders patriotisch gestimmt. In der höheren Bildung wurde das »Kritische« betont (wobei »kritisch« oftmals ein Synonym für »negativ« war); der Schwerpunkt lag in der Theorie, nicht in den Realitäten der Weltlage.

Für eine hohe Moral und exzellente nachrichtendienstliche Arbeit waren das keine guten Voraussetzungen. Der CIA war bewusst, dass sich die Gefahren für die Sicherheit der Vereinigten Staaten im Ausland zusammenbrauten. Der Bombenanschlag auf das World Trade Center von 1993 war ein Warnzeichen, und dennoch nur ein dilettantischer Versuch mit kläglichem Ausgang gewesen, und niemand, weder beim FBI noch in der CIA, scheint auf den Gedanken gekommen zu sein, dass Terroristen aus ihren Fehlern lernen und ihre Attacken das nächste Mal weit gefährlicher sein könnten. Darüber hinaus waren die New Yorker Vorgänge, entsprechend der Arbeitsteilung zwischen den Sicherheitsdiensten, Sache von FBI und Justizministerium, was zur Folge hatte, dass keineswegs das gesamte Material, das man fand, zur weiteren Prüfung der CIA übergeben wurde.

Die CIA wusste von Osama bin Laden. Schon 1996 veröffentlichte sie unter dem Titel »Islamic Extremist Financier« ein Kurzporträt, in dem er zu Recht als einer der bedeutendsten Geldgeber der radikalen islamistischen Aktivitäten bezeichnet wurde.[6] Doch das war nur ein Teil der Wahrheit, denn bin Laden war weit mehr als nur ein Geldgeber – bemerkenswerterweise fehlte das Wort »Terrorismus« in dem Porträt (das auch vom US-Außenministerium verbreitet wurde). Von Motivation und Zielen des al-Qaida-Netzwerks und dessen Aktivitäten außerhalb des Nahen Ostens war in dem Bericht nicht die Rede; genauso wenig wurden bin Ladens Vermögenswerte in die offizielle amerikanische Liste terroristischer Ressourcen aufgenommen, so dass man nicht einmal den Versuch unternahm, sie zu beschlagnahmen.

Im Lauf der Zeit kamen weitere Warnzeichen hinzu. Erinnert sei, um nur die wichtigsten zu nennen, an die Anschläge auf die Khobar-Kaserne in Saudi-Arabien 1996, auf US-Botschaften in Ostafrika 1998 und schließlich auf den US-Zerstörer *Cole* im Hafen von Aden im Jahr 2000. Darüber hinaus gab es Hinweise auf weitere geplante Aktionen, die wahrscheinlich in den Vereinigten Staaten stattfinden und möglicherweise mit nichtkonventionellen Waffen ausgeführt werden sollten. Diese Hinweise kamen von Informanten, die zu bin Ladens engstem Kreis gehörten, sich aber aus dem einen oder anderen Grund entschlossen hatten, mit ihren Vernehmungsbeamten zu kooperieren. Einer von ihnen war Ahmed al-Fadl, ein »Selbstanbieter«, wie er im Jargon der Nachrichtendienste genannt wurde, der im August 1998 im Gerichtsverfahren über die Anschläge auf die afrikanischen US-Botschaften als Zeuge der Anklage auftrat. Nach seiner Aussage hatte die Bin-Laden-Gruppe im Sudan bis zu ihrer Ausweisung mit chemischen Waffen experimentiert. Dieser Hinweis wurde keineswegs geheim gehalten, sondern von den amerikanischen Medien veröffentlicht. Er hätte sämtliche Alarmglocken zum Schrillen bringen müssen und führte denn auch zur Bombardierung einer Fabrik in al-Schifa bei Khartoum. Doch dieser Angriff wurde sofort als furchtbarer Fehler der amerikanischen Nachrichtendienste kritisiert, weil (so hieß es) die betreffende Fabrik kein Giftgas, sondern Medikamente hergestellt hatte. Es ist hier nicht der Ort, um genauer auf die Bemühungen der amerikanischen Gegenspionage einzugehen. Uns interessiert nur die Frage, warum die Warnzeichen nicht beachtet wurden. Allerdings ist es häufig unmöglich, das eine vom anderen zu trennen, denn ein Versagen der Gegenspionage hat in jeder Hinsicht weit reichende Konsequenzen, wie etwa im Fall von al-Schifa oder der Bombardierung von bin Ladens angeblichem Hauptquartier in Afghanistan – die Terroristen hatten den Ort wenige Stunden vorher verlassen. Ungünstig war auch, dass zu jener Zeit die Affäre um Monica Lewinsky ihren Höhepunkt erreichte und Präsident Clinton vorgeworfen wurde, durch spektakuläre Schläge gegen mutmaßliche Terroristen die Aufmerksamkeit von seinen persönlichen Verfehlungen ablenken zu wollen.

Rückblickend betrachtet, war der Angriff im Sudan gerechtfertigt, weil alles dafür spricht, dass in der unmittelbaren Umgebung der Fabrik höchst gefährliche Dinge vor sich gingen, auch wenn sie selbst vielleicht keine chemischen Waffen wie das Nervengas VX hergestellt hat.[7] Auf jeden Fall war der Angriff, obwohl er möglicherweise gegen das falsche Ziel gerichtet war, nach der paradoxen Logik, die in der Geschichte von Terrorismus und seiner Bekämpfung häufig anzutreffen ist, auf längere Sicht nützlich, denn er veranlasste die sudanesische Regierung aus Furcht vor weiteren amerikanischen Aktionen (und weil das Land bitter unter dem seither verhängten Embargo litt), die Verbindung zu den Terroristen abzubrechen, und brachte sie sogar dazu, mit westlichen Regierungen zusammenzuarbeiten.

Was haben die führenden Köpfe der US-Nachrichtendienste in den Monaten und Jahren vor dem 11. September 2001 erwartet? Die Belege sind widersprüchlich. Nachrichtendienstchefs wissen, dass es niemals gut ist, allzu viel Selbstsicherheit zur Schau zu tragen, weil stets die Gefahr besteht, dass irgendeine unerfreuliche Überraschung, welchen Ausmaßes auch immer, diese zunichte macht. So spekulierte CIA-Chef George Tenet in einem Interview, das er einen Monat vor den Anschlägen von New York und Washington gab, über die Folgen einer Katastrophe: »Dann wird das Land wissen wollen, warum wir diese Investitionen nicht getätigt, den Preis nicht bezahlt und die Fähigkeiten nicht entwickelt haben.«[8] Bei anderer Gelegenheit zeigten sich Tenet und seine Kollegen dagegen optimistisch; nach ihrer Ansicht hatten sie bin Laden in die Flucht geschlagen, und die Terroristen in ihren Höhlen in Afghanistan grübelten nun darüber nach, wo die Amerikaner als Nächstes zuschlagen würden. In Wirklichkeit hatten die wirkungslosen amerikanischen Reaktionen nach den Anschlägen in Afrika und Aden die Terroristen mitnichten beeindruckt, und dies könnte einer der Gründe gewesen sein, weshalb sie das Risiko eines noch größeren Angriffs für tragbar hielten.

Unterdessen dachte eine Reihe hochkarätiger offizieller Ausschüsse darüber nach, was gegen künftige terroristische Bedrohungen getan werden konnte. Darunter waren auch militärische Kommissionen wie diejenige, die den Anschlag auf die Cole untersuchte. Wie viele vor ihr und nach ihr gelangte sie zu dem Schluss, dass das Verteidigungsministerium nicht genügend Mittel für die Beschaffung und Analyse von Informationen zur Terrorismusbekämpfung bereitstellte. Sie forderte den Verteidigungsminister auf, diesem Thema größeres Gewicht beizumessen, und erwähnte dabei insbesondere »die Entwicklung von Sprachkenntnissen, die die Beschaffung und Analyse von Informationen für die Terrorismusbekämpfung unterstützen«.[9] Doch diese Empfehlung war nur eine von vielen, und sie stand durchaus nicht an der Spitze der Prioritätenliste.

In den meisten Fällen waren die Überlegungen dieser Ausschüsse defensiver Art, sie betrafen Ideen und Vorschläge darüber, was nach einem Anschlag mit Massenvernichtungswaffen getan werden konnte. Dies gilt beispielsweise für den dem Vizepräsidenten vorgelegten Gilmore-Bericht.[10] Zwei weitere Gremien, die Hart-Rudman-Kommission und die Nationale Terrorismuskommission des Außenministeriums, beschäftigten sich direkter mit Nachrichtendienstfragen. (Gary Hart und Warren Rudman waren ehemalige Senatoren, während Paul Bremer III., der Vorsitzende der Nationalen Terrorismuskommission, jahrelang Koordinator für Terrorismusfragen im Außenministerium gewesen war.) Diese Kommissionen konsultierten Experten innerhalb und außerhalb des Regierungsapparats, und ihre Analysen und Empfehlungen hatten Hand und Fuß. So wird im Bremer-Bericht zutreffend bemerkt, dass der internationale Terrorismus sich verändere, wesentlich gefährlicher als bisher werde und darauf abziele, so viele Menschen wie möglich zu töten. Insbesondere vor al-Qaida wurde gewarnt, und man wies darauf hin, dass einige der gefährlichsten Gruppen auch innerhalb der Vereinigten Staaten operierten. Die beste Waffe gegen den internationalen Terrorismus sei gute Nachrichtendienstarbeit, aber der Beschaffung und Verteilung von Informationen über den Terrorismus stünden erhebliche Hindernisse im Wege, die beseitigt werden müssten. Während in der Theorie dazu ermuntert werde, Informanten anzuwerben, werde dies in der Praxis behindert. Die CIA gehe nicht entschlossen genug vor; so erschwere sie die Anwerbung von Informanten durch Vorschriften, die jeglichen Kontakt mit Personen ausschlossen, die Terrorakte oder ähnliche Verbrechen begangen hatten (oder dessen verdächtigt wurden) oder sogar an Menschenrechtsverletzungen beteiligt gewesen waren. Da aber die benötigten Informationen in der Regel nur von Personen zu erhalten seien, die in der einen oder anderen Form mit solchen Gruppen in Verbindung stünden, sei die CIA darauf angewiesen, sich auf Informationen aus zweiter Hand zu verlassen, die andere Nachrichtendienste, die weniger bürokratische Hindernisse und Skrupel zu überwinden hätten, ihr zur Verfügung stellten.[11]

Auch das FBI musste sich Kritik gefallen lassen: Es werde »durch bürokratische und kulturelle Hindernisse davon abgehalten, Terrorismusinformationen zu beschaffen«, mit anderen Worten, es verfügte über keine Mitarbeiter mit Sprachkenntnissen und Hintergrundwissen über fremde Länder und deren Mentalität. Über das Justizministerium hieß es, es betreibe sowohl die elektronische Überwachung internationaler Terroristen als auch die Fahndung nach ihnen »auf schwerfällige und allzu vorsichtige Weise«. Außer dem Vorschlag, bei der Informationsbeschaffung aggressiver vorzugehen, empfahl die Kommission, die nötigen Mittel bereitzustellen, um Elektronik und Computer auf den neuesten Stand zu bringen. Ferner sollte den über 500 000 ausländischen Studenten in den USA mehr Aufmerksamkeit geschenkt werden; viele Tausende würden sich, wie der Bericht zu Recht vermutete, mit abgelaufenem Visum illegal im Land aufhalten, und einige von ihnen seien terroristischer Absichten oder Aktivitäten verdächtig. Diese Empfehlung stieß auf den Widerstand der Universitäten, die einen Einnahmerückgang oder eine Beschneidung der akademischen Freiheit oder beides befürchteten.

Als die Kommissionen ihre umfangreichen Berichte übergaben, hatten sie viele Experten befragt und 25 Länder bereist (im Fall der Hart-Rudman-Kommission). Man dankte ihnen für die engagierte Arbeit, ihre Empfehlungen aber blieben, massivem Drängen zum Trotz, von Außenminister Colin Powell, Verteidigungsminister Donald Rumsfeld und anderen unbeachtet. Die Bush-Administration hatte ihre eigene Tagesordnung, und auf der rangierte der Terrorismus auf den hinteren Plätzen. Verantwortlich für seine Bekämpfung wurden (neben allen seinen anderen Aufgaben) der Vizepräsident und die Bundesnotstandsbehörde FEMA. Als Exsenator Hart von den Anschlägen des 11. September hörte, war er erschrocken und empört, aber auch frustriert: »Ich saß da und riss mir buchstäblich die Haare aus.«[12] Botschafter Bremer reagierte ähnlich. Einige Monate nach dem 11. September wurde er gefragt, ob die Anschläge hätten verhindert werden können. Vielleicht, antwortete er – »wenn die US-Regierung aggressivere Nachrichtendienste und Strafverfolgungsbehörden gehabt hätte, wenn wir uns früher dazu entschlossen hätten, die Terroristenstützpunkte in Afghanistan auszuschalten, wenn wir bessere Grenzkontrollen errichtet hätten und wenn unsere Führung den wirklichen Gefahren des Massenmordterrorismus innerhalb der Vereinigten Staaten mehr Aufmerksamkeit geschenkt hätte«.[13]

Mit gut 3,5 Millionen Menschen und 380 000 Autos, die täglich ihre Grenzen überqueren, sind die Vereinigten Staaten das offenste Land der Welt. Selbstverständlich kann man nicht mit Sicherheit

sagen, dass die Anschläge vereitelt worden wären, wenn die Empfehlungen der Kommissionen angenommen und umgesetzt worden
wären. Von den Grenzschützern hätten sie bestimmt nicht verhindert werden können. Wünschenswert wäre gewesen, dass das FBI
Supercomputer besessen hätte, über die es aufgrund seiner Geld-
knappheit nicht verfügte. Aber auch die besten Computer helfen
nichts, wenn es keine Informationen gibt, mit denen man sie füttern
kann.

Die Aufgabe der Informationsbeschaffung beginnt lange vor
dem Beginn einer Terrorkampagne, und es stellt sich die Frage,
warum die Nachrichtendienste nicht auf eine Verschwörung aufmerksam wurden, an der nicht nur eine Handvoll Menschen, sondern Hunderte, wenn nicht Tausende beteiligt waren. Darauf erhält
man für gewöhnlich die Antwort, es sei ausgesprochen schwierig,
kleine Zellen in fernen Ländern zu infiltrieren – Ausländer, die es
versuchten, würden sofort unerwünschte Aufmerksamkeit erregen.
Doch auch wenn die Verschwörung in Afghanistan ausgeheckt
worden sein sollte (was nicht sicher ist), wurde sie nicht dort
ausgeführt. Die Verschwörer kamen aus aller Herren Länder; sie
waren, möglicherweise schon Jahre vorher, in Westeuropa und
wahrscheinlich auch in Nordamerika angeworben und teilweise in
Afghanistan ausgebildet worden, hatten auf verschiedene Weise mit
der Zentrale und miteinander in Verbindung gestanden und ihre
Waffen in Westeuropa bekommen. Kurz, es war eine nahezu offene Verschwörung, die sich über mindestens ein Dutzend Länder er-
streckte. Auch wenn vermutlich nur wenige Ort und Zeitpunkt der
Anschläge gekannt haben, dürfte die allgemeine Absicht – in den
Vereinigten Staaten zuzuschlagen – kein Geheimnis gewesen sein,
und auch die Identität einiger Beteiligter war bekannt gewesen.

Gewiss waren den europäischen Polizeien die Hände gebunden.
Die Militanten wurden in Moscheen und islamischen Kulturzentren
angeworben, und man schreckte davor zurück, ja schloss es häufig
explizit aus, in Gotteshäuser einzudringen oder sie auch nur zu
observieren. Hinzu kam, dass auch die britischen und deutschen
Sicherheitsbehörden offenbar nicht über genügend Personal mit
Sprachkenntnissen und anderen erforderlichen Fähigkeiten verfügten und keine Informanten in den Terroristengruppen besaßen.

189

Schließlich ist anzumerken, dass auch in Russland, im Kaukasus und in den zentralasiatischen Republiken das Wachstum der militanten islamischen Gruppen zunächst weitgehend unbemerkt blieb. Doch wenn die verschiedenen Behörden und Dienste, amerikanische wie europäische, auch nicht in der Lage waren, die Anschläge zu vereiteln, so hätten sie doch den Terroristen das Leben schwer machen können. Angesichts der enormen Schäden der Anschläge vom 11. September und der Tatsache, dass sie so überraschend kamen, wurden den Organisatoren fast übermenschliche Raffinesse und Gerissenheit unterstellt. Das ist eine gewaltige Übertreibung, denn die Terroristen hatten in offenen Gesellschaften wie den westlichen nur wenige Hindernisse zu überwinden. Wenn einer von ihnen aufflog, dann entweder aufgrund eines Zufalls wie der besonderen Wachsamkeit eines Grenzbeamten (so geschehen im Fall des Möchtegernbombenwerfers aus Vancouver, der sich auf dem Weg zu einem Anschlag in Seattle befand) oder durch ungewöhnliche Dummheit (wie bei Zacharias Moussaoui, der zwar fliegen lernen wollte, aber betonte, dass er weder am Starten noch am Landen interessiert sei). Robert Baer, ein legendärer CIA-Beamter, soll über die Attentäter des 11. September gesagt haben: »Diese Leute sind so verdammt gut.«[14] Aber da niemand sie verfolgte, ja niemand auch nur ahnte, was sie vorhatten, und ethnische Täterprofile streng verboten waren, hätte mit einiger Wahrscheinlichkeit auch eine Bande von Dorftrotteln die Anschläge durchführen können.

Um die Gründe für das Versagen der Nachrichtendienste zusammenzufassen: Die Ausschlussvorschrift von 1995, nach der niemand, der sich krimineller Delikte oder Menschenrechtsvergehen schuldig gemacht hatte, angeworben werden durfte, es sei denn, dies war von einem oder mehreren Ausschüssen abgesegnet worden, machte es nahezu unmöglich, Terroristengruppen zu infiltrieren. Doch die Initiativen der Nachrichtendienste waren auch vor dem Erlass dieser Vorschrift schon unzureichend gewesen; seit Jahrzehnten gab es keinen Gefahrenbonus mehr, und es galt als ausgemacht, dass es sowohl im Hinblick auf den Dienst, dem man angehörte, als auch hinsichtlich der eigenen Karriere besser war, höchste Vorsicht walten zu lassen. So verhalten sich Bürokratien, doch für einen Nachrichtendienst ist es der direkte Weg zum Scheitern. Aber selbst wenn eine größere Risikobereitschaft vorhanden gewesen wäre, wo hätten die Leute herkommen sollen, die über die nötigen Fähigkeiten verfügten, um sich in der Praxis behaupten zu können?

Es könnte eingewandt werden, dass es schlicht kein Personenreservoir gab – Menschen, die fähig und willens gewesen wären, in den Außendienst zu gehen, dass überdies einige der erfahrensten Agenten im Jahr vor dem 11. September aus der CIA ausgeschieden waren und dass die USA unter den gegebenen Umständen von ausländischen Nachrichtendiensten abhängig waren. Tatsächlich kam der größte Teil der in Langley eingehenden Informationen aus dem Ausland – von europäischen, nahöstlichen und südasiatischen Sicherheitsbehörden. Das Problem dabei war, dass diese nicht unbedingt bereit waren, ihre wertvollsten Erkenntnisse mit den Amerikanern zu teilen, und dass einige von ihnen (wie der pakistanische Dienst ISI) mit den Terroristen sympathisierten oder sie sogar aktiv unterstützten. Den Amerikanern blieb stets eine Waffe, die sie benutzen konnten, aber nicht in ausreichendem Maß einsetzten: Geld. Als der spätere CIA-Chef Allen Dulles Ende 1942 in der Schweiz eintraf, gab es buchstäblich kein amerikanisches Spionagenetzwerk, und er musste ganz von vorn anfangen. Also ließ er verlauten, dass er über erhebliche Mittel verfüge und an Informationen interessiert sei,[15] die er dann tatsächlich in erheblicher Menge erhielt – gute, schlechte und irrelevante, richtige und falsche. Generell wäre in einem solchen Fall zu erwarten, dass ein beträchtlicher Teil der für Geld erworbenen Informationen unwichtig oder falsch sein würde, aber mit großer Wahrscheinlichkeit waren darunter auch einige Funde von bedeutendem, vielleicht sogar entscheidendem Wert.

Doch es fehlte die Bereitschaft, größere Summen in den Ankauf von Informationen zu investieren, den einfachsten und bequemsten Weg, sein Wissen zu erweitern. Es schien nicht besonders dringlich zu sein. Das psychologisch-politische Klima war ungünstig für ein derartiges Anliegen: Nach dem Sieg im Kalten Krieg schienen die Vereinigten Staaten nahezu unverwundbar zu sein. Die Vorstellung, ein paar fanatische Mullahs im tiefsten Afghanistan würden ein Komplott von gewaltigen Ausmaßen schmieden, um den USA enormen Schaden zuzufügen, schien, gelinde gesagt, weit hergeholt zu sein. Sicher, bei den Anschlägen in Ostafrika und im Jemen hatten sie ihren aggressiven Geist und ihre Fähigkeiten bewiesen. Aber Ostafrika und der Jemen waren weit weg, und ein Angriff auf das nordamerikanische Festland galt als unwahrscheinlich, wenn man von den Mahnungen einiger weniger Experten absah, die weder zum Präsidenten oder Vizepräsidenten noch zum Außen- oder Verteidigungsminister Zugang hatten. (Präsident Clinton zog es vor, in Schriftform über Erkenntnisse der Nachrichtendienste informiert zu werden; Präsident Bush traf sich fast jeden Vormittag mit dem Direktor der CIA.) Und selbst wenn der direkte Kontakt zu den Warnern bestanden hätte, wer hätte auf diese gehört? Es gab so viele andere wichtige Themen, und alle brauchten ein wenig Ruhe, zumal in den Sommerferien. So kam es, dass im späten Frühjahr und Sommer 2001 die verschiedenen Arbeitsgruppen zum Thema Terrorismus und die Hauptakteure in Washington nicht zusammenkamen, obwohl sich die Anzeichen dafür mehrten, dass al-Qaida einen Anschlag in den USA plante und dass während des Weltwirtschaftsgipfels in Genua ein Attentat auf den Präsidenten verübt werden könnte.[16]

In den Untersuchungen nach dem 11. September kam eine Vielzahl warnender Hinweise ans Licht, die unbeachtet geblieben waren. So war Präsident Bush am 6. August 2001 eine Denkschrift vorgelegt worden, der zufolge bin Laden und seine Gefolgsleute ihren Kampf nach Amerika zu tragen beabsichtigten. Wie schon bei früheren Gelegenheiten wurden verschiedene Möglichkeiten aufgezählt, darunter auch die Entführung von Flugzeugen, um sie aufs Weiße Haus, aufs Pentagon oder aufs CIA-Hauptquartier stürzen zu lassen. Ein ähnlicher Bericht war schon 1999 weitergeleitet worden, und nach der Mitteilung eines FBI-Agenten aus Phoenix in Arizona gab es in US-Flugschulen verdächtige Aktivitäten militanter Muslime. Sogar noch früher, bereits 1996, hatte ein gewisser Abdul Hakim Murad, ein pakistanischer Pilot mit Verbindungen zu al-Qaida, der auf den Philippinen verhaftet worden war, gestanden, dass seine Gruppe plante, mit Sprengstoff beladene Flugzeuge auf bedeutende Bundesbehörden auf dem amerikanischen Festland abstürzen zu lassen. Doch seither waren fünf Jahre vergangen, ohne dass ein Anschlag stattgefunden hatte; offenbar hatte die Wachsamkeit nachgelassen. Es gab zwar Warnungen der britischen, ägyptischen, französischen und israelischen Nachrichtendienste sowie von Agenten im Einsatz, doch waren die Informationen meist vage. Sie enthielten keine harten Fakten und Daten, und es war nicht klar, ob die Anschläge in einer Woche, einem Monat oder einem Jahr stattfinden sollten – oder ob es sich womöglich nur um Phantasien handelte. Gewiss gab es auch Hinweise, denen man hätte nachgehen sollen, die man aber ignorierte, sei es nun, weil sie nur Tropfen in einem Meer von Informationen waren, oder aufgrund bürokratischer Schwierigkeiten, die von der zentralen Administration geschaffen wurden, oder wegen der Furcht vor dem Vorwurf politischer Unkorrektheit –»ethnische Profile« galten (und gelten im Prinzip immer noch) als Todsünde.

Die CIA hatte keine Agenten im al-Qaida-Netzwerk, von einem einzigen Mann vielleicht abgesehen, der jedoch in der Hierarchie ziemlich weit unten stand. Angesichts der Tatsache, dass bin Laden sich in der Regel bedeckt hielt und die Zellen in den verschiedenen Ländern nur locker mit der Zentrale verbunden waren, war es äußerst schwierig, al-Qaida zu unterwandern. Was hätte die Regierung aufgrund der erwähnten Berichte tun können? Sie hätte den Nachrichtendiensten erheblich mehr Mittel zur Verfügung stellen und darauf achten können, dass sie sinnvoll verwendet wurden. Aber sie hätte nicht auf unbestimmte Zeit sämtliche zivilen Flüge verbieten können.[17]

Die Medien und die terroristische Bedrohung

Nachträgliche Analysen von Informationslücken konzentrieren sich in der Regel auf Dienste wie die CIA. Aber Nachrichtendienste sind selten die einzigen Organisationen, die Informationen über laufende Ereignisse sammeln und sie einzuschätzen versuchen. Dass es den Medien möglich gewesen wäre, Enthüllungsreporter zu bin Laden nach Afghanistan zu schicken, oder Assistenzprofessoren der Islamwissenschaft es geschafft hätten, ein Forschungssemester bei al-Qaida zu verbringen, dürfte zwar ausgeschlossen sein, aber sowohl die Journalisten als auch die Akademiker waren an dieser Bewegung interessiert (oder hätten es zumindest sein sollen). Tatsächlich haben in den neunziger Jahren mehrere Journalisten bin Laden gesehen und ihn interviewt, während die CIA offenbar nicht an ihn herangekommen ist. Und obwohl die Akademiker die Kommunikation zwischen bin Laden und seinen Handlangern nicht verfolgen konnten, hätten sie mindestens ebenso gut wie die CIA-Experten in der Lage sein müssen, den radikalen Islamismus einzuschätzen. Eine Analyse der Informationslücken, die diesen Teil der Geschichte – jene Informationen, die über Kanäle außerhalb der Nachrichtendienste geflossen sind oder hätten fließen müssen – unbeachtet lässt, ist unvollständig und kommt wahrscheinlich zu ungerechten und irreführenden Urteilen.

Dass die amerikanischen Medien die Bedeutung des Terrorismus nicht wahrnahmen, ist zum Teil auf deren generell unzulängliche Berichterstattung aus dem Ausland zurückzuführen. In den neunziger Jahren gab es weit weniger amerikanische Auslandskorrespondenten als 45 Jahr zuvor. Man schätzte die Kosten für einen Auslandskorrespondenten auf rund 300 000 Dollar im Jahr, und so dürfte es kaum überraschen, dass drei Viertel der 100 führenden Zeitungen der USA überhaupt keine Auslandsbüros unterhielten. Waren in den sechziger Jahren bis zu 40 Prozent der Fernsehnachrichten Meldungen aus dem Ausland gewidmet,[18] so war dieser Anteil dreißig Jahre später auf zehn Prozent oder noch weniger geschrumpft. Von den im Ausland stationierten Korrespondenten waren 35 Prozent im Nahen Osten eingesetzt, genauer gesagt in und um Israel, da man annahm, dass der israelisch-palästinensische Konflikt für die Leser von größtem Interesse war. Insgesamt aber waren die Chefredakteure, ob zu Recht oder Unrecht, davon überzeugt, dass die meisten Leser nur begrenzt an Ereignissen außerhalb der USA interessiert waren, es sei denn, diese hatten direkte und offensichtliche Auswirkungen auf ihr eigenes Leben. Was die Zeitungen anging, galt es als ausgemacht, dass Schlagzeilen über Auslandsnachrichten einen Rückgang des Handverkaufs von mindestens 25 Prozent zur Folge hatten. Im Gegensatz zu den führenden europäischen Zeitungen gab es in den amerikanischen Medien keine systematische Berichterstattung über die Ereignisse im Ausland; wenn etwa in Sarajevo oder Mogadischu etwas Dramatisches passierte, schickte man Reporter und Kameramänner in großer Zahl dorthin, und für einige Tage oder Wochen wurde ausführlich berichtet. Doch dann reisten die Journalisten und Fernsehteams wieder ab, und in den nächsten Monaten oder sogar Jahren tauchten diese exotischen Orte nicht mehr in den Medien auf. Nach dem 11. September 2001 bedauerten dieselben Chefredakteure, die bisher stets davor zurückgeschreckt waren, Auslandsnachrichten auf die Titelseite zu bringen, dass sie ihre Leser über den Terrorismus im Dunkeln gelassen und damit möglicherweise dazu beigetragen hatten, dass das Land derart unvorbereitet von den Anschlägen getroffen wurde.

Gleichwohl gab es noch andere, tiefer sitzende Probleme. In demokratischen Gesellschaften können sich Journalisten mehr oder weniger normal bewegen, aber die meisten nahöstlichen und asiatischen Länder sind keine Demokratien, und wer zu heikle Fragen stellte und zu kritisch berichtete, fand sich rasch von den für ihn lebensnotwendigen Informationsquellen abgeschnitten oder wurde zum Verlassen des Landes gezwungen. Ausländische Journalisten wurden in Hinterhalte gelockt, entführt, einige auch ermordet. Angesichts des Drucks, der auf sie ausgeübt wurde, und der direkten und indirekten Erpressungen, deren Opfer sie waren, versuchten sie in ihren Berichten »objektiv« zu sein. Das wirkte sich bis in die Sprache hinein aus: Manchmal wurde das Wort Terrorist in Anführungszeichen gesetzt, häufig wurden andere Bezeichnungen verwendet, wie Stadtguerilla, Militante oder Aktivisten – einen Spaten kann man natürlich auch als Landwirtschaftsgerät bezeichnen. Dass Journalisten vor Ort sich mit Terroristen nicht anlegen wollten und daher zu solchen Mitteln griffen, war verständlich; Besorgnis erregend war allerdings, wenn die Chefs von Nachrichtenagenturen und Heimatredaktionen dies taten.

Abgesehen von der generell mangelhaften Berichterstattung und Analyse ausländischer Entwicklungen drängte es kaum jemanden, sich eingehender mit dem Terrorismus oder dem radikalen Islamismus zu befassen. Sicherlich waren Terrorakte großen Stils für die

Medien stets von Interesse, aber alles hing davon ab, wo sie passierten. Nach einer zufrieden stellenden Behandlung der Bombenanschläge in Sri Lanka etwa, dem *locus classicus* solcher Taten, suchte man vergeblich. Noch weniger war über die Aktivitäten gewalttätiger radikalislamischer Organisationen in verschiedenen Weltgegenden zu finden, über ihre Traditionen, ideologischen Bezüge, internationalen Verbindungen und letztendlichen Ziele. Selbstverständlich wurde das Thema nicht völlig ignoriert, und es gab auch kein Embargo – so waren im Fernsehen mehrere Dokumentationen zu sehen –, aber es blieben nur wenige, und sie wurden in großen Abständen gesendet. Zudem waren sie umstritten; offenbar meinte man, sie seien guten Beziehungen zu ethnischen oder religiösen Minderheiten abträglich.

Es gab einige augenfällige Anzeichen für den Mangel an Interesse, auf den das Thema des Terrorismus vor dem 11. September stieß. Eines war die Höhe der Belohnungen, die für die Ergreifung der als am gefährlichsten eingeschätzten Terroristen ausgesetzt waren (sie stiegen innerhalb von zehn Jahren von einigen hunderttausend auf fünf Millionen Dollar) – dabei hatte es schon große Terroranschläge gegeben. Ein anderes Anzeichen war die Verbreitung der beiden speziell dem Terrorismus gewidmeten Zeitschriften. Von der Kongressbibliothek abgesehen, war es in der amerikanischen Hauptstadt praktisch unmöglich, in einer öffentlichen Bibliothek ein Exemplar von ihnen zu finden. Sie schienen niemanden zu interessieren und wurden in einer Zeit, in denen die Bibliotheken (wie stets) mit finanziellen Engpässen zu kämpfen hatten, als Luxus betrachtet. Büchern über den Terrorismus oder den radikalen Islamismus erging es kaum besser. Sie wurden in Auflagen von einigen tausend Exemplaren gedruckt, zumeist von Universitätsverlagen, und von den großen Zeitungen selten an prominenter Stelle besprochen.[19] Kurz, nicht nur die Politiker hielten den Terrorismus für eine untergeordnete Frage, sondern auch Verleger und Medienleute.

Darüber hinaus war eine negative Einstellung gegenüber Nachrichtendiensten und in gewissem Ausmaß auch gegenüber denjenigen, die über den Terrorismus schrieben, weit verbreitet. Die

Aversion gegen die CIA geht auf die sechziger und siebziger Jahre zurück, auf Vietnam und die Periode, in der die Nachrichtendienste im Innern unter heftigen Beschuss geraten waren. Ironischerweise erschienen nach dem 11. September in den amerikanischen Zeitungen und Zeitschriften viele Artikel mit Titeln wie »Was ging schief?« oder »Das Problem CIA«, in denen einige bohrende Fragen gestellt wurden, wie die, warum die CIA und die anderen Dienste keine Agenten vor Ort hatten, die die Landessprachen beherrschen. Warum schreckte die CIA zunehmend vor Risiken zurück? Wieso hatte sie die Informationsbeschaffung durch Agenten reduziert? Und ganz allgemein, weshalb war sie ihrer Aufgabe nicht gewachsen gewesen?[20]

Die Ironie bestand darin, dass 25 bis 30 Jahre zuvor Artikel mit den gleichen Titeln erschienen waren, teilweise sogar von denselben Autoren, wie etwa Seymour Hersh, die damals beanstandet hatten, dass die CIA zu viele Risiken eingehe, Kontakte zu abscheulichen Leuten unterhalte und sich auf dubiose Aktivitäten einlasse. Ein großer Teil der Medien war voreingenommen gegen die CIA, und in Kinofilmen und Fernsehspielen wurden Geheimagenten in der Regel als Schurken dargestellt. Solche Angriffe schufen, ob gerechtfertigt oder nicht, ein negatives Klima und führten einerseits zu erheblichen Budgetkürzungen bei den Nachrichtendiensten und andererseits dazu, dass deren Mitarbeiter es sich dreimal überlegten, bevor sie etwas unternahmen, womit sie möglicherweise weitere Angriffe heraufbeschworen. Mit anderen Worten, diejenigen, die sich im Jahr 2001 über mangelnde Risikobereitschaft der CIA beklagten, hatten einst wesentlich zur Herausbildung dieser Haltung beigetragen.

Die akademischen Experten

Auf zwei Gruppen von Spezialisten, die großen Einfluss auf die informierte öffentliche Meinung hatten (oder hätten haben sollen), ist hier noch einzugehen. An den amerikanischen Universitäten gibt es Hunderte von Nahost- und Südasienexperten und eine ganze Reihe von Kennern des historischen wie des modernen Islam. Amerika hatte nach dem Zweiten Weltkrieg erheblich vom Zustrom führender europäischer Wissenschaftler profitiert – mit Zugängen wie Philip Hitti in Princeton, Josef Schacht an der Columbia-Universität, H. A. R. Gibbs in Harvard und Gustav von Gruenebaum an der Universität von Kalifornien in Los Angeles brauchte es sich nicht zu verstecken. Zwar hatten die meisten dieser Gelehrten nur begrenztes Interesse an gegenwärtigen Angelegenheiten (außer als Privatmenschen), aber sie trugen zur Schaffung einer soliden akademischen Tradition bei, und ihre zahlreichen Studenten sollten in ihren Fächern später führende Positionen einnehmen. Diese Fachbereiche wurden Ende der sechziger und in den siebziger Jahren unvermeidlicherweise stark politisiert. Zur Bibel des neuen kritischen Denkens wurde ein Buch mit dem Titel *Orientalismus* von Edward Said, einem bekannten Professor ägyptisch-palästinensischer Herkunft, der an der Columbia-Universität vergleichende Literaturwissenschaft lehrte.[21] Seiner Ansicht nach nahmen die traditionellen Orientalisten (von denen viele jüdischer Herkunft waren) dem Islam und den arabischen Völkern gegenüber eine herablassende Haltung ein, da sie deren Beitrag zur Weltkultur nur unzureichend würdigten und fest an die Überlegenheit der westlichen Zivilisation glaubten. Kurz, sie seien vom Geist des Imperialismus und Kolonialismus geprägt. Saids These stieß auf heftige Kritik, und es ist nicht übertrieben, wenn man sagt, dass kein einziger ernst zu nehmender Wissenschaftler sie übernahm. Auf politischer Ebene jedoch fand sie großen Widerhall, denn sie fiel mit einem Linksruck und dem Zustrom neuer Wissenschaftler – junger Dozenten arabischer Herkunft – in diesem Fach zusammen. Hinzu kamen gewisse neue intellektuelle Moden wie der Postmodernismus und das Studium des Postkolonialismus, die streng genommen wenig mit Marxismus zu tun hatten, aber dem ungebundenen Radikalismus als aktuelle Ausdrucksform dienten.

All dies wirkte sich nicht nur auf die akademischen Mehrheitshaltungen aus, sondern hatte auch Einfluss auf das breite Publikum, denn die Ansichten der Vertreter der neuen Orthodoxie wurden von den Medien aufgegriffen und verbreitet. Absolventen der »postorientalistischen« Fakultäten und Fachbereiche arbeiteten später in Ämtern und Behörden, und die Regierung zog akademische Experten zu Rate. Eine ähnliche Entwicklung vollzog sich, wenn auch nicht unbedingt aus den gleichen Gründen, parallel in anderen westlichen Ländern. Als maßgebliche Formulierung der postorientalistischen Ansichten können wohl die Schriften des an der Universität von Georgetown lehrenden John L. Esposito gelten, der nicht einmal ein extremer Vertreter dieser Schule war. In seinem Hauptwerk *The Islamic Threat. Myth or Reality?* legte er seine Überzeugung dar, dass die Bedrohung zum großen Teil, wenn nicht zur Gänze ein Phantasiegebilde sei.[22] Esposito war der Meinung, dass der »islamische Fundamentalismus«, den er meistens in Anführungszeichen setzte, vor allem eine befreiende Kraft sei, auch wenn es einige bedauerliche Entgleisungen und Exzesse gegeben habe. Viele Millionen Muslime im Nahen Osten, in Nordafrika sowie in Zentral- und Südasien würden nach größerer politischer Freiheit und mehr Demokratie streben, und die meisten islamischen Bewegungen seien keineswegs antiwestlich eingestellt. Der Islam und die Araber würden also zu Unrecht dämonisiert; allzu oft setze die westliche Politik aufs falsche Pferd, das heißt auf die traditionellen arabischen Regime, statt auf die progressiven Islamisten zu bauen, deren Lehren in vieler Hinsicht weniger wichtig seien als ihre (fortschrittlichen/populistischen) sozialen Wurzeln und Motive. Die meisten westlichen Islamwissenschaftler könnten ihren Studiengegenstand nicht verstehen, weil sie – und selbstredend auch die Politiker – ihn aus einer säkularen Perspektive heraus betrachteten. Der Islam sei für sie etwas Statisches, nicht zugänglich für Veränderungen.

Esposito zufolge wurde der Westen vom Islam (genau wie vom Islamismus) nicht bedroht, sondern nur in seiner Selbstzufriedenheit gestört. Die Ansicht, dass die Mischung von Religion und Politik notwendigerweise zu Fanatismus und Extremismus führe, wies er zurück: Gefährlich sei sie nur für Eliten und Herrschende.[23] Der Westen solle Islamisierungsprogramme nicht als Gefahr betrachten, denn sie würden früher oder später in der Herausbildung von Zivilgesellschaften münden. Auch was bin Laden und seine Waffengefährten betraf, wiegelte Esposito ab: Zwar sähen amerikanische Politiker einen gefährlichen Terroristen in ihm, doch gebe es für die Behauptung, dass er Terrorakte begangen oder finanziert habe, keinen einzigen Beweis, er sei vielmehr ein Vorkämpfer von weit verbreiteten Forderungen.

Im Übrigen wisse niemand eine eindeutige Antwort auf die Frage, wer ein Terrorist sei, denn die Definition legitimer und illegitimer Gewaltanwendung sei umstritten und subjektiv. In gewisser Weise erinnerte dies an die Frage des Pontius Pilatus. »Was ist Extremismus? Was ist Terrorismus? Häufig hängt die Antwort darauf davon ab, wo man steht.«[24] Später hatte Esposito zwar weniger Zweifel in Bezug auf Terrorismus und Terroristen und forderte die gemäßigte Mehrheit der Muslime auf, nachdrücklicher gegen die Bedrohung des Islam durch religiöse Extremisten vorzugehen. Das aber war lange nach dem 11. September.[25]

Wenn Esposito nur davor warnte, sich zu sehr auf bin Laden zu konzentrieren und ihn dadurch ins Rampenlicht zu katapultieren, gingen manche seiner Kollegen um einiges weiter, indem sie jede Beschäftigung mit dem islamischen Terrorismus als unsinnig betrachteten. So schrieb etwa Fawaz Gerges im *Daily Star* in Beirut: »Sollten Kommentatoren und Wissenschaftler nicht ihre Skepsis gegenüber der von der US-Regierung vorgenommenen Einschätzung der terroristischen Bedrohung bewahren? In welchem Ausmaß rufen ›Terrorismusexperten‹ die irrationale Furcht ... erst hervor, indem sie weit hergeholte Schreckensszenarien entwerfen? Übertreibt die Terrorismusindustrie nicht, ob bewusst oder unbewusst, die Natur und das Ausmaß der ... Bedrohung amerikanischer Bürger?«[26]

Die Postorientalisten waren zutiefst besorgt darüber, dass die öffentliche Meinung, ob absichtlich oder nicht, über das wahre Wesen des Islam in die Irre geführt wurde. Als Hauptübeltäter galt ihnen der in den Vereinigten Staaten lebende britische Historiker Bernard Lewis, dessen Aufsatz »The Roots of Muslim Rage« bei seinem Erscheinen vor gut einem Jahrzehnt viel gelesen wurde.[27] Lewis war der Auffassung, dass der seit 14 Jahrhunderten im Gang befindliche Kampf zwischen dem Islam und dem Westen, nach einer langen Reihe von Dschihads und Kreuzzügen, Angriffen und Gegenangriffen, von einem intensiven und gewalttätigen Ressentiment gegenüber dem Westen erneut angefacht werde. Die von Lewis benannten Ursachen – das Zurückbleiben der islamischen

Länder hinter der Entwicklung im Westen – bestritt Esposito zwar nicht, hielt es aber für falsch und unverantwortlich, daraus allgemeine Schlüsse zu ziehen, schließlich käme auch niemand auf die Idee, von jüdischer oder christlicher Wut (»rage«) zu sprechen. Aus Lewis' Schriften könne man jedoch nur die Schlussfolgerung ziehen, dass die Muslime traditionell zu Gewalt und Hass auf den Westen neigten oder aber emotional, irrational und kriegslüstern seien.

Nach Espositos Ansicht war diese Aussage weit von der Wahrheit entfernt, weil sie nicht zwischen den verschiedenen Gruppen differenzierte; die meisten fundamentalistischen Organisationen würden von gebildeten Leuten geführt, die den Westen zwar kritisieren und grundsätzlich ablehnen mochten, aber keineswegs gewalttätige Charaktere seien. Im Unterschied zu Esposito, der seine Kritik in gemäßigter, nahezu staatsmännischer Weise vorbrachte, griff Edward Said, der sich trotz seiner christlichen Herkunft bemüßigt fühlte, den Islam gegen vermeintliche Verunglimpfungen zu verteidigen, Lewis mit Worten an, die im akademischen Diskurs selten verwendet werden.[28] Danach argumentiere Lewis nicht nur polemisch und vereinfachend, sondern auch betrügerisch, lügnerisch, menschenfeindlich und arrogant; seine These entbehre jeglicher historischen Wahrheit und Rationalität.

Aber es ging nicht nur um Lewis selbst, sondern auch um diejenigen, die er beeinflusst hatte, Samuel P. Huntington etwa, dessen Buch über den Kampf der Kulturen viel Anklang gefunden hatte, und die Journalisten und möglicherweise auch Politiker, die seinen Ansichten folgten. Laut Said wird in den übertriebenen Behauptungen dieser leidenschaftlichen Antimuslime unterstellt, alle Muslime seien Fundamentalisten und alle Fundamentalisten Terroristen. Der größte Teil, wenn nicht die Gesamtheit der Medienberichterstattung über den Islam und seine Anhänger sei nichts anderes als von jüdischen, prozionistischen Autoren geförderte feindliche Propaganda. Sogar in Hollywood und im Fernsehen, wo der Scheich in früheren Zeiten eine exotische Figur voller Charme und Romantik gewesen sei, würden Muslime jetzt nur noch als gewalttätig und bösartig dargestellt. In Wirklichkeit, so Said weiter, seien Muslime und insbesondere Araber, sofern sie nicht durch westliche Imperialisten und Zionisten provoziert würden, nicht gewalttätiger als andere Völker. Der vorherrschende Trend in der muslimischen Welt gehe nicht dahin, mittelalterliche Maßstäbe anzunehmen. Im Großen und Ganzen hätten die Islamisten die Auseinandersetzung mit der überwältigenden Mehrheit der Muslime verloren, die friedliebend und reformwillig seien – der politische Islam sei gescheitert.[29]

Paradoxerweise kommt Said nicht auf den Islamismus zu sprechen; er muss ihn für unbedeutend gehalten haben und zeigte sich höchst erstaunt und auch ein wenig bestürzt, als die Islamisten sein Buch als eine ihrer Hauptwaffen gegen die Säkularisten – wie er selbst einer war – benutzten.[30] Um noch einmal zusammenzufassen: Esposito wie auch Said waren der Ansicht, dass die amerikanische Öffentlichkeit über die wahre Stimmung und die tatsächlichen Zustände in der muslimischen Welt im Allgemeinen und der arabischen im Besonderen irregeführt würde. Aber stimmte es wirklich, dass bei den (oft jüdischen) Experten, die eine angeblich gar nicht vorhandene Bedrohung heraufbeschworen hatten, eine antiislamische Haltung vorherrschte? Der Historiker Martin Kramer vertritt in einem noch vor dem 11. September 2001 erschienenen Buch eine andere Ansicht. In einem Überblick über die Nahostforschung in Amerika, der bei denjenigen, die er aufs Korn nahm, erheblichen Ärger auslöste, wies er anhand umfangreichen Faktenmaterials nach, dass in dieser Zunft während der sechziger und siebziger Jahre eine große Begeisterung für die progressive, befreiende Kraft des arabischen Nationalismus herrschte. An deren Stelle sei später ein ähnlich starkes Vertrauen in den Islamismus getreten, der den arabischen Nationalismus als »unwiderstehliche Befreiungskraft, Reformmotor und Mittelpunkt der Zivilgesellschaft« abgelöst habe. Im Lauf der Zeit habe sich aber herausgestellt, dass der Islamismus nichts davon sei und vielmehr eine rückwärts gewandte Lesart des Islam darstelle.[31]

Dies habe dem Aufstieg derjenigen, die sein Lob sangen, jedoch keinen Abbruch getan. An den Fakultäten, in den Stiftungen, von denen die Forschungsgelder bereitgestellt wurden, und in der MESA, der Berufsorganisation der Nahostforscher, seien die Postorientalisten ans Ruder gekommen und warteten nun darauf, dass, wie Kramer es ausdrückt, der Nahe Osten zu ihnen aufschloss. Doch das habe er nicht getan – nichts habe sich ihren Theorien und Erwartungen entsprechend entwickelt. Da die Veränderung von unten ausblieb, sei die neue Generation postkolonialer, postorientalistischer Forscher in die missliche Lage geraten, Jahrzehnt um Jahrzehnt der Unbeweglichkeit und des wirtschaftlichen Stillstands, der Machterweiterung des Staats und Entmündigung der Gesellschaft erklären zu müssen. Schlimmer noch, sie habe ihre Glaubwürdigkeit zerstört, indem sie versuchte, ihre Luschen zu spielen, als wären es Asse. Im Lauf der Zeit habe sie sich das Vertrauen von Regierung, Öffentlichkeit und Stiftungen verscherzt und sei sogar an ihren eigenen Fakultäten ins Hintertreffen geraten.[32]

Einer der Gründe, die Kramer für dieses Erkenntnisversagen anführt, hat wenig mit ideologischen Scheuklappen zu tun, die natürlich auch eine Rolle spielten: problematisch sei vor allem die starke Betonung der »theoretischen Relevanz«, die die Vordenker der Schule predigten – die Tatsache also, dass man Theorien weit wichtiger nahm als die Wirklichkeit in Nahost. In einem solchen Klima sei die Verlockung groß gewesen, die theoretische Aussage über die empirische Beobachtung zu stellen. Und obwohl dies wiederholt Irrtümer nach sich gezogen habe, wäre jeder, der aus diesem ideologischen Kreislauf ausgebrochen wäre, Gefahr gelaufen, als wissenschaftlicher Einfaltspinsel oder »latenter Orientalist« gebrandmarkt zu werden.[33]

Kramers Analyse des Zustands der Nahostforschung rief naturgemäß viel Unmut und scharfe Angriffe hervor. So wurde ihm unterstellt, seine Kritik sei dem Umstand geschuldet, dass er jüdischer Herkunft war und sich in Israel angesiedelt hatte. Gewiss dürfte die Tatsache, dass er an einem exponierten Ort wie Tel Aviv lebte, seinen Blick und sein Urteil geschärft haben, aber letzten Endes war es keine Frage der Erkenntnissoziologie. Es war ziemlich unerheblich, ob die Kritiker der vorherrschenden Meinung auf diesem Fachgebiet Araber, Juden oder Patagonier waren, entscheidend war vielmehr, wessen Einschätzung der Entwicklungen im Nahen Osten und in der muslimischen Welt zutraf und wer sich irrte.[34] Und es war kaum zu leugnen, dass sich die Postorientalisten schwer im Unrecht befanden, und zwar nicht nur durch *suggestio falsi*, sondern auch durch *repressio veri*, Als Osama bin Laden 1998 seine berühmte Fatwah aussprach, in der er zur unterschiedslosen Ermordung aller Amerikaner aufrief, hielt es nicht ein Mitglied der postorientalistischen Bruderschaft für nötig, die Aufmerksamkeit darauf zu lenken. Ganz anders die Symbolfigur all dessen, was am alten Orientalismus angeblich reaktionär und hassenswert war, Bernard Lewis, der in der Zeitschrift *Foreign Affairs* einen Aufsatz über die Fatwah publizierte und damit buchstäblich als Einziger seiner Zunft die Öffentlichkeit auf diesen ominösen Text hinwies.[35] Kramer wurde von seinen Kollegen der Übertreibung geziehen. Hatte nicht Mamoun Fandy, ein Professor aus Georgetown, 1999 ein Buch veröffentlicht, das ein langes Kapitel über »Osama bin Laden und das Beratungs- und Reformkomitee« enthält? In der Tat hatte Fandy zwei Jahre in Saudi-Arabien verbracht, und in seiner Darstellung sind neben den üblichen Verbeugungen vor dem Zeitalter des Postmodernismus, vor Foucault, Baudrillard und der postkolonialen Forschung, viele interessante Details zu finden.[36] Laut Klappentext ist das Buch ein bedeutender Beitrag zur Theoriediskussion über Dominanz und Widerstand sowie andere postkoloniale Begriffe. Es beschäftigt sich ausgiebig mit bin Ladens Beratungs- und Reformkomitee (ARC), aber kaum mit dem Terrorismus und den afghanischen Internationalen Brigaden. Bin Laden, versichert Fandy, komme im saudischen Kontext keine große Bedeutung zu; die meisten saudischen Prinzen besäßen mehr Geld als er. Dabei übersah er allerdings, dass bin Laden seine politische Zukunft nicht im »saudischen Kontext« sah.

Als ein Kritiker Kramers schrieb, die Tragödie des 11. September sei nicht auf die Nichtbeachtung bin Ladens zurückzuführen, sondern auf das mangelnde Vorstellungsvermögen aller Verantwortlichen in Bezug auf die konkreten Formen, die ein Angriff annehmen könnte, war das nur die halbe Wahrheit. Denn die Suche nach bin Laden und seinen Sympathisanten sowie die Aufklärung ihrer Aktivitäten galten als untergeordnete Aufgabe und waren sogar behindert worden.

Nicht alle Ideen und Vorschläge der Postorientalisten waren falsch und unnütz. Sie hatten Recht, wenn sie die Notwendigkeit eines konstruktiven Dialogs mit reformwilligen demokratischen Kräften in der islamischen Welt hervorhoben, um die Gefahr eines tatsächlichen Kampfes der Kulturen zu verringern, den die Radikalen beschworen hatten und sogar herbeizuführen versuchten. Ihr Kardinalfehler war das Wunschdenken, hegten sie doch Illusionen über die in der muslimischen Welt vorherrschenden Trends. Selbst wenn sie damit Recht gehabt hätten, dass die radikalen, gegen den Westen hetzenden Gruppen tatsächlich eine kleine und weiter abnehmende Minderheit seien (was sie eindeutig nicht waren), hätte den Wissenschaftlern der Gedanke kommen müssen, dass eine gewisse Besorgnis dennoch geboten war, denn um eine Terrorkampagne zu starten, braucht man keine Massen.

Letzten Endes waren die Differenzen zwischen Kritikern und Apologeten vielleicht gar nicht so groß. Keiner der Kritiker hatte behauptet, der Islam sei eine grundsätzlich aggressive Religion und sämtliche Denkrichtungen innerhalb des Islam hätten den permanenten Dschihad zum Ziel. Die Apologeten andererseits müssen wahrgenommen haben, dass die Gotteskrieger aktiv und einflussreich waren. Sie hielten es jedoch für politisch unklug, diese Tatsache an die Öffentlichkeit zu bringen. Deshalb räumten sie erst nach dem 11. September ein, man müsse »sich mit der Tatsache abfinden, dass der vorherrschende Puritanismus im gegenwärtigen Islam sämtliche moralischen Normen und ethischen Werte missachtet ... Seine erste und nahezu einzige Sorge gilt der Macht und ihren Symbolen.«[37]

Kramers Argumentation bietet andere Angriffsflächen. Wenn die amerikanischen Postorientalisten, wie er meint, bei der Regierung an Glaubwürdigkeit verloren hatten, dann konnten sie noch nicht einmal als Mitschuldige für das Informationsdesaster vom September 2001 verantwortlich gemacht werden. Wahrscheinlich hat er es mit dem Verlust ihrer Glaubwürdigkeit etwas übertrieben; im Übrigen konnten die so Inkulpierten immer vorbringen, der Hauptgrund für die arabische Wut sei Israel und sie hätten immer vor der Unterstützung des jüdischen Staats gewarnt. Das war zwar nicht ganz überzeugend, hatten sie doch diese Wut stets geleugnet, und Israel hatte vor 2001 auf der Prioritätenliste bin Ladens allenfalls unter »ferner liefen« rangiert, doch das Land besaß viele Kritiker, in

Washington und auch anderswo, und so half ein solches Argument zumindest bei der Schadenbegrenzung.

Fassen wir also zusammen: Die Mehrheit der amerikanischen Nahost- und Islamforscher hatte sich in ihrer Einschätzung der zeitgenössischen Entwicklungen in der arabischen Welt geirrt. Zwar besaßen sie nie entscheidenden Einfluss auf die Formulierung der amerikanischen Außenpolitik in Bezug auf diese Region, aber ihre Ansichten übten direkt wie indirekt einen gewissen Einfluss aus: zum einen auf die politischen Entscheidungsträger, zum anderen auch auf die öffentliche Meinung. Dass sie die Nichtexperten auf die Dinge, die da kommen sollten, vorbereitet hätten, kann wirklich niemand behaupten.

Aber wie ist es in Ländern wie Großbritannien, Deutschland und Frankreich um diesen Forschungsbereich bestellt? Im gegebenen Kontext ist dies nur von begrenzter Bedeutung, da bei den politischen Entscheidungen dieser Staaten außenstehende Experten traditionell keine große Rolle spielen und deren Einfluss auf die öffentliche Meinung beschränkt ist. (In Frankreich besitzen sie etwas mehr Einfluss.) Die meisten Nahost- und Islamforscher haben den Westen kritisiert, weil er dem Islam und den Muslimen nicht weiter entgegenkam, und für eine noch größere Mehrheit war Israel ein fremder Eindringling in diese Weltgegend. Doch insgesamt ist ihre ideologische Schieflage durch einen größeren Realismus teilweise wieder ausbalanciert worden; in den neunziger Jahren hegten sie kaum noch Illusionen über die befreiende, demokratische Mission des radikalen Islamismus. Manche, wie Bassam Tibi, ein an der Universität Göttingen lehrender Syrer, warnten vor den Gefahren, die sie sahen, andere, wie die Franzosen Gilles Kepel und Olivier Roy, vertraten in ihren Büchern und Artikeln über die gewalttätigen jungen Männer, die den Dschihad predigen, die Auffassung, dass der Scheitelpunkt der islamistischen Welle erreicht sei und der politische Islam sich im raschen Niedergang befinde.[38] Auch sie haben die Ereignisse des September 2001 nicht vorausgesehen, aber sie hatten die Beschäftigung mit den terroristischen Gruppen in der muslimischen Welt wenigstens nicht zum Tabuthema erklärt.

Terrorismusforschung

Die Disziplin der Terrorismusforschung ist neueren Datums und überdies fast gänzlich auf Großbritannien und die Vereinigten Staaten beschränkt. Ihre Geschichte reicht nicht weiter als bis in die siebziger Jahre des letzten Jahrhunderts zurück. In Westeuropa und Lateinamerika gibt es zwar viel Terrorismus, aber, abgesehen von einzelnen Monographien über örtliche Terrorgruppen, keine systematische Erforschung des Phänomens.[39] Die Geschichte der Terrorismusforschung ist noch ungeschrieben; in unserem Zusammenhang sind nur einzelne Aspekte relevant, vor allem die Frage, in welchem Ausmaß sie dazu beitrug, den entstehenden »neuen Terrorismus« von 2001 begreiflich zu machen, und welchen Einfluss sie auf Politiker, Medien und die breite Öffentlichkeit ausübt.

Zu den wichtigen Forschern der Anfangsphase gehörten David Fromkin, der in *Foreign Affairs* einen zukunftsweisenden Artikel veröffentlichte, Martha Crenshaw, damals eine junge Professorin, die sich infolge ihrer Beschäftigung mit dem algerischen Aufstand gegen die Franzosen für das Gebiet zu interessieren begann, Brian Jenkins von der Rand Corporation, früher Hauptmann der Green Berets in Vietnam und auch Maler, J. Bowyer Bell, der den Ulster-Konflikt untersuchte, und Paul Wilkinson, damals Dozent mit dem Schwerpunkt Terrorismus und liberaler Staat am University College in Cardiff. Der Washingtoner Psychiater Walter Reich kam aufgrund seines Interesses an den psychologischen Ursachen der Gewalt zur Terrorismusforschung, und für den Autor dieser Zeilen ist die Beschäftigung mit der Geschichte der Guerillakriegführung der Einstieg gewesen.[40] Es gab einige frühe Autoren wie den Anthropologen Eugene Victor Walter und T. P. Thornton, der schon 1964 angemerkt hat, dass Terrorakte vor allem symbolische Taten seien.[41] Aber Walter und Thornton schrieben in der Nachkriegsphase, also lange vor dem Wiederaufleben des Terrorismus. Zwar wurden sie von ihren Nachfolgern häufig zitiert, doch war ihre Wirkung auf die Entwicklung der Forschung begrenzt. Nicht alle, die das Fachgebiet mit aus der Taufe gehoben haben, sind ihm treu geblieben. Fromkin, der als einer der Ersten darauf hingewiesen hatte, dass nationalistisch-separatistische Terroristen mehr Unter-

207

stützung erhielten als ihre Pendants von der extremen Rechten oder Linken, wandte sich der Erforschung der Diplomatie im Nahen Osten und auf dem Balkan zu; ich selbst habe mich in den achtziger und neunziger Jahren überwiegend mit anderen Themen befasst; und Thornton arbeitete eine Zeitlang im Nationalen Sicherheitsrat der USA (NSC), während der Niederländer Alex Schmid in den Apparat der Vereinten Nationen eintrat.

In der Anfangsphase war es vor allem dringend erforderlich, eine verbindliche Definition zu finden, denn wie sollte man etwas erforschen, ohne sich einig zu sein, worum es ging? Viel Zeit und Arbeit wurden in dies Problem investiert; ich war allerdings skeptisch: Zwar hielt ich das Unterfangen für höchst wünschenswert, aber die Schwierigkeiten der Formulierung einer umfassenden Definition schienen unüberwindbar zu sein – und waren es dann auch. Denn die Natur des Terrorismus verändert sich je nach Ort und Zeit, und was für die eine terroristische Bewegung in einem bestimmten Land in einer bestimmten Periode zutrifft, gilt nicht notwendigerweise auch für eine Gruppe in einem anderen Land, einer anderen Zeit und einer anderen politischen Tradition.[42] Um ein Beispiel herauszugreifen: Als Paul Wilkinson sein frühes, 1974 erschienenes Buch *Political Terrorism* schrieb, beschäftigte er sich ausschließlich mit revolutionärem Terrorismus, was nur zu verständlich war, denn das war die damals vorherrschende Spielart. Zehn Jahre später hatte sich die Situation verändert, und mit ihr der Blickwinkel, der nun auch andere Formen des Terrorismus erfasste. Zur Begriffsklärung stellte man anfangs eine Vielzahl von Ansätzen vor, die mehr oder weniger hilfreich waren, aber die Zauberformel hat sich bis heute dem Zugriff entzogen.

Über gewisse Aspekte, die dem Terrorismus der siebziger und achtziger Jahre gemeinsam waren, herrschte jedoch Einigkeit, so über die Tatsache, dass er die Waffe der Schwachen war und bei einer relativ geringen Zahl von Todesopfern eine beachtliche propagandistische Wirkung erzielte – der Terrorismus als Propaganda der Tat also, wie ihn die Anarchisten des 19. Jahrhunderts proklamiert hatten.[43] Andere Aussagen trafen schon damals nur teilweise zu, wie die These, der Terrorismus sei die Waffe der Armen und Erniedrigten, oder die Verallgemeinerung, Terroristen seien meistens (oder immer) linke Revolutionäre. Alle, die dies a priori voraussetzten, dürften schockiert und überrascht gewesen sein, als immer mehr Gruppen auftauchten, die alles andere als links waren. Armut war manchmal ein Faktor – sehr wohlhabende Einzelne und Gesellschaften begehen selten Terrorakte, obwohl es auch in dieser Hinsicht Ausnahmen gibt. Aber im Ganzen gesehen, war diese These faktisch falsch, und zudem unterschätzte sie die ideologische Motivation der Terroristen.

Daneben gibt es die neoanarchistische Schule, deren bekanntester Sprecher der berühmte Linguist Noam Chomsky ist, der es für falsch hielt, nichtstaatliche politische Gewalt (das heißt den Terrorismus) isoliert zu betrachten. Schließlich seien Staaten, zumal imperialistische wie die USA, für den Tod von weit mehr Menschen verantwortlich als die relativ kleinen und einflusslosen terroristischen Gruppen. Die politischen Motive dieser Position liegen auf der Hand: Sie beruht auf der stillschweigenden Annahme, dass die meiste (wenn nicht alle) Gewalt von unten gerechtfertigt sei, während Staaten, insbesondere Großmächte, von Übel seien, da sie auf Repression aufgebaut seien. Damit wäre die Erforschung des Terrorismus unmöglich geworden, denn unter dieser Voraussetzung wären nicht nur die amerikanische Außenpolitik, sondern auch Hitler und Stalin und am Ende die gesamte Menschheitsgeschichte, die immerhin überreich ist an Kriegen, Bürgerkriegen und Repression jeder Art, zu ihrem Gegenstand geworden. Es war eine absurde Position, die unter den Experten denn auch nur wenige Anhänger fand, auf Teile der breiten Öffentlichkeit allerdings einen gewissen Einfluss hatte; Chomsky ist ein bekannter Intellektueller, und durch seine vielen Bücher, Artikel und Interviews sowie übers Internet erreicht er ein größeres Publikum als die Terrorismusexperten mit ihren spezialisierten Publikationen.

Nachdem man die Definitionsfrage hinter sich gelassen hatte, begab man sich auf die Suche nach einer Theorie oder nach Theorien, die den Terrorismus zu erklären vermochten und, wenn möglich, Voraussagen über sein Auftreten zuließen. Nach übereinstimmender Meinung wäre eine Forschung in dieser Richtung ohne eine Theorie ein Schiff ohne Ruder gewesen. Aber wo war der Kompass zu finden? Manchen erschien das Modell der relativen

Verelendung am vielversprechendsten. Es nahm mehrere Formen an, behauptete aber grundsätzlich, der Terrorismus würde durch Elend und Unterdrückung verursacht, während die Führungsschicht in der Regel aus Angehörigen der gebildeten Eliten bestehe. Doch diese Theorien konnten nie zufrieden stellend erklären, wieso in den ärmsten und unterdrücktesten Ländern kein Terrorismus auftrat, und nach einigen Jahren ließ ihr Einfluss nach.[44] Andere Terrorismusforscher suchten in der klinischen Psychologie nach Halt. War es vielleicht möglich, ein allgemeines psychologisches Profil eines Terroristen zu erstellen? Man fand eine Vielzahl von Anhaltspunkten, hilfreiche ebenso wie abstruse. Manche Experten entdeckten bei Terroristen bestimmte Charakterzüge, andere taten dies nicht, und einige behaupteten sogar, es handele sich um völlig normale Leute. Doch das half auch nicht viel weiter, denn wenn sie wirklich Menschen »wie du und ich« waren, wie war es dann zu erklären, dass die übergroße Mehrheit der Menschheit keine Terrortaten beging?[45] Große theoretische Durchbrüche waren schwerlich auszumachen, und wenn einmal neue Begriffe auftauchten wie die »asymmetrische Kriegführung« und der »Netzwerkaufbau«, dann bezeichneten sie Altbekanntes, im Fall des Netzwerks etwa das Vorhandensein eines Geflechts von locker miteinander verbundenen terroristischen Zellen. Ein Experte beklagte, dass die statistische Analyse in der Terrorismusforschung unüblich sei; schon Francis Galton habe seinen Zeitgenossen einst geraten: Wann immer ihr zählen könnt, zählt. Aber dieser Ratschlag wurde durch das Eingeständnis entschärft, dass Menschen für gewöhnlich äußerst kompliziert seien und sich häufig sprunghaft und verwirrend verhielten, weshalb keineswegs immer klar sei, welche Faktoren wichtig seien und deshalb gezählt und verglichen werden sollten.[46]

Die Disziplin nahm Ende der siebziger Jahre des vergangenen Jahrhunderts ihren Anfang, und obwohl niemand die Absicht hatte, an Universitäten eigene Fachabteilungen oder Zentren einzurichten, wurden nationale und internationale Konferenzen und Seminare veranstaltet und speziell diesem Thema gewidmete Zeitschriften gegründet. So wurde viel Wissen zusammengetragen, und zwar eben nicht infolge atemberaubender theoretischer Durchbrüche oder der gleichsam Newtonschen Entdeckung eines Modells, das eine Antwort auf viele der noch offenen Fragen böte, sondern durch unermüdliches Studium der spezifischen Aspekte des Terrorismus und einzelner Bewegungen, vom peruanischen Leuchtenden Pfad bis zur palästinensischen Hamas, von radikalislamischen Gruppen in Ägypten bis zur irischen IRA und zur baskischen ETA. Es gab noch viele Probleme zu lösen.

Zweifellos wird der Terrorismus von Menschen getragen, die sich unterdrückt fühlen; glückliche, zufriedene Menschen begehen selten Gewalttaten, erst recht keine blindwütigen. Aber ebenso offensichtlich war, wie schon mehrmals erwähnt, dass ausgerechnet in den repressivsten Regimes der jüngeren Vergangenheit, wie den faschistischen Staaten oder im stalinistischen Russland, das Phänomen Terrorismus nicht auftauchte und sogar altmodische Diktaturen wie die von Franco in Spanien oder die von Hafis al-Assad in Syrien damit kurzen Prozess gemacht hatten. Das legt den Schluss nahe, dass der Terrorismus nur unter bestimmten Bedingungen gedeihen kann. Außerdem wurde immer deutlicher, dass er in den siebziger und achtziger Jahren – anders als viele anfangs geglaubt hatten – keineswegs ein Monopol der Linksradikalen war, sondern in vielen Ländern auch am rechten Rand des politischen Spektrums entstand. Die Theorien über den »revolutionären« Charakter des Terrorismus waren also einseitig und irreführend. Bestenfalls ließ sich sagen, dass er in vielen Fällen »populistisch« war oder zu sein vorgab und dass der Populismus sich mit derselben Leichtigkeit nach links oder rechts drehte. Doch das Offensichtliche zu akzeptieren führte nicht sehr weit.

Zugleich wurde eine zweite Tatsache allgemein anerkannt. Im Gegensatz zur Guerillakriegführung im Zweiten Weltkrieg und danach (in Jugoslawien und China, aber auch in Vietnam und Kuba, um nur die herausragenden Beispiele zu nennen) war der Terrorismus nicht sehr erfolgreich gewesen. Während viele Guerillabewegungen ihren Kampf siegreich beendeten, gelang dies den Terroristen, wenn überhaupt, dann nur selten. Mitte der sechziger Jahre ging die Ära der Entkolonisierung mehr oder weniger zu Ende; zurück blieben einige relativ kleine terroristische Gruppen, links orientierte ebenso wie rechtsradikale und nationalistisch-

separatistische. Sie bereiteten den an der Macht befindlichen Regierungen Schwierigkeiten, manchmal sogar ernsterer Art, aber sie
waren als politische Kraft nicht annähernd so bedeutend, wie es die
Guerillabewegungen gewesen waren. Deshalb war es verständlich,
wenn die meisten Experten den Schluss zogen, dass es trotz gegenteiliger Schlagzeilen einen »ständig zunehmenden Terrorismus«
nicht gebe und die existierenden Gruppen ihre Ziele kaum erreichen würden.[47] Führende Forscher betonten gleichwohl, dies werde sich wahrscheinlich ändern; sobald die Betreffenden Massenvernichtungswaffen benutzten, könnten sie der Gesellschaft weit
größeren Schaden zufügen, als das bisher der Fall war.

Aber hätten die damals aktiven Gruppen Massenvernichtungswaffen eingesetzt? Im Bericht der Gilmore-Kommission von 1999
werden einige der frühen Voraussagen von Terrorismusexperten
angeführt, etwa die von Brian Jenkins, der geschrieben hatte, Terroristen wünschten sich viele Zuschauer und Zuhörer, aber nicht
viele Tote: »Szenarien, die das absichtliche Ausbringen von toxischem nuklearem Material beinhalten, passen zu keiner der terroristischen Aktionen, die bisher ausgeführt worden sind. Es ist nicht
der Stil der Terroristen, Hunderte oder Tausende zu töten. Bei Hunderten oder Tausenden von Menschen tödliche Krankheiten auszulösen, entspräche ihm noch weniger.« 25 Jahre später räumte
Jenkins allerdings ein, dass sowohl eine veränderte Haltung der
Terroristen als auch der leichtere Zugang zu Nuklearmaterial den
Nuklearterrorismus wahrscheinlicher gemacht haben.[48]

Ganz ähnlich meinte der IRA-Experte J. Bowyer Bell, es lägen
keine Hinweise darauf vor, dass Terroristen danach strebten, eine
große Anzahl von Menschen zu töten.[49] Mich selbst zitierte die
Gilmore-Kommission mit den Worten, die damaligen Gruppen
würden keine Massenvernichtungswaffen einsetzen, entweder aus
politischem Prinzip oder weil dies ihren Zielen zuwiderlaufe. Dies
war 1977 geschrieben, enthielt allerdings schon damals den Zusatz:
»Aber einige Gruppen mögen sich doch für diese Waffen der
Supergewalt entscheiden, da ihr Ziel nicht politische Veränderung,
sondern Vernichtung des Gegners ist.« Zehn Jahre später formulierte ich noch etwas vorsichtiger: Gruppen wie die deutschen,
italienischen, französischen, türkischen und lateinamerikanischen

Terroristen würden wahrscheinlich keine ABC-Waffen benutzen (vorausgesetzt, sie verfügten auch nur über eine Spur von politischer Vernunft, was nicht immer vorauszusetzen sei). Sie behaupteten, im Namen des Volkes zu handeln, sie erwarteten breite Unterstützung, und der Einsatz von Massenvernichtungswaffen wäre ihrer Popularität gewiss nicht förderlich.[50] In Bezug auf die damalige Zeit haben sich diese Einschätzungen als zutreffend erwiesen. In den neunziger Jahren aber sind neue Gruppen völlig anderer Art entstanden, für die diese Einschränkungen nicht mehr galten. Einerseits wurde die Beschaffung von Massenvernichtungsmitteln leichter, andererseits trat der Fanatismus stärker in den Vordergrund. Dieser Trend, insbesondere die Zunahme des religiös motivierten Terrorismus, ist den Forschern schon früh aufgefallen.[51] Bruce Hoffman etwa merkte an, dass sich religiös motivierte Terroristen im Unterschied zu ihren weltlichen »Kollegen« durch keinerlei politische, moralische oder praktische Zwänge einschränken ließen und sie sich zudem auf eine völlig andere Sympathisantenszene stützten.[52] Die meisten Forscher erkannten, dass der neue Terrorismus sich in wesentlichen Punkten vom alten unterscheidet; es lässt sich heute schwer feststellen, wer als Erster den Begriff »neuer Terrorismus« benutzt hat, aber Ende der neunziger Jahre war er allgemein in Gebrauch. Mein eigenes Buch mit dem Titel *The New Terrorism. Fanaticism and the Arms of Mass Destruction* endete mit den Worten: »Diderot hat einst bemerkt, vom Fanatismus zur Barbarei sei es nur ein Schritt, und wenn die gegenwärtigen Entwicklungen weitergehen, hat man allen Anlass für düstere Prognosen … die Folgen des aggressiven Wahnsinns im Zeitalter der Hochtechnologie und der Massenvernichtungswaffen könnten leicht unser Vorstellungsvermögen übersteigen. Der Megaterrorismus könnte werden, was der antike römische Historiker Julius Florus über einen Zeitgenossen schrieb: *fax et turbo sequentis saeculi* – Brandfackel und Wirbelsturm des folgenden Jahrhunderts.«[53]

In den Medien wurden ähnliche Prophezeiungen geäußert, und Präsidenten und andere führende Politiker bezeichneten den Terrorismus regelmäßig als eine der großen Gefahren, denen die Menschheit gegenüberstehe. Fernsehsender widmeten aktuellen

Terrorakten einen beträchtlichen Teil ihrer besten Sendezeit. Es wurden sogar überzogene Vergleiche bemüht wie der mit einem Krebsgeschwür, das sich unaufhaltsam ausbreite, bis es die Gesellschaft, von der es sich nährt, vergiftet und verschlungen habe. Als 1986 der schwedische Ministerpräsident Olof Palme ermordet wurde, lobte die schwedische Regierung für Informationen, die zur Ergreifung des Attentäters führten, eine Belohnung aus, die dem Monatseinkommen eines beliebten Entertainers oder eines Investmentbankers entsprach. In der Bundesrepublik bot die Regierung etwa 100 000 Mark für die gefährlichsten Terroristen, in Frankreich belief sich der Betrag ungefähr auf dasselbe. In den USA lag die Belohnung damals bei 500 000 Dollar, ebenfalls keine überwältigende Summe, wenn man bedenkt, wie viel und mit welchem Nachdruck über den Terrorismus geredet wurde. Die US-Regierung steckte jährlich 20 bis 30 Millionen Dollar in die Entwicklung der technischen Mittel zur Terrorismusbekämpfung und -vorbeugung; in den neunziger Jahren stieg diese Summe rasch an, und im Steuerjahr 2000 belief sich der Etat auf zehn Milliarden Dollar. Dies stellte einen bemerkenswerten Wandel in der Haltung zum Terrorismus dar, denn noch in den achtziger Jahren hatten die für diesen Zweck bereitgestellten Mittel nicht einmal dem entsprochen, was ein mittelgroßes Pharmaunternehmen für Forschung und Entwicklung ausgab.

Senatoren, Abgeordnete des Repräsentantenhauses und die Medien stellten die Notwendigkeit dieser Ausgaben gelegentlich in Frage – insbesondere, wenn einige Monate ohne einen Terroranschlag vergangen waren.[54] Brian Jenkins verglich die Regierungsunterstützung für die Terrorismusforschung damals mit dem Elektrokardiogramm eines gesunden Menschen: Spitzen, gefolgt von flachen Linien. Abgesehen von gelegentlichen Aufmerksamkeitsschüben, werde sie praktisch ignoriert. Bruce Hoffman erklärte, er habe die Rand Corporation unter anderem deshalb verlassen und sei an eine Universität gegangen, weil nach dem Ende des Kalten Krieges jeder in Washington der Meinung gewesen sei, dass der Terrorismus verschwinden werde. Trotz des Anschlags auf das World Trade Center im Jahr 1993, der nicht als Vorbote, sondern als Verirrung betrachtet worden sei, seien keine Mittel in die

Forschung geflossen.[55] Während des Kalten Krieges hatte es verschiedene Arbeitsgruppen gegeben, die sich mit Überraschungsangriffen befassten, doch nach 1990 wurden sie aufgelöst oder stellten nach und nach ihre Tätigkeit ein.

Rückblickend trifft es zu, dass die meisten Experten der Verschwörung Osama bin Ladens, deren Aufbau immerhin viele Jahre in Anspruch nahm und mehrere Länder umfasste, nicht genügend Aufmerksamkeit geschenkt haben. Stattdessen erwarteten sie am Ende des Jahrtausends den Ausbruch einer Welle von Terrorakten verschiedener christlicher (und heidnischer) Sekten, und als die befürchteten Ereignisse nicht eintraten, war man allgemein erleichtert und ließ die Zügel schleifen. Wie ein Beobachter anmerkte, sind runde Daten, welche historische Bedeutung die Millenniumsidee in einigen christlichen Bewegungen auch haben mag, offenbar nicht stärker mit Gewalt verknüpft als andere. Sie bleibe zwar lebendig, sei aber von Aktionen getrennt.[56]

Nur wenige Terrorismusexperten waren von Hause aus Nahost- und Islamforscher und behielten die Ereignisse in der muslimischen Welt unablässig im Blick, und von ihren postorientalistischen Kollegen, die die wenigen politisch inkorrekten Außenseiter mit Verachtung straften, wurden sie ganz gewiss nicht auf die akuten Gefahrensignale hingewiesen. Wer den Regierungen und dem breiten Publikum die Gefahren vor Augen halten wollte, wurde entweder als Unruhestifter abgetan oder galt als jemand, dessen Haltung gegenüber einer der großen Weltreligionen hoffnungslos von Vorurteilen belastet war, oder aber er wurde verdächtigt, auf diesem Holzweg irgendwelche finsteren Eigeninteressen zu verfolgen.

Es gab noch andere Umstände, die geeignet waren, die Forscher in die Irre zu führen. Sie hatten mit der Fixierung auf den möglichen Einsatz von Massenvernichtungswaffen zu tun und waren eine Folge des Giftgasanschlags, den Mitglieder der japanischen Aum-Sekte 1995 in der Tokioter U-Bahn verübt hatten. Aum Schinrikyo verfügte über ein Vermögen von Hunderten Millionen Dollar, hatte in Russland Hubschrauber erworben, mit allen möglichen chemischen Substanzen experimentiert und versucht, von einem halben Dutzend Länder Waffen zu kaufen. Bei der Sekte handelte es sich nicht um eine terroristische Organisation, die mit denen früherer Zeiten vergleichbar gewesen wäre, und der Anschlag wurde, auch wenn er weitgehend erfolglos war, von vielen als Wendepunkt in der Geschichte des Terrorismus angesehen. Die US-Regierung hat er dazu bewogen, gewisse Maßnahmen zu ergreifen (wie etwa das Gesetz über den Schutz vor Massenvernichtungswaffen von 1996 und mehrere Präsidialdirektiven), und vorübergehend hat er die Aufmerksamkeit auf die Gefahren einer neuen Ära des Terrorismus gelenkt. Als aber die Jahre vergingen, ohne dass weitere, wirkungsvollere Anschläge verübt wurden, verbreitete sich das Gefühl, dass die Gefahr wohl überschätzt worden sei.[57] Offenbar stießen die Terroristen im Umgang mit Massenvernichtungswaffen auf große technische Schwierigkeiten, die sie nicht zu überwinden vermochten. Die Vorstellung, dass Terroristen aus dem Scheitern der Aum-Sekte in Tokio ebenso lernen könnten, wie muslimische Radikale aus dem missglückten Anschlag von 1993 ihre Lehren ziehen und das World Trade Center beim nächsten Mal tatsächlich zum Einsturz bringen könnten, fand zwar einen gewissen Widerhall, aber die Mehrheit scheint geglaubt zu haben, dass keine akute Bedrohung bestand. Gleichzeitig wurde die Gefahr von noch raffinierteren konventionellen Anschlägen, die noch mehr Opfer fordern könnten, nicht genügend beachtet.

Einige Zeit vor dem 11. September 2001 kam unter den Experten eine Debatte über das Wesen des »neuen Terrorismus« in Gang.[58] Nach Ansicht der beiden ehemaligen Regierungsmitarbeiter Steven Simon und Daniel Benjamin ist die neue Periode 1993 mit den Bombenanschlägen auf das World Trade Center und in Oklahoma City, den Angriffen auf die US-Botschaften in Afrika und dem Aum-Anschlag in Tokio eingeläutet worden. Obwohl prinzipiell Einigkeit herrschte, äußerten manche auch Vorbehalte. Reuven Paz etwa wies darauf hin, dass es den von radikalislamischen Gruppen unterstützten Terrorismus bereits seit einigen Jahrzehnten gebe, und nach Olivier Roys Ansicht war die iranische Regierung nicht mehr terroristenfreundlich; Roy hatte zu denen gehört, die zehn Jahre vorher den Islamismus für tot oder zumindest todkrank erklärt hatten. Ehud Sprinzak, ein israelischer Professor, spottete über eine »überhitzte Rhetorik« und eine »weit verbreitete Hysterie« über Terroristen, die Massenvernichtungswaffen in ihren Besitz bringen könnten. Benjamin und Simon allerdings, die in den neunziger Jahren beim Nationalen Sicherheitsrat gearbeitet hatten, waren vorsichtiger und warnten davor, die Gefahr herunterzuspielen. Wie akut die Gefährdung auch sein mochte, es herrschte nahezu Einmütigkeit darüber, dass der religiös motivierte Terrorismus auf viele Jahre hinaus virulent bleiben werde und dass bin Laden in über fünfzig Ländern ein Netzwerk von Kämpfern aufgebaut habe.[59]

Wenn die Sicherheitsbehörden im September 2001 versagt haben, dann hatte das viele Gründe: Den westlichen Diensten war es nicht gelungen, die Verschwörer zu unterwandern, und man hatte weder die Doktrin und Entschlossenheit noch die wachsenden technischen Möglichkeiten der Terroristen ernst genug genommen. Oder, um genau zu sein, man begann vielleicht zu ahnen, dass ein großer Anschlag bevorstand, aber das war nicht mehr als ein vages Gefühl gewesen, und die ganze Sache schien nicht allzu dringlich zu sein. In ähnlicher Weise waren sich die Regierungen der Verwundbarkeit der modernen westlichen Gesellschaften bewusst, aber es gab keinen akuten Grund zur Besorgnis, und niemand hatte den Eindruck, dass etwas getan werden sollte oder müsste. In den Medien rangierte der Terrorismus nicht an vorderster Stelle, und die Mehrheit der Islam- und Nahostexperten – zumal die Postkolonialisten – hielten es aus ideologischen Gründen für falsch, die öffentliche Aufmerksamkeit auf ihn zu lenken. Die Forscher schließlich sahen, dass der Terrorismus sich verändert und sein Potenzial sich erheblich vergrößert hatte, aber sie besaßen keine Informationen darüber, wo und wann er zuschlagen würde.

Welche Lehren sind aus dem Informationsversagen vom September 2001 zu ziehen? Sicherlich die nahe liegenden, dass Informationen, trotz aller Schwierigkeiten bei ihrer Beschaffung, die Schlüsselrolle zukommt und dass es stets gefährlich ist, einen Gegner zu unterschätzen. Richtig ist aber auch, dass diejenigen, die den Terrorismus bekämpfen, nicht den Fehler von Generälen begehen sollten, die den vergangenen Krieg vorbereiten. Das Überraschungsmoment ist beim Terrorismus sogar noch wichtiger als im

Krieg – es gibt weder massive Truppenkonzentrationen noch umfangreiche logistische Vorbereitungen, und Überraschungsangriffe
können von allen Seiten erfolgen, mit völlig beliebiger Taktik.

Die extreme Rechte

Der Terrorismus hat bei der entsetzten Öffentlichkeit immer heftige und häufig gegensätzliche Reaktionen ausgelöst. Als Ende des 19. Jahrhunderts die Anarchisten auf der europäischen Bühne erschienen, lösten sie hauptsächlich Panik und Bestürzung aus. Joseph Conrad schrieb über die Banalität des Bösen, Henry James wusste – etwa in dem Roman *Prinzessin Casamassima* – überhaupt nicht, was er von Gewalttätern halten sollte, deren Anschläge nicht nur gegen Staatschefs, sondern auch gegen unbeteiligte Passanten gerichtet waren. Die breite Öffentlichkeit reagierte ähnlich. Aber es gab auch ein paar Sympathisanten, vor allem unter avantgardistischen Künstlern, die von der Ästhetik des Terrors fasziniert waren.

Die Motive der Terroristen waren häufig nachvollziehbar und stießen auf öffentliche Unterstützung. Als Vera Sassulitsch freigesprochen wurde – sie hatte einen russischen Polizeigeneral angeschossen, auf dessen Befehl ein Mitglied ihrer revolutionären Gruppe gefoltert worden war –, warteten vor dem Gerichtsgebäude Studenten auf sie, um sie und ihre Tat zu feiern. Moralische und finanzielle Unterstützung für die wagemutigen Sozialrevolutionäre, die einem tyrannischen Regime die Stirn boten, kam aus liberalen Kreisen der russischen Gesellschaft. Die Fenier, die irischen Militanten des 19. und frühen 20. Jahrhunderts, genossen bei britischen Liberalen und auch bei irischen Protestanten erhebliche Sympathien, und die Mörder von Walther Rathenau, dem jüdischen Außenminister der Weimarer Republik, fanden die Zustimmung der Rechtsextremen, der Vorläufer der NS-Partei. Als Stalin seine Abgesandten ausschickte, um Leo Trotzki zu ermorden, wurde die Tat von den Mitgliedern kommunistischer Parteien, denen gesagt worden war, das Opfer sei ein Agent des Nationalsozialismus und des westlichen Imperialismus, weithin begrüßt.

Die frühen lateinamerikanischen Terroristen, wie die Montoneros, hatten Sympathisanten auf der Linken, ebenso wie die Baader-Meinhof-Gruppe in Deutschland, die Roten Brigaden in Italien und die Weathermen an den amerikanischen Universitäten. Allerdings war die Zahl dieser Anhänger begrenzt, da die deutsche und die italienische Nachkriegsrepublik trotz aller Kritik, die gegen sie vorgebracht werden konnte, die freiesten waren, die diese Länder jemals in ihrer Geschichte gehabt hatten, so dass die Behauptung der Terroristen, es handle sich um ein faschistisches oder wenigstens potenziell faschistisches Repressionsregime, der überwältigenden Mehrheit allzu weit hergeholt erschien.

Die Geschichte der terroristischen Bewegungen zeigt, dass die nationalistisch motivierten stets mehr Sympathie hervorriefen als die links- oder rechtsextremen. Irgun und Stern-Bande besaßen die moralische Unterstützung der jüdischen Bevölkerung in Palästina und der in Amerika lebenden Juden. Die Tamil Tigers konnten immer auf die moralische und materielle Hilfe der sri-lankischen Diaspora zählen, die Armenier auf die ihrer Landsleute im Ausland und die Palästinenser auf die der übrigen Araber. Auch wenn nicht alle Anschläge von den Sympathisanten gutgeheißen werden mochten, herrschte das Gefühl vor, dass die Terroristen das Herz am rechten Fleck hätten und ein Übermaß an Patriotismus im Kampf gegen einen verhassten Unterdrücker niemals eine Sünde sei. Sogar die algerischen radikalen Islamisten, die Zehntausende ihrer Landsleute hinschlachteten, hatten unter den in Frankreich lebenden Nordafrikanern einige Anhänger. Doch als der Terrorismus bei der Wahl seiner Angriffsziele brutaler und wahlloser (und häufig auch immer sinnloser) wurde, manövrierten sich die Terroristen vielfach selbst in die Isolation. Die japanische Aum-Sekte, verantwortlich für den Giftgasanschlag in Tokio, besaß keine Anhänger außerhalb ihrer eigenen Reihen. Die Reaktionen auf die Anschläge vom September 2001 sind aus mehreren Gründen interessant, denn sie reichten von blankem Entsetzen über den brennenden Wunsch, die Übeltäter zu bestrafen, bis hin zum Verständnis für deren Motive und sogar zur Identifikation mit ihnen. Darin spiegelte sich die ganze Bandbreite der Einstellungen gegenüber dem modernen Terrorismus im Allgemeinen wider. An scheinbar gegensätzlichen Enden des politischen Spektrums – von der extremen Linken und

Rechten – wurden verblüffend ähnliche Ansichten geäußert, und die Ereignisse waren Wasser auf die Mühlen von Verschwörungstheoretikern und Paranoikern aller Art. Schließlich zeigten die Reaktionen, welche Verwirrung über die Bedeutung des Geschehenen herrschte.

Es war unvermeidlich, dass die Medien buchstäblich jede Berühmtheit nach ihrer Meinung fragten – Philosophen und Balletttänzer, Popstars und Theologen, Politiker, Dichter und gelegentlich sogar einen derjenigen, die den Terrorismus in seinen verschiedenen Ausprägungen studiert hatten. Die vorher eher kleine Zahl von Experten auf diesem Gebiet vertausendfachte sich binnen weniger Wochen, und sie alle gaben Interviews, taten sich mit Interpretationen hervor und gaben Prognosen ab. Jeder, der jemals in der Nähe von Afghanistan gewesen war, wurde ebenso zur Autorität wie viele von denen, die zwischen Schia und Scharia, zwischen Dschihad und Zakat zu unterscheiden wussten.

Die Resultate waren vorhersehbar. So musste der berühmte Komponist Karl Heinz Stockhausen Wochen und Monate darauf verwenden, aller Welt zu erklären, dass er es nicht so gemeint habe, als er den Anschlag auf das World Trade Center als größtes Kunstwerk aller Zeiten bezeichnete. Im Grunde war es nicht die Schuld der Philosophen, Popstars und Dichter, die sich als besorgte Bürger verpflichtet fühlten, ihre Ansichten zu einem Thema von solch lebenswichtiger Bedeutung zu Protokoll zu geben. Weshalb die Medien es indessen für wichtig hielten, sie aufzunehmen und zu verbreiten, war weniger einsehbar.

In allen diesen Kommentaren kamen Überraschung und Entsetzen zum Ausdruck, aber sie warfen kaum ein neues Licht auf die tieferen Gründe der Terrorakte. Man stimmte generell darin überein, dass man sich nicht mit oberflächlichen Erklärungen für die Ereignisse zufrieden geben, sondern versuchen sollte, die Ursachen herauszufinden. Doch diejenigen, die glaubten, die Homosexuellen und Abtreibungsbefürworter, die Juden oder die Tatsache, dass die USA Hunderttausende irakischer Kinder getötet habe, oder aber Armut und Unterdrückung in der Dritten Welt beziehungsweise die unbarmherzige, grausame Globalisierung seien an allem Schuld, waren weiterhin davon überzeugt, dass sie schon immer Recht gehabt hatten. Und diejenigen, die die westlichen Gesellschaften für verdorben gehalten hatten – *le nous est haïssable* –, suchten natürlich nach mildernden Umständen für die Terroristen. Es gab einen erheblichen psychologischen Widerstand gegen neue Informationen über die Ursprünge des neuen Terrorismus, über Motive und Ideologie sowie über Identität und Herkunft der Täter.

Manche setzten voraus, dass Terroranschläge Ausdruck des angestauten Hasses von Millionen, wenn nicht Milliarden von Menschen waren, die ausgebeutet, unterdrückt und misshandelt wurden. Allerdings stellte sich im Lauf der Zeit heraus, dass der Hass unter den Pamphletschreibern größer war als unter den Massen in Asien, Afrika und dem Nahen Osten, die nicht zu den Waffen griffen und ihrer Wut noch nicht einmal in Demonstrationen Luft machten.

Rechtsaußen

Zwei Tage nach den Anschlägen äußerte sich der amerikanische Prediger Jerry Falwell, ein bekannter christlicher Fundamentalist, in scharfen Worten über die Terroristen des 11. September, fügte dem aber in einer Diskussion hinzu, Gott habe diese Taten möglicherweise aufgrund des moralischen Niedergangs der amerikanischen Gesellschaft zugelassen. Zum Beleg für diese Behauptung verwies er unter anderem auf die Amerikanische Bürgerrechtsunion (ACLU), auf Abtreibungsbefürworter, Feministen und Homosexuelle – sie alle hätten viel zu bereuen. Dem folgte allerdings am nächsten Tag eine Entschuldigung. Die Terroristen, sagte Falwell jetzt, trügen die alleinige Schuld, auch wenn, von der theologischen Warte aus betrachtet, die Gruppen, die an der Säkularisierung Amerikas gearbeitet hatten, mitgeholfen hätten, die Nation von ihren geistigen Grundlagen zu entfernen. Sein christlich-fundamentalistischer Kollege, der Fernsehprediger Pat Robertson, der bei dem Interview zugegen gewesen war, ergänzte, er habe Falwells Schuldzuweisung schon in dem Moment, als dieser sie aussprach, für völlig unangemessen gehalten.[1]

Im Gegensatz zu Vertretern der fundamentalistischen, konservativen Rechten wie Falwell und Robertson hatten Sprecher der neo-nazistischen Gruppen keine Skrupel, die Anschläge zu rechtfertigen und sogar ihren Neid auszudrücken. So erklärte etwa Billy Roper, der stellvertretende Mitgliedskoordinator der National Alliance (NA): »Jeder, der bereit ist, ein Flugzeug in ein Gebäude zu steuern, um Juden zu töten, ist für mich in Ordnung ... Ich wünschte, unsere Mitglieder hätten so viel Mumm in den Knochen.«[2] Eine ähnliche Äußerung wurde von Tom Metzger von WAR (White Aryan Resistance) verbreitet: Der 11. September sei ein Beispiel des Sieges von Walhalla, denn der Feind (bin Laden) der eigenen Feinde sei ein Freund. Er wünschte, seine Kameraden hätten nur halb so viel Schneid wie die Selbstmordpiloten.[3] Ein gewisser Rocky Suhayda, Vorsitzender der American Nazi Party von Eastpointe in Michigan, wird mit den Worten zitiert, man müsse die Tatsache akzeptieren, dass eine Hand voll tapferer Menschen bereit sei, für das zu sterben, woran sie glaubten, und es sei eine Schande, dass unter 150 Millionen weißen, arischen Amerikanern nur so wenige es ihnen gleichtun wollten. Martin Lindstedt, bei der 7th Missouri Militia in Granby für politische Kriegführung zuständig, hätte sich gewünscht, dass die Araber Hunderte von Jumbojets voller »talmudischer Chasaren-Mamser [Bastarde], krimineller Regimeanhänger, Nigger, Schlitzaugen, Bohnenfresser und so weiter« entführt und auf den Obersten Gerichtshof, den Kongress, das FBI-Gebäude, die Kapitole aller fünfzig Bundesstaaten und sämtliche Fernsehsender hätten stürzen lassen – er hätte das für einen verdammt guten Anfang gehalten.[4]

In den Wochen nach dem 11. September wurden Dutzende ähnlicher Statements abgegeben und verbreitet. Sie offenbarten, dass ein tief gehender Wandel stattgefunden hatte; war die rechte Szene in der Zeit von George L. Rockwell, dem Gründer der American Nazi Party, und der frühen neonazistischen Gruppen superpatriotisch gewesen, so war sie mittlerweile antipatriotisch geworden – »Der Feind unseres Feindes ist unser Freund« –, und da Washington der Feind war, wurden selbst nichtarische Araber zu Verbündeten. Oder, wie William Pierce, Vorsitzender der National Alliance und unter dem Pseudonym Andrew MacDonald Autor der berüchtigten *Turner Diaries*, es ausgedrückt hat: Vor fünfzig oder sechzig Jahren wären Anthraxanschläge undenkbar gewesen. Aber je größer die Korruption und Verantwortungslosigkeit der Regierung und je tiefer die staatlichen Eingriffe ins Leben gesetzestreuer Bürger seien, desto größer würden Hass und Entfremdung.[5] In einer Kurzwellenradioansprache verkündete Pierce, die Attentäter hätten Stolz besessen und sich nicht um Geld und Bequemlichkeit geschert, sondern auf ihrer Unabhängigkeit und ihrer Lebensweise beharrt. Auch das »semitische Hindernis« umschiffte er (scheinbar) geschickt: Nicht alle Menschen in Afghanistan seien schmierig, schwarzhaarig, dunkelhäutig und hakennasig; manche von ihnen seien arischen Ursprungs, ihre Herkunft reiche zu den arischen Eroberungen und Kolonisierungen in Zentralasien vor 3500 Jahren zurück. (Dabei übersah er allerdings, dass die Terroranschläge nicht von arischen Afghanen, sondern von, wie er sie nannte, dunkelhäutigen nahöstlichen Typen organisiert und ausgeführt worden waren.)[6]

Die extreme Rechte bildete jedoch keinen monolithischen Block; es gab rechte Milizen, die der Regierung ihre Hilfe anboten. Einige dieser Organisationen produzierten Schlagzeilen wie »Schmutzige, verderbte Araber und Muslime« (Council of Conservative Citizens) und behaupteten, arabische Verräterei und Niedertracht seien seit biblischen Zeiten eine Plage gewesen. Andere, wie der Bund für eine amerikanische Einwanderungsreform (Federation for American Immigration Reform), veröffentlichten Werbeannoncen, auf denen Osama bin Laden und der frühere republikanische US-Senator Spencer Abraham nebeneinander abgebildet waren.[7] Holocaustleugner wie der Franzose Robert Faurisson und der Engländer David Irving nutzten die Gelegenheit, um zu verkünden, dass sie es ja schon immer gewusst hätten. Irving verglich die Ermordung von Unschuldigen in New York »durch 19 intelligente, kräftige junge Muslime« mit der Tötung Unschuldiger bei den alliierten Bombenangriffen auf deutsche Städte im Zweiten Weltkrieg. Wie Faurisson glaubte auch er, dass Israel an allem die Schuld trage und ein »imaginärer Holocaust« nun zu einem wirklichen geführt habe. So hatte Faurisson es ausgedrückt, der zudem die Terroristen rühmte, »die mutig genug waren, um in einer Selbstmordaktion ihr Leben zu opfern«, und die USA oder, besser gesagt, die »judäo-amerikanische Macht« als »wahre Terroristen« ausmachte.[8]

Schenkt man ihren Sprechern Glauben, so begrüßte die Mehrheit der amerikanischen Neonazis die Anschläge vom 11. September und war der Ansicht, dass die Terroristen im Recht gewesen seien, die Regierung hingegen schuldig. Für alle, die den nach und nach vollzogenen Wechsel vom extremen Nationalismus zum Nihilismus verfolgt hatten, kam dies nicht überraschend. Der Feind der Rechten war nicht nur Washington, sondern der größte Teil des amerikanischen Volks, denn in ihren Augen war es zu dumm oder zu faul, sich den Ideen und dem Programm der National Alliance und ähnlicher rechtsextremer Sekten anzuschließen. Deren Loyalität galt zuerst nicht ihrem Land und ganz sicher nicht Städten wie New York oder Washington, sondern ihrer Doktrin. Darüber hinaus hatten einige der extremen Randgruppen im Terrorismus dilettiert und beneideten die Araber deshalb, weil diese etwas geschafft hatten, wovon sie selbst nur träumten. Wie Tom Metzger und William Pierce erklärten, liebten sie die Araber nicht, seien aber gegen die Antiterrorkampagne, die den Kampf der amerikanischen Neonazis noch erschwere. Der Krieg nutze den Juden und schade der rechten Bewegung, da die Regierung den 11. September zum Anlass nehmen werde, die Freiheit ganz auszuschalten.[9] Andere Milizenführer, wie Paul Mullet, der Anführer der Aryan-Nation-Gruppe von St. Paul in Minnesota, waren dagegen überzeugt, dass die Ereignisse in New York und Washington den Milizen geholfen hätten, ihre Einheiten zu mobilisieren und sie auf den Kampf vor Ort vorzubereiten.[10] Erst mit der Zeit wird sich zeigen, ob die Islamisten mit ihren Anschlägen den latenten Terrorismus der amerikanischen Neonazis gestärkt und zu eigenen Aktionen angespornt haben.

Manche aus diesem Lager lehnten es jedoch ab, die Terroristen als Vorbild anzuerkennen. So sagte ein gewisser Pastor Dave Barley, er sympathisiere weder mit den Zionisten noch mit den Muslimen, aber wenn man Letzteren weiterhin den Aufenthalt in den Vereinigten Staaten erlaube, schaffe man damit eine Art verquerer selbst geschaffener Todesgefahr. Das in Missouri beheimatete *Vanguard News Network* meinte, Muslime seien zwar nicht so schlimm wie Juden, aber weder der Rasse noch der Mentalität nach Amerikaner und müssten daher das Land verlassen.[11] Da viele Neonazis Verschwörungstheorien anhingen, waren sie überzeugt, dass die Septemberereignisse nur eine Tarnung darstellten für die wahre Absicht der Globalisierer: die Durchsetzung der Neuen Weltordnung – dem Hauptschreckgespenst der Rechtsextremen. Das *Aryan Loyalist Magazine* pries die Anschläge als grandiose Bestätigung der nationalsozialistischen Blitzkriegstrategie und nannte Otto Skorzeny als Vorbild (Skorzeny war Befehlshaber von Hitlers Leibstandarte gewesen und hatte eine Reihe von Kommandounternehmen durchgeführt, wie etwa die Befreiung Mussolinis aus der Gefangenschaft). Der Krieg in Afghanistan wurde von den meisten Neonazis als Angriffskrieg verurteilt.[12]

Einigen ihrer Wortführer war aufgefallen, dass sie in dieser Beziehung viel mit der extremen Linken gemeinsam hatten, und sie propagierten eine Politik, die ihrer Ansicht nach weder rechts noch links war, sondern eine »internationale dritte Position« vertrat, von der noch die Rede sein wird. Sie bezweifelten, dass bin Laden und seine Gruppe die Verantwortung für die Anschläge trugen. Die Überlappung von Links und Rechts nahm nachgerade kuriose Formen an: So berichtete eine linke amerikanische Romanautorin in der *Frankfurter Allgemeinen Zeitung*, dass viele ihrer Freunde morgens eine Stunde früher aufstünden, um die europäischen Zeitungen zu lesen, weil der patriotischen amerikanischen Presse nicht zu trauen sei. Das Gleiche sagten auch rechtsextreme Autoren – dass nämlich die Medien das amerikanische Volk absichtlich irreführten. Von Kennern der rechten Szene in den USA war zu hören, dass es häufig schwer falle, Äußerungen der Anti-Antiterrorismus-Propaganda der einen oder anderen Seite zuzuordnen.

In Europa nahmen die Rechtsextremen in vielen Punkten einen ähnlichen Standpunkt ein. Sie waren stets antiamerikanisch und selbstverständlich antisemitisch gewesen, und in der deutschen *Nationalzeitung* und ähnlichen Presseerzeugnissen in anderen Ländern des Kontinents wies man Amerika selbst die Schuld an den Anschlägen zu. Allerdings eiferten die Rechtsextremen auch schon seit Jahren gegen die Einwanderung nach Westeuropa, insbesondere aus Afrika und den muslimischen Ländern, und wollten keineswegs als Verfechter der Sache bin Ladens erscheinen. Sie umgingen dieses Dilemma, indem sie eine neutrale Position einnahmen – sollten doch Amerika und die fanatischen Muslime ihren Strauß woanders ausfechten, während Westeuropa sich heraushielt und endlich einmal mutig auf einer unabhängigen Politik beharrte.

Deutsche Neonazis äußerten sich wiederum größtenteils positiv über die Terroristen des 11. September und rechtfertigten die Tat als, wie sie es ausdrückten, »Akte des legitimen nationalen Widerstands«. Immerhin sei das Pentagon die Zentrale von weltweitem Massenmord und das World Trade Center das Symbol schlechthin für internationale Ausbeutung und Globalisierung gewesen. Kurz, die Vereinigten Staaten hätten, so wurden schon tags darauf Stimmen laut, zum ersten Mal einen »Schluck von ihrer eigenen Medizin« nehmen müssen. Wer Amerika unterstütze, befürworte Multikulturalismus, internationalen Kapitalismus und die Globalisierung.[13]

Grundsätzlich standen die Rechtsradikalen Amerika feindselig gegenüber. Am klarsten geht dies vielleicht aus den Schriften von Horst Mahler hervor, als Anwalt einst eine Stütze der Baader-Meinhof-Gruppe, der selbst wegen terroristischer Aktivitäten lange Jahre in Haft saß. Im Gefängnis auf eine neue rechtsradikale Ideologie umgeschwenkt, ist er in Deutschland zu einem der Gurus des Neofaschismus geworden. Einem nach dem 11. September 2001 veröffentlichten Manifest ist zu entnehmen, dass er immer noch an eine antikapitalistische Weltrevolution glaubt und in dem New Yorker Anschlag den längst überfälligen Angriff auf die judäoamerikanische Barbarei sieht. Die Juden hätten ebenso wenig ein Recht auf einen eigenen Staat wie die Amerikaner. So etwas wie ein amerikanisches Volk gebe es nicht, sondern nur eine rohe, unmoralische, gewalttätige Masse, die nichts als Korruption, Pseudodemokratie, den blutigsten Imperialismus der Geschichte, Zensur, Raub, Heuchelei, Verdummung der Bevölkerung und Export von Schmutz und Schund in den Rest der Welt hervorgebracht habe. (Mahlers Liste der amerikanischen und jüdischen Sünden ist noch länger, doch der angeführte Ausschnitt sollte genügen, um einen Eindruck von seiner Gesinnung zu vermitteln.) Deshalb sei jeder

Schlag gegen Amerika und seine Kollaborateure nach internationalem Militärrecht völlig legal.[14]

Die Ähnlichkeit zwischen dem Antiamerikanismus der extremen Linken und demjenigen der profaschistischen Rechten ist frappierend. Zwar hätte Mahler früher dem Antisemitismus nicht eine solche Bedeutung beigemessen und auch nicht das Lob der Werte des christlichen Abendlandes gesungen, ansonsten aber hat sich die Ablehnung Amerikas (und die Rechtfertigung des Terrorismus) nicht grundlegend gewandelt. Im Übrigen hat er den langen Marsch von der extremen Linken auf die extreme Rechte nicht allein zurückgelegt, sondern in Begleitung einiger der führenden Figuren der Studentenrevolte von 1968, wie Bernd Rabehl und Klaus Rainer Roehl. Das wirft die Frage auf, ob es nicht zutrifft, dass (wie Rabehl meint) die Ursprünge dieser Rebellion (wie die der Baader-Meinhof-Gruppe) nicht im Marxismus-Leninismus, sondern im antiwestlichen und antiamerikanischen Patriotismus lagen.

Hochinteressant war die Haltung der russischen Rechtsradikalen. Auf der einen Seite gab es die klammheimliche – und oft auch nicht so heimliche – Freude darüber, dass Amerika gedemütigt und besiegt worden war (so wie Russland gedemütigt und besiegt worden war), auf der anderen die Furcht, dass Amerika zurückschlagen und zum ernsthaften Rivalen um Einfluss in Zentralasien werden könnte. Vor allem aber führte (und führt) Russland im Kaukasus einen Krieg gegen den radikalen Islam, der eine echte Bedrohung für Zentralasien und sogar das russische Kernland darstellt. Welche Haltung sollte ein russischer Patriot unter diesen komplizierten Umständen einnehmen?

Am häufigsten und lautstärksten meldete sich Alexander Dugin zu Wort, der in den ersten Jahren der Perestroika mit einer merkwürdigen ideologischen Mischung aus russischem Patriotismus, Glauben an die Sowjetmacht, Anleihen bei französischen und italienischen neofaschistischen Denkern und deutschen geopolitischen Ideen aus den zwanziger Jahren auf der Moskauer Bühne aufgetaucht war. In der allgemeinen ideologischen Verwirrung nach 1989 waren viele Menschen bereit, solch einer Anhäufung von Unsinn ihr Ohr zu schenken, und da Dugin dem Westen und der westlichen Demokratie äußerst kritisch gegenüberstand, begrüßten Teile des neuen Establishments, insbesondere der Generalstab des Heeres, seine Ideen und unterstützten ihn. Außerdem trat er für eine neue eurasische Orientierung ein, nach der sich Russland künftig nicht mehr nach Westen, sondern nach Asien ausrichten sollte.[15] Im Unterschied zu den russischen Emigranten, die diese Idee bereits in den zwanziger Jahren des vergangenen Jahrhunderts vertreten hatten, verstanden Dugin und seine geistigen Weggenossen, wie die Moskauer Professoren Fjodor Girenok und Alexander Panarin, sie nicht nur als philosophischen Gedanken, sondern auch als realpolitisches Konzept. Welches Asien sie als Bundesgenossen Russlands im Sinn hatten, war allerdings nicht auszumachen – China oder Japan konnte es ebenso wenig sein wie Afghanistan oder etwa der radikale Islam. Klar war dagegen, dass sie, wie Girenok in einer Veranstaltung im Oktober 2001 sagte, beim Anblick der Fernsehbilder von den ins World Trade Center krachenden Flugzeugen emotional nicht auf Seiten Amerikas standen.[16] Amerika, erklärten sie, habe den Zerfall der Sowjetunion herbeigeführt – und gehe jetzt daran, China zu zerschlagen, es habe Belgrad bombardiert und in Tschetschenien zu intervenieren versucht. Ob wirklich die radikalen Islamisten unter bin Laden die Angreifer gewesen waren, sei durchaus nicht erwiesen; genauso gut könnten das amerikanische Establishment und die Geheimdienste die Anschläge geplant und ausgeführt haben. Amerika sei systematisch dabei, Russland geistig zu zerstören und so einen neuen Weltkrieg vorzubereiten. Die Terroranschläge hätten Russland die einmalige Gelegenheit gegeben, dem Aggressor – Amerika – zu widerstehen und sich mit Deutschland und dem Rest Europas zusammenzutun, um den neuen Weltkrieg zu verhindern. Doch die russischen Führer, die kaum mehr seien als Lakaien Washingtons, hätten diese Chance vertan. Die amerikanische Politik werde von Russlandfeinden wie Zbigniew Brzezinski bestimmt, und daran werde sich in absehbarer Zukunft auch nichts ändern.

Kurz gesagt, innerhalb der russischen Rechten gab es große Feindseligkeit und viele Ressentiments, doch hegten auch frühere Liberale Zweifel daran, ob das Land sich dem Krieg gegen den Terror anschließen sollte. Konstantin Satulin, ein führender Vertreter der Partei Otetschestwo (Vaterland), erklärte, er sei zwar nicht grundsätzlich antiamerikanisch eingestellt, aber die Anschläge von 2001 seien ein Angriff auf Amerika und daher im russischen Interesse gewesen, weil sie die amerikanische Position als einziger verbliebener Supermacht schwächten. Aus demselben Grund laufe es den Interessen Russlands zuwider, wenn Amerika den Krieg gegen den Terrorismus gewinnen würde. Michail Deljagin, Direktor des Moskauer Globalisierungsinstituts, ging noch weiter, indem er die USA kurzerhand als terroristischen Staat und die NATO als terroristische Organisation einstufte. Eine russische Kooperation im Krieg gegen den Terrorismus käme deshalb überhaupt nicht in Frage.[17]

Angesichts der außenpolitischen Realitäten, denen sich Russland gegenübersah, konnten der Antiamerikanismus und die heimliche Sympathie mit den Terroristen in der Praxis nicht viel ausrichten. Denn die wirklich vor den Toren stehenden Feinde waren und sind nicht Brzezinski und der amerikanische Materialismus, sondern die Tschetschenen, die Gotteskrieger in Zentralasien und muslimische Separatisten im Inland. Es wäre einzuwenden, dass Russland sich gerade aus diesem Grund, um die islamistische Opposition im Innern zu neutralisieren, mit einigen führenden muslimischen Staaten wie dem Irak und Iran auf guten Fuß stellen sollte. Deren Wohlwollen und Unterstützung der russischen Politik in Tschetschenien und anderswo könnten mit russischer Rückendeckung gegenüber Washington erkauft werden. Doch mit dieser Politik hatte man es bereits versucht – ohne großen Erfolg.

Verschwörungstheorien

Schon immer hat der Terrorismus Verschwörungstheorien Vorschub geleistet, und die Ereignisse des 11. September hatten eine wahre Flut von ihnen zur Folge. Sie kamen von links und von rechts, aber auch aus der großen Gruppe der Fans von derlei Absurditäten. Manche beschworen die Vierzeiler des Nostradamus, dessen astrologische Prophezeiungen seit der ersten Veröffentlichung vor über vierhundert Jahren ein Bestseller geblieben sind.

So behaupteten seine Jünger, ihr Meister hätte geschrieben, »in der Stadt Gottes« werde »ein großer Donner« erklingen, zwei Metallvögel würden »in der neuen Stadt auf zwei hohe Statuen stürzen«, und bald darauf werde »die Welt zu Ende gehen«. Oder, nur unwesentlich anders: »Zwei Stahlvögel werden vom Himmel auf die Metropole fallen. Auf dem 45. Breitengrad wird der Himmel brennen.« Und in einer dritten Version: »Im Jahr 1999, im siebten Monat, wird vom Himmel kommen ein großer König des Schreckens.« Die meisten dieser »Voraussagen« sind frei erfunden und verweisen auf Texte, die nicht existieren. Bestenfalls sind es ausgeschmückte und redigierte Versionen von Vierzeilern, die so allgemein gehalten sind, dass sie mit kleinen Veränderungen jeder Situation, die jemals in der Menschheitsgeschichte eintreten mag, angepasst werden können. Andere Orakelgläubige hielten sich an die Bibel: Oft zitiert wurde Hesekiel 38, die Weissagung vom Untergang Gogs durch Pestilenz und Blut und »Platzregen mit Schloßen, Feuer und Schwefel«. Auch die Offenbarung, die voller Katastrophenbeschreibungen ist, wurde gern herangezogen.

Der Glaube an Verschwörungstheorien ist weiter verbreitet, als allgemein angenommen wird. Bei einer Paranoia gehört er in der Regel dazu: In zufälligen Ereignissen wird ein (für gewöhnlich negatives oder feindseliges) Muster entdeckt, nichts auf der Welt scheint dem Zufall zu unterliegen, und offensichtliche Motive anderer Menschen werden zurückgewiesen; in schweren Fällen führt diese psychische Verfassung zu Rachsucht und gewalttätigen Konfrontationen. Zwischen dem Terrorismus (und der Interpretation von Terrorismus) und dem Glauben an Verschwörungstheorien besteht ein enger Zusammenhang. Es gab und gibt terroristische Gruppen, die mehr oder weniger frei von solchen Symptomen waren beziehungsweise sind. Bei rechtsextremen Terrorbewegungen waren sie jedoch stets vorhanden: Die Mörder von Walther Rathenau sahen in ihm einen der Weisen von Zion; die Doktrinen der amerikanischen Rechtsradikalen bestehen fast ausschließlich aus Vermutungen über antipatriotische Verschwörungen: der Vereinten Nationen, der Freimaurer, der Illuminaten und, natürlich, der Zionisten sowie Hunderter anderer böser Mächte; das Gleiche gilt für die Ideologie der Rechtsextremisten in Russland. Auch am anderen

Ende des politischen Spektrums gab und gibt es verwandtes Gedankengut, hier allerdings kommen die Theorien in pseudorationalem, ja sogar pseudowissenschaftlichem Gewand daher. Für die extreme Linke war Hitler ein Geschöpf der Wall Street, insbesondere des Hauses Morgan, oder, um ein aktuelleres Beispiel anzuführen, die Intervention in Afghanistan kein Feldzug im Krieg gegen den Terrorismus, sondern eine imperialistische Intrige, um die Kontrolle über das zentralasiatische Erdöl zu erlangen. In Afghanistan gibt es keine Ölquellen, aber bei einem gewissen Publikum zieht der Hinweis auf Erdölimperialismus immer. Warum sonst hat Bush seine Kampagne gegen den Terrorismus ausgerechnet zu einem Zeitpunkt gestartet, als die US-Wirtschaft in eine Phase des Abschwungs eintrat?

Um noch einmal zu den paranoiden Überzeugungen der Rechten zurückzukehren: Deutsche Verschwörungsexperten haben eine Vielzahl von Erklärungen für die Ereignisse des 11. September veröffentlicht, deren Bedeutung, so behaupteten sie, nur auf der Grundlage von freimaurerisch-kabbalistischen Symbolen zu erkennen sei. Warum beispielsweise, wird hier gefragt, wurde der Krieg in Afghanistan am 7. Oktober 2001 begonnen? Weil, so lautet nach dieser Logik die Antwort, am 7. Oktober 1571 die Seeschlacht bei Lepanto stattfand, die nach Aussage dieser Experten von entscheidender Bedeutung für die Beziehungen zwischen Christentum und Islam war. Der Vatikan, fahren sie fort, strebe mit israelischer Zustimmung wieder nach einem Sitz in Jerusalem. Dann verweisen sie darauf, dass die Zahl 8 (der Kriegsbeginn war genau 431 Jahre nach der Schlacht von Lepanto, was die Quersumme 8 ergibt) in kabbalistischen Tests rituelle Schlachtungen bedeute, und statuieren zum Beweis ihrer Theorie die abstrusesten Rechenexempel.[18]

Solche Fieberphantasien sind in allen möglichen Variationen zu finden und werden hier nur erwähnt, um zu zeigen, dass die Paranoia und der Glaube an Verschwörungstheorien zwar beim religiös motivierten Terrorismus, wie demjenigen, den der radikale Islamismus praktiziert, besonders stark sind, aber keine politische Richtung ein Monopol auf sie hat. In einem französischen Bestseller wurde »bewiesen«, dass in Wirklichkeit kein Flugzeug aufs Pentagon gestürzt sei – der Anschlag sei nur eine Ausgeburt der Phantasie gewesen oder, genauer gesagt, eine absichtlich in Umlauf gesetzte Fehlinformation. Diese Spekulation stammte weder von einem Islamisten noch von einem Rechtsextremen, sondern von Thierry Meyssan, einem linken Autor, der überzeugt war, dass es sich um ein internes Komplott handelte, um einen versuchten Staatsstreich des militärisch-industriellen Komplexes.[19] In einem anderen französischen Bestseller, *Ben Laden. La vérité interdite* (deutsch: *Die verbotene Wahrheit*) von Jean-Charles Brisard und Guillaume Dasquié, wurde zwar der Anschlag auf Washington nicht abgestritten, bin Laden (und al-Qaida) aber zum Geschöpf der US-Regierung und amerikanischer Erdölinteressen gemacht. Die amerikanische Ausgabe erschien bei Nation Books unter dem Titel *Forbidden Truth. U.S.-Taliban Secret Oil Diplomacy and the Failed Hunt for Bin Laden.* Laut Lyndon LaRouche, einem Großmeister auf dem Gebiet der Verschwörungstheorien, ist bin Laden ein britischer Agent, während andere Rechtsextreme einen im Auftrag der Wall Street handelnden jüdischen oder zionistischen Agenten in ihm sehen. Ein Überblick über gewisse mittelalterliche christliche Texte, die Hexen, den Teufel und ähnliches thematisieren, wäre eine gute Einführung, um diese Theoretiker unserer Zeit zu verstehen.

In der muslimischen Welt findet sich der Glaube an riesige Verschwörungen in den Basistexten der Gotteskrieger, wie den Schriften von Sayyid Qutb. Juden und Christen, heißt es dort, hätten den Islam seit jeher und überall bekämpft, mit dem einzigen Ziel, ihn zu vernichten. Sie fürchteten sich vor dem Islam und der Hingabe der Muslime an ihre Religion, und trotz aller inneren Streitigkeiten etwa zwischen Kapitalismus, Kommunismus und Zionismus würden sie gegen den Islam stets gemeinsame Sache machen. Deshalb seien sie allesamt Betrüger und Verräter, deren teuflische Intrigen nur dann besiegt werden könnten, wenn der Islam über die ganze Welt herrsche.[20]

Dieselbe Überzeugung, dass der Westen und alle anderen nichtmuslimischen Gesellschaften zutiefst verdorben seien, findet sich sowohl bei Maududi, dem anderen Wegbereiter des modernen radikalen Islamismus, als auch bei Khomeini und seinen Anhängern unter den Schiiten sowie in den Schriften der ägyptischen Gottes-krieger, den Publikationen von al-Qaida und buchstäblich jedem Interview Osama bin Ladens. Das paranoide Element im religiös motivierten Terrorismus (wobei extremistische jüdische Sekten keine Ausnahme bilden) ist somit zwar kaum zu übersehen, bis heute jedoch nicht systematisch untersucht worden. Es ist in jeder Gesellschaft und Epoche anzutreffen, in manchen Kulturen indes ausgeprägter als in anderen; gelegentlich bestimmt es sogar das vorherrschende Denken. Die Weltkarte der politischen Paranoia zeigt, dass sie im Westen heute das Glaubenssystem extremisti-scher Randgruppen ist, während sie anderswo den Konsens der Mehrheit bildet. Dass dies insbesondere für große Teile der arabi-schen Gesellschaften zutrifft, ist nach den Ereignissen des 11. Sep-tember 2001 zutage getreten.

Arabische Reaktionen

Die meisten Medien und viele offizielle Vertreter arabischer Staa-ten erklärten nach den Anschlägen, es sei unmöglich, dass Araber daran beteiligt gewesen seien, weil ihnen die Fähigkeiten für derart komplexe Attacken fehlten. Auch in den ersten Stunden nach der Explosion in Oklahoma City habe man Araber verdächtigt, obwohl kein Einziger in den Anschlag verwickelt war. Wer also seien die wahrscheinlichsten Täter? Die US-Geheimdienste oder der Mos-sad? Sei es bloßer Zufall gewesen, dass die 4000 Israelis, die nor-malerweise im World Trade Center arbeiteten, an jenem Morgen nicht zur Arbeit erschienen seien? Zionisten hätten schon früher zum Mittel des Terrorismus gegriffen, warum sollten sie nicht auch diesmal verantwortlich sein? Schließlich seien sie diejenigen, die am meisten von dem Angriff profitierten.

In welcher Weise sie allerdings hätten beteiligt sein sollen, da-rüber gingen die Meinungen auseinander. Die meisten Kommen-tatoren argumentierten, nur der Mossad sei in der Lage, in den amerikanischen Sicherheitsapparat einzudringen. Andere glaubten, alles sei eine Frage von Profit und Habgier: Juden, die große Ak-tienpakete von Fluggesellschaften und Versicherungen hielten, hätten ihre Anteile zehn Tage vor den Anschlägen zum Höchstkurs verkauft, und als die Börse am 17. September wieder normal zu arbeiten begann, hätten sie sich beeilt, die Aktien zum Niedrigpreis zurückzukaufen.[21] Viele griffen auch das Urmuster aller modernen Verschwörungstheorien auf, die *Protokolle der Weisen von Zion*: Die Juden seien bitter enttäuscht gewesen, dass ihre Kandidaten in den amerikanischen Präsidentschaftswahlen, die Demokraten Al Gore und Joseph Lieberman, unterlegen waren, und wollten durch den Anschlag auf Manhattan ihren Einfluss zurückgewinnen, um das Weiße Haus zu judaisieren. Einige Zeitungen druckten diese Version als vollendete Tatsache ab, andere waren vorsichtiger: Ohne klare Beweise wolle man keine Schuldzuweisungen vornehmen, fügte aber hinzu, dass die Amerikaner zumindest darüber nachdenken und ihrerseits keine Vorwürfe gegen die Araber und bin Laden erheben sollten, ohne diese beweisen zu können.[22] Ein anderer bekannter Kolumnist behauptete dagegen, die Anschläge seien nicht von den Demokraten initiiert worden, sondern von Präsident Bush, der mit der kleinsten Mehrheit in der amerikanischen Geschichte (»die nicht ausreichen würde, um zum Vorsitzenden eines Dorfrats in Südägypten zu werden«) gewählt worden sei. Manche Kommentatoren beschworen apokalyptische Szenarien herauf: Womöglich hatten zionistische Organisationen diese heimtückische Tat begangen, damit Israel die Al-Aksa-Moschee zerstören konnte, während die ganze Welt mit den Geschehnissen in Amerika beschäftigt war.[23]

Immer wieder wurde der Einwand erhoben, dass es keine Beweise gebe; die von den Amerikanern gefundenen und veröffentlichten Papiere, wie Mohammed Attas letzte Anweisungen an seine Kameraden, seien offensichtlich gefälscht. Andere bedienten sich im Arsenal der Science-Fiction: Die Flugzeuge seien nicht entführt, sondern mittels Fernbedienung umgelenkt worden – eine Vermutung, die unter anderem von *Keyhan*, der größten iranischen Zeitung, wiedergegeben wurde. Der Kreis der Verdächtigen beschränkte sich dabei keineswegs auf Israel und die Juden. Als Täter wurden vielmehr alle möglichen Gruppen ins Auge gefasst: die Japaner (als Rache für Hiroshima und Nagasaki), Globalisierungsgegner, Gegner des Raketenabwehrsystems, CIA und FBI, amerikanische Rechte, eine extreme religiöse Sekte, die an das Kommen des Messias glaubte und Amerika von seinen Verbrechen reinigen wollte.[24] Die Liste ließe sich fortsetzen, und es waren nicht nur Journalisten, die das Ihrige dazu beisteuerten, sondern auch Persönlichkeiten des öffentlichen Lebens wie der syrische Verteidigungsminister Mustafa Tlas, saudische Prinzen, Direktoren von Zentren für strategische Studien, Botschafter, ein früherer Chef des pakistanischen Nachrichtendiensts, der sich in der ägyptischen Wochenzeitung *al-Ahram* zu Wort meldete, führende Geistliche, bekannte Professoren und andere Prominente.[25]

War all dies innenpolitische Propaganda, oder war es fürs Ausland bestimmt? Darauf gibt es keine schlüssige Antwort. Für das Ausland war dieses Material eher ungeeignet, da westliche Verschwörungsgläubige keine arabische Hilfe benötigten, um sich ihre Versionen der Zeitgeschichte zurechtzubasteln, und der Rest der westlichen Öffentlichkeit hätte nur die geistige Gesundheit derjenigen in Zweifel gezogen, die solche Desinformation verbreiteten. Angesichts der in der arabischen und muslimischen Welt herrschenden Vorliebe für Verschwörungstheorien kann man nicht ausschließen, dass die Autoren dieser Kommentare glaubten, was sie schrieben. Auch war es kein Fall dessen, was die Schiiten *takiyyah* nennen, das heißt der Leugnung offensichtlicher Tatsachen in einer gefährlichen Situation um die Interessen des Islam zu verteidigen. Das Hauptproblem war natürlich, wie zwei gegensätzliche Perspektiven in Einklang zu bringen waren – die Vermutung, dass die Juden die Anschläge verübt hatten, und die Tatsache, dass die muslimische Welt stolz darauf war, dass Amerika gedemütigt und besiegt worden war.

Im Lauf der Zeit hat sich herausgestellt, dass die Anschläge tatsächlich von Mitgliedern von al-Qaida oder einer verbündeten Gruppe begangen worden sind. Dies wurde von ihren Sprechern, wie etwa Obed al-Quraschi, bestätigt.[26] Schon früh hatten einige kuwaitische, libanesische und saudische Journalisten kritisch auf die hauptsächlich von Islamisten aus Ägypten verbreiteten Verschwörungstheorien reagiert und darauf hingewiesen, dass es immerhin Araber gewesen seien, die 1993 versucht hatten, das World Trade Center in die Luft zu jagen, dass auch Araber fliegen könnten und überdies bereits mehr als einmal Flugzeuge entführt hätten. Ebenso unsinnig sei es, in einem Atemzug zu behaupten, dass die Anschläge Amerika genutzt hätten, es wegen seiner israelfreundlichen Politik angegriffen worden und der Mossad der Hauptschuldige sei.[27] Ein saudischer Journalist betonte, niemand von Verstand glaube noch an die Echtheit der *Protokolle der Weisen von Zion*. Solche Kritik begann sich zu häufen, und selbst einige islamistische Autoren meinten schließlich, dummes Geschwätz dieser Art vergrößere nur die Verwirrung auf den arabischen Straßen. Außerdem sei es dem Ansehen von al-Qaida abträglich, denn man könnte deren Leistung sicherlich nicht in vollem Umfang würdigen, wenn die Märtyrer, die die Heldentaten begangen hatten, Mossad-Agenten gewesen wären. Solchen Einwände zum Trotz wurden einige der angeführten Spekulationen weiterhin für bare Münze genommen, und das nicht nur von ungebildeten Teilen der Gesellschaft, sondern auch von Intellektuellen. Zumindest blieb der Verdacht, dass nicht die ganze Wahrheit bekannt sei.

Antisemitismus

Nach dem September 2001 kam es vermehrt zu antisemitischen Terroraktionen, wie dem Bombenanschlag auf die Synagoge auf Djerba (bei dem 19 ausländische Touristen ums Leben kamen) und Brandanschlägen auf Synagogen in Frankreich. Es wurde zu Recht darauf hingewiesen, dass Kritik an der Politik der israelischen Regierung noch kein Antisemitismus sei. Dennoch ist die Verbindung zwischen der neuen antisemitischen Welle und der Nahostpolitik nicht zu übersehen. Propagiert wird sie hauptsächlich von linksradikalen Gruppen, die zuvor nur mäßiges Interesse am israelisch-palästinensischen Konflikt gezeigt haben.[28] An amerikanischen und europäischen Universitäten hat unter dem Banner der Antiglobalisierungsbewegung, unter dem sich Trotzkisten, Anarchisten und andere Sekten treffen, offene antisemitische Propaganda Einzug gehalten.[29] Ein Literaturnobelpreisträger warf den Juden (und nicht nur der Regierung Scharon) vor, mit Auschwitz vergleichbare Gräuel zu begehen, und eine führende Vertreterin der Antiglobalisierungsbewegung bemerkte, jedes Mal, wenn sie sich bei den »Aktivistennachrichten« ihrer Kampfgefährten einlogge, stoße sie auf jüdische Verschwörungstheorien und Auszüge aus den *Protokollen der Weisen von Zion*.[30]

Hatte der Nationalsozialismus geglaubt, es gebe einen »jüdischen Kapitalismus«, so entwickelten die Linksradikalen als neues Konzept das des »jüdischen Imperialismus«. Diese Entwicklung in Teilen der Linken hat bei neonazistischen Gurus in den Vereinigten Staaten und ehemals führenden deutschen Terroristen wie Horst Mahler die Hoffnung geweckt, eine »dritte Position« – eine Synthese aus Antiimperialismus, Antiamerikanismus und Antisemitismus der radikalen Linken und der extremen Rechten – könnte im Bündnis mit dem muslimischen Terrorismus zu einer bedeutsamen politischen Kraft werden, womöglich zur Welle der Zukunft. Angesichts der sehr speziellen und exklusiven religiösen Doktrin der al-Qaida-Internationale ist es allerdings mehr als zweifelhaft, dass ein Bündnis mit westlichen Ungläubigen, wie sehr sie auch mit der islamistischen Sache sympathisieren mochten, von Dauer sein kann. Doch das hindert westliche Sympathisanten nicht daran, ihre politische und propagandistische Hilfe anzubieten, genauso, wie die gleichen Kreise ein Vierteljahrhundert zuvor die »Khomeini-Revolution« unterstützt und begrüßt hatten.

Antiamerikanismus

Warum hassen sie uns Amerikaner so sehr? Das war eine der Fragen, die nach dem 11. September 2001 immer wieder gestellt wurden. Aber war es die richtige Frage? Oder war Amerika vielleicht angegriffen worden, weil es viele Jahre lang nach Terroranschlägen nicht nachdrücklich genug Vergeltung geübt hatte, weil es zu schwach und zu unentschlossen wirkte und daher ein leichtes Ziel zu sein schien?[1] Nationen werden selten geliebt und Großmächte noch weniger. Weder Russland noch China, weder Großbritannien noch das spanische oder osmanische Reich, weder Indien noch Deutschland oder Frankreich waren auf der Höhe ihrer Macht geliebt worden – allenfalls geachtet, oftmals aber gefürchtet. Die Gründe liegen auf der Hand: Großmächte neigen häufig dazu, die legitimen Interessen ihrer kleineren Nachbarn und anderer Länder zu missachten oder ihnen, ob nun absichtlich oder aus Gedankenlosigkeit, ihren Willen aufzuzwingen. Ihre Kultur und Wirtschaft sind übermächtig; eine mexikanische Redewendung fasst die Ängste der Nachbarn folgendermaßen zusammen: Man fühle sich »so weit von Gott, so nah den Vereinigten Staaten«.

Gehasst zu werden ist eine Folge des Groß- und Mächtigseins. Freundlichkeit kommt dagegen nicht an, nur schwächer zu werden hilft. Kleinere Länder mögen bedauert oder verachtet werden, aber sie werden selten gehasst. Sind die Vereinigten Staaten ein größeres Hassobjekt als andere Supermächte der Geschichte? Darauf gibt es allenfalls anekdotische Hinweise. Den Berichten über die weltweite öffentliche Meinung, die das amerikanische Informationsamt (USIA) in den neunziger Jahren des 20. Jahrhunderts auf der Grundlage von Umfragen erstellt hat, ist zu entnehmen, dass engere politische und wirtschaftliche Beziehungen zu den USA keine negativen Reaktionen auf die amerikanische Kultur ausgelöst haben – jedenfalls nicht dort, wo die Frage gestellt worden war.[2]

Dem gleichen Bericht zufolge wurden die Vereinigten Staaten als Quelle von Wirtschaftshilfe geschätzt, und auch ihre Rolle bei der Gewährleistung der regionalen Sicherheit wurde jeweils von einer Mehrheit positiv bewertet.

Vielleicht haben diese Berichte ein zu rosiges Bild gemalt; es gibt zweifellos in vielen Ländern Gruppen, die Amerika und seiner übermächtigen militärischen Stärke als einziger nach dem Ende des Kalten Krieges verbliebenen Supermacht grundsätzlich ablehnend gegenüberstehen. Die einen sind wütend auf die Vereinigten Staaten, weil die Tatsache ihres Überlebens als Supermacht den Voraussagen über ihren unvermeidlichen Niedergang widersprach. Andere verübeln ihnen die egoistische Verfolgung der eigenen Wirtschaftsinteressen, die Missachtung ökologischer Belange und den beherrschenden Einfluss ihres Kulturexports. Dennoch gab es bis in die Mitte der neunziger Jahre nur wenige Anschläge ausländischer Terroristen auf amerikanische Einrichtungen, genau genommen, wenn man von den Angriffen in Beirut im Jahr 1983 absieht, so gut wie keine. Hat sich die Lage also Ende der neunziger Jahre plötzlich dramatisch verschlechtert? Das wäre zumindest erstaunlich, denn die Clinton-Regierung war sicherlich gemäßigter und außerhalb der USA beliebter als ihre Vorgänger. Oder hat in der Einstellung zu Amerika überhaupt kein dramatischer Wandel stattgefunden? Sind die antiamerikanischen Militanten vielleicht nur aggressiver geworden, weil sie erkannten, dass sie das Land ungestraft provozieren konnten?

Diese Fragen werden von Politikern und Politikwissenschaftlern noch jahrelang diskutiert werden. Was unser Thema anbelangt, so stehen sie nicht im Zentrum. Die Reaktionen von Politikern, den Medien und der Öffentlichkeit nach dem 11. September in Amerika und im Ausland sind hier nur insofern relevant, als sie das Verständnis des neuen Terrorismus, mit dem sich die USA und andere Länder plötzlich konfrontiert sahen, sowie die Haltung ihm gegenüber widerspiegeln. Dabei müssen die Reaktionen innerhalb und außerhalb der USA getrennt behandelt werden, weil Motive und Umstände sich unterscheiden.

Amerika nach dem 11. September

Instinktiv reagierten die amerikanische Öffentlichkeit und die politische Klasse der USA mit spontanen Solidaritätsbekundungen und Unterstützung der Regierung. Die Administration war neu und der Präsident außenpolitisch unerfahren; er musste noch beweisen, dass er fähig war, mit einer Krise solchen Ausmaßes fertig zu werden. Dennoch war monatelang kaum eine kritische Stimme zu hören – für Proteste, so fand man, war es nicht die richtige Zeit, und angesichts des halb zerstörten Manhattan war die Atmosphäre dem Anti-Antiterrorismus nicht eben förderlich. Die Medien verhielten sich ähnlich, es gab berechtigte Diskussionen darüber, ob die Armee die richtige Institution sei, um im Krieg gegen den Terrorismus die Führung zu übernehmen. Man konnte darauf hinweisen, dass »Krieg« vielleicht nicht der angemessene Begriff für den Kampf gegen den Terrorismus sei und Afghanistan, alles in allem, möglicherweise nicht das entscheidende Schlachtfeld. Aber das waren taktische Einwände, keine Prinzipienfragen. Hinsichtlich der dringenden Notwendigkeit, Maßnahmen gegen den Terrorismus zu ergreifen und eine Wiederholung der Anschläge zu verhindern, herrschte volle Einmütigkeit.

Es gab natürlich, wie üblich, einige Ausnahmen, einzelne oder kleine Gruppen, die angesichts der Ereignisse offene Freude zeigten – die Neonazis sind bereits erwähnt worden. Der ehemalige Schachweltmeister Bobby Fischer, der sich damals auf den Philippinen aufhielt, soll gesagt haben, das seien »wunderbare Nachrichten«; es sei höchste Zeit, die USA ein für allemal zu erledigen.[3] Um Fischers geistige Gesundheit stand es allerdings schon seit langem nicht zum Besten, und niemand hielt es für notwendig, seine Äußerungen zu kommentieren oder sonst wie zu reagieren. Von anderer Seite wurden die Anschläge auf Unschuldige zwar verurteilt, gleichzeitig aber eine Vielzahl von Rechtfertigungen für sie vorgebracht. Solche Äußerungen waren aus Universitäten sowie von Künstlern und Schriftstellern zu hören. Zumeist kamen sie nicht überraschend. Der berühmte Linguist Noam Chomsky hatte die amerikanische Außenpolitik schon immer für falsch und bösartig gehalten, und so konnte es kaum verwundern, dass er voraussagte, Amerika werde zwischen drei und vier Millionen Menschen töten.[4]

Der Filmregisseur Oliver Stone, eine Koryphäe auf dem Gebiet der »Konspiratologie«, bezeichnete die Anschläge als Rebellion gegen Globalisierung und Hollywood. Susan Sontag gab vor allem der amerikanischen Politik die Schuld, etwa an der Ermordung irakischer Kinder (sie revidierte später ihre Haltung). Norman Mailer erklärte, das World Trade Center sei eine Monstrosität gewesen, die einfach zerstört werden musste. Der Harvard-Professor Eric Foner schrieb, er wisse nicht, wovor er mehr Angst haben solle, vor dem Schrecken, den New York erlebt habe, oder vor der apokalyptischen Rhetorik, die täglich aus dem Weißen Haus zu hören sei.[5] Nach Ansicht eines anderen Professors, der an der Rutgers-Universität lehrte, war der angeblich faschistische Charakter der amerikanischen Außenpolitik die letzte Ursache der Anschläge, und einer seiner Kollegen von der Universität von New Mexico verkündete, jeder, der in der Lage sei, das Pentagon in die Luft zu jagen, würde seine Stimme bekommen. Louis Farrakhan schloss sich mit seinen Äußerungen Edward Said an. Kathe Pollitt schrieb in *The Nation*, die amerikanische Fahne stünde für Chauvinismus und Rachsucht.[6]

In Amhurst wurden bei einem Teach-in (oder einer Demonstration) zwei Sternenbanner verbrannt. Auf diversen Webseiten mit Antikriegsinformationen erschien Propaganda für den einstigen Hitler-Stellvertreter Rudolf Hess neben Äußerungen linker Antiamerikaner. Was die ideologische Herkunft dieser Kommentare anging, so schien das Prinzip des Code Napoléon vorzuherrschen, nach dem eine Überprüfung der Vaterschaft verboten war. Daran hielten sich allerdings nicht alle; Christopher Hitchens, ein unentwegter Vorkämpfer der extremen Linken, der Mutter Teresa eine Faschistin genannt und gefordert hatte, Henry Kissinger als Kriegsverbrecher vor Gericht zu stellen, schrieb in *The Nation*, ihm sei von Anfang an bange gewesen vor der masochistischen E-Mail-Korrespondenz, die von der Chomsky-Zinn-Finkelstein-Ecke angestoßen werden würde, und er sei nicht enttäuscht worden. Für ihn waren die Attentäter von Manhattan Faschisten im Gewand des Islam; was sie am Westen ablehnten, sei nicht das, was westlichen

Liberalen nicht gefalle, sondern das, was diese schätzten und verteidigen müssten. [7] Michael Walzer, ein Guru der linken Mehrheit, schrieb, dass diejenigen, die Schadenfreude empfänden, nicht nur die Terroristen entschuldigten, sondern sich darüber hinaus ihren Unterstützern angeschlossen hätten. »Die einzige politische Antwort auf ideologische Fanatiker und suizidale Gotteskrieger ist unerbittliche Ablehnung.« [8]

Als einige der provokativeren Äußerungen von Gegnern des Krieges gegen den Terrorismus durch ihre Kritiker eine breitere Öffentlichkeit erreichten, gab es einen Aufschrei der Empörung – die antiamerikanischen Zitate seien aus dem Zusammenhang gerissen. Das Land werde von einer neuen Welle des McCarthyismus erfasst, die Freiheit von Rede und Forschung sei in Gefahr. Da es praktisch unmöglich war, ganze Redetexte wiederzugeben, waren sämtliche Zitate zwangsläufig aus dem Zusammenhang gerissen. Andererseits beklagten diejenigen, die den von ihnen als gerecht betrachteten Krieg gegen den Terrorismus befürworteten, die amerikanischen Universitäten seien seit Jahren von Feinden der amerikanischen Werte und der Demokratie indoktriniert worden, angestellt habe man nur politisch genehme Kandidaten – die Entgleisungen nach dem 11. September seien lediglich eine logische Folge dieser ganzen Entwicklung. [9]

Man konnte in der Tat den Eindruck gewinnen, dass der harte Kern der Linken und Salonradikalen Patriotismus auch noch nach den Anschlägen von New York und Washington für etwas Schlechtes hielt, weil er dem amerikanischen Imperialismus und sogar Faschismus diene. Den »Patrioten« wurde vorgeworfen, sie würden eine nationale Krise dazu nutzen, die unter ihrer Ägide eingeleitete Entwicklung rückgängig zu machen und den Patriotismus wieder in Mode zu bringen. [10]

Diese Debatten, so interessant sie auch sein mögen, stehen jedoch nicht im Mittelpunkt der vorliegenden Untersuchung. Obwohl die Medien solchen Verlautbarungen viel Aufmerksamkeit schenkten, ist es zweifelhaft, dass sie große politische Auswirkungen hatten. Gewiss wurden einige der führenden akademischen Vereinigungen von Leuten dominiert, die dem, was die große Mehrheit als amerikanische Werte betrachtet, ablehnend gegenüberstanden. Aber es ist fraglich, ob an den durch die Universitäten, von Stanford bis zum New York City College, gemeldeten stürmischen Versammlungen auch nur ein Prozent der Studierenden teilnahm; in den meisten Fällen dürften es bedeutend weniger gewesen sein.[11] Es ist bekannt, dass solche Teach-ins von Sprechern und militanten Mitgliedern extremistischer politischer Gruppen besucht und dominiert werden. Ihre Reichweite beschränkte sich jedenfalls auf einen sehr kleinen Teil der Studentenschaft von Fachbereichen wie englische Literatur, Soziologie und gelegentlich auch Theologie. Wie der bereits erwähnte Eric Foner in einer Umfrage festgestellt hat, gab es an seiner Universität eine breite Zustimmung zum Krieg gegen den Terrorismus: »Wenn es unser Ziel ist, die Studenten mit unpatriotischen Überzeugungen zu indoktrinieren, haben wir offenbar ausgesprochen schlechte Arbeit geleistet.«[12]

Es hat sicherlich nicht an Versuchen gefehlt, aber Tatsache ist, dass die Happenings an den Universitäten für die Gefühle und Ansichten der überwiegenden Mehrheit der Amerikaner nicht repräsentativ waren. Als sich der Zorn über den amerikanischen Patriotismus und den schnellen Sieg in Afghanistan ein wenig gelegt hatte, wandten sich die Angriffe an manchen Universitäten gegen Israel. Da die neuen Schuldigen jedoch häufig eher Anhänger der israelischen Friedenspartei als von Ministerpräsident Scharon waren, kamen nicht wenige Beobachter der radikalen Szene an den Universitäten zu dem Schluss, dass das zugrunde liegende Motiv nicht Antizionismus, sondern Antisemitismus sei. Es war allerdings ziemlich unwahrscheinlich, dass diejenigen, die Sympathie für die Terroristen geäußert hatten, wie Bobby Fischer oder die Professoren aus New Mexico oder von der Rutgers-Universität, diese auch unterstützen würden wie einst Linke aus aller Welt die Republikaner im Spanischen Bürgerkrieg. Wenn sie ihre Äußerungen tatsächlich ernst meinten, sollte man annehmen, dass sie nicht nur rhetorische Schützenhilfe leisten würden. Doch anscheinend fehlte ihnen der Mut, aus ihren Überzeugungen entsprechende Konsequenzen zu ziehen; es bestand zwar immer die Möglichkeit, dass sich Einzelne dem al-Qaida-Netzwerk anschlossen, aber es war unwahrscheinlich, dass sie aus dem Hain des Akademos kamen. Die Teilnahme aus dieser Ecke war rein platonischer Art – al-Qaida konnte allenfalls auf »kritische Unterstützung« hoffen.

Wenn diese Diskussionen (oder Brüllduelle) in unserem Zusammenhang dennoch eine gewisse Relevanz besitzen, dann vor allem, weil sie nicht nur ein tief gehendes Wissensdefizit in Bezug auf den Terrorismus offenbarten, sondern auch den Unwillen, dazuzulernen. Es wurden zwar einige vernünftige Vorschläge laut, an den Universitäten mehr Seminare über Themen wie das der politischen Gewalt anzubieten, aber es überwogen doch bei weitem Anregungen, die, vorsichtig ausgedrückt, ziemlich weit hergeholt waren.

In der Epoche des anarchistischen Terrorismus hätten diejenigen, die mehr über die Motive der Terroristen erfahren wollten, deren Doktrin analysiert. Wer mehr über die russischen Sozialrevolutionäre oder die irischen Militanten wissen wollte, hätte die jüngste russische beziehungsweise irische Geschichte studiert. Die Angriffe vom September 2001 wurden von Mitgliedern der al-Qaida ausgeführt, und Universitäten versprachen, ihre Studenten über den Hintergrund der Anschläge aufzuklären. Aber man darf nicht glauben, dass es deshalb viele Seminare über den Dschihad, über Fanatismus und ähnliche Aspekte des Terrorismus gegeben hätte. Diese Themen blieben weiterhin »umstritten«. Islamforscher an amerikanischen Universitäten wandten sich gegen den Terrorismus und veröffentlichten Stellungnahmen, in denen sie erklärten, die Trauer und die Wut auf die Attentäter seien nachvollziehbar und würden von allen geteilt, doch dürfe sich der Zorn nicht gegen Menschen richten, die an diesen Verbrechen völlig unschuldig seien. Die verbalen und tätlichen Übergriffe gegen Muslime (und Menschen, die für Muslime gehalten wurden) seien insbesondere deshalb bedrückend, weil viele amerikanische Muslime in der Hoffnung in die Vereinigten Staaten gekommen seien, dort Zuflucht vor einem intoleranten Regime zu finden.[13]

Solche Erklärungen waren sowohl anständig als auch human, und sie waren politisch klug, denn wenn die Terroristen darauf abzielten, die Kluft und die Missverständnisse zwischen den Kulturen (für die man Samuel Huntington verantwortlich machte) zu erweitern, dann war es die Pflicht von Demokraten und all jenen, die eine friedliche Koexistenz zwischen den Gemeinschaften anstrebten, Brücken zu bauen und dafür Sorge zu tragen, dass die Spannungen nicht noch weiter wuchsen. Es sprach einiges dafür, die Verlautbarungen führender amerikanischer Muslimorganisationen, die die Terroranschläge verurteilten, zu veröffentlichen und die Äußerungen anderer Organisationen, die dies nur zögernd oder gar nicht taten, zu ignorieren, wie die akademischen Islamforscher es taten. In Krisenzeiten kann es gerechtfertigt sein, nicht die ganze Wahrheit bekannt zu machen, weil dies bedeuten würde, Öl ins Feuer zu gießen. Aber angesichts all der Forderungen nach einer friedlichen Lösung des aktuellen Konflikts hätte man doch bereit sein müssen, einen genaueren Blick auf die Überzeugungen und Ziele derjenigen zu werfen, die die Anschläge geplant und mit ausgeführt hatten und – nach allem, was man wusste – diesen Weg auch weiterzugehen gedachten. Handelte es sich tatsächlich nur um ein paar Außenseiter, die eine große Religion usurpiert hatten? Wie viel Glauben fand ihre Doktrin? Welche Forderungen erhoben sie, und wie konnten diese erfüllt werden? Diesen Fragen wollte sich kaum jemand stellen.

Um die Lage zusammenzufassen: Die große Mehrheit der Amerikaner reagierte mehr oder weniger instinktiv: Man war angegriffen worden und somit verpflichtet, sich zu verteidigen und zurückzuschlagen. An den Universitäten und unter Intellektuellen gab es dagegen eine, wenn auch nicht sehr große, so doch lautstarke und aggressive Fraktion, die der Meinung war, dass diese Attacke, hatte es sie denn gegeben, von den Vereinigten Staaten selbst heraufbeschworen worden war.

Terrorismus und Antiamerikanismus in Europa

Die europäische Haltung gegenüber Amerika war schon seit langem ambivalent. Einerseits war da Sympathie und sogar Begeisterung, etwa im Sinne von Goethes Ausruf: »Amerika, du hast es besser als unser Kontinent.« Andererseits gab es einen kulturellen Antiamerikanismus, der mindestens zweihundert Jahre zurückreichte. Frances Trollope etwa, die Mutter des englischen Schriftstellers, machte sich in einem berühmten Buch über die schlechten

Manieren der ungehobelten Amerikaner lustig, die bei jeder Gelegenheit Kaugummi auf den Fußboden spuckten.[14] Aus europäischer Sicht bestand die amerikanische Literatur überwiegend aus Schund, die Zeitungen waren unzuverlässig, die Kinder dumm, die Frauen sahen aus wie Vogelscheuchen, das amerikanische Volk hasste die Engländer und überhaupt besaß es weder Feingefühl noch Loyalität. Dickens mokierte sich darüber, was die Amerikaner aus der englischen Sprache gemacht hatten – die berühmte Schule der Weitschweifigkeit.

Auf die Amerikaner herabzuschauen gehörte in der englischen Literatur und Politik während des gesamten 19. Jahrhunderts zum guten Ton. Amerika war zu demokratisch und egalitär, zu plebejisch und neureich zugleich. Für viele war es zu demokratisch, für manche nicht demokratisch genug. In Deutschland gab es nachgerade ein literarisches Genre von Erzählungen über das unglückliche Los von Auswanderern, die mit vielen Erwartungen und Illusionen nach Amerika gegangen waren und am Ende in bitterste Verzweiflung gestürzt wurden. Das bekannteste Beispiel ist Ferdinand Kürnbergers Antiutopie *Der Amerika-Müde* aus dem Jahr 1855.[15] Erzählt wird die Geschichte von Dr. Moorfeld, einem jungen, idealistisch gesinnten deutschen Auswanderer, der in der Neuen Welt die Verwirklichung seiner Träume zu finden hofft. Was er indes vorfindet, sind krasser Materialismus, Betrug, Habgier, Brutalität, Kulturmangel und schließlich sogar ein antideutsches Pogrom. Klüger geworden und voller Trauer kehrt er nach Europa zurück. War Frances Trollopes Buch eine Karikatur, die auf persönlichen Erlebnissen und wahren Elementen beruhte, so galt das keineswegs für Kürnbergers Roman: Sein Autor war genauso wenig in Amerika gewesen wie Dante in der Hölle. Ein geistreicher Franzose hat einmal gewitzelt, es wäre besser gewesen, man hätte Amerika niemals entdeckt, denn es sei das einzige Land, das die Phase des Erwachsenseins übersprungen habe und direkt vom Infantilismus zur Senilität übergegangen sei.

Der Antiamerikanismus des 19. Jahrhunderts war kultureller Art, denn politisch zählte Amerika vor dem Ersten Weltkrieg noch nicht. In den zwanziger und dreißiger Jahren des 20. Jahrhunderts begann dies sich zu ändern. Die Nationalsozialisten waren anti-

247

amerikanisch, weil sie die minderwertige Kultur Amerikas und die in ihren Augen schmähliche Mischung der Rassen verabscheuten. Jede einzelne von Beethovens Symphonien, sagte Hitler, sei ein größerer Beitrag zur Weltkultur gewesen als alles, was England jemals hervorgebracht habe, und seine Verachtung für Amerika war sogar noch größer. Für die Kommunisten und ihre Anhänger war Amerika das Haupthindernis auf dem Weg zur Weltrevolution und zum Aufbau einer besseren Welt. Von Gorki, der im Jahr 1906 Amerika bereist hatte, wussten sie, dass in der Stadt des gelben Teufels (New York) alles in Schmutz und Langeweile ertrank, dass der amerikanische Mob ein schreckenerregendes Ungeheuer war und dass die Kinder in der Stadt die Mülltonnen nach verschimmelten Brotkanten durchwühlten. Später bedrohte die Wall Street die Welt mit einem Atomkrieg. Seit Anfang der fünfziger Jahre fanden in Paris Großdemonstrationen gegen die amerikanische Rolle im Koreakrieg statt *(»Ridgeway la peste«)*, und während des Vietnamkriegs und der Studentenrevolte gingen in Deutschland sogar noch mehr Menschen auf die Straße, um gegen ein vom Kalten Krieg besessenes Amerika zu protestieren. Zu jener Zeit bestand für einen großen Teil der europäischen Intelligenz die korrekte Haltung in Neutralismus und gleich großer Distanz zu beiden Parteien des Kalten Krieges. Amerika galt als gefährlich, als zu aggressiv, die amerikanische Massenkultur wirkte verrohend und stellte eine Bedrohung für alles dar, was über Jahrhunderte hinweg in Europa geschaffen worden war.

Es bestand jedoch ein merkwürdiger Zwiespalt zwischen der Einstellung der Intelligenz zum einen und derjenigen der politischen Klasse sowie der Bevölkerungsmehrheit zum anderen. Mit wenigen Ausnahmen befürworteten die Politiker das Bündnis mit den Vereinigten Staaten, auch wenn sie sie nicht unbedingt liebten, und diejenigen, die, wie Charles de Gaulle, eine andere Position bezogen, taten dies aufgrund von machtpolitischen Überlegungen; im Übrigen verachtete de Gaulle England sogar noch mehr als Amerika. Die große Mehrheit aber war vom Antiamerikanismus der Intellektuellen kaum berührt. Allen warnenden Reden und Schriften zum Trotz waren im 19. Jahrhundert Millionen aus Deutschland und ganz Europa in die Neue Welt emigriert. Und mochten die Angriffe auf amerikanischen Kitsch, minderwertige Spielfilme und Popmusik, von McDonalds und anderen importierten Abscheulichkeiten ganz zu schweigen, oftmals auch gerechtfertigt sein – auf den Geschmack der Mehrheit der Europäer haben sie kaum je eine Wirkung gezeigt. In Kurzfassung war das der Hintergrund, vor dem man in Europa auf die Anschläge reagierte. Während nach dem 11. September die politische Führung und die breite Öffentlichkeit Washington, wenn auch mit Vorsicht, ihres Rückhalts versicherten, äußerten sich Medien und Intellektuelle kritisch bis feindselig. Das war insofern verblüffend, als in Frankreich, England und Deutschland viele der führenden Politiker aus der gleichen ideologischen Ecke kamen wie ihre Kritiker: Dreißig Jahre zuvor waren sie revolutionäre Sozialisten oder sogar Trotzkisten gewesen. Die Gründe waren gleichwohl nicht schwer zu erraten: Die Politiker mussten sich mit den realen Problemen der wirklichen Welt auseinander setzen, während die Medien und Teile der Intelligenz nicht von derlei störenden Beschränkungen behindert wurden. Sie konnten die Gefahren ignorieren, auf Distanz gehen und frei von der Leber weg Kritik üben – Lösungen zu finden war schließlich nicht ihre Aufgabe. Natürlich gab es von Land zu Land Unterschiede: Am deutlichsten trat diese Haltung in Deutschland und Schweden zutage; in Großbritannien, Italien und Frankreich war sie zwar spürbar vorhanden, jedoch in geringerem Umfang – die Gegenkräfte waren dort stärker.

Binnen ein, zwei Tagen nach den Anschlägen, als die meisten Opfer noch unter den Trümmern des World Trade Center begraben lagen, gaben prominente deutsche Intellektuelle zu Protokoll, die Hauptgefahr sei nicht der Terrorismus, sondern die zu erwartende amerikanische Überreaktion, ganz im Sinne des Titels der berühmten Novelle von Franz Werfel – »Nicht der Mörder, der Ermordete ist schuldig«. Günter Grass prophezeite, Afghanistan werde Amerikas zweites Vietnam werden; die richtige Antwort auf den Terrorismus sei ökonomische Gerechtigkeit. Bundeskanzler Schröders Solidaritätsbekundung gegenüber Washington stieß bei ihm auf herbe Kritik. Die Berliner Kultursenatorin Adrienne Goehler verglich die Türme des World Trade Center mit zwei riesigen Phallen, was sie als Grüne und Feministin selbstverständlich nicht als Kompliment meinte. Und der eher rechts stehende Schriftsteller Botho Strauß sprach von einem Krieg des Bösen gegen das Böse. Deutsche Fernsehkommentatoren und Professoren der vergleichenden Literaturwissenschaft meinten, der Westen hätte die tieferen Gründe der Terroranschläge nicht verstanden, und behaupteten, Osama bin Laden und Präsident Bush hätten die gleichen Denkstrukturen.[16] Die meisten prominenten deutschen Schriftsteller, egal, ob links oder rechts orientiert, standen Amerika kritisch bis ablehnend gegenüber und fanden bestenfalls ein paar Worte des Bedauerns für die Opfer. Ihre Erklärungen der Ursachen des Terrorismus waren immer die gleichen: Er sei ein Protest der Armen und Ausgebeuteten gegen die reichen Länder, die sich nicht um ihr Elend kümmerten.

Am linken Ende des politischen Spektrums wandelten sich die Kommentare im Lauf der Zeit. Zunächst, unmittelbar nach dem Anschlag, schrieb das exkommunistische *Neue Deutschland*, ein solcher Massenmord sei durch nichts zu rechtfertigen, und sogar die ultralinken »Autonomen« bezeichneten den Angriff als »faschistoid« und antisemitisch. Mit linker Militanz hätte er nichts zu tun – mit Terroristen habe man nichts gemein. Als dann jedoch Maßnahmen zur Terrorismusbekämpfung ergriffen wurden, verurteilte man diese als Ausdruck von Militarismus, Imperialismus und NATO-Hysterie.[17]

Westliche Islamismusexperten, von denen es zugegebenermaßen nicht viele gab, da diese Spezialisierung vom Fach nicht sonderlich geschätzt wurde, hatten tausendmal wiederholt, dass der Fundamentalismus kein Protest gegen die Armut sei. Ein führender Spezialist formulierte es so: »Dies anzunehmen ist einfach naiv. Die Hartnäckigkeit, mit der sich diese naive Betrachtungsweise hält, spricht sicherlich für den geistigen Einfluss des Marxismus, aber die Menschen werden nicht zu Fundamentalisten, weil sie Not leiden. Armut verursacht keinen Fundamentalismus, und Wohlstand kann ihn nicht kurieren.«[18] Der Verweis auf den Marxismus war hier wohl übertrieben, denn das Phänomen war vor allem auf intellektuelle Trägheit und die Weigerung zurückzuführen, unangenehme Tatsachen zur Kenntnis zu nehmen. Schließlich hatten nicht nur westliche Experten Zweifel am Armutsargument geäußert; die radikalen Fundamentalisten selbst hatten es bei zahllosen Gelegenheiten bestritten, von westlichen Apologeten ihrer Sache wie dem britischen Journalisten Robert Fisk ganz zu schweigen. Aber so oft sie auch wiederholten, dass es in erster Linie nicht um die Armut gehe, gegen die tiefe Verwurzelung dieser Vorstellung kamen auch sie nicht an.

Auch hundert deutsche Islamwissenschaftler und Arabisten veröffentlichten eine Erklärung, in der sie mit den USA scharf ins Gericht gingen. Die europäischen Länder, behaupteten sie, hätten nichts zu befürchten, da für die radikalen Islamisten nicht die westliche Zivilisation, sondern Amerika der Feind sei, genauer gesagt die amerikanische Politik in Nahost.[19] Das traf insoweit zu, als die Terroristen darauf achteten, ihre Ausgangsbasen in Ländern wie Deutschland, Großbritannien oder Frankreich nicht aufs Spiel zu setzen, solange sie von dort aus Operationen gegen die Vereinigten Staaten organisieren konnten. Dennoch war das Argument auch in dieser Hinsicht falsch, weil die Terroristen durchaus Anschläge in Europa, speziell in Frankreich, geplant, dann aber nicht ausgeführt hatten. Im Grunde lief es auf die Behauptung hinaus, sie, die deutschen Akademiker, wüssten besser als die Islamisten, was die Islamisten wollten. Sie ignorierten nicht nur deren Doktrin, nach der Amerika zwar der große Satan war, aber auch der Westen insgesamt als säkulare und daher antiislamische Zivilisation als ewiger Feind galt. Sie kümmerten sich auch nicht um die Tatsache, dass es in Europa Millionen Muslime gibt und unter ihnen Gruppen aktiv sind, die die islamische Herrschaft (das Kalifat) errichten wollen, wo immer Muslime leben.

In Großbritannien bat die *London Review of Books* als erste Publikation Intellektuelle um eine Stellungnahme, und die Antworten, die sie erhielt, fielen fast durchweg mehr oder weniger antiamerikanisch aus. Ein Symposium der Zeitschrift *Granta* erbrachte ein ähnliches Ergebnis, nur dass in diesem Fall viele der Kommentare aus muslimischen Ländern kamen. Wie taktvoll man es auch umschreibe, die Vereinigten Staaten hätten die Katastrophe selbst heraufbeschworen, so fasste Mary Beard, eine Spezialistin für altrömische Religionen, die Mehrheitsmeinung zusammen.[20] Ähnliche Ansichten druckte der *Guardian* ab, der zusammen mit *The Independent* zur Hauptstütze des Antiamerikanismus wurde. Seamus Milne, ein Kolumnist des *Guardian*, schrieb, die Amerikaner seien einfach zu beschränkt, um die Lage verstehen zu können. Es sei auch nicht ein Schimmer der Erkenntnis zu bemerken, dass sie wieder einmal den Sturm ernteten, den sie doch selbst gesät hätten.[21] Das Fernsehen der BBC sprach in radikalen Moscheen junge muslimische Fundamentalisten an und lud sie in eine Talkshow ein, um einen früheren US-Botschafter niederzubrüllen. Doch diese Art von Sendung kam beim gerechtigkeitsliebenden britischen Publikum nicht gut an.[22]

Die Wogen schlugen hoch. So wurde vorgeschlagen, den *Guardian* in *Daily Terrorist* umzubenennen, während der *Independent* umgekehrt diejenigen, die nicht mit seiner Art von Antiamerikanismus übereinstimmten, als blutdürstige Holzköpfe verunglimpfte. Der *Guardian* zitierte eine Mrs. Tricker mit den Worten, jetzt hätten die Amerikaner zu spüren bekommen, wie die Irakis sich fühlten, und ein Mr. Pritchard meinte, wenn die Anschläge Amerikas überhebliches Ego als einzige verbliebene Supermacht zurechtgestutzt hätten, dann wären sie höchst produktiv gewesen.[23] Es gebe, wie ein Leitartikler der Londoner *Times* beobachtete, auf Seiten derjenigen, die man einst als linke Intelligentsia bezeichnet habe, in überraschendem Ausmaß defätistische Fehlinformationen, moralisch zweifelhafte Selbstgeißelungen und übertriebene Ansichten über die Unverwundbarkeit des Gegners. Die rückgratlose Politik, die von ihnen empfohlen werde, könnte sich aber für die humanitären Werte als fast so gefährlich und zerstörerisch herausstellen wie die Beschwichtigungspolitik der dreißiger Jahre.[24]

Anfangs bestand die Linie der Antiamerikaner darin, vor einem sofortigen, blindwütigen Gegenschlag Washingtons, wo man auf einen neuen Krieg aus sei, zu warnen. Als der Schlag nicht erfolgte, beschwor man die enormen Gefahren der bevorstehenden Auseinandersetzung: In Afghanistan habe sich noch jeder Angreifer eine blutige Nase geholt, und den USA werde es nicht anders ergehen. Die Talibankämpfer seien völlig furchtlos, und die amerikanischen Bodentruppen könnten es mit ihnen nicht aufnehmen. Der Krieg gegen den Terrorismus sei zu kostspielig, Amerika könne ihn sich schlicht nicht leisten, er würde es ruinieren. Ähnliche Einwände waren einst auch in Bezug auf den Zweiten Weltkrieg und den Kalten Krieg erhoben worden. Als auch sie sich als wenig stichhaltig erwiesen, verlagerten die Antiamerikaner erneut die Perspektive: Jetzt wurden die Taliban und al-Qaida zu Opfern, deren Mitglieder angeblich zu Millionen hingeschlachtet wurden. Nach zwei Monaten hatte sich die antiamerikanische Haltung dieser Kreise nicht grundlegend geändert, aber das Selbstvertrauen, mit dem sie ihre Ansichten anfangs geäußert hatten, war weitgehend geschwunden, und einige wagemutige Geister zogen sogar in Betracht, sich möglicherweise geirrt zu haben.

Brian Appleyard schrieb, Antiamerikanismus sei noch nie richtig gewesen; er habe genug von der weinerlichen Undankbarkeit seiner Generation und dem absichtlich infantilen Abscheu vor einer Nation, »die uns so oft vor uns selbst gerettet hat«.[25] Aber handelte es sich wirklich um eine ganze Generation oder nicht doch nur um diejenigen, die sich am lautstärksten Gehör verschafften? Ihr Einfluss auf die Medien war unvergleichlich viel größer als auf das Land insgesamt. Auf den Straßen von London und sogar auf denen von Bradford fanden keine Massendemonstrationen statt – von ein paar jungen al-Qaida-Anhängern abgesehen, die sich vor laufenden Fernsehkameras produzierten, war niemand bereit, auf die Barrikaden zu gehen. Wie ist diese Kluft zwischen der öffentlich redenden Schicht und dem Rest der Bevölkerung zu erklären? Waren die Angehörigen der Ersteren als Einzige weitsichtig und besorgt? Oder handelte es sich wieder einmal um ein Phänomen, das seit dem Zweiten Weltkrieg in regelmäßigen Abständen in Europa zu beobachten gewesen war – um das Kopieren intellektueller Modeströmungen aus Amerika? Anders ausgedrückt, war der europäische Antiamerikanismus nur ein Abklatsch des Antiamerikanismus, der in manchen Kreisen der USA en vogue war?

Was den Antiamerikanismus anging, hatte Frankreich in Europa seit Jahrzehnten an der Spitze gestanden. Doch diesmal liefen die deutschen und britischen Intellektuellen den französischen den Rang ab. Die Zeitung *Le Monde*, die noch nie für herzliche Gefühle gegenüber Amerika berühmt gewesen war, verkündete unmittelbar nach den Anschlägen: »Nous sommes tous Américains.« Aber der Geist der Solidarität hielt nicht lange vor. Wenig später veröffentlichten rund hundert Intellektuelle ein Manifest, in dem sie Amerika die Schuld an den Ereignissen gaben; allerdings war unter den Unterzeichnern kaum jemand von Rang. Die französischen Orientalisten, die seit langem den bevorstehenden Niedergang des radikalen Islam geweissagt hatten, blieben dabei, dass sie von Anfang an Recht gehabt hätten, mussten sich aber sagen lassen, dass ihre Sympathien für die Dritte Welt ihr Urteil trübten – aus ihrer Sicht sei der Westen stets schuldiger als der Orient, Israel stets schuldiger als die Palästinenser und das algerische Militär stets schuldiger als die algerischen Terroristen.[26]

Die Rechtsanwältin Isabelle Coutant-Peyre, Verteidigerin von Zacharias Moussaoui, dem zwanzigsten in den USA festgenommenen mutmaßlichen Mittäter der Anschläge vom 11. September, gab bekannt, dass sie Carlos den Schakal zu heiraten beabsichtige, einen ihrer früheren Klienten, der zur Zeit in Frankreich für eine Reihe von Morden eine lebenslange Haft verbüßt. Einst ein Kommunist, hatte er sich im Gefängnis zum Faschisten gemausert.[27] Aber solche Aktionen waren Handlungen von Exzentrikern, die es zu jeder Zeit und an nahezu jedem Ort gibt; sie waren nicht typisch für die öffentliche Meinung in Frankreich.

Von den vielen langen, leidenschaftlichen Stellungnahmen, die in den Wochen nach den Anschlägen veröffentlicht worden sind, sollen einige herausgegriffen werden, weil sie jeweils für die Meinung eines bestimmten Teils der Intellektuellen standen. Eine dieser Äußerungen ist der bereits erwähnte Artikel der indischen Schriftstellerin Arundhati Roy, der in England, Deutschland und Frankreich, wo er ebenfalls veröffentlicht wurde, für große Aufmerksamkeit sorgte.[28] Roy, Tochter einer arabischen Mutter und eines bengalischen Vaters, ursprünglich Schauspielerin und als Autorin später mit dem renommierten Booker-Preis ausgezeichnet, hatte sich aktiv in die indische Innenpolitik eingemischt und an Demonstrationen gegen den Bau von Staudämmen teilgenommen. Ihr Artikel war mit großem Zorn geschrieben und erinnerte an ähnliche Polemiken aus der Zeit vor und nach dem Zweiten Weltkrieg, etwa von Céline und Sartre. Präsident Bush, so Roy, sei nicht mehr als ein finsterer Doppelgänger Osama bin Ladens, an den Anschlägen sei Amerika selbst schuld, der Terrorismus sei Ausdruck eines viel tieferen Missstands, Bush wolle die Ereignisse nur für Entlassungen und die Unterdrückung der Freiheit nutzen, es gebe keine Beweise dafür, dass al-Qaida die Anschläge verübt habe, und überhaupt huldige die Koalition gegen den Terror einem Kult der Gewalt, der viel schlimmer sei als alles, was die Taliban jemals getan hätten.

In der europäischen Presse wurde Roy als authentische Stimme Indiens vorgestellt, was in ihrer Heimat von den meisten allerdings anders gesehen wurde. »Miss Roy ist eine erstaunlich eitle, eingebildete, egoistische Person, die publizitätssüchtig das Rampenlicht sucht«, hieß es in einem Kommentar; andere warfen ihr einen »scheinheiligen Ton« und »Mangel an geistiger Redlichkeit und Urteilskraft« vor und bezeichneten sie als »Champagnersozialistin« – um nur einige der von ihren indischen Kritikern benutzten Epitheta anzuführen. Ihr Artikel war im vorliegenden Kontext vor allem deshalb interessant, weil so viele führende Zeitungen im Westen ihn abdruckten und sich über die Stellung seiner Autorin in der Öffentlichkeit irrten. In Indien, wo das Kaschmirproblem alles andere überschattete, wurde er kaum wahrgenommen. Die Inder machten sich in erster Linie über Pakistan Sorgen, und wenn Kritik an Washington geübt wurde, dann beklagte man zumeist, dass Amerika sich gegenüber Pakistan und dem radikalen islamischen Terrorismus zu nachgiebig verhalte.

Eine weniger schneidende Stimme war die von Salman Rushdie, nicht eben ein Experte darin, wie man sich in der muslimischen Welt Freunde macht. Er warnte Amerika vor der Tiefe der antiamerikanischen Gefühle in Europa (sollte heißen: in Großbritannien) und führte an, was er in Europa über Patriotismus, Fettleibigkeit und emotionale Selbstbezogenheit der Amerikaner gehört hatte. Er selbst, fügte er hinzu, stehe nicht hinter solch gereizten Attacken, rate Amerika aber, sie ernst zu nehmen. Es war allerdings nicht ganz klar, wo er all diese Kritik gehört hatte und was er mit »öffentlichem Gespräch« und »Teilen der Öffentlichkeit« meinte, die er so pauschal zitierte – gewisse literarische Salons oder politische Parteien, die Arbeiterklasse, die Mittelschicht, das Oberhaus?[29] Der indische Autor, der sich am deutlichsten distanzierte, war der Literaturnobelpreisträger V. S. Naipaul, der lakonisch anmerkte:»Ich hatte ja keine Ahnung, dass der Wahnsinn in der islamischen Welt so weit fortgeschritten war.«[30]

Einen französischen Beitrag zur Debatte lieferte der postmodernistische Philosoph Jean Baudrillard, der in Frankreich eine bekannte Figur ist, aber an den amerikanischen Universitäten weit ernster genommen und sogar bewundert wird. Der »Geist des Terrorismus«, so der Titel seines Essays, war für ihn ein Produkt der Globalisierung. Er wusste, was bin Laden umtrieb, und war sicherlich besser geeignet als der saudische Unternehmer und Terrorist, es in eine dunkle Sprache zu kleiden. Der Westen, so stellte er fest, habe sich eine göttliche Allmachtstellung angemaßt, sei suizidal geworden und habe sich selbst den Krieg erklärt. Baudrillards Stil ist zwar nicht gerade von kristallener Klarheit, aber die folgende Passage gibt doch einen allgemeinen Eindruck von seiner Haltung: »Wenn die Situation so sehr durch das Monopol einer einzigen Weltmacht gekennzeichnet ist, durch eine unerhörte Konzentration aller Funktionen im technokratischen Apparat und durch ein ›Denken ohne Alternative‹ – welcher andere Ausweg bleibt dann noch als der Übersprung in den Terrorismus? Es war das System selbst, das die objektiven Bedingungen für diesen brutalen Rückstoß geschaffen hat. Indem es selbst alle Vorteile auf seiner Seite bündelt, zwingt es den Anderen, die Spielregeln zu ändern.«[31] Es ist zu bezweifeln, dass sich bin Laden und al-Qaida in diesem Bild wiedererkennen würden.

Die französischen Intellektuellen waren von Baudrillards Argumenten keineswegs so hingerissen wie einige ihrer deutschen Kollegen von Arundhati Roy. Alan Minc bemerkte, Baudrillards Attacke erinnere an den antihumanistischen und gegen die Menschenrechte gerichteten Kurs der Kommunisten, der nach dem Ende des Kalten Krieges angeblich aufgegeben worden sei. Jacques Juillard ging noch etwas weiter, indem er daran erinnerte, dass es in Frankreich traditionell demokratie- und freiheitsfeindliche Intellektuelle gebe, die sich zuerst mit dem Faschismus und dann mit dem Stalinismus eingelassen hätten.[32]

Ein erhellenderer Beitrag zu dieser Debatte kam aus einer unerwarteten Ecke, von Julia Kristeva, der Psychoanalytikerin und Spezialistin für Semiotik, die zu den führenden Gestalten der Pariser Intellektuellenszene gehört. Sie brachte das einsichtige Argument, es sei an der Zeit,»dass uns die Neubewertung unseres Fortschrittsglaubens dazu bringt, unseren psychologischen Blick zu schärfen«. Aus Angst, religiöse Konflikte zu schüren, schreckten, so die Autorin, Kommentatoren davor zurück, bei den einzelnen Religionen auch die Negativseiten zu zeigen. Allein die positiven würden erwähnt, so als gäbe es keine Beziehung zwischen einer Religion und dem Fundamentalismus, den sie hervorbringe:»Die Religionen, die das Böse exorzierten und von der Hölle sprachen, waren weniger blauäugig als wir.« Kristeva kam zu dem traurigen Schluss, dass noch viel Bildungsarbeit zu leisten sei.[33]

Soweit einige wenige aus der Vielzahl der Stellungnahmen, die nach dem 11. September 2001 in Europa abgegeben wurden. Diejenige, die die größte Wirkung erzielte, war jedoch in einem völlig anderen Geiste geschrieben. Es war die längste und sprachlich gröbste (noch mehr als die von Roy) und stammte von der europaweit bekannten italienischen Journalistin Oriana Fallaci, die, seit sie sich vor zehn Jahren zur Ruhe gesetzt hat, in New York buchstäblich das Leben einer Einsiedlerin führt. Ihre Wortmeldung war höchst emotional, teilweise vulgär und wimmelte von Schimpfworten, die eigentlich nicht recht zu einer nicht mehr ganz jungen Dame aus der italienischen Oberschicht passen. Aber im Gegensatz zu Roy und Baudrillard, bei denen man nicht sicher sein kann, wie viel von ihren Äußerungen ehrlich gemeint und wie viel Pose war, um Aufsehen zu erregen und ein großes Publikum zu erreichen, kann es bei Fallaci in dieser Hinsicht keinen Zweifel geben. In ihren Augen waren die Terroristen und die hinter ihnen stehenden radikalen Islamisten Barbaren, die um jeden Preis vernichtet werden mussten. Diejenigen im Westen, die ihre eigene Kultur und deren Werte ablehnten, betrachtete sie als Masochisten. Sie pries den amerikanischen Patriotismus – es bestehe ein himmelweiter Unterschied zwischen einem Land, in dem die Landesfahne nur von Rowdys im Fußballstadion, und einem Land, in dem sie vom ganzen Volk hochgehalten werde. Sie spreche nicht zu den»Geiern«, die angesichts der Schreckensbilder jubelten und höhnisch kicherten, es geschehe den Amerikanern ganz recht. Nein:»Ich wende mich an die Menschen, die sich, obwohl sie weder dumm noch böse sind, weiter von Vorsicht und Zweifel einlullen lassen. Ihnen sage ich: Aufstehen, Leute aufstehen! Gelähmt wie ihr seid, … begreift ihr nicht oder wollt nicht begreifen, dass wir es mit einem umgekehrten Kreuzzug zu tun haben. An ein doppeltes Spiel gewöhnt, mit Kurzsichtigkeit geschlagen, begreift ihr nicht oder wollt nicht begreifen, dass gerade ein Religionskrieg stattfindet. Gewollt und erklärt von einer Randgruppe innerhalb dieser Religion, vielleicht. (Vielleicht?) Jedenfalls ein Krieg. Ein Religionskrieg, den sie Jihad nennen: Heiligen Krieg.«[34]

Dieser Essay löste eine Vielzahl von Reaktionen aus. Die einen, wie Umberto Eco, kommentierten ihn in gemäßigten Worten, andere, wie Dacia Maraini und Eugenio Scalfari, mit scharfer Polemik. Eco ging auf die allgemeine Verwirrung ein: Die Verteidigung der westlichen Werte sei zum Wahrzeichen der Rechten geworden, während die Linke überwiegend proislamisch eingestellt sei.[35] Einige von Fallacis Kritikern stellten die Frage, wie eine Zeitung, die etwas auf sich halte – eine kürzere Fassung ihres Textes war kurz nach den Anschlägen in Form eines offenen Briefes im Mailänder *Corriere de la Sera* erschienen –, einen derart aggressiven und vulgären Artikel veröffentlichen konnte. Bei der breiten Öffentlichkeit allerdings trug Fallaci den Sieg davon. In erweiterter Fassung als Buch veröffentlicht, setzte sich *La rabbia e l'orgoglio* umgehend an die Spitze der italienischen Bestsellerliste und wurde binnen weniger Wochen eine Million Mal verkauft. In Frankreich wurde versucht, das Erscheinen der Schrift zu verhindern – erfolglos, wie man sieht: Im Sommer 2002 stand es auf Platz zwei der französischen Bestsellerliste.

So viel zur Haltung europäischer Intellektueller gegenüber Amerika und zu ihren Reaktionen auf die neue Welle des Terrors. Viele Fragen sind offen geblieben: die nach den antiisraelischen Bemerkungen etwa, die die antiamerikanische Kritik in der Regel begleiteten. Nach den umfangreichen Vergeltungsaktionen der Regierung Scharon im April 2002, die in der vorübergehenden Besetzung palästinensischer Städte und Flüchtlingslager gipfelten, trat die antiisraelische Haltung zumindest für einige Zeit an die Stelle des Antiamerikanismus. Für die Kreise, die dergleichen verlautbarten, war die Achse Washington–Tel Aviv eine »Achse des Bösen«. Das war nicht überraschend, denn obwohl die palästinensische Frage nicht im Mittelpunkt der radikal-fundamentalistischen Doktrin und Propaganda stand, spielte sie doch eine bedeutende Rolle – deshalb der regelmäßig wiederholte Aufruf an die Vereinigten Staaten, durch Aufgabe ihrer einseitigen Haltung in Bezug auf Nahost den Frieden wiederherzustellen (immer in der Annahme, dass die Position der Westeuropäer keineswegs einseitig war). Gleichzeitig räumten die realistischeren Kritiker ein, dass eine solche Änderung der US-Politik dem Terrorismus kein Ende setzte, denn für die Islamisten und ihre Sympathisanten sei selbst die Vernichtung des jüdischen Staats nur eines von vielen Zielen.

Es war sicherlich legitim, Kritik an der Politik der Regierung Scharon zu üben; sie kam aus Israel ebenso wie aus dem Ausland. Aber handelte es sich tatsächlich nur um Kritik an der israelischen Politik, oder waren andere Aspekte im Spiel?[36] War es Zufall, dass in Deutschland und England dieselben Personen und Medien, wie die *Süddeutsche Zeitung*, der *Guardian* und der *Independent*, die in der antiamerikanischen Kampagne und der damit einhergehenden Verurteilung Israels an vorderster Front standen, auch gegenüber dem linken Holocaustrevisionismus (Norman Finkelstein-Affäre) aufgeschlossen waren und in anderen, Juden (nicht den Zionismus) betreffenden Fragen eine negative Haltung einnahmen? Da wurde der Eindruck vermittelt, die Juden hätten zu lange und zu laut über ihre Leiden im Holocaust gesprochen (»als ob nur sie gelitten hätten ...«) und es sei an der Zeit, etwas weniger von Auschwitz zu hören. Diese Linie hatte in Deutschland wenige Jahre zuvor neben anderen auch Martin Walser vertreten. Unter den gegebenen Umständen steckte hinter der antiisraelischen Position eines Teils der europäischen Linken mehr als nur die Abscheu vor der israelischen Okkupation von Gebieten im Westjordanland und den Strafaktionen, die Israel als Vergeltung für Selbstmordanschläge unternahm.[37]

Gerechterweise muss hier wiederholt werden, dass zwar der größte Teil des in den Medien wiedergegebenen Antiamerikanismus von der Linken kam, aber die extreme Rechte und die europäischen Neonazis ebenfalls einen beachtlichen Beitrag leisteten.

Die entsprechenden Reaktionen in Amerika wie Europa fanden bereits Erwähnung; hier nochmals ein kurzer Blick auf einzelne europäische Länder. Zwar waren Teile der extremen Rechten noch islamfeindlicher als antisemitisch, und da das politische Problem, mit dem sie sich konfrontiert sahen, eher die Einwanderung von Muslimen als die von Juden war, richtete sich ihr Zorn hauptsächlich gegen Erstere. Aber die Mehrheit der Neonazis und ähnlicher Gruppen war eben auch offen antiamerikanisch eingestellt. Die dänische Neonazibewegung (DNSB) wandte sich scharf dagegen, »nach der amerikanischen Pfeife zu tanzen«. Der Führer der ungarischen Rechtsextremen, Istvan Csurka, bezeichnete die Anschläge vom 11. September als »nicht unerwartete Reaktion der unterdrückten Völker der Welt auf die Globalisierung und den in Palästina stattfindenden vorsätzlichen Genozid«. In Deutschland befand Horst Mahler die Anschläge für gerechtfertigt und äußerst wirkungsvoll; Schuld an ihnen seien die Juden und ihr »Jahwekult«. Ebenfalls in Deutschland, um genau zu sein in Neuruppin, verbrannten Mitglieder der rechtsextremen NPD eine amerikanische Fahne und skandierten dabei die Parole »USA – internationale Völkermordzentrale«.[38] In Frankreich verkündete die Unité Radicale, dieser Krieg sei »nicht unser Krieg«, und beschwor das Ende des amerikanischen Imperiums. Die schwedische Nationalsozialistische Front (NSF) erklärte, die Terroranschläge auf New York und Washington seien Angriffe auf die Neue Weltordnung gewesen – »Demokratie tötet, und man darf nicht erstaunt sein, wenn ihre Opfer zurückschlagen«.[39] Die Stellungnahmen in den Medien kamen überwiegend von der Linken, die Proteste auf den Straßen fast ausschließlich von Neonazis und radikalen Muslimen.

Die Belege zeigen, dass ein bedeutender Teil der europäischen Intellektuellen Amerika kritisch gegenüberstand. Doch das war nicht neu, auch wenn es angesichts der Krisensituation deutlicher zutage trat. Der universale, alles durchdringende, brennende Hass auf Amerika allerdings, der sich angeblich bis in die letzte Ecke des Erdballs ausgebreitet hatte, war schwerlich auszumachen, ganz sicher nicht in Russland oder China, auch nicht in Japan und Indien, nicht in Afrika und noch nicht einmal in Indochina, wo man ihn vielleicht erwartet hätte. Es gab Ressentiments und Neid, aber keinen echten, tief sitzenden Hass. Die Medien und Intellektuellen, die dem Krieg gegen den Terrorismus so ablehnend gegenüberstanden, hoben andererseits ständig hervor, dass sie nicht antiamerikanisch eingestellt seien und vieles an den Vereinigten Staaten bewunderten, von Thomas Jefferson und Abraham Lincoln bis zu führenden heutigen amerikanischen Amerikakritikern. Dies stand in scharfem Kontrast zum Antiamerikanismus der Rechtsextremen, die solche feinen Unterschiede nicht machten.

Selbst im Nahen Osten war das Bild nicht eindeutig. Obwohl ein palästinensischer Dichter erklärte, dass er Amerika so hasse, wie die Juden die Nazis gehasst hätten, waren solche Stimmen in anderen arabischen Ländern eher selten zu hören, es sei denn, sie sprachen im Auftrag der jeweiligen Regierung. Im Gegenteil, arabische Schriftsteller betonten nachdrücklich, dass sie trotz der amerikanischen Nahostpolitik, die sie verabscheuten, die Amerikaner und ihre Kultur mochten: »Wir sind weiterhin von ihnen fasziniert, wir essen ihre Gerichte, wir tragen ihre Kleidung, und wenn wir ins Ausland reisen, dann nicht nach Osten, sondern nach Westen.«[40] Auch wenn dieses Bild zu rosig erscheinen mag, dürfte es doch zutreffen, dass der Hass auf die Vereinigten Staaten bei genauerem Hinsehen auf einen Teil der Bevölkerung der Länder im Nahen Osten beschränkt ist. Vor vierzig Jahren hat Frantz Fanon geglaubt, seine Schriften drückten die Ansichten und Gefühle der Armen und Unterdrückten in der Dritten Welt aus, während sie in Wirklichkeit nur auf einige linke Intellektuelle im Westen Eindruck machten. Die nach dem 11. September 2001 veröffentlichten antiamerikanischen Artikel waren in vieler Hinsicht ein Aufguss von Fanon und Sartre. Wenn sich die Antiamerikaner über die Globalisierung beklagen, meinen sie nicht wirklich die Globalisierung, und für die Freunde von Osama bin Laden sind die »Kreuzzügler« der große Feind; die Globalisierung ist ihre letzte Sorge.

Doch ist, um es nochmals zu sagen, der Hauptgegenstand dieser Studie ja nicht die Frage, ob und warum der Antiamerikanismus vorherrscht, sondern in welchem Ausmaß die Reaktionen auf die Anschläge in New York und Washington zu einem tieferen, realistischeren Verständnis des heutigen Terrorismus und seiner Ursachen geführt haben. Und in dieser Hinsicht ist der Antiamerikanismus nicht besonders hilfreich gewesen. Dem neuen Terrorismus geht es nicht um die Armut und auch nicht in erster Linie um Israel.[41] Sein Anliegen kann in den Schriften von Qutb und den Interviews von Osama bin Laden, in der Autobiographie von al-Za-wahiri und den legal oder illegal veröffentlichten Manifesten der diversen radikalislamischen Gruppen nachgelesen werden. Aber die dort präsentierten Erklärungen mögen den Verfechtern des Antiamerikanismus auf der Linken wie der Rechten, die andere politische Ziele verfolgen, zu einfach sein. In manchen Fällen könnte die tief sitzende politische Naivität, von der Julia Kristeva gesprochen hat, eine Rolle spielen. Oder es handelt sich, wie André Glucksmann meint, nicht um eine unabsichtliche, sondern um eine bewusste Blindheit gegenüber dem Terrorismus, die ihren Höhepunkt in dem Glauben erreichte, sie sei Ausdruck einer höheren Moral: »Man möchte sich die Hände nicht schmutzig machen und ist doch nur zu feige, um sich einzumischen« und sich dem Bösen zu stellen.[42]

Aber aus welchem Grund auch immer, ob bewusst oder nicht, es gab starke Vorbehalte dagegen, wirkungsvolle Maßnahmen gegen den Terrorismus zu ergreifen. Die Opposition gegen die amerikanische Politik wuchs in dem Maße, in dem der Irak in den Vordergrund rückte – eine Entwicklung, die außerhalb des Rahmens dieser Studie liegt. Es ist jedoch interessant festzustellen, dass eines der Argumente gegen den Kurs der Regierung Bush darin bestand, dass eine Kampagne gegen Saddam Hussein den Kampf gegen den Terror schwächen würde, während man doch vorher von dem amerikanischen Antiterrorismus weniger begeistert gewesen war.

Die Überzeugung, dass amerikanische Kriegslüsternheit mehr zu fürchten sei als der islamische Terrorismus, wurde von den europäischen Staaten anfangs nicht geteilt (jedenfalls nicht, bis die Frage nach Saddam Husseins Massenvernichtungswaffen aufkam). Und das, obwohl ja, wie oben erwähnt, eine Vielzahl von Politikern in Großbritannien, Deutschland und Frankreich dieselben ideologischen Wurzeln hatten wie ihre antiamerikanischen Kritiker von der extremen Linken. Lag ihre affirmative Haltung daran, dass man als politischer Amtsträger Zugang zu Informationen hat, die anderen nicht zugänglich sind, oder mussten die Regierungsvertreter Beschränkungen hinnehmen und Rücksichten beachten, die die Kritiker, die Präsident Bush verspotteten und für Osama bin Laden und Saddam Hussein mildernde Umstände fanden, ignorieren konnten? Angehende Historiker lernen im ersten Semester, dass Geschichte sich im Gegensatz zu einem verbreiteten Vorurteil nicht wiederholt. Aber es gibt wiederkehrende Muster, und es bestehen gewisse Ähnlichkeiten zwischen der Haltung, die Teile der linken wie der rechten europäischen Intellektuellen in den dreißiger Jahren gegenüber dem Faschismus einnahmen, und der heutigen Haltung gegenüber dem radikalislamischen Terrorismus. Der Faschismus mit seinen Massenparteien gehört selbstverständlich der Vergangenheit an, doch es gibt bestimmte typische Aspekte, die im zeitgenössischen Terrorismus wiederkehren: Brutalität, Fanatismus und Hass auf individuelle Freiheit, Demokratie und westliche Werte im Allgemeinen. Fand man während des Aufstiegs der Nationalsozialisten mildernde Umstände wie den Versailler Vertrag, so wird heute eine angeblich im Westen vorherrschende »Islamophobie« angeführt, die durch grundlose Verdächtigungen und ideologische Feindseligkeit die Beziehungen zu den Islamisten vergifte. Rückblickend kann man sagen, dass in der Beschwichtigungspolitik der dreißiger Jahre, die den Pazifismus als beste Strategie im Umgang mit den faschistischen Diktatoren predigte, teilweise Blindheit, vor allem aber ein Mangel an Rückgrat zum Ausdruck kam. Es mag zu früh sein, ein abschließendes Urteil über die heutigen Einstellungen zu fällen, aber es ist nicht zu früh, auf gewisse Ähnlichkeiten mit denen der Vergangenheit hinzuweisen.

Schlachtfelder der Zukunft I: Indien und Zentralasien

Auf dem indischen Subkontinent ist politische Gewalt seit Jahrzehnten an der Tagesordnung. Dennoch wurde sie lange Zeit kaum beachtet, was zum großen Teil daran lag, dass sie als normaler Aspekt der Spannungen zwischen den verschiedenen Bevölkerungsgruppen galt. Von den ethnischen Spannungen abgesehen, gehörte in manchen Gebieten des Subkontinents, wie Bengalen und Assam, auch der Terrorismus zum Alltag. In gewisser Hinsicht war die weitgehende Ignoranz gerechtfertigt; obwohl drei herausragende und viele weniger wichtige indische Politiker von Terroristen ermordet wurden (Mahatma, Indira und Rajiv Gandhi – die letzten beiden hatten zum Zeitpunkt der Attentate das Amt des Ministerpräsidenten inne), haben diese Aktionen Regierung und Gesellschaft des Landes nicht ernsthaft destabilisiert. Zudem war in Indien und Pakistan auch das altmodische Banditentum verbreitet, und es war nicht immer einfach, zwischen politischem Terrorismus einerseits und Raub und Entführung aus materiellen Gründen andererseits zu unterscheiden.

Im letzten Jahrzehnt hat das Gefahrenpotenzial jedoch zugenommen. Da sowohl Indien als auch Pakistan Atommächte geworden sind, besteht nicht nur die Gefahr, dass der Terrorismus einen Atomkrieg auslöst. Infolge einer bewusst verfolgten Politik oder aufgrund von politischem Chaos könnten Terroristen auch in den Besitz von Massenvernichtungswaffen gelangen.[1] Des Weiteren hat sich durch den Aufstieg des religiösen Fundamentalismus (Islamismus und Hindutva) sowohl der Konflikt zwischen Indien und Pakistan als auch die innenpolitische Auseinandersetzung in diesen Ländern verändert. Zu einem Territorialkonflikt ist eine religiöse Dimension hinzugekommen, und die Auswirkungen der Ereignisse in Afghanistan haben die ohnehin schon explosive Lage zusätzlich angeheizt. Indien wie Pakistan sind als säkulare Staaten gegründet worden, aber in den siebziger Jahren, insbesondere unter General Mohammed Zia ul-Haq, hat man der Islamisierung Pakistans einen erheblichen Schub versetzt, um ein Gegengewicht zu den politischen Parteien zu schaffen und nach den verheerenden militärischen Niederlagen und dem Verlust Ostpakistans ein neues Einheitsgefühl hervorzurufen.

Das Land ist voll von Waffen aller Art, und es hat sich eine wahre Dschihadkultur entwickelt. Tausende von Madrassen (religiösen Schulen) sind gegründet worden, in denen Kinder zwischen sechs und sechzehn Jahren den Koran auswendig lernen und mit einigen anderen Grundlagen des Islam bekannt gemacht, im Geist des Dschihad indoktriniert und im Gebrauch von Waffen ausgebildet werden. Diese Ausbildungsstätten befinden sich üblicherweise in einer Moschee und werden von religiösen Parteien und nahöstlichen Ländern, vornehmlich von Saudi-Arabien, aber auch von örtlichen Geschäftsleuten gefördert. Die Schüler kommen aus den ärmeren Schichten, und im Umfeld dieser Schulen entstanden die Taliban und rekrutierten die Terrorgruppen ihr Fußvolk. Kurz, die Koranschulen waren, wie ein Beobachter anmerkte, weniger Zentren der geistigen Bildung als vielmehr Brutstätten von sektiererischer Intoleranz und Hass, die zum Terrorismus führten.[2] Insgesamt wurden und werden in den etwa 10 000 Madrassen rund eine Million Schüler ausgebildet. Die größte von ihnen, eine südlich von Peschawar gelegene Schule namens Dar al-Ulum al-Haqqaniah, hat in der Geschichte der Taliban eine bedeutende Rolle gespielt.

Deren Mitglieder kamen aus verschiedenen Schulen, von denen die Deobandi-Bewegung die wichtigste war. Mitte des 19. Jahrhunderts in der Kleinstadt Deoband im heutigen indischen Unionsstaat Uttar Pradesh ins Leben gerufen, sollte sie junge Männer im Geist der islamischen Orthodoxie erziehen und sich so dem islamischen Modernismus entgegenstemmen. Die indische Madrassa existiert heute noch; in den letzten zehn Jahren hat sie sich in einer heiklen Position befunden: Sie hat die Taliban unterstützt, aber stets betont, dass diese Unterstützung rein geistiger Art sei, an erster Stelle stehe stets ihr indischer Patriotismus. Der modernen Welt wurden einige kleine Konzessionen gemacht – so sind Radio und Zeitungen erlaubt, während Fernsehen verboten ist, Computer sind gestattet, nicht aber das Internet; Frauen werden nicht aufgenommen, aber außerhalb der Madrassa hat man eine Schule für Frauen errichtet. Nachdem die pakistanische Regierung die politische Gefahr, die von diesen Einrichtungen ausgeht, verspätet erkannt hat, versucht sie deren Lehrangebot zu überwachen, allerdings ist nicht sicher, ob sie in der Lage sein wird, ihre Autorität durchzusetzen.[3]

Der Geist des Dschihad hat sich sowohl in den Kämpfen in Afghanistan als auch in größerer Militanz im Innern und im Kampf gegen Indien gezeigt. Zu den Opfern zählte die schiitische Minderheit in Pakistan, die ungefähr 15 Prozent der Bevölkerung stellt, was wiederum das Entstehen militanter Gruppen unter den Schiiten förderte, die unter Berufung auf die Khomeini-Revolution im benachbarten Iran die Einführung des islamischen Rechts anstrebten (der schiitischen Version, nicht der sunnitischen). Ein zweites Ziel der Madrassa-Absolventen waren die Militanten rivalisierender religiöser Richtungen; die Sunniten sind in mehrere Fraktionen gespalten, wie die Deobandi und die Balrevi, um nur zwei von ihnen zu nennen. Schließlich war da noch eine allgemeine Bewegung, die das Land zu destabilisieren versuchte, indem sie (wie verwandte Gruppen in Algerien) systematisch Angehörige der selbständigen Berufe und der Intelligenz ermordete.

Es gab viel städtische Gewalt, hauptsächlich in Karatschi, in geringerem Ausmaß auch in Hyderabad. Karatschi, das bei der Gründung Pakistans eine mittlere Großstadt von 400 000 Einwohnern war, ist heute eine Metropole von über zehn Millionen, riesigen Slums, wilden Siedlungen und anderen temporären Wohnquartieren. Die Bevölkerung ist durch Flüchtlingsströme unverhältnismäßig stark angewachsen; zuerst kamen die Mohajirs aus Indien, deren Zahl bald größer als die der Einheimischen war, und später die Biharis aus Ostbengalen, Flüchtlinge aus Afghanistan und so weiter. Es war ein Kampf aller gegen alle, in dem die Ideologie kaum eine Rolle spielte, der aber umso mehr von Verbrechen und Grabenkämpfen geprägt war. In einem schlimmen Jahr wurden jeden Monat Hunderte von Menschen bei Schießereien zwischen rivalisierenden Banden getötet. Die Angreifer tauchten für gewöhnlich in kleinen Gruppen von zwei bis vier Mann auf; viele von ihnen waren Studienabbrecher oder sogar Universitätsabsolventen, die diesen Weg beschritten, weil kaum eine Chance bestand, eine anständige Arbeit zu bekommen. Eine beliebte Methode waren Entführungen – etwa 200 sollen, so schätzt man, 1990 im Machtkampf um die Kontrolle über Karatschi stattgefunden haben, und Berichten zufolge wurden viele Opfer brutal gefoltert.[4] Auch Angriffe auf Moscheen anderer Parteien waren beliebt, in der Regel während der Zeit des Gebets, denn dann war garantiert, dass es viele Opfern geben würde. Dass auch christliche Kirchen überfallen wurden, versteht sich fast von selbst. Die pakistanische Armee spielte eine Doppelrolle: Einerseits war ihr Nachrichtendienst ISI der Schutzherr der in Afghanistan kämpfenden Taliban, die jede Hilfe erhielten. Andererseits setzte die Regierung die Armee dafür ein, Gesetz und Ordnung aufrechtzuerhalten und einzugreifen, wenn im Innern, wie in der Provinz Sind, Kämpfe zwischen verschiedenen bewaffneten Gruppen ausbrachen.

Gegenwärtig sind in Pakistan zwei große und einige kleinere Terrorgruppen aktiv. Die führenden sind Laschkar e-Taiba (Armee der Reinen) und Jaisch e-Mohammad (Armee Mohammeds). Erstere ähnelt insofern der ägyptischen Muslimbruderschaft und der palästinensischen Hamas, als sich ihr politischer Flügel (Markas Dawa al-Irschad) in sozialen und politischen Projekten engagiert, Schulen unterhält und Verlage betreibt.[5] In den vergangenen Jahren richtete bin Laden, der Hauptgeldgeber der Gruppe, regelmäßig aus dem Sudan und Afghanistan telefonisch das Wort an die Jahresversammlungen von Markas. Ursprünglich war der Wahhabismus die Ideologie von Markas und Laschkar, doch dann distanzierten sie sich schrittweise von Saudi-Arabien mit dem Argument, noch gebe es keinen einzigen wahrhaft islamischen Staat auf der Welt. Am nächsten kam ihrem Idealbild die Herrschaft der Taliban in Afghanistan, weshalb sie sie auch unterstützten. In Bezug auf Kaschmir lehnt die Gruppe jeden Kompromiss ab, man zielt auf die Befreiung aller Muslime in Indien und auf die Errichtung der islamischen Herrschaft überall auf der Welt. Gleichzeitig ist man nicht abgeneigt, taktische Bündnisse mit antiindischen Gruppen in Südindien einzugehen; außerdem hat es Annäherungsversuche an die Tamil

Tigers gegeben, obwohl diese in Sri Lanka eine streng antimuslimische Politik verfolgten und die Vertreibung aller Nichttamilen anstrebten. Hauptmethode der Laschkar in Kaschmir (darüber unten mehr) sind Blitzangriffe auf indische Armeeangehörige und Zivilisten, aber daneben tut sie sich auch zunehmend durch terroristische Operationen hervor.[6]

Die andere große Gruppe, Jaisch e-Mohammad, ist die Nachfolgeorganisation von Harkat ul-Mudschaheddin, der späteren Harkat ul-Ansar. Ihre Ursprünge lagen in der Vielzahl der humanitären Hilfsorganisationen und militärischen Einrichtungen, die sich während des Afghanistankrieges in Lahore und Peschawar gedrängt hatten. Außerdem gehörten die Harkat und ihre Nachfolgeorganisationen unter ihrem Anführer Maulana Masud Azhar zum Netzwerk Osama bin Ladens. Azhar hatte schon früh Kontakt zu bin Laden aufgenommen, im Jemen und in Somalia gekämpft, war dann aber von indischen Sicherheitskräften verhaftet und erst im Dezember 1999 im Zuge eines Gefangenenaustauschs wieder freigelassen worden, nachdem seine Gruppe ein Flugzeug der Air India gekapert hatte. Hauptziel der Jaisch sind traditionell Indien, die Schiiten in Pakistan und die Vereinigten Staaten; in jüngster Zeit hat sie aber auch verstärkt Anschläge auf christliche Kirchen sowie auf von Missionaren geführte Krankenhäuser und Kirchen verübt.[7] Für den Anschlag auf das Provinzparlament von Jammu und Kaschmir im Oktober 2001 war sie ebenso verantwortlich wie für das nachfolgende Attentat auf das indische Parlament in Neu-Delhi. Ideologische Differenzen zwischen ihr und der Laschkar sind auch bei genauerem Hinsehen kaum zu erkennen, aber es herrscht eine Rivalität um finanzielle Mittel und politischen Einfluss.

Der sunnitische Terrorismus gegen Schiiten in Pakistan provozierte Gegenschläge von schiitischer Seite, die von terroristischen Gruppen wie Tehrik-e-Jafaria Pakistan (Jafaritische [schiitische] Bewegung in Pakistan, TJP), Sipah-i-Mohammad Pakistan (Soldaten des Propheten Mohammed in Pakistan, SMP) und verschiedenen ihrer Ableger ausgeführt wurden. Einige der Anführer dieser Gruppen waren im Iran ausgebildete Geistliche, und ihre Reihen waren voller Hazaras, Angehöriger eines großen afghanischen Stammes, die, von den Taliban geschlagen, nach Pakistan geflohen waren und Rache geschworen hatten. Das Szenario in Pakistan glich einem Dschungel, in dem zeitweise jeder gegen jeden kämpfte. Die Finanzierung ihrer Aktivitäten besorgten die schwer bewaffneten Terroristen mit Rauschgifthandel und Waffenschmuggel. Ihre Operationen begannen die Existenz des Staats zu gefährden, und niemand konnte auch nur annähernd einschätzen, wie viele Menschen den ständigen Kämpfen zum Opfer gefallen waren.

Indien

Die Ermordung Mahatma Gandhis im Jahr 1948 versetzte nicht nur Indien, sondern der ganzen Welt einen Schock. Gandhi war der Apostel der Gewaltlosigkeit gewesen, und Indien hatte als höchst tolerantes Land gegolten. Dass der im 19. Jahrhundert entstandene indische Nationalismus nicht nur gegen die Kolonialherrschaft gerichtet war, sondern in Gestalt der Hindutva auch eine Ideologie besaß, die auf dem Glauben an die hinduistische und arische Überlegenheit beruhte, war der Aufmerksamkeit weitgehend entgangen. Nach Ansicht der Hindunationalisten bildeten die Hindus selbst eine Nation und repräsentierten eine eigene Zivilisation.[8] Wie viel Platz würde in einem Indien, in dem Herkunft und Religion eine zentrale Rolle spielen sollten, für Nichthindus und Unberührbare sein? Zwar versuchten viele Führer der Nationalbewegung von Anfang an, eine Übereinkunft mit den Führern der muslimischen Volksgruppe herbeizuführen, aber es gab auch eine aggressivere (und militaristische) Fraktion, deren Hauptaugenmerk nicht den indischen Interessen, sondern der Verteidigung der Hindus galt. Bis zu einem gewissen Grad waren sie vom europäischen Faschismus beeinflusst und lehnten die »Gandhi-Muslim-Verschwörung« ab; nach ihrer Meinung konnte ein Muslim kein wahrer Nationalist und loyaler Bürger Indiens sein. Aus diesen Kreisen stammte Nathuram Godse, der Mörder Gandhis. Aber die Tatsache, dass die Extremisten einen geliebten Nationalführer ermordet hatten, löste einen erheblichen Rückschlag aus, von dem sie sich erst nach vielen Jahren wieder erholen sollten. Die Organisation wurde verboten, und Tausende ihrer Mitglieder kamen ins Gefängnis.

Die Saat einer nationalistischen und sogar rassistischen Wiederbelebung war allerdings gesät; zum Hauptinstrument wurde die in
den zwanziger Jahren gegründete Rashtriya Swayam Sevak Sangh
(Nationale Freiwilligenvereinigung, RSSS). In mancher Hinsicht
ähnelte sie der Muslimbruderschaft, denn auch sie engagierte sich
anfangs vor allem im Erziehungswesen, auf religiösem Gebiet und
in der Sozialarbeit, vor allem unter den 1948/49 aus Pakistan ge-
flohenen Hindus. Darüber hinaus hatte sie auch einen militärischen
Arm, dessen Mitglieder Uniform trugen (safran- oder khakifarbene
Hemden) und eine Kampfsport- und Waffenausbildung erhielten.
Die Festlegung der RSSS auf die Demokratie war von Anfang an
zweifelhaft, aber ihre politische Rolle beschränkte sich lange auf
die Lokalpolitik in bestimmten Teilen Nordindiens.

Auch die nationalistische Hindupartei Bharatiya Janata Party
(BJP) stand anfangs für die Wiedervereinigung Indiens, begnügte
sich später jedoch mit realistischeren Zielen. Die Anwesenheit einer starken muslimischen Minderheit in Indien warf ohnehin schon
erhebliche Probleme auf, auch ohne sie um über hundert Millionen
Pakistanis zu vergrößern. Seit den siebziger Jahren erlebte die BJP
als die Partei, die den nationalistischen Kreisen als Tarnorganisation diente, einen rasanten Aufschwung. Ursache dafür waren zwei
Entwicklungen: zum einen der Niedergang der Kongresspartei, die
Indien seit der Unabhängigkeit regiert hatte und derart korrupt geworden war, dass die BJP (wiederum wie die Muslimbruderschaft)
als makelloser Vorkämpfer von Ehrlichkeit und Selbstlosigkeit erschien, zum anderen die Tatsache, dass Indien wie andere Länder
auch von einer Welle des religiösen Fundamentalismus erfasst wurde. Die Kongresspartei zollte dem Hinduismus zumindest nach
außen hin mehr Beachtung, während die BJP ironischerweise in
ihrem Programm erklärte, Hindus und Muslime seien Blutsbrüder,
weil die indischen Muslime, rassisch gesehen, ebenfalls Arier
seien. Doch die alten Spannungen zwischen den Bevölkerungsgruppen blieben bestehen, und auch der anhaltende Konflikt mit
Pakistan, gegen das Indien mehrere Kriege geführt hatte, hinterließ
ideologische Spuren.

In manchen Fällen waren die Auseinandersetzungen das Ergebnis vorsätzlicher Provokationen, wie im Dezember 1992 in

Ayodhya, wo eine große Menge militanter Hindus eine Moschee aus dem 16. Jahrhundert zerstörte und versucht wurde, an ihrer Stelle einen Hindutempel zu errichten.[9] Anschließend kam es in ganz Indien zu Unruhen, bei denen mehrere tausend Menschen das Leben verloren. Bei anderer Gelegenheit löste ein bloßer Zufall oder ein vereinzelter Übergriff ein Massaker aus, wie im Dezember 1990, als im südindischen Haiderabad zwei junge Hindus einen muslimischen Autorikschafahrer erstachen. Nachdem Muslime Vergeltung geübt hatten, brachen zehnwöchige Unruhen aus, die über 300 Tote und mehr als tausend Verletzte forderten.[10] In Bombay gab es in den Jahren 1992 und 1993 etwa 700 Tote – überwiegend Muslime –, nachdem muslimische Terroristen gleichzeitig Bombenanschläge auf sieben bedeutende Gebäude verübt hatten und die von einem politischen Karikaturisten namens Bal Thackeray geführte rechtsextreme Gruppe Shiv Sena den Hindumob aufgehetzt hatte. Auch die Unterwelt (in Gestalt der so genannten Dawood-Bande) scheint bei diesem Gewaltausbruch eine wichtige Rolle gespielt zu haben; nach langwierigen Verhandlungen konnte schließlich der Frieden wiederhergestellt werden. Die Rädelsführer der Bombenanschläge, Dawood Ibrahim und Ibrahim Abdul Razaq, flohen zunächst nach Pakistan und dann, als ihre Anwesenheit für die pakistanische Regierung allzu peinlich wurde, weiter nach Dubai.

Doch Bombay war keine Ausnahme. In einigen nordindischen Bundesstaaten, wie etwa in Assam, griff der Terrorismus um sich. Christliche Kirchen wurden systematisch überfallen, und einzelne Stämme setzten terroristische Mittel ein, um größere Unabhängigkeit zu erreichen. Über die Ursachen dieser lokalen Gewalt ist viel geforscht worden. Die beiden wichtigsten sind praktisch unumstritten: die Furcht der muslimischen Minderheit, überrollt zu werden, und der Argwohn der Hindus gegenüber ihren feindlichen Nachbarn. Doch für gewöhnlich geht lokale Gewalt von einer kleinen Minderheit aus, und es stellte sich die Frage, ob es eher Aggressivität und sogar Blutdurst war, was die Kämpfer antrieb, oder aber ein Konkurrenzgefühl ähnlich wie beim Baseball. »Man muss mindestens einen Run mehr machen als die gegnerische Mannschaft«, erklärte ein Militanter. »Die ganze Ehre der Nation

271

steht auf dem Spiel, nicht weniger zu punkten als die andere Mann-schaft.«[11]

Die lokalen Unruhen, die häufig alljährlich aufflammten, trugen erheblich zum Aufstieg des Hindufundamentalismus bei und sind in nicht geringem Maße dafür verantwortlich, dass seine Verfech-ter 1999 an die Macht gelangten. Viele BJP-Führer hatten vorher der RSS angehört, dem erwähnten militärischen Arm der Be-wegung. Einmal an der Macht, mussten sie ihre Politik jedoch mäßigen, und sei es auch nur deshalb, weil die Muslime eine Wählerschaft darstellten, die man nicht ignorieren durfte. Und den-noch verfolgte die BJP unbeirrt ihre Ziele, etwa auf dem Gebiet der Bildung, wo sie neue Lehrpläne einführte, die großes Gewicht auf die Hindutva legten. Davon war nicht nur die Geschichtsschrei-bung betroffen, sondern auch die Mathematik, die man nun auf der Grundlage der Veden studierte; überdies wurden an den Univer-sitäten Fachbereiche für Astrologie eingerichtet.

Während die Muslime in den arabischen Ländern traditionell Zionisten und westliche »Kreuzzügler« als Eindringlinge betrach-teten, war die Situation in Indien anders, denn die wichtigste histo-rische Bürde der Hindus waren die muslimische Eroberung und die jahrhundertelange Mogulherrschaft sowie die Zerstörung der Hin-duzivilisation. Dass die Muslime einen großen Beitrag zur indi-schen Kultur geleistet hatten, der vom Taj Mahal symbolisiert wird, machte auf die radikalen Hindus keinen Eindruck. Darüber hinaus gab es andere aktuelle Irritationen, wie die Konversion von *Dalits* – der Unberührbaren – zum Islam, die auf diesem Weg ihrer unter-geordneten Stellung in der Hindugesellschaft zu entkommen ver-suchten, was in den Augen der radikalen Hindus eine Todsünde war. Der größte Stein des Anstoßes aber war natürlich Kaschmir.

Die ganz im Norden gelegene Provinz ist eine der schönsten und fruchtbarsten Landschaften des Subkontinents, seit über fünfzig Jahren aber auch eine der meistumkämpften. Als Indien 1948 ge-teilt wurde, entschied sich der in Kaschmir herrschende Maha-radscha nach langem Zögern für den Anschluss an Indien, obwohl seine Untertanen mehrheitlich Muslime waren; im benachbarten Jammu, das gleichfalls er regierte, waren dagegen zwei Drittel der Bevölkerung Hindus.[12] Rund ein Drittel Kaschmirs kam zu Pakistan. Was die Situation noch zusätzlich erschwerte, war, dass wahrscheinlich die Mehrheit der Bevölkerung die Unabhängigkeit einer Zugehörigkeit zu Indien oder Pakistan vorgezogen hätte (ein Status, den wiederum weder Indien noch Pakistan wollten). In der Folgezeit reihten sich trotz aller Verhandlungen und UN-Resolutionen Auseinandersetzungen aller Art aneinander, von regelrechten Kriegen (1965, 1971, 1999) über grenzüberschreitende Feuerüberfälle kleiner und nicht so kleiner Einheiten bis hin zu ständigen Terroranschlägen.[13]

Indien übt die Herrschaft in Kaschmir mit brutaler Gewalt aus, und es kommt zu vielen Menschenrechtsverletzungen, wie sie wohl unter jeder Besatzungsherrschaft geschehen, die sich einer feindseligen Bevölkerung gegenübersieht. Indischen Quellen zufolge sind 400 000 Hindus von den Terroristen aus Kaschmir vertrieben worden; muslimische Quellen sprechen von Zehntausenden toter Muslime, ganz zu schweigen von einer noch weit höheren Zahl von Verhaftungen, Vergewaltigungen und weiteren Übergriffen. Andererseits haben die von Pakistan unterstützten Islamisten einen Dschihad ausgerufen und versucht, einen nationalen Befreiungskampf in eine religiöse Kampagne umzuwandeln.[14] So ging aus der Erhebung gegen die indische Besatzung schließlich der Aufruf zur Zerstörung Indiens hervor. Im November 1999 erklärte der Führer von Markas, dem politischen Arm der Laschkar e-Taiba:»Heute verkünde ich die Abtrennung von Indien, Inschallah. Wir werden nicht ruhen, bevor nicht ganz Indien in Pakistan aufgegangen ist.« Ein anderes Mitglied der Markas-Führung forderte bei derselben Gelegenheit,»Indien ganz auszulöschen«.[15] In einer Zeit, in der sowohl Indien als auch Pakistan zur Atommacht geworden sind, schufen solche Hetzreden eine äußerst gefährliche Situation. Seit 1989 hat ständig die Gefahr einer Explosion bestanden, zumal die pakistanischen Regierungen, die terroristische Gruppen förderten, nicht mehr in vollem Umfang Herr der Lage sind.

Die Konfrontation erreichte einen Höhepunkt, als fünf Terroristen, die wahrscheinlich der Jaisch e-Mohammad angehörten, in Neu-Delhi am 13. Dezember 2001 das Parlament in der Absicht überfielen, den indischen Ministerpräsidenten und andere führende Politiker zu ermorden oder als Geiseln zu nehmen.[16] In der fast eine Stunde andauernden Schießerei wurden dreizehn Menschen getötet. Die Folge war ein Aufschrei der Empörung und die Forderung, Pakistan eine Lehre zu erteilen; nur der Intervention der USA und anderer Länder war es zu verdanken, dass ein militärischer Schlagabtausch ausblieb. Aber der Vorfall hat gezeigt, wie gefährlich die Lage geworden ist und wie leicht ein massiver Terroranschlag einen Krieg auslösen könnte, der unabsehbare Folgen hätte.[17]

Kaschmir ist nicht der einzige territoriale Konflikt, mit dem es die indische Regierung zu tun hat. Jahrelang kämpften im Punjab radikale Sikhs mit terroristischen Mitteln für einen unabhängigen Staat namens Khalistan. Doch die Sikhs waren eine relativ kleine Minderheit und keine Muslime, und hinter ihnen stand keine ausländische Macht, die sie vorbehaltlos unterstützt hätte. Infolgedessen gingen die terroristischen Aktivitäten im Punjab in den neunziger Jahren erheblich zurück.

Die Ausrufung des Dschihad gegen Indien wurde in der muslimischen Welt eher zurückhaltend aufgenommen. Während der Konflikt zwischen Israel und den Palästinensern von Indonesien bis Marokko für gewaltigen Aufruhr gesorgt hatte, es zu Massendemonstrationen kam und Hilfe angeboten wurde, während Tausende sich freiwillig gemeldet hatten, um in Afghanistan für die Befreiung ihrer Glaubensgenossen vom Joch der Ungläubigen zu kämpfen, löst der pakistanisch-indische Konflikt so gut wie kein Echo aus, obwohl die Zahl der getöteten Muslime weit größer ist als im Nahen Osten und in Afghanistan. Ist ihr Schicksal für die restliche muslimische Welt von so geringem Interesse? Oder liegt es daran, dass Indien (wie China, das gleichfalls mit einer muslimischen Minderheit zurande kommen muss) eine Bevölkerung von über einer Milliarde Menschen hat und, von Pakistan abgesehen, kein Staat, wie radikal er auch sein mag, sich mit einem solchen Riesen anlegen will? Jedenfalls haben – im Gegenteil – die arabischen Staaten Indien darum gebeten, in der Nahostpolitik eine aktivere Rolle zu spielen – und das nach den Unruhen von 2002 und der Verschärfung der Lage in Kaschmir.

Gleiches gilt auch für China. Die Uiguren, eine in der westlichsten chinesischen Provinz lebende muslimische Minderheit, klagen seit Jahren darüber, dass sie von den chinesischen Behörden systematisch verfolgt würden und ihnen sogar die Beachtung des Ramadan verboten sei. Den gleichen Quellen zufolge wurden rund 60 000 von ihnen festgenommen, gut 600 starben in Haft. Diese Zahlen dürften zwar stark übertrieben sein, aber es kann kaum einen Zweifel daran geben, dass China weder geneigt war noch ist, Separatisten irgendwelche Konzessionen zu machen. Dennoch hat bislang niemand in der muslimischen Welt auch nur daran gedacht, einen Dschihad gegen China auszurufen. Im Gegenteil, auch die Regierung in Peking ist aufgefordert worden, sich stärker im Nahen Osten zu engagieren.

Der Kaukasus

Der russisch-tschetschenische Konflikt zieht seit nunmehr einem Jahrzehnt die internationale Aufmerksamkeit auf sich. In dieser Zeit hat er unterschiedliche Formen angenommen, vom regelrechten Krieg über Guerillakämpfe bis hin zum Terrorismus. Hier interessiert nur der zuletzt genannte Aspekt, obwohl es schwer fällt, zwischen Terrorismus und anderen Formen von Gewalt zu unterscheiden, genauso, wie es nahezu unmöglich ist, die verschiedenen Facetten der Motivation auseinander zu halten, die die kaukasischen Bergbewohner ihren Widerstand gegen die Russen aufrechterhalten lässt. Es gibt in der Kriegsgeschichte nur wenige Beispiele eines städtischen Guerillakriegs, doch die Kämpfe in Grosny in den Jahren 1995 und 2000, in denen jeweils kleine Gruppen von drei bis fünf Kämpfern Angriffe auf russische Streitkräfte unternahmen, gehören sicherlich dazu. Und nach dem Fall von Grosny gingen in Städten wie Komsomolskoje, die man von Tschetschenen »gesäubert« glaubte, die Kämpfe weiter. Sporadische Terroranschläge fanden auch noch nach der Niederlage der Tschetschenen statt, und es ist unter diesen Umständen unmöglich, zwischen Guerillakriegführung und terroristischen Operationen eine klare Trennlinie zu ziehen.

Im Kaukasus lebt eine Vielzahl von Völkern und ethnischen Gruppen mit jeweils eigener Sprache und religiöser Tradition, und die Konflikte zwischen ihnen, die nicht notwendigerweise religiös motiviert sind, reichen weit in die Geschichte zurück. Russland brauchte nach den ersten Versuchen in den siebziger Jahren des 18. Jahrhunderts fast hundert Jahre, um die Kaukasusvölker zu unterwerfen. In diesen Kämpfen wurde der legendäre Imam Schamyl an-Awar zum Symbol des dortigen Widerstands. Nach dem Sieg der Russen hatten die Tschetschenen, eine der vielen kaukasischen Volksgruppen und mitnichten die größte, ganz besonders zu leiden, denn viele der Widerstandskämpfer stammten aus ihren Reihen. Etliche büßten ihren Kampfgeist mit dem Leben, andere wurden vertrieben. In der Sowjetzeit erging es ihnen weder besser noch schlechter als anderen Minderheiten. Im Zweiten Weltkrieg wurden sie 1944 als »unzuverlässige Elemente« nach Zentralasien deportiert, zusammen mit den Inguschen, ihren Nachbarn, mit denen sie politisch jedoch nicht viel gemeinsam hatten. Beide Völker zählten damals zusammen etwa eine halbe Million Menschen.

Nach dem Zusammenbruch der Sowjetunion entstand in Tschetschenien eine Unabhängigkeitsbewegung, die ein breites Spektrum von Forderungen aufstellte, religiöse ebenso wie kulturelle und ökologische. Ein Nationalkongress wurde gebildet, an dessen Spitze Dschochar Dudajew trat, ein früherer General der sowjetischen Luftwaffe. Im Juni 1990 verkündete er Unabhängigkeit seines Landes von der Sowjetunion, während die Inguschen sich ihrerseits von Tschetschenien lossagten und eine autonome Republik im Rahmen der Russischen Föderation ausriefen. Rückblickend betrachtet, war die tschetschenische Unabhängigkeitserklärung unklug, aber sie erfolgte in einer Zeit, als aufgrund des in Moskau herrschenden Chaos alles möglich zu sein schien. Ein völlig unabhängiger tschetschenischer Staat war nicht lebensfähig; außerdem hätte man damals so vitale russischen Wirtschaftsinteressen wie die vom Kaspischen Meer nach Westen führende Erdölpipeline ins Kalkül ziehen müssen.

Die russische Entscheidung von 1994, in Tschetschenien einzumarschieren, war jedoch nicht weniger unklug. Russland hätte viele der tschetschenischen Forderungen erfüllen und gleichzeitig die eigenen Interessen schützen können. Entscheidend für den Beschluss, in den Krieg zu ziehen, waren vermutlich eher emotionale als rationale Gründe. Nachdem Moskau einen derart großen Teil seines Imperiums verloren hatte, hatten die Machthaber wohl das Gefühl, irgendwo einen Strich ziehen zu müssen, und der Nordkaukasus schien dafür genau der richtige Ort. Aber die russische Armee war, abgesehen von allem anderen, in wenig gutem Zustand und besaß seit dem Basmatschi-Aufstand in Zentralasien in den zwanziger Jahren kaum Erfahrungen mit der Guerillakriegführung. Der erste Tschetschenienkrieg dauerte zwei Jahre. Die russische Überlegenheit, besonders in der Luft, war erdrückend; Grosny wurde stark bombardiert und teilweise zerstört. Im Mai 1996 besuchte der russische Präsident Boris Jelzin die tschetschenische Hauptstadt und erklärte den Krieg für gewonnen – die Verbrecherbanden seien allesamt vernichtet. Doch in den folgenden Monaten zwangen tschetschenische Rebelleneinheiten die russische Armee zum schrittweisen Rückzug aus Grosny. Die russischen Truppen erlitten schwere Verluste, und Ende August wurde eine Feuerpause vereinbart. Der Waffenstillstand lief auf eine Niederlage der Russen hinaus, gleichzeitig aber waren die Tschetschenen zu schwach, um die Unabhängigkeit festigen zu können.[18] Im Dezember 1999 marschierte Russland erneut in Tschetschenien ein und besetzte in den folgenden Monaten Grosny und alle anderen Städte, ohne jedoch in der Lage zu sein, die Kontrolle ganz durchzusetzen.[19] Immer wieder kam es zu kleineren Angriffen. Bewaffnete tschetschenische Gruppen zogen sich zuerst nach Süden ins Arguntal zurück, und als man sie von dort vertrieb, ins Pankisital in Georgien.

Russland hat von Anfang an behauptet, der tschetschenische Aufstand sei Teil einer umfassenden radikalislamischen Verschwörung, die den Terrorismus fördere. Dies entspricht teilweise der Wahrheit, gibt aber nicht das ganze Bild wieder. Der Islam gelangte erst spät in den Kaukasus, und insoweit es in der Sowjetzeit einen islamischen Untergrund gab, handelte es sich überwiegend um Anhänger des Sufismus, eines quietistischen, mystischen Zweigs des Islam. Nach dem Zusammenbruch der Sowjetunion eroberte der von den Russen Wahhabismus genannte radikale Fundamentalismus die Kaukasusregion. Die Anhänger dieser Strömung selbst ziehen die Bezeichnung Salafisten vor. Saudi-Arabien spendete viel Geld für den Bau von Moscheen und Kulturzentren, die häufig, wenn auch nicht in jedem Fall zu Kaderschmieden von Militanten geworden sind. Manche junge Muslime gingen nach Saudi-Arabien, um dort eine religiöse Ausbildung zu erhalten, aber weit mehr begaben sich in die asiatischen Republiken, wo es, neben den beiden offiziell zugelassenen islamischen Seminaren, schon in der Spätphase der Sowjetunion Madrassen im Untergrund gab. Dabei war die islamische Tradition im Kaukasus nicht durch Fanatismus geprägt. Sie gehörte vielmehr zur nationalen Geschichte und war stark beeinflusst von örtlichen Sitten und Gebräuchen, die in keiner Weise mit dem orthodoxen Islam im Einklang standen. Die meisten Kaulkasusbewohner hätten sich vermutlich als religiös bezeichnet, aber das bedeutete nicht zwangsläufig, dass sie den damit verbundenen Pflichten auch immer getreulich nachkamen. Ihre Religion war eine Mischung aus islamischen, nationalen und folkloristischen Elementen, und wenn man gegen die Russen oder andere Ausländer kämpfte, dann hatte das mehr mit einer grundsätzlichen Xenophobie und dem Misstrauen gegenüber jedem zu tun, der nicht zur eigenen Gruppe gehört, als mit einem festen Glauben an den Dschihad.

Unter den Militärbefehlshabern waren einige Araber, wie der aus Jordanien oder Saudi-Arabien stammende al-Khattab, der nach Tschetschenien gegangen war, um sich dem Kampf gegen die Ungläubigen anzuschließen. Aber diese Ausländer spielten nicht die Hauptrolle; die Tschetschenienkriege hätten auch ohne sie stattgefunden. Nach dem ersten dieser Kriege tauchten in der Region bis dahin unbekannte ideologische Elemente auf, wie etwa der Antisemitismus, was umso absurder war, als es weder unter den Tschetschenen noch in den gegnerischen Streitkräften Juden gab. Das hinderte einige der tschetschenischen Medien allerdings nicht, Hetzpropaganda im Stil der *Protokolle der Weisen von Zion* zu betreiben. Arbi Barajew, einer der wichtigsten Bandenchefs und Entführer, erklärte, er und seine Männer würden jeden Juden töten, der ihnen über den Weg laufe (Barajew selbst wurde von russischen Soldaten im Juni 2001 getötet. Sein Neffe und Nachfolger Mowsar war der Anführer derjenigen, die im Oktober 2002 die Geiselnahme im Moskauer Theater ausführten). Das war zwar nur eine theoretische Drohung, aber sie verstärkte den Verdacht, dass zumindest ein Teil der militanten Tschetschenen unter den Einfluss von Gotteskriegern nach Art Osama bin Ladens geraten war.[20] Tschetschenische Kämpfer führten eine Vielzahl terroristischer Operationen durch, von Angriffen auf russische Armeeeinheiten über die Entführung von Ausländern und Einheimischen bis hin zur Ermordung von Kollaborateuren mit den Russen und muslimischen religiösen Würdenträgern, die nach ihrem Geschmack nicht radikal genug waren. Einige dieser Aktionen waren eher kriminell als im üblichen Verständnis terroristisch. Dazu gehörten die Entführungen, bei denen den Opfern vor laufender Videokamera ein Finger oder ein Ohr abgeschnitten wurde, um den Familien zusammen mit der Lösegeldforderung die Aufnahme dieser Gräueltat zu schicken. In einem Fall, der Entführung von fünf Bauarbeitern in Stawropol, wurde eines der Opfer enthauptet und den Familien der anderen vier die Videoaufnahme der Tat zugeschickt. Die verlangten Summen beliefen sich auf bis zu anderthalb Millionen Dollar, doch die Kidnapper begnügten sich am Ende häufig schon mit 50 000.[21] Viele dieser Aktionen fanden zwischen den beiden Tschetschenienkriegen statt. Die Macht der damaligen Regierung reichte augenscheinlich nicht weit. Als Präsident Aslan Maschadow die Schließung dreier von Khattab eingerichteter Ausbildungslager für Terroristen anordnete, wurde der Befehl schlicht ignoriert.[22] Die Tschetschenen verübten auch außerhalb ihrer Heimat einige Terroranschläge, indem sie Vorstöße nach Dagestan unternahmen und Anschläge auf Urlaubsorte im Nordkaukasus, wie Pjatigorsk und Mineralnyje Wody, ausführten. In Moskau hat die starke (und sehr patriotische) tschetschenische Mafia im Allgemeinen darauf geachtet, Geschäft und Politik nicht zu vermengen, bis sie dann ihre Strategie änderte. Das führte zu der erwähnten Tragödie vom Oktober 2002, bei der an die zweihundert Menschen ums Leben kamen, Geiselnehmer und Geiseln. Die Mafia hat einen beachtlichen finanziellen Beitrag zum tschetschenischen Unabhängigkeitskampf geleistet, es lange Zeit aber vermieden, den Krieg in die russische Hauptstadt zu tragen. So ist es bis heute auch nicht geklärt, ob die Bomben, die in Wohnhäusern in Moskau, Wolgodonsk und Buinaksk detonierten und über 300 Menschen das Leben kosteten, auf das Konto von Tschetschenen gehen. Was die Moskauer

Anschläge betrifft, so sind sie den amtlichen Ermittlungen zufolge von drei Gotteskriegern aus dem Nordkaukasus (nicht aber aus Tschetschenien) begangen worden, und die Verdächtigen im Fall von Buinaksk kommen aus Dagestan. Sie alle sollen Abgesandte von Khattab gewesen sein, dem angeblichen Vertreter bin Ladens im Kaukasus. Es bestand jedoch kein Zweifel, dass die Großaktion Ende Oktober 2002 – die Geiselnahme von Hunderten von Menschen in einem Moskauer Theater – von radikalen Tschetschenen ausgeführt worden war.

Tschetschenien ist nicht die einzige Kaukasusregion, wo in der postsowjetischen Periode Terroristen aktiv geworden sind. Einige der spektakulärsten Aktionen galten verfeindeten Gruppen im eigenen Land, etwa in Georgien oder Armenien. In diese Kategorie fielen das Attentat auf den georgischen Präsidenten Eduard Schewardnadse im Februar 1998 und der Angriff im armenischen Parlament im Oktober 1999, bei dem Ministerpräsident Sarkisjan und sieben weitere Politiker erschossen wurden. Häufiger jedoch standen radikalislamische Gruppen hinter den Anschlägen. Eines ihrer Hauptziele war das im Norden an Tschetschenien grenzende Dagestan. Khattab und Schamil Bassajew, einer der wichtigsten Guerilla- und Terroristenführer, wollten eine kaukasische Dschihadlegion aufbauen und überfielen das Land im August 1999. Doch anstatt sie zu stärken, kompromittierte und schwächte der Einmarsch die dortigen Islamisten, und die Eindringlinge wurden zurückgeschlagen.[23] Die politischen Führer in Dagestan lehnten den Wahhabismus ab, und die religiösen Führer unterstützten ihn nur halbherzig. Wie Ruslan Auschew, der Präsident von Inguschetien, sahen auch sie in ihm eine unannehmbare, schädliche Lehre, die den Islam verzerrte und die muslimische Gemeinschaft spaltete. Im Jahr 2000 verkündete der Rat der russischen Muftis, der Wahhabismus müsse bekämpft werden, weil er eine Abweichung von den wahren Lehren des Islam darstelle. Zudem bedeute er eine Verleugnung der im russischen Islam tief verwurzelten Volksbräuche.[24] Über die amerikanische (und indirekt auch russische) Intervention in Afghanistan waren die russischen Muftis weniger erfreut, doch das änderte nichts an ihrer Aversion gegen die Radikalen in ihrer Mitte. Im Westkaukasus ist die Atmosphäre hingegen generell entspannter als im Osten. Zwar planten in Kabardino-Balkarien zeitweise etwa 300 bis 400 Radikale, die Regierung der Republik zu stürzen, aber die religiösen Führer stellten sich gegen sie. Ein großer Teil dieser Aufrührer war in Khattabs Lagern in Tschetschenien ausgebildet worden; andere waren bloße Banditen.

Angesichts all dessen ist fraglich, ob die Behörden die Lage hundertprozentig unter Kontrolle haben, zumal die Dschihadpropaganda, die sich hauptsächlich an die Jugend richtet, unvermindert weitergeht. Während die Älteren den Dschihad im Kaukasus für einen Import aus dem Ausland halten, herrscht unter den Jüngeren eine militantere Stimmung.[25] In Aserbaidschan gilt er ganz sicher als importiert, wie der Prozess gegen die Hisb ut-Tahrir (Partei der Befreiung) jüngst gezeigt hat (nicht zu verwechseln mit der Organisation gleichen Namens, in deren Nachfolge sie sich gleichwohl verstand). Sie hatte sich folgendermaßen formiert: Ein usbekischer Militanter namens Abdulrasul Abdulrahimow war nach Aserbaidschan geschickt worden, wo er eine Reihe von Gleichgesinnten fand (nicht alle aus Aserbaidschan stammend). Gemeinsam planten sie einen Staatsstreich mit dem Ziel, ein auf der Scharia basierendes islamisches Regime zu errichten. Das Aktionsfeld der Gruppe umfasste die Propaganda ebenso wie die Vorbereitung von Sprengstoffanschlägen, zudem stellten sie eine Liste von Personen auf, die zu beseitigen waren. Doch als ihre Organisation wuchs, geriet sie ins Fadenkreuz der Sicherheitskräfte, und die Episode endete damit, dass die gesamte Führungsriege, mit Ausnahme des Usbeken, der sich rechtzeitig abgesetzt hatte, Anfang 2002 in Baku vor Gericht gestellt wurde.[26]

Die ursprüngliche Hisb ut-Tahrir war in Jerusalem (das damals zu Jordanien gehörte) von einem palästinensischen Lehrer namens Taqi al-Din al-Nabhani ins Leben gerufen worden. Ideologisch stand sie den Ideen von Sayyid Qutb und den Muslimbrüdern nahe, doch stärker als jene betonte sie den spezifisch arabischen Charakter des Islam und knüpfte enge Beziehungen zur panarabischen Baath-Partei, die säkular ausgerichtet war. Als aggressiv antiwestliche und antijüdische Partei predigte sie den Einsatz von Gewalt, besaß aber mit Ausnahme von Jordanien im Nahen Osten nie großen Einfluss. Nach mehreren organisatorischen und ideologischen Wandlungen gelang es ihr jedoch, sowohl in Zentralasien als auch in England Fuß zu fassen.

Die Aussichten des radikalislamischen Terrorismus im Kaukasus bleiben ungewiss; die städtischen Gebiete sind wahrscheinlich zu säkular und gesellschaftlich zu weit entwickelt, um ein günstiges Umfeld für die Gotteskrieger abzugeben, in den ländlichen Gebieten jedoch könnten sie auf lange Sicht bessere Chancen haben. Selbstverständlich hängt viel davon ab, wie sich die politische, soziale und wirtschaftliche Situation in der Region entwickelt.

Zentralasien

Der Aufstieg des radikalen Islamismus in den zentralasiatischen Republiken nach dem Zusammenbruch der Sowjetunion entging weitgehend der Aufmerksamkeit der restlichen Welt. Das änderte sich erst, als die Talibanherrschaft in Afghanistan international zu einem zentralen Thema wurde. Für die mangelnde Aufmerksamkeit gab es mehrere Gründe: Die Radikalen machten nicht viel Aufhebens von ihren Aktivitäten; zunächst gewannen sie ländliche Gebiete für sich, wie das Ferganatal, wo es auch zu Sowjetzeiten immer einen islamistischen Untergrund gegeben hatte. Diesbezügliche Warnungen von russischer Seite wurden bestenfalls als Übertreibungen abgetan, weil man annahm, dass Russland großes Interesse daran hatte, die Gefahr hochzuspielen, um die Präsenz russischer Truppen zu rechtfertigen. Diese Vermutung traf durchaus zu, genauso wie es zutraf, dass die Gefahr dazu benutzt wurde, die Herrschaft der alten Eliten zu zementieren, die ihre Länder, vorsichtig ausgedrückt, mit nicht ganz demokratischen Methoden regierten.

Dennoch war die Warnung vor dem »Dschihadismus« nicht aus der Luft gegriffen, sondern bezog sich auf eine reale und ständig zunehmende Gefahr. In Tadschikistan tobte von 1992 bis 1996 ein Bürgerkrieg, der 50 000 Todesopfer forderte, und in den Jahren danach waren in buchstäblich allen zentralasiatischen Republiken terroristische Gruppen aktiv. Ihre spektakulärste Aktion waren im Februar 1999 gleichzeitige Sprengstoffanschläge auf fünf Gebäude in der usbekischen Hauptstadt Taschkent, darunter die Ministerien des Innern und für Finanzen, die Nationalbank und der Sitz des Nationalen Sicherheitsdienstes. An der Vorbereitung dieser Operation sollen 250 Personen beteiligt gewesen sein, von denen 128 inhaftiert und 19 hingerichtet wurden.[27]

Der radikale Islamismus hatte sich in den letzten Jahren der Sowjetzeit in Zentralasien auszubreiten begonnen, aber erst im Interregnum der Perestroika, als Tausende »illegaler« Moscheen errichtet wurden, hatten seine Vertreter mehr oder weniger ungehindert agieren können. Die Machthaber in den fünf Republiken, wie der usbekische Präsident Islam Karimow und sein kirgisischer Amtsbruder Askar Akajew, verfolgten gegenüber dem Islam eine Politik von Zuckerbrot und Peitsche; einerseits akzeptierten sie ihn als Teil der nationalen Tradition und Identität, andererseits leisteten sie ihm erbitterten Widerstand als Konkurrenten um die Macht. Sie wollten säkulare Regime errichten, nach dem Vorbild der kemalistischen Türkei.

Historisch hat der Islam in Turkmenistan, Kirgistan und Kasachstan, dessen nördlicher Teil stärker russisch als kasachisch geprägt ist, keine zentrale Rolle gespielt. In Usbekistan und im vorwiegend schiitischen und persischsprachigen Tadschikistan dagegen war er ein bedeutender Faktor, und in diesen beiden Ländern kam es denn auch zu den meisten Konfrontationen. Aber auch dort war die Bereitschaft der Bevölkerung, sich dem radikalen Islam anzuschließen, je nach Region unterschiedlich groß. Paradoxerweise war sie in den Städten größer als auf dem Land, abgesehen vom Ferganatal, von Andischan und Namangan. Das zwischen Usbekistan, Kirgistan und Tadschikistan aufgeteilte Tal, in dem rund ein Drittel der usbekischen Bevölkerung lebt, war einst das fruchtbarste, aber auch meistumkämpfte Gebiet Zentralasiens. In der Sowjetzeit war es Gegenstand verschiedener ökonomischer Experimente gewesen, die scheiterten und ein potenziell reiches Gebiet in Armut und Elend gestürzt haben.

In dieser Region entstand die Hochburg des Islamismus in Zentralasien. Viele der Führer und Mitglieder der sich herausbildenden terroristischen Bewegung waren hier geboren worden. Stark vertreten war der radikale Islamismus auch in den Gebirgsregionen von Tadschikistan, schwach dagegen erstaunlicherweise in traditionellen religiösen Zentren wie Buchara. Das mochte damit zu tun haben, dass der gewaltlose Sufismus dort tief verwurzelt war, weshalb man die Terroristen nicht gerade mit offenen Armen empfing.[28]

Auftrieb hatten der radikale Islam und die terroristische Bewegung vor allem durch den Krieg in Afghanistan erhalten, in dem viele Soldaten aus den zentralasiatischen Sowjetrepubliken gekämpft hatten, wenn auch kaum mit großer Begeisterung. In Tadschikistan waren vorher bereits Auswirkungen der iranischen Revolution zu spüren gewesen, und Teheran wollte seinen Einfluss in der Region ausbauen.[29] Aber der Iran war relativ weit entfernt, während Afghanistan unmittelbar vor der Haustür lag und zudem viele Tadschiken dort lebten. Später, nach dem Sieg der Taliban, konnte die wichtigste Terrororganisation, die Islamische Bewegung Usbekistans (ÖIH), enormen Zulauf verzeichnen. Afghanistan und insbesondere al-Qaida wurden zu ihren Hauptwaffenlieferanten, ihre Kämpfer wurden in afghanischen Lagern ausgebildet, und wenn sie verfolgt wurden, fanden sie jenseits der Grenze Zuflucht. Von dort konnten sie jedes Jahr von neuem in Usbekistan und Kirgistan einfallen, und für eine Weile schien es, als nähmen diese Überfälle von Jahr zu Jahr immer größere Ausmaße an.[30]

Die ÖIH ist die bei weitem stärkste bewaffnete Gruppe Usbekistans. Anfangs hatte es noch andere gegeben, wie Tauba (Reue) und Adolat (Gerechtigkeit). Obwohl die ÖIH der bewaffnete Arm der Hisb ut-Tahrir war, genoss sie ein großes Maß an Unabhängigkeit. Die Hisb ut-Tahrir, die in Zentralasien zu einer bedeutenden politischen Kraft geworden war, kam hier ja bereits zur Sprache.[31] Wie die Partei der Islamischen Wiedergeburt in Tadschikistan gefährdete sie das Bestehen des politischen Regimes.[32] Doch während die etwas gemäßigtere Schwesterpartei nach dem tadschikischen Bürgerkrieg an der Regierung beteiligt wurde, wurde die Hisb ut-Tahrir in Usbekistan verboten. War dieses Verbot unvermeidlich? Ihrer Doktrin nach zu urteilen, die sie in Büchern und Pamphleten verbreitete, gab es kaum Spielraum für Kompromisse. Sie befürwortete den Einsatz von Zwang und Gewalt, um ein radikalislamisches politisches und gesellschaftliches System einzuführen. Hindernisse, die der Ausbreitung des Islam über die ganze Welt entgegenstanden, waren mit allen Mitteln beiseite zu räumen. Ziel war die Wiedererrichtung des Kalifats. Nach den Worten, die ein usbekischer Politologe an junge Akademiker und Studenten gerichtet hat, war ihr Auftreten das »von hoch emotionalen Menschen, die sozial und politisch inaktiv sind, aber über ungezähmte destruktive Instinkte verfügen und Glauben und rationales Denken vermissen lassen«.[33]

Gründer der ÖIH waren zwei junge Männer aus dem Ferganatal, Tohir Joldaschew, ihr Chefideologe, und Dschuma Chodschijew, besser bekannt als Namangani, der ihr militärischer Führer wurde. Die Geschichte der Bewegung und ihrer Führer ist anderswo dargestellt worden,[34] hier seien nur die wichtigsten Fakten erwähnt. Sie nahm Kontakt zu gleichgesinnten Gruppen im Kaukasus, im gesamten Nahen Osten und vor allem in Afghanistan auf. Ihre Finanzen stammten sowohl aus Spenden internationaler islamischer Organisationen als auch aus örtlichen Quellen; angeblich kontrolliert sie zusammen mit verbündeten Gruppen rund 70 Prozent des Rauschgifthandels.[35] Im Übrigen scheint sie der Praxis der maoistischen Guerilla der dreißiger Jahre gefolgt zu sein und die ortsansässige Bevölkerung für die Lieferung von Lebensmitteln und andere Dienstleistungen bezahlt zu haben, um sie nicht gegen sich aufzubringen. Sie wuchs von anfangs wenigen Dutzend Militanten auf rund 2000 bis 3000 Kämpfer an, deren Familien nach Afghanistan evakuiert wurden. Die Disziplin war streng; wer sich einmal der Bewegung angeschlossen hatte, für den gab es keine Möglichkeit mehr, sie wieder zu verlassen. 1999 wurden in der Nähe des Dorfs Tschichasa 19 junge Männer, die versucht hatten, sich abzusetzen, geköpft aufgefunden. Sie gehörten zu einer Gruppe von 36 Kämpfern, die die Waffen niederlegen wollten, um in den Genuss einer Amnestie zu kommen.[36] Die Ausrüstung der ÖIH war derjenigen der Regierungstruppen überlegen, und der Kampfgeist ihrer Mitglieder war hoch; sie standen in dem Ruf, wenn es keine Fluchtmöglichkeit gab, bis zum letzten Atemzug zu kämpfen.[37] So wurde im Ferganatal, um nur ein Beispiel herauszugreifen, ein in Diensten des Karimow-Regimes stehender Polizeihauptmann nicht nur enthauptet, sondern der abgeschlagene Kopf auch vor seinem Büro öffentlich zur Schau gestellt. Es versteht sich fast von selbst, dass die Regierung mit ähnlicher Härte zurückschlug. Zudem brandmarkte sie sämtliche Oppositionelle, auch wenn sie mit dem Islamismus nicht das Geringste zu tun hatten, in einem Aufwasch als radikale Islamisten.

Die jährlichen Vorstöße, die für gewöhnlich von relativ kleinen Gruppen in verschiedenen Richtungen über die Grenze hinweg durchgeführt wurden, brachten die zentralasiatischen Regierungen in ernste Gefahr, und zeitweise schien es durchaus möglich zu sein, dass sie nicht länger standhalten würden. Aber die ÖIH war zu stark von den Taliban abhängig, und nachdem sie ihre Basis in Afghanistan (und ihren Anführer Namangani, der in den dortigen Kämpfen gefallen war) verloren hatte, war sie stark geschwächt. Ihr Kampf fand nicht nur bei der aus der Mittelschicht stammenden Intelligenz Usbekistans Widerhall, sondern auch bei den Armen und Unterdrückten, und angesichts der zumeist negativen Leistungsbilanz der Regierungen hätte sie eigentlich mehr Erfolg haben müssen. Viele der gegen die Staatsmacht erhobenen Vorwürfe, von autokratischen Methoden über Korruption bis zu Massenverhaftungen, trafen zu. Karimows Politik war, gelinde gesagt, schwerfällig und ungeschickt. So hatte er keinen Versuch unternommen, die gemäßigten Islamisten zu integrieren; ob sie darauf eingegangen wären, steht auf einem anderen Blatt, aber er tat noch nicht einmal kleine Schritte in dieser Richtung.

Was also verhinderte einen größeren Erfolg der ÖIH? Die Gründe dafür waren weitgehend die gleichen wie diejenigen, die den Aufbau stabiler, prosperierender und halbwegs freier Gesellschaften im Kaukasus und in Zentralasien erschwerten. Es gab ein großes Maß an Feindseligkeit und Aggression, wobei die Konfliktlinien nicht notwendigerweise, wie in der Konfrontation zwischen Armenien und Aserbaidschan, entlang religiöser Grenzen verliefen, und selbst in dem genannten Fall war es mindestens ebenso sehr ein nationaler wie ein religiöser Konflikt. Häufig standen sich ethnische Gruppen gegenüber, die beide muslimischen Glaubens waren – Lesgier und Aseris, Awaren und Aseris, Perser und türkische Aseris im Kaukaus; Usbeken und Kirgisen, Usbeken und

Meskhet-Türken oder verschiedene tadschikische Stämme in Zentralasien. Die Aufzählung ließe sich fortsetzen. Stammesloyalität, Sprache (oder Dialekt) und Geburtsort waren oftmals wichtiger als die religiöse Solidarität. Wenn die ÖIH sich zu stark mit einer ethnischen Gruppe identifizierte, setzte sie sich automatisch in Gegensatz zu anderen. Hisb ut-Tahrir und ÖIH versuchten dieses Hindernis zu überwinden, indem sie die universale Gültigkeit des radikalen Islam betonten. Doch hatten sie damit nicht mehr Erfolg als die Taliban in Afghanistan, denn um universale Anziehungskraft zu besitzen, war ihre Spielart des Islam zu extravagant. Für junge Intellektuelle mochte sie eine Alternative darstellen, aber für die Allgemeinheit war sie zu weit von den lokalen Traditionen und Gebräuchen entfernt, innerhalb deren sich der zentralasiatische Islam seit Jahrhunderten entwickelt hatte.

Doch man sollte diese Guerilla- und Terrorgruppen nicht zu früh abschreiben. Auch wenn sie ihre Ausgangsbasis in Afghanistan verloren haben, von ihren Geldquellen sind sie nicht abgeschnitten, sie verfügen über erhebliche Kampferfahrung, und die Region besteht aus kaum besiedelten und schwer zugänglichen Gebirgen, bietet also ideale Bedingungen für einen Guerillakampf. Unter diesen Umständen wird es hauptsächlich von der Stärke der Regierungen und ihrer Politik abhängen, ob die politische Gewalt, wie sie von den radikalislamischen Gruppen ausgeübt wird, ein Randphänomen bleiben oder sich zu einer ernsthaften Bedrohung der gegenwärtigen Regierungen auswachsen wird. Zudem wird die weitere Entwicklung von der globalen Stärke des radikalen Islamismus abhängen, von dem die zentralasiatische Variante nur einen Teil bildet.

Schlachtfelder der Zukunft II: Die »Internationale Brigade«

Wo in den kommenden Jahren in Weltpolitik und Weltwirtschaft die Gefahrenzonen liegen werden, ist kein Geheimnis. In Bezug auf den Terrorismus ist das Bild weniger klar. Diejenigen, die terroristisch aktiv sind, zählen nicht nach Millionen, sondern nach Tausenden. Angesichts des leichter gewordenen Zugangs zu sehr wirkungsvollen Waffen, sowohl herkömmlichen als auch solchen zur Massenvernichtung, ist es durchaus möglich, dass der Terrorismus in Zukunft sogar von noch weniger Personen ausgeführt werden wird; eine Hand voll Täter könnten genügen. Während die Entstehung politischer Massenbewegungen in der Geschichte nach allgemeiner Ansicht mit »objektiven Umständen« zusammenhängt, mit Spannungen, Entwicklungstrends und Ideologien, ist das Auftreten kleiner radikaler Gruppen am Rande von Politik und Gesellschaft unvorhersehbar. Sie können zu jeder Zeit und an jedem Ort entstehen. Entscheidend ist nicht die objektive Situation, also die Realität, sondern deren individuelle Wahrnehmung. Terroristen können von Gefühlen wie Wut, Frustration und Hass angetrieben sein, deren Ursachen der großen Mehrheit ihrer Mitbürger wenig bis gar nichts bedeuten. Sie können religiöse Sektierer, Globalisierungsgegner oder Tierschützer sein oder mit ganzem Herzen an eine Sache glauben, deren Existenz dem größten Teil der Menschheit nicht einmal bewusst ist. Außerdem können sie private Sorgen haben. In der Vergangenheit waren von kleinen Gruppen begangene Gewalttaten nicht sehr bedeutsam, weil ihr Zerstörungspotenzial begrenzt war. In Zukunft wird sich dies ändern. Trotz dieser Vorbehalte kann man allerdings weiterhin davon ausgehen, dass der Terrorismus in bestimmten Weltgegenden und als Randphänomen bestimmter politischer oder sozialer Bewegungen eher auftritt als anderswo. Diesen Bewegungen wollen wir uns im Folgenden zuwenden.

Terror von rechts außen

Eine der in Vergangenheit und Gegenwart ständig unterschätzten, ja ignorierten Quellen des Terrorismus ist die von der extremen Rechten und neofaschistischen Gruppen ausgehende Gewalt. Für die Blindheit auf dem rechten Auge sind mehrere Gründe verantwortlich. Manche Beobachter haben sich selbst eingeredet, der wahre Terrorismus habe immer, jedenfalls fast immer linke (»fortschrittliche« oder »revolutionäre«) Motive – eine Rebellion gegen eine untragbare und ungerechte politische und gesellschaftliche Ordnung. Diese Überzeugung ist schwer auszumerzen; mit den ihrer Vorstellung widersprechenden Realitäten konfrontiert, erwidern die Verfechter dieser These, es handle sich dabei um Ausnahmen, um Abweichungen von der Norm. Es gibt einen tief sitzenden psychologischen Widerstand gegen die Akzeptanz der Tatsache, dass Terrorismus keine Ideologie und auch keine Manifestation einer bestimmten Ideologie ist, sondern eine Vorgehensweise, eine Strategie, die von nahezu jeder Gruppe innerhalb und auch einigen außerhalb des politischen Spektrums angewandt werden kann.

Ein anderer Grund ist die Tatsache, dass die Stimmen der extremen Rechten und der Neofaschisten vom Chor der Mehrheitsmedien übertönt werden. Ihre Sprecher sind keine Intellektuellen, sie nehmen nicht am öffentlichen Diskurs über Politik, Kultur oder soziale Fragen teil, und es fällt nur zu leicht zu vergessen, dass sie überhaupt existieren. Sie verfügen über eigene Zeitschriften und Versammlungen, eigene Internetseiten, eigene Videofilme und sogar eine eigene Popmusik. Kurz, es gibt eine neofaschistische Subkultur, die zwar versteckt sein mag, aber dennoch vorhanden ist, und zu dieser Subkultur gehört auch der Einsatz terroristischer Methoden.

Im historischen Faschismus hat der Terrorismus von unten kaum eine Rolle gespielt, allerdings nicht weil die faschistischen und nationalsozialistischen Parteien irgendwelche Skrupel gehabt hätten, zu entsprechenden Methoden zu greifen, sondern weil sie an eine andere Strategie glaubten. Sie waren überzeugt, dass sie mit ihren paramilitärischen Formationen die Straße erobern und mit politischen Mitteln, mit Hilfe von Massenparteien also, an die Macht gelangen würden. Zwar ermordeten sie in der Frühphase ihrer Geschichte einzelne politische Gegner – die Ermordung von Giacomo Matteotti durch die italienischen Faschisten im Jahr 1924 ist hierfür das beste Beispiel –, aber in späteren Jahren war die von ihnen angewandte Gewalt Staatsterror, Terror von oben, hauptsächlich in Gestalt von politischer Polizei, Verhaftungen, Konzentrationslagern und Hinrichtungen.

Die Neofaschisten dagegen können vernünftigerweise nicht darauf hoffen, wie die deutschen Nationalsozialisten und die italienischen Faschisten durch Wahlen oder die offene Zurschaustellung von Gewalt an die Macht zu kommen, und genau dieses Gefühl der Schwäche macht den Terrorismus zu einer verlockenden Alternative. Sie fühlen sich politisch isoliert und rassisch in der Minderheit, überlaufen von Fremden und anderen Feinden. Die Massen denken gar nicht daran, ihnen zuzuhören; ohnehin sind sie viel zu gleichgültig und zu dumm, um ihre Botschaft zu verstehen. Unter diesen Umständen scheint das einzige Mittel, sich Gehör verschaffen zu können, die Schocktherapie zu sein, die Destabilisierung von Staat und Gesellschaft mit Hilfe des Terrorismus. Wer mit Literatur und Doktrin der amerikanischen Neonazis vertraut ist, kennt diese Strategie etwa aus William Pierces *Turner Diaries*, in denen ein Feldzug gegen das Volk der Vereinigten Staaten dargestellt wird, in dessen Verlauf Millionen von Menschen durch Massenvernichtungswaffen getötet werden. Nach Vorstellung der rechten Strategen kann durch Angriffe auf das »System« eine allgemeine Gesetzlosigkeit, die Ausschaltung der staatlichen Einrichtungen und ein Zusammenbruch der öffentlichen Ordnung sowie eine tiefe Wirtschaftskrise herbeigeführt werden. In dieser Situation, so nehmen sie an, werden die verwirrten Massen das Vertrauen in die Behörden verlieren, und große Teile der Bevölkerung werden politisch erwachen, um sich denen anzuschließen, die eine neue Naziordnung errichten wollen.

In den letzten zwei Jahrzehnten sind zwar einige Menschen von rechtsextremen Terroristen ermordet worden, aber insgesamt gesehen hat es nicht viele solcher Attentate gegeben. Oklahoma City ist ein isolierter Vorfall geblieben. In nächster Zukunft könnte sich das allerdings ändern, und es hat im Lauf der Jahre immer wieder

Berichte gegeben, nach denen militante Rechtsextreme versucht haben, sich Massenvernichtungswaffen zu beschaffen – oder, genauer gesagt, die Materialien, aus denen man solche Waffen herstellen kann. Die extreme Rechte ist ein geteiltes Haus; es gibt weder eine einheitliche Partei noch einen obersten Führer. Einige Faktionen sind auf ein einziges Thema konzentrierte Hassgruppen, wie Abtreibungsgegner, Holocaustleugner, Neokonföderierte oder Anhänger eines alternativen Christentums, die kaum etwas mit den Verfechtern des Neonazismus oder heidnischen Kulten wie dem Odinismus gemeinsam haben. Und nicht alle Neonazis befürworten den Terrorismus mit Massenvernichtungswaffen.[1]

Diese Spaltungen sind jedoch kein Zeichen der Schwäche, da die extremen Rechten sowieso nicht an politisches Handeln, Demokratie und Veränderung mit Reformen und friedlichen Mitteln glauben. Im Gegenteil, zur Strategie der Militanten gehört der »führerlose Widerstand«, ein Prinzip, das der Organisation des Bin-Laden-Netzwerks recht ähnlich ist: Kleine Gruppen von Aktivisten operieren unabhängig voneinander, und zwar so, dass ihre Mitglieder im Fall einer Verhaftung nichts über andere Gruppen aussagen können, weil sie nichts über sie wissen, so dass deren Existenz ungefährdet bleibt. In der Vergangenheit hatte diese Form der lockeren Organisation ihre Grenzen, aber im Zeitalter der Massenvernichtungswaffen braucht man keine große Gruppe, um Chaos und Panik zu erzeugen.

Zwischen diesen militanten Gruppen hat es bislang zwar ein gewisses Maß an nationaler und internationaler Zusammenarbeit gegeben, indes nicht allzu viel. Im Wesentlichen beschränken sie sich auf eine Region oder einen bestimmten Staat. Sie bewegen sich im halblegalen Raum – sollten sie sich ernsthaft zu terroristischen Aktivitäten entschließen, müssten sie tief in die Illegalität abtauchen, wovor sie sich bisher gescheut haben. Die große Gefahr für sie ist die Unterwanderung auf allen Ebenen, von der Führung bis hinunter zu den einfachen Mitgliedern; doch je kleiner die Gruppe, desto schwieriger ist sie zu infiltrieren. Für den Terrorismus der Zukunft könnte »klein« tatsächlich »fein« bedeuten, mit Sicherheit ist es weniger riskant.

Aufgrund der jüngsten Geschichte ist dem neofaschistischen

Terrorismus in Deutschland und Italien mehr Aufmerksamkeit zuteil geworden als dem gleichen Phänomen in anderen Ländern. Nach dem Niedergang der Linken ist in Italien eine Regierung an die Macht gekommen, an der auch eine Nachfolgepartei der Faschisten beteiligt ist. Um respektabler zu erscheinen, hat diese Partei, die Alleanza Nazionale, und insbesondere ihr Vorsitzender, Gianfranco Fini, sehr zum Unwillen ihrer radikaleren Anhänger einen deutlich gemäßigteren Standpunkt eingenommen. Andererseits dürfte es den Rechtsradikalen schwer fallen, eine Regierung anzugreifen, die ihnen (unter der Führung Berlusconis) alles in allem näher steht als jede andere zuvor. Italienische Rechtsextremisten waren für einige der blutigsten Terroranschläge in Europa verantwortlich (auf die Piazza Fontana in Mailand im Dezember 1969, die Piazza della Loggia in Brescia im Mai 1974 und den Bahnhof von Bologna im August 1980), und sie hatten die ausgefeilteste Strategie zur systematischen Destabilisierung der Regierung entwickelt. Insgesamt aber sind sie weniger aktiv gewesen als ihre deutschen Kameraden.

Die extreme Rechte und die Neonazis in Deutschland setzen sich aus über 200 Splittergruppen zusammen, darunter auch einige, deren Mitglieder eine systematische militärische Ausbildung erhalten. Seit 1998 hat die deutsche Polizei jedes Jahr Waffenverstecke entdeckt, in denen nicht nur automatische Waffen, sondern auch Granaten und Mörser, Maschinengewehre und Handgranaten lagerten.[2] Nach Polizeischätzungen beläuft sich die Zahl gewaltbereiter Rechtsextremer auf 9000 bis 10000. Ihre Angriffe richten sich derzeit hauptsächlich gegen Immigranten (Asylsuchende) aus Asien, Afrika und dem Nahen Osten, von denen Deutschland mehr als jedes andere Land in Europa aufnimmt. Aber die Neonazis sind auch im Rahmen der Antiglobalisierungsbewegung aktiv geworden; so protestierten sie gegen die deutsche Beteiligung am Krieg gegen Serbien und die Unterstützung des amerikanischen Kriegs gegen den Terrorismus.

Auch in Ländern wie Großbritannien und Schweden gibt es ein Potenzial für terroristische Anschläge. In Großbritannien ist die Szene stark von ihren Kameraden in den Vereinigten Staaten beeinflusst. Man liest dieselben Bücher – die *Turner Diaries* – und benutzt dieselben Gruppennamen, wie etwa »Commando 18«. Doch die Anschläge (die sich fast immer gegen Neuzuwanderer richteten) werden überwiegend von Individualtätern verübt, die nicht zu den Mitgliedern einer dieser Gruppen gehören.[3] In Schweden ist der neonazistische Terrorismus weitgehend hausgemacht. Unter den Opfern waren bislang Polizisten, ein Enthüllungsjournalist und ein Gewerkschaftsfunktionär. Über die Sozialstruktur der beteiligten Gruppen ist wenig bekannt. Das allgemein vorherrschende Bild vom jungen Arbeitslosen aus der Unterschicht wird von den bekannten Tatsachen nicht bestätigt, ihnen zufolge ist der Mittelstand mindestens genauso vertreten.

Ultralinker Terrorismus

Von der politischen Linken kommen immer wieder lautstarke Forderungen nach wirkungsvollen staatlichen Maßnahmen gegen die Terroristen von Rechts. Damit hat sich die Linke jedoch in Widersprüche verstrickt, denn gleichzeitig ist zu befürchten, dass die geforderten Antiterrorgesetze auch gegen ihren eigenen militanten Flügel Anwendung finden könnten. Immerhin sind einige der spektakulärsten Mordanschläge der jüngsten Zeit in Europa, wie der Amoklauf von Nanterre und das Attentat auf den Rechtspopulisten Fortuyn in den Niederlanden, nicht von Neofaschisten, sondern von Sympathisanten der Linken begangen worden. Der linksextreme Terrorismus ist hier zwar zurückgegangen, aber keineswegs ausgemerzt. Ein Beispiel dafür ist die griechische Gruppe »17. November«, die immer wieder Anschläge auf amerikanische und britische Diplomaten sowie NATO-Personal verübt hat, selten jedoch (wenn überhaupt) auf Griechen. In ihren Verlautbarungen bekannte sie sich zum Marxismus-Leninismus und zu einer revolutionären Strategie, vertrat zugleich aber einen fanatischen, kompromisslosen Nationalismus. Die nationalen Interessen Griechenlands betonte sie weitaus stärker als die sozialrevolutionäre Veränderung.[4]

Da in 25 Jahren kein einziges Mitglied dieser Organisation von der Polizei festgenommen wurde, ist mehreren griechischen Regierungen vorgeworfen worden, sie seien entweder abgrundtief unfähig oder hätten Sympathisanten der Terroristen in ihren eigenen Reihen. Im Juli 2002 fiel der Polizei dann ein Mitglied des »17. November« in die Hände, das sich bei dem Versuch, im Hafen von Athen eine Bombe zu platzieren, verletzt hatte. In der Folge wurde die Führung dieser kleinen Gruppe verhaftet. Ihre Ursprünge reichten offenbar zu einer der trotzkistischen Sekten der sechziger Jahre zurück. Als die Obristen 1968 in Griechenland eine Diktatur errichteten, spalteten sich die Trotzkisten in einen politischen und einen terroristischen Flügel auf. Doch unter dem Militärregime traten die »Aktivisten« kaum in Erscheinung. Das geschah erst 1975, nachdem die Demokratie wiederhergestellt war. Nicht nur in dieser Beziehung weist der »17. November« eine verblüffende Ähnlichkeit mit der baskischen ETA auf, die sich ebenfalls erst nach dem Sturz der Diktatur ernsthaft terroristisch zu betätigen begann. Auch was die marxistisch-leninistischen Anfänge und die spätere nationalistische Orientierung angeht, gleichen sich die beiden Organisationen. Allerdings waren und sind die ETA-Mitglieder wesentlich aktiver als ihre griechischen Kameraden, da ihre Basis ethnischer Natur ist und sie wesentlich breiteren Rückhalt genießt. (In etwa dem gleichen Zeitraum hat die ETA über 800, der »17. November« dagegen »nur« 22 Menschen getötet.)

Entgegen der Behauptung mancher Autoren war der »17. November« beileibe nicht die letzte revolutionäre linke Terrorgruppe in Europa. Dies zeigte die Ermordung zweier Akademiker und Berater des italienischen Arbeitsministeriums: Massimo d'Antona in Rom (Mai 1999) und Marco Biagi (März 2002) in Bologna.[5] Nach dem Attentat auf Biagi gaben die Roten Brigaden, die man für inaktiv, wenn nicht gar tot gehalten hatte, eine lange Erklärung heraus, in der sie die Gründe für ihre Tat erläuterten. Neu daran war – neben den aus der Vergangenheit bekannten Stichworten, vom »revolutionären Kampf« über die »Strategie des bewaffneten Kampfes« und die »imperialistische Konterrevolution« bis hin zur »kämpferischen Arbeiterklasse« – der Versuch, eine Verbindung zwischen den eigenen terroristischen Aktivitäten und denen von Osama bin Laden herzustellen: Die Anschläge auf New York und

Washington hätten die Verwundbarkeit des Weltkapitalismus gezeigt. Mit andern Worten, die ultrakommunistischen italienischen Terroristen sahen sich selbst in einer gemeinsamen Front mit dem radikalen Islamismus.[6] Eine solche Zusammenarbeit mit religiösem Obskurantismus unter dem Banner des Antiimperialismus mag grotesk erscheinen. Doch die direkte oder indirekte Kooperation von islamischen Terroristen und Ultralinken ist keineswegs nur in Italien anzutreffen. Das Beispiel Algeriens ist in dieser Hinsicht typisch. Dort standen die Kommunisten den Terroristen strikt ablehnend gegenüber, und sei es auch nur deshalb, weil es deren erklärtes Ziel war, »zehntausend Kommunisten zu töten« (obwohl es in ganz Algerien so viele gar nicht gab). Die Trotzkisten und ihre Parti des Travailleurs (PT) hatten in dieser Beziehung weniger Skrupel. Sie stellten sich von Anfang an hinter den radikalislamischen Aufstand (den Streik vom Juni 1991) und blieben auch in den folgenden Jahren bei ihrer »kritischen Unterstützung«. In Algerien selbst besaßen sie nicht viel Einfluss, aber sie hatten Sympathisanten unter britischen Journalisten und französischen Orientalisten und gehörten zu jenen, die behaupteten, der Terrorismus in Algerien sei zum großen Teil nicht das Werk von islamistischen Terroristen, sondern das der Militärregierung.[7] Eine Verehrerin von Louisa Hanoune, der Führerin der Trotzkisten (auch die algerische La Pasionaria genannt), erklärte begeistert: »Da haben wir eine Frau, schön wie eine Prinzessin aus Tausendundeiner Nacht, die ein vollkommenes Arabisch spricht ... und in Direktübertragung im Fernsehen ausspricht, was nur die Islamisten in den Moscheen zu sagen wagen.«[8]

Wie kommt ein Sprecher der Ultralinken dazu, stolz darauf zu sein, dass jemand dasselbe sagt wie die Islamisten in ihren Moscheen? Ein algerischer Kommentator bemerkte, die Trotzkisten seien in der alten anarchistischen Theorie aus dem 19. Jahrhundert stecken geblieben, der zufolge die Welt nur dann wieder neu aufgebaut werden könne, wenn sie vorher ins Chaos versunken sei.[9] An diesem Punkt trafen sich die Hoffnungen und Erwartungen der Neofaschisten mit denen der Ultralinken, auch wenn ihre Vorstellungen über die Welt, die nach der kommenden Revolution entstehen sollte, auseinander gingen. Vorläufig jedoch war der islamistische Terrorismus als Verbündeter zu betrachten, denn »objektiv« nahm er die politisch richtige Position ein. Dies war auch die Linie vieler französischer linksextremer Gruppen und Grüppchen.

Algerien

In den neunziger Jahren des 20. Jahrhunderts wurde das Land zum blutigsten Schlachtfeld des Terrorismus, was für die Sympathisanten insofern höchst peinlich war, als die Opfer – ihre Zahl wird auf 100 000 bis 150 000 geschätzt – weder Kolonialherren noch reiche Ausbeuter waren, sondern in der Mehrzahl arme Leute, die in den meisten Fällen zufällig getötet wurden. Manche Gruppen wurden allerdings gezielt verfolgt – Frauen und Angehörige der Intelligenz wie Lehrer, Studenten und Journalisten. Über 700 Schulen wurden zerstört, weil sie angeblich die Jugend verdarben. Auch einige hundert islamische Prediger, die in den Augen der Extremisten untragbar waren, wurden ermordet, ganz zu schweigen von christlichen Geistlichen, Mönchen und Nonnen.

Algerien war erst 1962 nach einem sich lange hinziehenden, blutigen Kampf gegen die Kolonialmacht Frankreich unabhängig geworden, und natürlich hat die Tradition der Gewalt viel mit den Massakern zu tun, die im letzten Jahrzehnt des 20. Jahrhunderts an den Bewohnern des Landes verübt wurden. Hinzu kam, dass Algerien eine Ideologie hervorgebracht hatte, die die Gewalt nicht nur rechtfertigte, sondern als absolute Notwendigkeit darstellte: Frantz Fanons Kult der »entgiftenden« Gewalt als Mittel der Selbstbestätigung.[10] Gewalt war nach Fanon eine befreiende Kraft, die die Rebellen zusammenschweißte. Erst gegen Ende seines Lebens begann er zu begreifen, welch verderblichen Einfluss die daraus hervorgehende Barbarei hatte, obwohl dies einem ausgebildeten Psychiater wie ihm eigentlich schon früher hätte auffallen müssen. Aber die Ideologie war stärker gewesen als die medizinischen Kenntnisse und Erfahrungen. Fanon war jedoch nicht der Zauberlehrling, der den Geist aus der Flasche ließ. Er war kein geborener Algerier, und sein Ruhm war unter europäischen und amerikanischen Intellektuellen weit größer als in Nordafrika; es ist zweifelhaft, ob mehr als eine Hand voll algerischer Rebellen ihn jemals gelesen hatte.

Der Niedergang in den neunziger Jahren war eine Folge der katastrophalen Leistung der postkolonialen Regierungen. Zuerst gelang es Achmed Ben Bella durch haarsträubende sozialistische Planmaßnahmen, die Wirtschaft eines Landes zu ruinieren, dem es als bedeutendem Erdölproduzenten eigentlich gut gehen müsste. Dann kam Oberst Boumedienne an die Macht, der es auch nicht besser machte. Nach jahrzehntelanger verheerender Misswirtschaft und Stagnation auch unter den Nachfolgern versank das Land Anfang der neunziger Jahre in einem Bürgerkrieg, dessen Ende bis heute nicht absehbar ist. Seit 1999 hat Abdel Aziz Bouteflika das höchste Staatsamt inne, der die radikalen Islamisten in jeder Weise unterstützt, um den Einfluss der linken Kräfte zurückzudrängen. Verschärft wurde die Situation durch eine hohe Geburtenrate und verbreitete Jugendarbeitslosigkeit. Und nicht zuletzt hat auch die Rückkehr mehrerer hundert Militanter aus Afghanistan eine Rolle gespielt: Sie hatten sich geschworen, mit blutigen Mitteln die Macht zu erobern, und schlossen sich der Islamischen Heilsfront (FIS) oder den noch radikaleren Bewaffneten Islamischen Gruppen (GIA) an.[11]

Der Bürgerkrieg wurde durch einen Massenstreik der Opposition im Juni 1991 eingeleitet und eskalierte im folgenden Jahr, als die Militärregierung das Ergebnis der Wahlen annullierte, weil abzusehen war, dass die FIS sie gewinnen würde. Diese diktatorische Maßnahme stieß auf breite Kritik, doch die an der Macht befindlichen Generäle erwiderten, im Fall eines Siegs der Islamisten wären diese Wahlen die letzten in Algerien gewesen. Ihr Dilemma war das gleiche wie das, in dem sich die Weimarer Republik 1932/33 angesichts des Aufstiegs der Nationalsozialisten befunden hatte, und sie wollten nicht den gleichen Fehler begehen wie die damalige deutsche Regierung. Doch die historische Parallele traf nur bedingt zu, denn die Militärs waren nicht gerade vorbildliche Demokraten, und die Islamisten bildeten keinen monolithischen Block. Mit den Gemäßigten unter ihnen wären vermutlich Verhandlungen möglich gewesen – sie hätten geführt werden sollen.

In den folgenden Jahren fanden überall im Land und selbst in der

Hauptstadt und ihren Vororten zahllose Massaker statt.[12] Monat für Monat wurden Tausende Menschen buchstäblich abgeschlachtet; die Verbrechen waren derart bestialisch, dass die Propagandabehauptung, kein rechtgläubiger Muslim könne sie begangen haben, auf offene Ohren stieß. Da die algerischen Terroristen sowohl den Terrorismus als auch den Islamismus in ein schlechtes Licht rückten, wurde eine Desinformationskampagne gestartet, die zwar in Algerien selbst verpuffte, weil die Bevölkerung aus eigener bitterer Erfahrung wusste, was vor sich ging und wer die Schuldigen waren, in Europa und Amerika aber sehr wohl ihre Wirkung erzielte. Die algerische Regierung geriet unter erheblichen Druck, und zahlreiche Ausschüsse und Einzelpersonen reisten an, um die Wahrheit herauszufinden.

Man darf getrost annehmen, dass der Staat mit gleicher Rücksichtslosigkeit zurückschlug, dass man Hunderte, wenn nicht Tausende ohne Gerichtsverfahren hinrichten oder – von Militär oder Polizei ermordet – spurlos verschwinden ließ. Dieses Syndrom ist nicht neu, vorher war es in Argentinien, Uruguay und anderen Ländern aufgetreten, überall dort, wo der Terrorismus die schiere Existenz von Staat und Gesellschaft bedroht hatte. Sobald sie eine bestimmte Schwelle überschritten hatten, konnten Terroristen von ihren Gegnern keinerlei Gnade erwarten; rechtliche Beschränkungen wurden aufgehoben, und viele Unschuldige fielen der Hatz zum Opfer. Dennoch ist festzuhalten, dass die große Mehrheit der Anschläge in Algerien (und auch in Frankreich) von radikalen Islamisten begangen wurde, insbesondere von den GIA, die die Verantwortung übernahmen und sogar Videoaufnahmen verbreiteten, die den Massenmord an Armeerekruten zeigten.

Die Terroristen und ihre Sympathisanten behaupteten, die Regierung sei für die Massenmorde verantwortlich, weil sie die GIA, die radikalste unter den Terrorgruppen, infiltriert und manipuliert, örtliche Milizen bewaffnet und auf andere Weise die Auseinandersetzung angeheizt habe. Doch all das erklärt nicht die Ermordung Tausender algerischer Soldaten und Polizisten; darüber hinaus hat die GIA aus ihren Anschlägen nie ein Geheimnis gemacht, sondern sich öffentlich zu ihnen bekannt; im Übrigen hatten selbst gemäßigte Islamisten der FIS ihre barbarischen Taten verurteilt.

Darüber hinaus gibt es mehr als genug Beweise dafür, dass die GIA und andere ultraextremistische Gruppen zu einem beträchtlichen Teil aus kriminellen Elementen bestehen.[13] Die Militärregierung wurde vom Ausland gedrängt, in einen Dialog mit der FIS einzutreten, der zusammen mit dem 1999 erlassenen Gesetz zur »zivilen Eintracht« und der im selben Jahr gewährten allgemeinen Amnestie sowie der Kriegsmüdigkeit auf Seiten der FIS dazu beitrug, dass die Zahl der Anschläge und Todesopfer im Jahr 2000 deutlich zurückging.[14] Doch die GIA und einige neue kleine Gruppen, die autonom agierten, wie die offenbar direkt mit bin Laden in Verbindung stehende Salafistische Gruppe für Predigt und Kampf (GSPC), kämpften weiter. Die Zahl ihrer Mitglieder wurde auf mindestens 3000 geschätzt. Man kann mit einiger Sicherheit sagen, dass zu diesem Zeitpunkt das Element des Banditentums in den Vordergrund getreten war und die religiöse Motivation nicht mehr den entscheidenden Faktor darstellte.[15]

Die Situation in Algerien ist von Bedeutung, weil das Land weiterhin eine Brutstätte des Terrors ist. Doch ein großer Teil der Bevölkerung, nicht nur die Intelligenz und die Mittelschicht, fühlt sich abgestoßen von dem brutalen Morden, und besonders auf dem Land haben viele sich dem Kampf gegen das »Monster«, wie der terroristische Islamismus häufig bezeichnet wird, angeschlossen. Algerien ist heute sicherlich nicht demokratischer als vor zehn Jahren, aber kein nordafrikanischer und nahöstlicher Staat ist der Demokratie entscheidend näher gekommen, und die Voraussetzungen in Algerien sind schlechter als anderswo. Gravierend ist allerdings, dass die sozialen und wirtschaftlichen Bedingungen sich nicht verbessert haben und immer noch so viele junge Menschen arbeitslos sind. Gewiss hat man gegen die Barbarei, der das Land in solchem Maße ausgeliefert war, Gegenkräfte mobilisiert und möglicherweise auch eine gewisse Immunität entwickelt. Aber auch wenn der radikale Islamismus verbreitet Abscheu ausgelöst hat, bedeutet dies nicht, dass der Terrorismus hier generell zum Erliegen kommen wird.

Der Balkan

In eine Übersicht über den gegenwärtigen und zukünftigen Terrorismus scheinen die Kriege auf dem Balkan auf den ersten Blick nicht zu gehören. Als der Vielvölkerstaat Jugoslawien sich aufzulösen begann und Kroatien und Slowenien 1991 ihre Unabhängigkeit erklärten, vollzog sich die Trennung von Serbien nicht ohne gewalttätige Konflikte und schmerzliche Folgen, wie Tötungen und ethnische Säuberungen. Noch spürbarer war dies im Fall von Bosnien, wo 200 000 Menschen starben und viele mehr ihr Zuhause verloren, ein Krieg, der im November 1995 mit dem Friedensabkommen von Dayton ein Ende fand. Dann kam der Kampf um das Kosovo, das zwar überwiegend von Albanern bewohnt, historisch aber von Serben beansprucht wird. Ein Guerillakrieg führte im März 1999 zur Intervention der NATO. Als er vorüber war, ergriffen die Albaner die Initiative – sowohl im Kosovo, wo sie die dort lebenden Serben zu vertreiben versuchten, als auch in Mazedonien, wo es eine bedeutende albanische Minderheit gibt. Der Westen, allen voran Amerika, war eingeschritten, um die Muslime auf dem Balkan zu schützen. In der muslimischen Welt brachte ihm das wenig Dankbarkeit ein.

Diese Ereignisse sind in unserem Zusammenhang aus mehreren Gründen relevant. Erstens gibt es, wie in der Zeit vor und nach dem Ersten Weltkrieg, viele ethnische Gruppen, deren nationaler Ehrgeiz nicht völlig zufrieden gestellt ist (und auch nicht zufrieden gestellt werden kann, ohne anderen Leid zuzufügen) und die den Konflikt weiter austragen wollen. Ein Mittel zu diesem Zweck ist der Guerillakrieg, ein anderes der Terrorismus. In den bewaffneten Auseinandersetzungen der neunziger Jahre hat der Terrorismus kaum eine Rolle gespielt; mehr als ein oder zwei führende Politiker, die durch terroristische Anschläge ums Leben kamen, fallen einem beim besten Willen nicht ein. Im Verlauf der ethnischen Säuberungen sind zwar viele individuelle Tötungsakte geschehen, aber sie gehörten eher ins Muster der Guerillakriegführung als in das des Terrorismus, so wie es allgemein verstanden wird. Andererseits gibt es auf dem Balkan eine lange Tradition des Terrorismus, in der sowohl die Innere Mazedonische Revolutionäre Organisation (IMRO) als auch die kroatische Ustascha einen prominenten Platz einnehmen. Auch darf nicht vergessen werden, dass der Erste Weltkrieg durch das Attentat einer serbischen Terrororganisation auf den österreichischen Thronfolger in Sarajevo ausgelöst wurde. Es besteht sicherlich die Gefahr, dass enttäuschte nationalistische Gruppen im früheren Jugoslawien, und deren gibt es viele, den Terrorismus als Mittel benutzen werden, um ihre Nachbarländer zu destabilisieren und auf diesem Weg ihre Ziele durchzusetzen. Ein Guerillakrieg ist aufgrund der Anwesenheit von Beobachtern und Truppen der UNO unwahrscheinlich, der Terrorismus aber könnte unter den gegebenen Umständen das Mittel der Wahl sein.

Zweitens haben die Balkankriege islamischen Terroristen aus dem Nahen Osten und Südasien Gelegenheit gegeben, einen Fuß in die Tür zu setzen, insbesondere in Bosnien und im Kosovo. Viele afghanische Veteranen sind dorthin gegangen, um zu kämpfen und Stützpunkte aufzubauen. Wäre ihre Hilfe auf die Teilnahme an lokalen Gefechten beschränkt geblieben, hätte sie, außer für die direkt betroffenen Staaten, keine größeren Konsequenzen gehabt. Aber es häuften sich die Beweise, dass Veteranen des al-Qaida-Netzwerks ihre Stützpunkte nutzten, um Waffen zu schmuggeln, Geld zu waschen, sich falsche Papiere zu beschaffen und terroristische Operationen in Europa und Amerika zu planen. Schließlich verlangte über ein Dutzend europäischer, nordafrikanischer und nahöstlicher Staaten (einschließlich Italiens, Frankreichs, Großbritanniens, der Türkei, Ägyptens und Algeriens) die Auslieferung der muslimischen Terroristen.

Die Anträge stürzten die Regierungen in Albanien und im Kosovo in große Verlegenheit: Einerseits waren sie denjenigen, die ihnen in der Stunde der Not geholfen hatten, zu Dank verpflichtet und zeigten sich ihnen gegenüber auf verschiedene Weise erkenntlich, hauptsächlich durch logistische Unterstützung. Andererseits hatten die Gäste den Bogen überspannt, und die Regierungen wollten, zumal nach dem 11. September 2001, keine politischen Sanktionen riskieren. Infolgedessen wurden die meisten Mudschaheddin aufgefordert, ihre Gastländer zu verlassen; Albanien lieferte einige von ihnen sogar aus, etwa an Ägypten.

Für den wachsenden Unmut der betreffenden Länder gab es

auch andere Gründe. Die Mudschaheddin waren nicht auf den Balkan gekommen, um den einheimischen Muslimen beim Aufbau säkularer Staaten zu helfen. Nach ihrer Ansicht wäre der ganze Kampf umsonst gewesen, wenn an seinem Ende nicht die Errichtung streng islamischer Regime gestanden hätte. Aber die Mehrheit der Kosovaren und Albaner wollte keine auf der Scharia beruhende Ordnung. Deshalb löste der Abzug der Freiwilligen bei den lokalen Behörden kein allzu großes Bedauern aus. Dennoch gibt es Hinweise darauf, dass nicht alle gegangen sind. Einige sind inzwischen im Besitz eines bosnischen oder albanischen Passes, manche haben Einheimische geheiratet. Wie der frühere tschechische Außenminister Jiří Dienstbier konstatierte, haben weder die UNO noch die NATO das Bündnis zwischen Terrorismus und organisiertem Verbrechen im Kosovo zerschlagen können, das im innersten Kreis der kosovarischen Befreiungsarmee UÇK verwurzelt ist. Laut Interpol kontrollieren albanische Banden 70 Prozent des Heroinhandels nach Mitteleuropa und Skandinavien.[16] Der Balkan wird auf absehbare Zeit eine potenzielle Basis von Terroristen bleiben.

Terrorismus und Banditentum

Während der Terrorismus in Algerien in der Anfangszeit eindeutig ideologisch motiviert war, sind später, wir sahen es, die kriminellen Elemente stärker geworden, und es wurde schwierig, eine klare Trennlinie zwischen beiden Aspekten zu ziehen. Das Gleiche gilt *mutatis mutandis* für terroristische Gruppen in anderen Ländern, wie den Philippinen und Kolumbien. Es galt auch für die extrotzkistischen Terroristen in Griechenland, die in den neunziger Jahren des letzten Jahrhunderts begannen, ihre finanzielle Lage sowohl als Gruppe als auch individuell durch Banküberfälle zu verbessern.

Ein Blick auf die Philippinen: Die Geschichte von Abu Sayyaf (Vater des Schwerts) geht auf eine frühere nationale Widerstandsbewegung zurück, die nationale Moro-Befreiungsfront (MNLF), die in den Hauptsiedlungsgebieten der Muslime, die rund fünf Prozent der philippinischen Bevölkerung ausmachen, beheimatet war,

302

also vor allem auf Mindanao und den vorgelagerten Inseln. Die Muslime fühlten sich diskriminiert und strebten aus religiösen wie kulturellen Gründen die Gründung eines eigenen Staats an. Dafür griffen sie zu den Waffen und führten einen Guerillakrieg gegen die Regierung, in dem auf beiden Seiten Tausende von Menschen ums Leben kamen und noch mehr ihr Heim verloren. Die MNLF wurde von Libyen und später vom Iran unterstützt, aber aufs Ganze gesehen gehörte sie nicht zu den extremsten Bewegungen und ging schließlich auf Friedensverhandlungen ein, die zum Abkommen von Tripolis (1976) führten, in dem einige ihrer Forderungen erfüllt wurden. Zwar waren die Separatisten nicht ganz zufrieden gestellt, begnügten sich aber von diesem Zeitpunkt an mit gewaltlosem Widerstand.[17]

Den radikalen Muslimen, von denen einige mit Osama bin Laden in Afghanistan gekämpft hatten, ging der Wechsel zum friedlichen Kampf jedoch gegen den Strich, und sie spalteten sich von der Hauptgruppe ab. Die neue Organisation war klein; sie zählte nicht mehr als 200 Mitglieder, zuzüglich einer gewissen Zahl von Sympathisanten, vor allem auf den Sulu-Inseln. Ihre geringe Größe glich sie durch hektische Aktivität und Öffentlichkeitsarbeit aus. Über ihre Ideologie ist wenig bekannt, aber religiöser Fanatismus scheint nicht zu ihren hervorstechenden Merkmalen zu gehören; statt der von der Regierung zugestandenen Autonomieregelung strebt sie vielmehr nach völliger Unabhängigkeit. Die Gruppe unternimmt Überfälle auf christliche Kirchen und Buchhandlungen; 1995 gab es bei einem Angriff auf die von Christen bewohnte Stadt Ipil mindestens 54 Tote. Ihre bevorzugte Tötungsmethode besteht darin, die Opfer zu köpfen. Sie finanzierte sich durch die Entführung von (überwiegend ausländischen) Touristen, Piraterie, Schmuggel und Raubüberfälle – immer mit der Rechtfertigung, dies alles stünde im Einklang mit den Prinzipien des Dschihad.[18]

Bei der Mehrheit der nationalistischen Moro-Gruppen stießen diese Aktivitäten auf Ablehnung und brachten Abu Sayyaf den Vorwurf ein, den Islam durch kriminelle Machenschaften zu besudeln. Vor allem Entführungen um des Profits willen entsprächen nicht dem Geist des Korans. Aus Verlegenheit über die Verbrechen der Abu Sayyaf boten die gemäßigten Gruppen der Regierung in

Manila nach den Anschlägen vom 11. September ihre Unterstützung an. Doch über theologische Spitzfindigkeiten und die Interpretation des Korans machten sich die Militanten von Abu Sayyaf, die einen zweistelligen Millionenbetrag aus Lösegeldern angehäuft hatten, keine großen Sorgen. Für sie war das Verbrechen zu einer Lebensweise und Einnahmequelle geworden. Ein Teil des erbeuteten Geldes scheint an die Bewohner der Inseln, die ihre Hochburgen sind, gegangen zu sein, und diese »Spenden« sowie die angebliche Vernachlässigung dieses Landesteils durch die Zentralregierung sorgen dafür, dass die Gruppe hier eine politische Basis hat.[19]

In der Motivation der kolumbianischen Terroristen spielt das politische Element eine ungleich größere Rolle als bei ihren philippinischen »Kollegen«. In Kolumbien, gegenwärtig das Hauptbetätigungsfeld des Terrorismus in Lateinamerika, findet ein doppelter Kampf statt – um die politische Macht und um die Kontrolle über das Rauschgiftgeschäft. Die FARC (Revolutionäre Streitkräfte Kolumbiens), die größte der drei terroristischen Organisationen des Landes (die AUC, die Vereinigten Selbstverteidigungsgruppen von Kolumbien, eine paramilitärische Organisation der Rechten, nicht mitgezählt), entstand unter dem Namen M 19 (Movimiento 19 Abril) in den sechziger Jahren des letzten Jahrhunderts. Damals war sie von der heimischen kommunistischen Partei gefördert worden, um in den Städten aktiv zu werden, was sich jedoch als äußerst schwierig erwies, da die politische Unterstützung begrenzt war und die Polizei ihre Zellen dort relativ leicht aufspüren und ausheben konnte. Aus diesem Grund verlegte die FARC ebenso wie die ELP (die nach dem Che-Guevara-Modell aufgebaute »Volksbefreiungsarmee« Kolumbiens) ihre Aktivitäten aufs Land, wo der Staat schwach war und sie in den Bauern – die hauptsächlich Koka, die bei weitem gewinnträchtigste Nutzpflanze, anbauten – natürliche Verbündete hatten. Seither hat die FARC den Marxismus-Leninismus zugunsten einer vagen populistischen Doktrin, Bolivarismus genannt, aufgegeben und geht mit dem Versprechen hausieren, eine bessere Regierungsarbeit leisten zu können als die Behörden in Bogotá. Sie beschloss (»widerstrebend«, wie aus ihr nahe stehenden Kreisen zu vernehmen ist), von den Bauern einen bestimmten Prozentsatz ihres Einkommens als Schutzgeld zu verlangen;[20] die Bauern waren auch durchaus willens, die Abgabe abzuführen, denn an Gangsterbanden hätten sie womöglich weit mehr zahlen müssen. Die ELN (Nationale Befreiungsarmee), eine weitere Gruppe, die sich aus Castro-Anhängern und linksgerichteten christlichen Militanten zusammensetzte, erschloss sich eine andere Einnahmequelle, indem sie Geld von Erdölgesellschaften erpresste – weigerten sie sich zu zahlen, wurden ihre Pipelines gesprengt, was zeitweise einmal pro Woche geschah.[21] Eine weitere Haupteinnahmequelle der Terroristen sind Entführungen. Mehr als die Hälfte der weltweit zu verzeichnenden Kidnappings geschieht in Kolumbien – etwa 3000 bis 4000 pro Jahr –, und es ist eine Wachstumsindustrie. Neun von zehn Entführten erhalten ihre Freiheit wieder, wenn die Spielregeln beachtet werden, und buchstäblich keiner der Täter ist jemals belangt worden.[22] Die FARC, die über 10 000 bis 20 000 bewaffnete Kämpfer verfügt, hat einen beträchtlichen Teil des Landes unter ihre Kontrolle gebracht. Mit ihren Einnahmen, die auf jährlich 400 Millionen Dollar geschätzt werden (je zur Hälfte Schutzgelder und die Beute aus Überfällen) kann sie modernste Waffen erwerben, mit denen sie den Regierungstruppen weit überlegen ist und immer wieder schwere Niederlagen beibringt. Zwischen 1996 und 1999 nahm sie Hunderte von Soldaten gefangen. Als 1999 Friedensgespräche in Gang kamen, wurden viele von ihnen freigelassen. Doch die Verhandlungen scheiterten nach zwei Jahren, und die Kämpfe flammten wieder auf.[23]

Aufstieg und dauerhafte Existenz von Guerilla und Terrorismus in Kolumbien lassen sich mit der Schwäche der Zentralregierung, ihrer Vernachlässigung der ländlichen Gebiete und einer Tradition der Gewalt *(violencia)* erklären, die hier wahrscheinlich stärker ist als in jedem anderen lateinamerikanischen Land: In den zwei Jahren der Gesetzlosigkeit nach dem Zweiten Weltkrieg wurden schätzungsweise 200 000 Menschen getötet, und seit 1986 haben die Kämpfe 40 000 Todesopfer gefordert, jährlich also etwa zwei- bis dreitausend. Zwar hat die kolumbianische Regierung mit amerikanischer Hilfe versucht, eine ehrgeizige Landreform (den Kolumbienplan) durchzuführen, doch geschah dies nur halbherzig und mit wenig Erfolg.[24] Andererseits hat die FARC den Versuch unternommen, Einfluss auf die Landespolitik zu gewinnen, indem sie eine Partei – die Patriotische Union (UP) – gründete, deren Führer und etliche Kämpfer aber von rechtsextremen Terroristen umgebracht wurden. Diese Tür blieb ihr also verschlossen, und so verlegte sie sich wieder ganz auf terroristische Aktivitäten.[25]

Für die Zukunft besteht durchaus die Gefahr, dass sich Guerilla und Terrorismus auf die Nachbarländer ausbreiten. Daher auch das Interesse der Vereinigten Staaten an einem Problem, das doch auf den ersten Blick nur die Kolumbianer betrifft. Für den außenstehenden Beobachter am interessantesten ist die Frage, wie eine Guerilla- und Terroristenbewegung, die (nach Cali und Medellín) zum drittgrößten Rauschgiftsyndikat des Landes geworden ist, ihre ideologische Reinheit bewahren kann. Bei den Militanten ist der Gebrauch von Rauschgift ebenso verboten wie einst unter den Taliban in Afghanistan. Aber der Rauschgifthandel ist etwas anderes, und die FARC hat sich im Lauf der Jahre an jeder Stufe dieses Geschäfts, von der Produktion bis zum Vertrieb im Ausland, beteiligt, wodurch sie zur reichsten Terrorbewegung aller Zeiten geworden ist. Im Vergleich zu al-Qaida sind ihre Ziele bescheiden: Sie will die Macht in Kolumbien erobern, nicht in ganz Lateinamerika und schon gar nicht auf der ganzen Welt.

Einer der zentralen Punkte der Ideologie von FARC und ELN ist der Kampf gegen die Korruption der Regierung, aber die Tatsache, dass sie über derart viel Geld verfügen, zieht fast zwangsläufig ähnliche Probleme nach sich. Während es an ihren revolutionären Ursprüngen keinen Zweifel geben kann, sind ihre Operationen im Lauf der Jahre mindestens so sehr durch Banditentum wie durch linke Ideologie geprägt worden: Beispiele dafür sind die wahllose Tötung von Zivilisten, wie bei dem Bombenanschlag in Bellavista im Jahr 2002, dem über hundert Menschen zum Opfer fielen, darunter vierzig Kinder, sowie Angriffe auf die revolutionären Genossen von der rivalisierenden ELN, die Entführung von Bauern und ähnliche Aktionen. Zwar hat sich die FARC gelegentlich für das eine oder andere Massaker entschuldigt, indem sie behauptete, es habe sich um ein Missverständnis gehandelt. Aber diese »Missverständnisse« häufen sich derart, dass die Entschuldigungen immer unglaubwürdiger werden.[26] In Kolumbien ist der Terrorismus wie in anderen Ländern auch zu einer Lebensweise geworden, wird aber nach und nach wahrscheinlich in eine politische Bewegung übergehen.

Die kommenden Krisen

Weitere Spannungsherde finden sich vor allem im Nahen Osten, in Südasien und Afrika, wo der Islam in den letzten Jahrzehnten einen Zulauf verzeichnen konnte und dementsprechend mehr Mitsprache in der Politik verlangt hat. In Nigeria, einem Land mit Hunderten von Stämmen und ethnischen Gruppen, in dem Landstreitigkeiten an der Tagesordnung sind, dreht sich ein Kreislauf der Gewalt. In jüngerer Zeit sind zudem die religiös motivierten Zusammenstöße häufiger geworden. Die Haussa sprechenden Muslime im Norden haben darauf bestanden, die Scharia als Rechtssystem einzuführen – in elf von 36 Bundesstaaten des Landes ist dies inzwischen geschehen.

Die Anlässe größerer Unruhen sind häufig geringfügig. In Kano, der Hauptstadt des Nordens, ist im Oktober 2001 eine bis dahin friedliche antiamerikanische Demonstration in schwere antichristliche Ausschreitungen umgeschlagen. Einen Monat zuvor waren in Kaduna, der ehemaligen Kolonialhauptstadt, zweihundert und in Jos fünfhundert Menschen ermordet worden. Armut und Neid auf andere Volksgruppen spielten sicherlich eine Rolle, aber der Hauptgrund für den Ausbruch der Gewalt war die Einführung der Scharia, womit Zamfara im Januar 2000 den Anfang machte. Insgesamt sollen in den letzten beiden Jahren bei Zusammenstößen zwischen Muslimen und ihren Gegnern in Nigeria 6000 Menschen getötet worden sein. Die Scharia – das bedeutet Amputationen für Delikte wie Diebstahl und die Steinigung von Frauen für Ehebruch. Das neue islamische Recht manifestiert sich in kleinen und weniger kleinen Dingen: Bürgerwehren suchen die Straßen nach Missetätern ab; Freiluftkinos wurden geschlossen und nach Geschlechtern getrennte Taxis und Schulen eingeführt; Alkohol wurde verboten und Männern empfohlen, sich einen Bart stehen zu lassen; Moscheen und Kirchen wurden bis auf die Grundmauern niedergebrannt, wobei sich Prediger als Rädelsführer hervortaten.

Das Erstarken des Islam in Nigeria nicht nur als Religion, sondern auch als bestimmendes politisches System musste zu einer massiven Konfrontation führen. Gegenwärtig ist die nigerianische Verfassung noch säkular, doch der radikale Islam will dies ändern, und es hat bereits Aufrufe gegeben, nicht nur die Ungläubigen, das heißt die Christen, sondern auch die Armee anzugreifen. Bukar Ibrahim, der Gouverneur von Yobe, einem Schariastaat, hat verlauten lassen, er sei bereit, einen Bürgerkrieg zu führen, um die Vorherrschaft des Islam über die zivile Gesetzgebung zu verteidigen.[27] Unter diesen Umständen wird die Gewalt wahrscheinlich nicht als Guerillakrieg in Erscheinung treten, sondern die Form von kommunalen Zusammenstößen annehmen, aber in diesem Rahmen könnten auch Terroristen eine Rolle spielen.

Das Gleiche gilt im Großen und Ganzen auch in den Ländern des Nahen Ostens wie Ägypten und Saudi-Arabien, wo die radikal-islamische Opposition die Regierungen stürzen will, oder auch im Iran, wo der radikale Islam seit Jahren an der Macht ist und einen Rückschritt verursacht hat.

Eine der vielversprechendsten Regionen, was die Ausbreitung des Dschihadismus angeht, ist Südostasien, insbesondere Indonesien, wenn man die tiefen wirtschaftlichen und politischen Spannungen in diesem Land bedenkt. Die indonesische Lashkar Dschihad (Armee des Dschihad) lehnt zwar den Westen im Allgemeinen und Amerika im Besonderen ab, steht aber auch Osama bin Laden kritisch gegenüber, weil dessen Netzwerk, wie sie ihm vorwirft, Uneinigkeit hervorrufe, indem es andere fundamentalistische Gruppen, Machthaber und Geistliche der Häresie bezichtige. Lashkar Dschihad ist im Januar 2000 gegründet worden, um die Muslime in Ostindonesien gegen die christlichen Bewohner der Molukken zu unterstützen. In diesem Konflikt hatten die Christen viel zu leiden, und ein großer Teil von ihnen ist vertrieben worden. Zwar konnte die indonesische Regierung ein Friedensabkommen aushandeln, doch dieses wurde von der Lashkar Dschihad als Werk einer Verschwörung zwischen Regierung und Christen betrachtet. Sie will die christliche Minderheit ganz loswerden; ihre Ziele gehen auf jeden Fall über die regionale Auseinandersetzung hinaus. Der Angriff auf Bali im November 2002 war dann der Höhepunkt der terroristischen Aktivitäten in Indonesien.

Ein anderer Guerillakrieg ist ebenfalls noch zu erwähnen: der seit Anfang der neunziger Jahre in Papua tobende Konflikt zwischen der Bewegung Freies Papua (OPM) und den lokalen Behörden. Angesichts der Schwächung und des Zerfalls der Staatsmacht in Indonesien sind eine Ausweitung des Konflikts und der Abstieg in chaotische Zustände keineswegs auszuschließen,[28] denn einigen Berichten zufolge ist auch Indonesien nach dem Ende des Afghanistankriegs zu einer wichtigen Ausgangsbasis verschiedener radikalislamischer Gruppen geworden. Ziel dieser als »Ngruki-Netzwerk« bezeichneten Extremisten ist ein islamischer Staat, der nicht nur Indonesien, sondern auch Malaysia und die Philippinen umfassen soll. Die Anführer dieser Bewegung waren nach dem Sturz Suhartos aus dem Exil zurückgekehrt. Das Ngruki-Netzwerk ist zahlenmäßig nicht groß, aber wie ein amtlicher Bericht aus dem August 2002 belegt, kann auch eine kleine Gruppe viel Unheil anrichten.[29] Und wie der Angriff auf Bali gezeigt hat, bei dem nur zwei Monate später an die 200 Menschen starben, genügt anscheinend eine minimale Präsenz von Sympathisanten, um größere Anschläge vorzubereiten und auszuführen. Die Insel Bali ist bekanntlich von Hindus bewohnt und war als Insel der Toleranz beliebt.

Aufs Ganze gesehen, sind mehrere Trends zutage getreten: Die blutigsten Bürger- und Stammeskriege in Afrika sind beendet oder abgeflaut, beispielsweise in Ruanda/Burundi, Eritrea, Sierra Leone, Kongo-Kinshasa und Angola. Die Anwesenheit Hunderttausender von Flüchtlingen in den Nachbarländern, zum Beispiel in Lagern in Guinea, stellt jedoch eine potenzielle Gefahr dar, die das Wiederaufleben der Gewalt befürchten lässt. Auch in Südafrika ist eine Zunahme der Spannungen möglich.

Die Liste der aktuellen und potenziellen Konflikte ist endlos. Sie werden verschiedene Formen annehmen – von Bürgerkriegen über Guerillakriege bis hin zu Aufständen, und auch der Terrorismus, wie wir ihn kennen, wird dabei eine Rolle spielen. Im Fall eines größeren bewaffneten Konflikts tritt er für gewöhnlich in den Hintergrund; wenn Zehn- oder Hunderttausende getötet werden, erscheint das Schicksal Einzelner als weniger relevant. Doch wie die Geschichte gezeigt hat, kann der Terrorismus als Auslöser eines größeren Konflikts beträchtliche Bedeutung erlangen.

Nicht erwähnt worden sind hier solche Terrorkampagnen, die seit langem im Gang sind, wie die der IRA in Nordirland und die der ETA in Spanien. Einige von ihnen sind ausgesetzt, andere gehen unvermindert weiter, aber sie alle zielen nicht darauf ab, ihre Revolution zu exportieren. Sie gehören nicht in dieselbe Kategorie wie der internationale Terrorismus, der eines der Kennzeichen des beginnenden 21. Jahrhunderts zu werden verspricht.

Schlussbetrachtung:
Krieg dem Westen?

Künftige Entwicklungen des Terrorismus vorauszusagen ist schon immer so gut wie unmöglich gewesen, weil zu viele Akteure beteiligt sind, ihr Handeln häufig sprunghaft ist und das Verhalten kleiner Gruppen ebenso wenig vorhersehbar ist wie dasjenige sehr kleiner Partikel in der Physik. Im Rückblick erkennt man objektive Faktoren, die es wahrscheinlich machten, dass die irischen Patrioten im späten 19. und frühen 20. Jahrhundert zu terroristischen Mitteln griffen und dass es in Russland in den Jahrzehnten vor den Revolutionen von 1917 regelmäßig zu Gewaltausbrüchen kam. Doch gab es innerhalb und außerhalb Europas andere Länder, wo terroristische Aktivitäten ebenso wahrscheinlich waren, aber nicht stattfanden. Warum formierten sich in einigen Ländern anarchistische Bewegungen, in anderen aber nicht? Wieso waren manche terroristischen Gruppen in der einen Periode höchst aktiv und in anderen untätig? Die Effektivität der staatlichen Sicherheitskräfte spielte gewiss eine Rolle, für eine zufrieden stellende Erklärung reicht das indes nicht aus. Auch Zufall war im Spiel, zudem die Entstehung bestimmter Ideologien und das Auftreten von Führern, die terroristische Gewalt predigten und ausübten.

Das gilt auch heute noch, obwohl die Einsätze ungleich höher sind. Wenn man den Terrorismus der vergangenen 150 Jahre betrachtet, kann es kaum einen Zweifel daran geben, dass seine politischen Auswirkungen im Gegensatz zur Publizität, die ihm zuteil wurde, nur sehr gering waren. Terroristen haben die Öffentlichkeit auf gewisse Missstände, auf soziale und nationale Ungerechtigkeiten aufmerksam gemacht, aber häufiger noch haben sie Abwehrkräfte mobilisiert, denen sie am Ende unterlagen. Je erfolgreicher der Terrorismus eine Gesellschaft destabilisierte, desto effektiver organisierten sich die antiterroristischen Abwehrkräfte, die schließlich den Untergang der Militanten herbeiführten – so geschehen in

Russland in den Jahren 1905/06 und in Lateinamerika etwa siebzig Jahre später. Aber was in der Vergangenheit zutraf, muss nicht notwendigerweise auch für die Gegenwart und Zukunft gelten. Je kleiner die Gruppen, desto schwieriger sind sie aufzuspüren und zu infiltrieren und desto abstruser werden ihre Motivation und Ideologie. Sehr kleine Gruppen wollen keine Propaganda betreiben, keine Massenbewegung aufbauen und auch nicht die Macht ergreifen; ihr Ziel ist vielmehr die Zerstörung, wobei sie hoffen, dass aus den Trümmern eine bessere Welt oder wenigstens eine, die stärker mit ihrer Ideologie übereinstimmt, hervorgehen wird. Darüber hinaus sind die Gesellschaften aufgrund ihrer Urbanisierung und Technologisierung heute verletzlicher als jemals zuvor. Nicht nur die Waffen sind todbringender geworden, auch die Ziele sind leichter zu treffen.

Und schließlich hat die Wahrscheinlichkeit zugenommen, dass der Terrorismus als Ersatzkriegführung benutzt wird, gerade weil die konventionelle Kriegführung riskanter und kostspieliger geworden ist. Es ist verlockend, einen Stellvertreterkrieg zu führen, zumal wenn man annimmt, dass staatlich geförderter Terrorismus nur schwer schlüssig nachzuweisen ist. Das ist zwar ein Irrtum, aber der Reiz bleibt trotzdem groß, und Fehlkalkulationen könnten genau das auslösen, was die Initiatoren vermeiden wollten – einen regulären Krieg.

Gegenwärtig befindet sich der Terrorismus, sowohl was die verwendeten Waffen und die angerichteten Schäden angeht als auch hinsichtlich seiner Grundstrategie, in einer Übergangsphase. In seiner heute vorherrschenden Form ist er religiös und/oder nationalistisch motiviert und verwendet verbesserte konventionelle Waffen, das heißt wirkungsvollere Sprengstoffe, Raketen und vieles mehr. Außerdem ist er durch die Selbstmordanschläge noch wahlloser und tödlicher geworden. Zugleich ist die Suche nach Massenvernichtungswaffen im Gang, mit denen nicht Tausende, sondern möglicherweise Hunderttausende getötet werden können. Und während alles dafür spricht, dass der Glaube an den Dschihad und ähnliche Lehren auf absehbare Zeit virulent bleiben wird, treten am Horizont zahlreiche andere mögliche Quellen terroristischer Motivation in Erscheinung. Darüber hinaus hat die Gefahr, dass eine terroristische Provokation zu einem regulären Krieg eskaliert, erheblich zugenommen.

Im Folgenden werden einige der künftigen Bedrohungen genauer betrachtet werden. Wie lange die gegenwärtige Übergangsphase dauern wird, ob Jahre oder Jahrzehnte, kann niemand sagen. Einige der angesprochenen Gefahren werden vielleicht niemals eintreten, während andere schneller als erwartet Wirklichkeit werden könnten.

Die Zukunft des Dschihad

Dass die aggressiven islamistischen Gruppen, die glauben, ihre Mission auf Erden könne nur durch bewaffneten Kampf erfüllt werden, das heißt durch Terrorismus und unter Umständen durch Guerillakriegführung, in absehbarer Zukunft ihre Aktivitäten einstellen werden, ist schwerlich zu erwarten. Nach ihrer Auffassung gehört der Dschihad als individuelle und kollektive Aufgabe ebenso zu den Pflichten wahrer Gläubiger wie die täglichen Gebete und die Pilgerfahrt nach Mekka. Es ist endlos wiederholt worden, dass die Mehrheit der Muslime in Frieden mit ihren Nachbarn leben will, doch diese Feststellung ist ebenso irrelevant wie richtig. Diejenigen, die dem Dschihad anhängen, sind eine Minderheit, in den meisten Ländern sogar nur eine kleine Minderheit, aber sie können sich auf ein Umfeld von Sympathisanten stützen, das mehr als ausreicht, um lange Terrorkampagnen durchzuhalten. Eine Lösung des israelisch-palästinensischen Konflikts ist nicht in Sicht.

Seit über einem Jahrzehnt haben westliche Beobachter den Niedergang des politischen Islamismus konstatiert, was auf lange Sicht sicherlich zutrifft, aber hinsichtlich der gegenwärtigen terroristischen Aktivitäten nur von begrenzter Bedeutung ist. Trotz aller zuversichtlichen Verlautbarungen besitzt der Islamismus keine Antwort auf die politischen, sozialen und wirtschaftlichen Probleme der muslimischen Welt – nicht mehr als der Sozialismus, der Nationalismus und andere »westliche« Ideologien, die ausprobiert worden sind, versagt haben und ausrangiert wurden. In den Ländern, in denen der Islamismus an die Macht gelangte oder politisch

313

besonders aktiv war, in Afghanistan und im Iran, im Sudan und in Algerien, hat sich sein Einfluss als katastrophal herausgestellt. Und doch hat er gegenüber anderen Ideologien den Vorteil, dass er historisch tief verwurzelt ist, da er ein integraler Bestandteil der gesamten kulturellen Tradition der islamischen Welt und ihrer Lebensweise ist.

Auf die muslimische Diaspora in Europa und anderswo wird der Islamismus weiterhin eine erhebliche Anziehungskraft ausüben. Vor allem französische Experten, wie Olivier Roy und Gilles Kepel, haben die Auffassung vertreten, der radikale Islamismus beruhe auf einem Bündnis von frommer Mittelschicht, städtischen Armen und Teilen der jungen Generation, das auseinander gebrochen sei.[1] Für Länder wie Ägypten und Algerien mag dies zutreffen, für andere allerdings nicht, und angesichts der wirtschaftlichen Situation in der arabischen Welt kann ein Wiedererstarken der radikaien Kräfte nicht ausgeschlossen werden. In Europa ist die Integration der Muslime, zumindest was die Mehrheit der Neuzuwanderer angeht, auf jeden Fall gescheitert; selbst wenn die Regierungen und Völker Westeuropas sich intensiver um den ökumenischen Dialog bemüht und den Immigranten engagierter geholfen hätten, ihren Platz in der Gesellschaft zu finden und ein Teil von ihr zu werden, wäre kein anderes Ergebnis zustande gekommen. Denn viele Einwanderer hegten ja gar nicht den Wunsch, in eine Gesellschaft integriert zu werden, deren Grundwerte sie nicht teilten, deren kulturelle Traditionen sie nicht schätzten und deren Lebensweise sie in vieler Hinsicht abstoßend fanden. In vielen europäischen Ländern scheut man sich weiterhin, den Tatsachen ins Auge zu sehen – zum einen also die Hindernisse, die einer Integration entgegenstehen, und zum anderen die in den Einwandererminderheiten vorherrschende Stimmungslage wahrzunehmen.[2]

Für islamistische Prediger bilden diese nicht assimilierten und zum Teil nicht assimilierbaren Einwanderergruppen, insbesondere deren jüngere Angehörige, ein viel versprechendes Reservoir von Konvertiten, und dies wird sich in nächster Zukunft wohl auch nicht ändern. Im Gegenteil, indem die zweite Generation mit größerem Nachdruck und mehr Selbstbewusstsein als ihre Eltern ihre Forderungen vorgebracht hat, hat sie in ganz Europa einwanderungsfeindliche Bewegungen auf den Plan gerufen, die wiederum die ohnehin vorhandenen Spannungen weiter verschärft haben. Vermutlich werden die muslimischen Gemeinschaften oder zumindest große Teile von ihnen sich in Zukunft stärker eingliedern, es wird mehr Eheschließungen über Gruppengrenzen hinweg und andere Formen der sozialen Vermischung geben, und die Volksgruppen werden stärker mit ihren eigenen Angelegenheiten beschäftigt sein als mit dem islamischen Internationalismus. Aber dieser Prozess wird höchstwahrscheinlich Jahrzehnte, wenn nicht Generationen in Anspruch nehmen und in nächster Zukunft nur geringe politische Auswirkungen haben.

Laut gut informierten Beobachtern der russischen Szene sind die Chancen, dass das russische Establishment in der Lage sein wird, die muslimischen Minderheiten zu integrieren, gleich null; die Zahl der extremistischen Gruppen steige ständig an, und es gebe eine Vielzahl junger Proselyten.[3] Internationale muslimische Organisationen haben ihnen mit Millionen von Dollar unter die Arme gegriffen, damit sie Ausbildungslager einrichten und Kurse sowohl für die ideologische Indoktrination als auch für die militärische Ausbildung abhalten konnten. Angeblich sind die meisten der jungen Mitglieder dieser Vereinigungen Fundamentalisten.[4]

Die Propheten des Niedergangs des politischen Islam könnten dennoch Recht behalten, allerdings nicht in dem Zeitrahmen, den sie im Sinn haben.[5] Die meisten muslimischen Länder stehen weiterhin vor ernsten Problemen aller Art, und eine Verbesserung ist nicht in Sicht. Das Wirtschaftswachstum ist weit geringer als in anderen Teilen der Welt, wenn man von Afrika absieht, und der Lebensstandard ist bestenfalls gleich geblieben, wenn nicht schlechter geworden. In Ländern wie Ägypten, Algerien, Pakistan und Indonesien scheint eine weitere Verschlechterung bevorzustehen, und im Irak, in Saudi-Arabien, Jordanien und anderen Ländern sind gewaltsame Veränderungen möglich; selbst repressivere Diktaturen wie Syrien sind nicht so stabil, wie es auf den ersten Blick den Anschein hat. Welche Folgen die Unruhen auch sonst haben mögen, mit einem Ergebnis kann man getrost rechnen: Schlechte Regierungen werden durch noch schlechtere und noch repressivere ersetzt werden. Die Ursachen des muslimischen Unmuts sind bekannt, und sie werden in absehbarer Zeit nicht verschwinden. Im Gegenteil, die politisch motivierte Gewalt wird wahrscheinlich zunehmen. Zum Teil wird sie sich vermutlich nach innen richten; unter islamischen Radikalen ist lange darüber debattiert worden, ob der Terrorismus hauptsächlich gegen den Feind zu Hause oder gegen den im Ausland zu richten sei. Da Terroranschläge auf inländische Ziele weniger populär waren als solche auf Ausländer, sind Erstere – von krassen Ausnahmen wie Algerien abgesehen – in der Vergangenheit weniger häufig gewesen. Angesichts der von der Zeit geheiligten Tradition in der muslimischen Welt, die Ursache von Fehlentwicklungen nicht in eigenen Mängeln zu suchen und sich nicht selbstkritisch damit zu befassen, sondern grundsätzlich Ausländern die Schuld zuzuweisen, war und ist der Dschihad gegen die Ungläubigen die bevorzugte Handlungsweise. Doch dies könnte sich in einer akuten Krise, wie etwa einem Bürgerkrieg, ändern; für die Extremisten sind Muslime, die ihre Überzeugungen nicht teilen, um keinen Deut besser als die Ungläubigen, und diese zu bekämpfen bleibt religiöse Pflicht.

Globalisierungsgegner

Zwar wird der Dschihad in seinen verschiedenen Formen und unter verschiedenen Etiketten wahrscheinlich für lange Zeit fortgeführt werden, doch wird der Terrorismus der Zukunft nicht nur von ihm ausgehen, sondern von vielen Seiten, einschließlich diverser kleiner und kleinster politischer und religiöser Gruppen. Während der Terrorismus in der Vergangenheit zumeist von leicht zu identifizierenden politischen Gruppen mit nationalen oder sozialen Zielen getragen wurde, ist es heute aufgrund der technischen Entwicklung möglich, dass auch winzige Sekten, kleinste lokale Grüppchen und sogar Einzelne, wie der Unabomber, terroristische Kampagnen starten können. Die Zahl solcher Gruppen ist riesig, und die Szene befindet sich ständig im Wandel. Deshalb kann im Folgenden nur auf die Hauptrichtungen verwiesen werden, aus denen künftig Anschläge kommen könnten, wobei stets zu bedenken ist, dass der

Terrorismus prinzipiell am Rand aller radikalen und wahrscheinlich auch vieler nicht so radikaler Bewegungen auftreten kann, unwichtig, ob links oder rechts: Maxime Brunerie, der im Juli 2002 versucht hat, den französischen Präsidenten Chirac zu erschießen, war Mitglied einer Neonazigruppe; das Massaker im Rathaus von Nanterre im März desselben Jahres, dem mehrere linke Lokalpolitiker zum Opfer fielen, ist von Richard Durn, einem Sympathisanten der grünen Bewegung, begangen worden; und den Mord an dem Populisten Pym Fortuyn im Mai 2002 hat ein radikaler Tierschützer begangen.

Dachbewegung vieler radikaler Organisationen ist der Widerstand gegen die Globalisierung. Schon die Bezeichnung Globalisierungsgegner ist irreführend und von den Anhängern dieser Bewegung nur widerstrebend übernommen worden. Selbstverständlich sind sie nicht gegen die Erleichterung des Handels und sonstigen Austausches zwischen den Ländern, noch wollen sie die Weltpostunion abschaffen (was den internationalen Postverkehr praktisch zum Erliegen bringen würde) oder das Reisen in andere Länder erschweren, und sei es auch nur deshalb, weil sie selbst darunter genauso zu leiden hätten wie alle anderen auch (schließlich ruht ihre Kampfstrategie auf der Grundlage der freien Bewegung zwischen Staaten und Kontinenten). Die Globalisierung abzulehnen bedeutet vielmehr, gegen Kapitalismus, Neoliberalismus und Unternehmensmacht zu sein. Für ihre Gegner ist Globalisierung ein Synonym für die Verwestlichung oder Amerikanisierung der Welt, die die bestehende soziale Ungerechtigkeit verfestigt oder gar noch verschlimmert.

Und natürlich trifft es zu, dass sich der globale Kapitalismus, wie ein führender Wirtschaftswissenschaftler es ausdrückt, stärker um die Expansion der Domäne der Marktbeziehungen kümmert als um die Förderung von Demokratie, Bildung und sozialen Chancen.[6] Ein nicht minder bekannter Kollege hat seinerseits festgestellt, dass die Globalisierung für arme, unterentwickelte Länder nicht eben hilfreich sei, denn offene Kapitalmärkte, freier Handel und Privatisierung machten sie nicht zwangsläufig stabiler.[7]

Die Opposition gegen die Globalisierung ist nicht auf die extreme Linke beschränkt; es gibt aktive reaktionäre und neofaschistische Gegner, denen die Rückkehr in ein goldenes Zeitalter vorschwebt, das irgendwann in der fernen Vergangenheit angesiedelt ist. Auch rechtsextreme Gruppen sind in dieser Richtung aktiv geworden, und sie können mit einigem Recht darauf verweisen, dass sie schon lange vor der Linken vor einer Globalisierung in Form einer Weltregierung gewarnt hätten.[8] Aus Sicht der Linken verkörpert die Globalisierung einen »Marktfundamentalismus«, der meint, es gebe für die Entwicklung der Menschheit lediglich eine Richtung. Die Weltkarte werde »von einer Elite von Wirtschaftswissenschaftlern und Unternehmenssprechern gestaltet, denen alle Macht zugestanden werden muss, die einst Institutionen mit einer gewissen demokratischen Glaubwürdigkeit besessen haben«, wie ein Kommentator es ausdrückt.[9]

Die Initiative zur Organisation der Antiglobalisierungsbewegung der extremen Linken ging offenbar von einer Konferenz aus, die 1996 unter dem ehrgeizigen Motto »Internationale Begegnung für Humanität und gegen Neoliberalismus« in einem mexikanischen Dorf namens La Realidad stattfand. Dort wurde beschlossen, den Kampf gegen den Neoliberalismus zu eröffnen und zu diesem Zweck ein internationales Netzwerk von Widerständlern zu schaffen (»aller Rebellen der Welt«, wie Subcomandante Marcos von den Zapatistas es nannte). Das erste Mal trat dieses Netzwerk 1999 während der Versammlung der Welthandelsorganisation in Seattle in Erscheinung, wobei in der Innenstadt erheblicher Sachschaden angerichtet wurde. Seither haben anlässlich von Tagungen des Internationalen Währungsfonds (IWF) und der Weltbank sowie von Treffen der Staats- und Regierungschefs oder Finanzminister der führenden Industriestaaten regelmäßig gewalttätige Demonstrationen stattgefunden (unter anderem in Göteborg, Genua, Davos, New York, Quebec-Stadt).

Obwohl die Bewegung nicht alle Rebellen der Welt vereint, zieht sie doch eine große Zahl von ihnen an. Sie stimmen zwar in einigen Grundsätzen überein, sind aber keineswegs in allen fundamentalen ideologischen und strategischen Fragen einer Meinung. Auf den Demonstrationen sind Vertreter von Gruppen zu sehen wie »Critical Mass« oder »WOMBLES«; Erstere ist eine Fahrradgruppe, die das Ende der Autokultur anstrebt, Letztere eine anarchistische Bewegung, die sich der direkten Aktion verschrieben hat und wie die italienische Gruppe Ya Basta! in weißen Overalls auftritt – WOMBLES steht für White Overall Movement Building Liberation through Effective Struggle (Weiße-Overall-Bewegung zur Befreiung durch wirksamen Kampf). Es gibt eine Gruppe »No Sweat«, die gegen »*sweatshops*« (Niedriglöhne und schlechte Arbeitsbedingungen im Rahmen des so genannten Sweatingsystems) protestiert, eine Kampagne gegen den Waffenhandel, Vivisektions- und McDonald's-Gegner und noch etliche mehr.

In mancher Hinsicht hat die Antiglobalisierungsbewegung das Erbe der alten sozialistischen und kommunistischen Tradition angetreten, die durch den Zusammenbruch der Sowjetunion und die Verwässerung des Sozialismus in Ländern wie China einen verheerenden Schlag erhalten hatte. Aber für die neue Generation war der Marxismus der Linken nicht besonders attraktiv, und es schien auch nicht sehr vielversprechend zu sein, sich als Träger der Ideale einer neuen Gesellschaft auf das industrielle Proletariat zu verlassen. Auch die Neue Linke hatte kaum Antworten. Sosehr sich die Trotzkisten auch bemühten (und ihre jahrzehntelange Erfahrung im Anpassen war einzigartig), sie mussten sich mit dem zweiten Platz hinter den Anarchisten begnügen, denen es zwar an organisatorischem Know-how fehlt, die dafür aber umso mehr radikalen Enthusiasmus besitzen. Zu den Aktivsten in der Bewegung zählen die »Autonomen«, anarchistische Gruppen, die seit den achtziger Jahren in Deutschland und Italien auftraten.[10] Sie sind in der großen Mehrheit antikapitalistisch eingestellt, betonen aber im Gegensatz zu den Trotzkisten Werte wie die Menschenrechte und die Redefreiheit mindestens ebenso stark. Einige Teile der Antiglobalisierungsbewegung lehnen den Kapitalismus nicht prinzipiell ab und wollen die Konzerne nur dazu zwingen, Menschenrechte und ökologische Prinzipien einzuhalten, während andere deren Zerschlagung fordern.[11] Es sollte wenigstens am Rande hinzugefügt werden, dass auch bedeutende Wirtschaftswissenschaftler und sogar herausragende Geschäftsleute wie George Soros zu den Kritikern der Globalisierung in ihrer gegenwärtigen Form und mit den derzeit führenden Institutionen wie Weltbank und IWF gehören.

Die ideologischen Divergenzen der Antiglobalisierungsbewegung haben jedoch nicht zur Spaltung geführt – die orthodoxen Marxisten glaubten, dass die Anarchisten, deren Ideologie sie für kindisch und unschlüssig hielten, früher oder später die marxistische Weltanschauung noch übernehmen würden. Zumindest auf kurze Sicht wichtiger war hingegen die Strategiedebatte oder, genauer gesagt, die Debatte über die Anwendung von Gewalt. Die militanteren Globalisierungsgegner argumentierten nicht zu Unrecht, die Bewegung habe nicht durch ordentliche Demonstrationen, wie groß sie auch gewesen sein mochten, sondern durch Gewaltanwendung weltweite Aufmerksamkeit erlangt – durch eingeschlagene Schaufenster, Molotowcocktails und Straßenschlachten mit der Polizei. Seit in Genua im Juli 2001 ein Demonstrant von der Polizei getötet wurde, hat die Bewegung zudem einen Märtyrer, der ihr Prestige erhöht.

Die Globalisierungsgegner bieten vielen eine Bühne, deren Anliegen nichts mit IWF und Weltbank zu tun hat, beispielsweise den Palästinensern in ihrem Kampf gegen Israel, den Menschen, die über Nordafrika oder den Nahen Osten nach Westeuropa einwandern wollten, dort aber abgewiesen wurden, verschiedenen Umweltschutzgruppen, anarchistischen und quasianarchistischen Gruppierungen wie den deutschen Autonomen und den italienischen *tute bianche* (weißen Overalls) sowie einer Vielzahl trotzkistischer Splittergruppen.[12]

Warum wurde das Anliegen der palästinensischen Selbstmordattentäter zugelassen, während dasjenige der Terroristen aus Sri Lanka ausgegrenzt wurde, gar nicht zu reden von vielen anderen nationalen oder sozialen Befreiungsbewegungen, von Kolumbien bis Kaschmir, von Algerien bis Zentralasien, von der IRA über die ETA bis zu den Albanern? Der Grund lag zweifellos darin, dass die Einbeziehung dieser Gruppen zu Diskrepanzen in der Antiglobalisierungsbewegung geführt hätte, während im Fall der Palästinenser kaum Anlass zur Sorge bestand. Es gab ein gegenseitiges Interesse – die Globalisierungsgegner gewannen auf diese Weise ein beachtliches Quantum mehr an Demonstrationsteilnehmern, und die Palästinenser wurden Teil einer wesentlich umfassenderen Befreiungsbewegung der gesamten Menschheit.

Doch je weiter die Globalisierungsgegner ihre Netze auswarfen, desto stärker wurde ihre Botschaft verwässert. Ursprünglich war die Bewegung angetreten, um den Kampf aller Rebellen zu führen, unter besonderer Betonung der Ausgebeuteten und Unterdrückten in der Dritten Welt. Aber gerade in diesen Ländern stieß ihre Ablehnung auf das geringste Interesse. Im arabischen Raum ist die Globalisierung *(aulama)* zwar jahrelang von Intellektuellen diskutiert worden, doch galt das Augenmerk hierbei hauptsächlich den kulturellen Aspekten einer schleichenden Amerikanisierung.[13] Es dürfte klar gewesen sein, dass die Ablehnung der Globalisierung auch die Ablehnung von Modernisierung und Säkularismus und die Bewahrung des Status quo bedeutete. Der aktivistische Flügel der Antiglobalisierungsbewegung, wie etwa die 1998 in Frankreich gegründete ATTAC, hatte es nicht leicht, denn er erschien inmitten eines Wirtschaftsabschwungs auf der Bühne des Geschehens. Er forderte eine »auf Solidarität beruhende globale Wirtschaft«, aber was bedeutete das in der Praxis? Und auf welche Weise konnten solche Slogans zur Lösung der Probleme der ärmeren Länder beitragen?

Mit ihrem linken und humanistischen Hintergrund waren die Globalisierungsgegner keine natürlichen Verbündeten der muslimischen Welt. Arabische Intellektuelle lehnten die Globalisierung keineswegs *tout court* ab, sondern distanzierten sich nur von bestimmten Aspekten, wie der Bedrohung ihrer kulturellen Identität, ihrer Sprache und Traditionen. Gleichzeitig widerstrebte es vielen, eine fundamentalistische Globalisierungsfeindschaft zu unterstützen, deren Verfechter die kulturelle Isolation der muslimischen Welt und die Bewahrung mittelalterlicher Traditionen predigten.[14] Sogar diejenigen in der muslimischen und arabischen Welt, die direkt mit den wirtschaftlichen, sozialen und ökologischen Folgen der Globalisierung zu kämpfen hatten, waren letzten Endes stärker über die kulturellen als über die wirtschaftlichen Auswirkungen besorgt. Die den Ländern der Dritten Welt von IWF und Weltbank diktierten Bedingungen lehnten sie ab, und zu den begeisterten Anhängern des liberalen Kapitalismus zählten sie auch nicht.[15] Gleichzeitig wissen sie nur zu gut, dass sie die wirtschaftliche Hilfe des Westens brauchen und dass die Anschläge vom September

2001 nicht nur dem Westen, sondern in weit größerem Ausmaß auch den Wirtschaften Nordafrikas und des Nahen Ostens geschadet haben.

Wenn schon arabische Intellektuelle den Kampf gegen Konzerne und Kapitalismus zur Zeit nicht als ihr Hauptziel betrachten, so trifft dies um so mehr auf Osama bin Laden und die anderen Anführer der Dschihadbewegung zu. Natürlich sind sie gegen amerikanische und allgemein gegen westliche Konzerne, die Niederlassungen in Israel eröffnen, aber nicht aufgrund irgendwelcher besonderen antikapitalistischen Überzeugungen. Der radikale Islamismus befürwortet den Kapitalismus nicht, hat aber auch keine Sympathie für den Sozialismus – einen weiteren Import aus dem Westen. Nach seiner Doktrin enthalten die Lehren des Islam alle Antworten auf wirtschaftliche und soziale Probleme. Auch wenn der Islam als vor tausend Jahren entstandene Religion in Wirklichkeit nichts dergleichen zu bieten hat, gibt es keinen Grund, einen Milliardär als Feind zu betrachten, der zufälligerweise ein frommer Muslim ist, als solcher die religiöse Pflicht, *zakat* zu zahlen, erfüllt und die Radikalen in ihrem Kampf unterstützt.

Wenn es eine islamische Theorie des Imperialismus gibt, dann ähnelt sie weniger derjenigen Lenins oder Rosa Luxemburgs als vielmehr den Ideen, die zu Anfang des 20. Jahrhunderts von einigen Wegbereitern Mussolinis, wie Enrico Corradini und Giuseppe Prezzolini, entwickelt worden sind und den Klassenkampf »proletarischer Nationen« gegen die reichen, ausbeuterischen Nationen des Westens beschwören. (Bin Laden und al-Zawahiri haben nie eine Theorie des Imperialismus ausgearbeitet, aber vieles weist darauf hin, dass sie den Islam als proletarische Religion und die Muslime als von den Ungläubigen Unterdrückte betrachteten.) Das faschistische Italien übernahm die Begriffe seiner ideologischen Wegbereiter, doch sie führten weder in irgendeinem Land zum Sozialismus noch zu einer sozialistischen Weltordnung, sondern lediglich zu der Forderung nach einer Neuverteilung der Kolonien, anders gesagt: zu einem Gegen-Imperialismus.

Einige westliche Soziologen hielten den islamischen Radikalismus für eine »neue soziale Bewegung« von der quasirevolutionären Art, die ihnen in den siebziger und achtziger Jahren vorschwebte. Tatsächlich jedoch hatte der Islamismus (ebenso wie andere Religionen und auch politische Bewegungen, etwa der Faschismus) keine festen Ansichten über die Wirtschafts- und Gesellschaftsordnung. Es blieb Raum für Populisten, die vorgaben, im Namen der Armen und Unterdrückten zu sprechen, aber ebenso für fähige Unternehmer wie bin Laden, dessen geschäftliche Aktivitäten während seines Aufenthalts im Sudan auch dem Topmanager eines amerikanischen Konzerns gut angestanden hätten. Für die radikalen Islamisten ist der Westen, vor allem aber Amerika die große Bedrohung, und ihr Ziel war und bleibt es, diesen Feind politisch, militärisch und auch ökonomisch zu schwächen. Doch Wirtschaftsfragen stehen nicht im Mittelpunkt, denn bekanntlich geht es dem Islamismus um eine religiöse Vision der Zukunft; sein Interesse am Kampf gegen die Globalisierung ist daher begrenzt.

Politischer Radikalismus und Terrorismus

Die Antiglobalisierungsbewegung als solche hat den Terrorismus ebenso wenig unterstützt, wie Peter Kropotkin und Elisée Reclus Mordanschläge propagiert haben. Doch am Rande der anarchistischen Bewegungen gab es militante Zellen oder Einzelne, die Gewalttaten begingen und auch zu terroristischen Mitteln griffen. Dass dies in Zukunft auch weiterhin geschehen wird, ist nicht auszuschließen, falls die Globalisierungsgegner, was wahrscheinlich ist, mit ihrer traditionellen Strategie, also Massendemonstrationen und Propaganda, nicht zum Ziel gelangen sollten.[16]

Die Trotzkisten und die Neue Linke vermochten sich nicht auf eine korrekte Strategie zu einigen. Marxisten sind grundsätzlich gegen individuellen Terrorismus, aber genauso, wie Marx und Engels zeitweise mit dem Terrorismus der irischen und russischen Revolutionäre sympathisierten, sprach sich Trotzki (in einer berühmten Kontroverse mit Karl Kautsky) zwar nicht für den individuellen, aber für den kollektiven Terror aus. Später haben seine Anhänger unermüdlich betont, ihr Meister habe nichts im Sinn gehabt, was sich irgendwie mit dem Terrorismus jüngerer Jahrzehnte vergleichen ließe. Trotzki lehnte den Terrorismus jedoch nicht aufgrund moralischer Skrupel ab, sondern aus pragmatischen Erwägungen. Denn welchen Sinn hatte es, einen bürgerlichen Minister zu ermorden, wenn bereits mehrere Kandidaten darauf warteten, seinen Platz einzunehmen? Die Trotzkisten haben immer wieder hervorgehoben, sie würden den Terrorismus nicht aus Rücksicht auf die bürgerliche Moral missbilligen, sondern weil er die Sache nicht weiterbringe und nur Wasser auf die kapitalistischen Mühlen sei. Deshalb haben einige trotzkistische Sekten auch von »nationalen Befreiungsbewegungen« verübte Terroranschläge auf Zivilisten verurteilt. Trotzkisten haben sich zwar nicht an terroristischen Kampagnen beteiligt, jedenfalls nicht in nennenswertem Umfang. Aber ideologisch und politisch war ihre Haltung zwiespältig, trotz des traurigen Schicksals, das Trotzki selbst ereilte, der wie sein Sohn Leon Sedow und andere führende Mitglieder der Vierten Internationale von stalinistischen Killerkommandos ermordet wurde.

Der algerischen Trotzkistenpartei Parti des Travailleurs wurde von anderen trotzkistischen Gruppen vorgeworfen, »den islamischen Fundamentalisten als Handlanger zu dienen«.[17] Die politische Unterstützung des Terrorismus war nicht auf Länder wie Algerien beschränkt, wo extremer Nationalismus und religiöser Radikalismus gleichermaßen stark waren. So haben sich einige der führenden trotzkistischen Gruppen in Westeuropa, wie die britische Socialist Workers Party (SWP), geweigert, die Anschläge vom 11. September 2001 zu verurteilen, weil sie damit, wie sie meinten, »dem westlichen Imperialismus und dem weiteren Massenmord, den Bush und Blair zu entfesseln trachten«, in die Hände gespielt hätten.[18] Die gleiche Haltung hatte die SWP in der Vergangenheit auch gegenüber dem Terrorismus in Spanien, Nordirland, Lateinamerika und dem Nahen Osten eingenommen. Während auch sie bei vielen Gelegenheiten betonte, dass sie den individuellen Terrorismus ablehne, hat sie sich vom kollektiven Terrorismus nicht in gleicher Weise distanziert, ja sie hat ihn, um die leninistische Terminologie zu benutzen, »objektiv« tatsächlich sogar unterstützt. Wie andere Trotzkisten es ausdrückten: Sie ist als »unkritischer Cheerleader« der Methoden und der Politik der terroristischen Gruppen aufgetreten.[19]

Beobachtern der linksextremen Szene zufolge hat die SWP inoffiziell sogar eine noch positivere Position zum radikalislamischen Terrorismus bezogen, es aber aus politischen Gründen für unklug gehalten, diese auch in der Öffentlichkeit zu vertreten. Während andere linksextreme Gruppen die Vorstellung, al-Qaida und ähnliche Organisationen seien ihrer Natur nach fortschrittlich und antiimperialistisch, mit Skepsis aufgenommen haben, waren die SWP und einige andere Gruppen zuversichtlicher.[20] Nach Ansicht von Autoren des *Weekly Worker*, des Organs der kommunistischen Partei Großbritanniens, mussten Antiimperialisten den Taliban den Sieg wünschen, auch wenn sie dies in der politischen Massenarbeit nicht äußern konnten, denn es wäre ein Fehler gewesen, eine Antikriegskampagne mit Slogans wie »Sieg den Taliban« aufzubauen.[21]

Der Nationalbolschewismus hat zwar eine jahrzehntelange Geschichte, war politisch aber nie besonders bedeutsam. Gegenwärtig finden jedoch rechts- und linksextreme Elemente sowie religiöse Gruppen mit dem Antiamerikanismus als gemeinsamem Nenner zusammen; im Kontext der Reaktion auf den 11. September wurde dies bereits angedeutet. Bisher hat dieses Geistestreffen hauptsächlich im Reich der Ideologie stattgefunden, doch es wäre kaum eine Überraschung, wenn Einzelne oder kleine Gruppen am Rande dieser Bewegung eines Tages eine Gewaltstrategie propagieren und umsetzen würden.

Terrorismus und Neue Linke

Während die Trotzkisten Khomeinis Revolution im Iran mit dem Argument begrüßten, progressive Bewegungen in zurückgebliebenen Ländern würden in der Anfangsphase häufig in religiösem Gewand auftreten, zweifelten andere Denker der Neuen Linken am antikapitalistischen und fortschrittlichen Charakter des radikalen Islamismus.[22] Aber sie zögerten, sich von fanatischen religiösen und nationalistischen Gruppen, die den imperialistischen Feind schwächten, zu distanzieren. Das letzte Jahrzehnt war von ihrem Standpunkt aus gesehen keine erfolgreiche Zeit, zumal die Neue

Linke, von der Ablehnung der Globalisierung einmal abgesehen, ihren Anhängern weder neue ideologische Impulse noch frischen Antrieb zu geben vermochte. Man besann sich auf die alten Ideale und Ideen zurück – nicht ohne Widerhall, wie das Wiederaufleben des Che-Guevara-Kults zeigt. Guevara war, isoliert und geschlagen, 1967 in Bolivien getötet worden, und mit ihm war die Strategie der revolutionären Guerillakriegführung verschwunden. Wie seine Genossen, die kubanischen Revolutionäre, hatte »el Che« an den Terrorismus geglaubt und ihn praktiziert. So hatte seine Gruppe 1957 einen Attentatsversuch auf den Diktator Batista unternommen. In späteren Jahren wurde er jedoch ein strikter Gegner des Terrors und sah im städtischen Terrorismus die Ursache für den Niedergang der revolutionären Bewegung. Nach seinem Tod geriet er für viele Jahre in Vergessenheit – sogar in seiner Wahlheimat Kuba –, doch dann folgte in Nord- und Südamerika wie auch in einigen Teilen Europas eine wahre Renaissance; er wurde zum Helden von Spielfilmen und umfangreichen Biographien, und sogar Boutiquen wurden nach ihm benannt.[23]

Wie ist dieses Phänomen zu erklären? In vielen lateinamerikanischen Ländern haben sich die sozialen Spannungen in den vergangenen Jahrzehnten nicht verringert, und der wirtschaftliche Fortschritt ist, vorsichtig ausgedrückt, ungleichmäßig verlaufen. Die kubanische Revolution hat viele fasziniert, doch was danach geschah, fand immer weniger Bewunderer. Che Guevara andererseits verkörperte nicht nur den revolutionären Geist, sondern auch Reinheit und Märtyrertum – Jesus Christus mit einer Kalaschnikow. Es gab in Lateinamerika ein revolutionär-idealistisches Potenzial, und für diese jungen Männer und Frauen war er eine durchaus ansprechende Gestalt. Allerdings fiel es schwer, sich ihn als Politiker vorzustellen, und obwohl, etwa in Kolumbien, in gewissem Umfang ein Wiederaufleben der Guerillakriegführung zu beobachten war, konnte man sich ihn ebenso wenig als Kopf einer bewaffneten Bande denken, die sich dem Narkoterrorismus verschrieben hatte. Dies lässt die terroristische Alternative offen, die Che Guevara zeit seines Lebens abgelehnt hat, die für eine neue Generation aber verlockend sein könnte.

In den südamerikanischen Megastädten hat die Arbeitslosigkeit bedrohliche Ausmaße erreicht (über 20 Prozent in São Paulo, 25 Prozent in Buenos Aires). Verbrechen wie Mord, Raub und Entführung greifen in beispielloser Weise um sich. Es scheint nur noch eine Frage der Zeit zu sein, bis eine neue Form von »Sozialterrorismus« oder organisiertem terroristischem Banditentum entstehen wird. Einige radikale Gruppen werden sich dadurch in ihrer Überzeugung bestätigt sehen, dass es sich bei den Missständen um Folgen der Globalisierung handelt und dass die bürgerliche Demokratie (und jede andere Form der Demokratie) unfähig ist, diese Probleme zu lösen. Tatsächlich werden sie von technologischen Entwicklungen verursacht, die einen Teil der Arbeitskräfte überflüssig machen – und von der mangelnden Fähigkeit der lokalen Wirtschaft, neue Arbeitsplätze im Dienstleistungsbereich zu schaffen.

Einem anderen Guru der revolutionären politischen Gewalt, dem bereits erwähnten Frantz Fanon, war kein mit dem von Che Guevara vergleichbares Nachleben beschieden. Auch Fanon ist jung gestorben und war insofern ein »Popstar«, als eine ganze Generation junger Bewunderer ihn verehrte. Seine Bücher wurden an den amerikanischen Universitäten und von französischen Intellektuellen viel gelesen. Nach seinem Tod Anfang der sechziger Jahre geriet er in Vergessenheit, erlebte aber nach drei Jahrzehnten ebenfalls ein Revival. Dieses blieb allerdings auf den Hain des Akademos beschränkt – genauer gesagt, auf die postkoloniale Schule.[24] Der Grund liegt auf der Hand: Fanon hätte sich für seine Aktivitäten und Theorien ein anderes Land aussuchen sollen; das Letzte, was das vom Terrorismus gezeichnete Algerien in den neunziger Jahren brauchte, war ein weiterer Apostel der Gewalt.

Die »dritte Position«

Schon lange vor den Linksextremen und Anarchisten hatten die Rechtsradikalen die Gefahren der Globalisierung entdeckt und, abgesehen von jener Frühphase, als diese noch unter dem Namen »Neue Weltordnung« bekannt war, nach besten Kräften bekämpft. Laut John F. McManus, dem Vorsitzenden der John Birch Society, hat seine Gruppe sich schon seit Jahrzehnten gegen eine Weltregierung – und aus seiner Sicht läuft die Globalisierung genau auf die Bildung einer solchen Regierung hinaus – ausgesprochen, nur um von den liberalen Medien als Anhänger primitiver Verschwörungstheorien verhöhnt zu werden.[25] Ein anderer führender Globalisierungsgegner aus der rechtsextremen Ecke war William Pierce, der Autor der *Turner Diaries*, der jahrelang darauf hingewiesen hat, dass die Internationalisierung der Produktion und die Deindustrialisierung der Vereinigten Staaten zwei Seiten ein und derselben Medaille seien.[26] Eine Welt ohne nationale Grenzen führe zu Rassenintegration, rassischer Vermischung und Gleichmacherei, kurz, zur Verarmung und Unterordnung unter eine von gegenseitiger Abhängigkeit geprägte Neue Weltordnung. Nur ein Tag der nationalen Säuberung, ein »Tag der Stricke«, an dem Zehntausende von Verrätern an Bäumen und Laternenmasten aufgeknüpft würden, könne diesen Prozess aufhalten.[27]

Die Rechtsradikalen legen das Schwergewicht auf den nationalen Aspekt, das heißt auf die ihrer Ansicht nach zunehmende Gefahr, dass ihr Land – von ausländischer Massenkultur überschwemmt – seine Souveränität und seinen spezifischen Nationalcharakter verliert. Sie hassen den Multikulturalismus und stehen ein für eine monokulturelle Nation – und hätten daher kaum je zusammen mit den Trotzkisten und Anarchisten für eine unbegrenzte Masseneinwanderung demonstriert. Doch teilen sie mit der Linken den Abscheu vor dem Neoliberalismus; Gemeinsamkeiten gab es auch hinsichtlich der Unterstützung der antiimperialistischen Kräfte im Nahen Osten und anderen Weltgegenden. So kam es, dass sie in Seattle und bei anderen Gelegenheiten zusammen mit den Linken auf die Straße gingen. Sowohl in Amerika als auch in Europa ist zwischen den Radikalen von rechts und links eine faszinierende Synergie zu beobachten, die unter anderem in der Ablehnung des Kriegs gegen den Terrorismus ihren Ausdruck fand.[28]

In vielen Ländern ist daraus das entstanden, was im Kontext der Reaktionen auf den 11. September bereits kurz Erwähnung fand: die »dritte Position« – »*third position*« in England und Amerika, »*troisième voie*« in Frankreich, »*terza posizione*« in Italien – oder, um einen Kritiker dieser Haltung zu zitieren, der Dritte-Position-

Faschismus.[29] Die Idee einer Koalition zwischen Rechts- und Linksextremen, zwischen Nationalismus und Sozialismus (oder, genauer, Antikapitalismus) reicht in die Sowjetunion der zwanziger Jahre zurück. Im folgenden Jahrzehnt tauchte sie am Rand der NS-Bewegung auf (Otto Strasser), bevor sie in den achtziger Jahren von der französischen Rechten und auf primitiverem Niveau von amerikanischen Neonazis wie dem Aryan Nation Congress und WAR aufgegriffen wurde, die verlangten, die weiße Arbeiterklasse gegenüber Monopolkapitalismus und Konzernen zu stärken. In der terroristischen Szene in Deutschland gab es schon in der Ära der Baader-Meinhof-Gruppe Versuche, eine Synthese von links- und rechtsradikalen Ideen zustande zu bringen. Dies zeigte sich beispielsweise an der Betonung des nationalen Aspekts – die US-Streitkräfte waren »Besatzungstruppen«, der einzigartige Charakter von Nationalsozialismus und Holocaust wurde mit dem Argument heruntergespielt, der Nationalsozialismus sei nichts weiter als eine Spielart des Monopolkapitalismus gewesen. Kurz, die Motivation war, auch wenn sie zumeist in revolutionärer Phraseologie ausgedrückt wurde, in beträchtlichem Ausmaß nationalistisch.[30] Die ultranationalistischen und neofaschistischen Ansichten, die Horst Mahler und andere frühere linke Terroristen heute vertreten, waren also, zumindest in *statu nascendi*, schon vor dreißig Jahren vorhanden. Dies gilt in ähnlicher Weise auch für den linken Terrorismus in anderen europäischen Staaten, wie Griechenland und Italien.

Von rechtsextremen Gruppen sind entschiedene Versuche unternommen worden, eine Aktionseinheit zwischen Links und Rechts zustande zu bringen, um den Kapitalismus zu zerschlagen.[31] Für die extreme Rechte in den Vereinigten Staaten und Europa war der Kommunismus kein ernst zu nehmender Feind mehr; auf jeden Fall aber waren in ihren Augen sowohl Kapitalismus als auch Sozialismus jüdische Erfindungen. In Großbritannien, Frankreich und Deutschland wurden manchmal grobe, manchmal subtilere antisemitische Parolen laut. Nach der Beobachtung eines Kenners der terroristischen Szene betrachteten die Rechtsextremen die gesamte Gegenkulturgeneration (Globalisierungsgegner, WHO-Gegner, Ökokrieger, Tierschützer) als Reservoir potenzieller Sympathisanten: »Sie verkaufen den Faschismus als revolutionäre Bewegung der Linken.«[32] Oder, um einen Slogan des aktivsten Teils der heutigen russischen Rechten zu zitieren: »Faschismus – rot und ungebunden«. Wie ein Historiker der Nationalbolschewistischen Partei anmerkte, verschmilzt die »dritte Position«, insbesondere, was den gegenkulturellen Aspekt angeht, stalinistische, leninistische und zum Teil sogar anarchistische und neulinke Einflüsse.[33]

Diese neue Initiative zog viel politischen Austausch und viele Reisen rechtsextremer Führungsfiguren nach sich, die ihre Kampfgenossen im Ausland aufsuchten. Während Nationalbolschewiken und Nationalrevolutionäre in der Vergangenheit nie danach gestrebt hatten, ein internationales Netzwerk aufzubauen, wurde dies Ende der neunziger Jahre zum letzten Schrei. Kurz vor seinem Tod im Juli 2002 reiste William Pierce, der Autor der berüchtigten *Turner Diaries*, nach Europa, um mit Horst Mahler zusammenzukommen. Mahler hatte schon in seinen »Rote Armee«-Zeiten den Anschlag der Gruppe »Schwarzer September« auf die israelische Olympiamannschaft 1972 in München als mutiges antiimperialistisches Kommandounternehmen gepriesen.[34] Vor allem aber gab es regelmäßige Reisen in den Iran, den Irak und andere arabische Länder. So hat sich eine Art Internationale der dritten Position herausgebildet, die selbstverständlich auch eigene Internetseiten anlegt, über die sich gleichgesinnte Gruppen aus aller Herren Länder miteinander vernetzen können.

In der Vergangenheit hätte es wenig Sinn gehabt, sich eingehend mit den Aktivitäten winziger Sekten und einzelner Exzentriker zu beschäftigen. Selbst in den Augen von Sammlern abstruser politischer Lehren waren sie kaum von Bedeutung. Inzwischen hat sich dies aus mindestens zwei Gründen geändert. Der erste kam bereits zur Sprache: Auch sehr kleine Gruppen können heute Zugang zu Waffen von beispielloser Zerstörungskraft erlangen – und je kleiner die Gruppe, desto größer die Wahrscheinlichkeit, dass sie sich von völlig irrationalen Motiven leiten lässt. Der zweite besteht in der Möglichkeit, dass diese kleinen Gruppen sich nach mächtigen Förderern umschauen und andererseits Regierungen, die Böses im Schilde führen, sich ihrer für ihre Zwecke bedienen. Aus der Schwäche heraus ist eine neue Strategie entstanden, und die Klein-

gruppe ist zur vorherrschenden Organisationsform von Nationalrevolutionären und linken Faschisten geworden. Ursprünglich lag
ihr Schwerpunkt auf kulturellen Motiven (oder, besser gesagt, auf
der Gegenkultur); in Russland beispielsweise sind sie die stärkste
Kraft einer Gegenkultur der jungen Generation geworden, und
auch in Deutschland befinden sie sich auf dem Vormarsch. Was mit
dem Lärm von Rock- und Metalbands und dem Skinheadoutfit begann, könnte mit dem Getöse von Kalaschnikows und Bomben
enden.[35] Arabische Regierungen und insbesondere der Iran haben
bereits mit Kleingruppen europäischer Rechtsextremer kooperiert.

In den achtziger Jahren des letzten Jahrhunderts war Libyen der
Hauptförderer extremistischer Gruppen in Europa, einschließlich
terroristischer Vereinigungen. Als Libyen seine Aktivitäten auf diesem Gebiet zurückschraubte, übernahmen Teheran und Bagdad
diese Aufgabe. Die Zusammenarbeit wurde auf politischer wie
ideologischer Ebene sichtbar: Zu Saddam Husseins regelmäßigen
Besuchern gehörten Jean-Marie Le Pen und Jörg Haider ebenso
wie Neonazis aus Deutschland und Russland.[36] Folgt man den
Publikationen der europäischen Rechtsextremen, waren die antiamerikanischen Anschläge der muslimischen Terroristen vollauf
gerechtfertigt und die arabischen Länder die natürlichen Verbündeten der patriotischen Kräfte im Westen.[37] Eine derart enge Zusammenarbeit zwischen europäischen und amerikanischen Neonazis
mit den radikalen Islamisten hat jedoch politische Probleme ganz
eigener Art geschaffen. So ist einer der Hauptangriffspunkte des
rechten Populismus in Europa bekanntermaßen der Zustrom von
Einwanderern, und die kommen mehrheitlich aus muslimischen
Ländern. Die europäischen Neonazis mögen die muslimischen antiamerikanischen Militanten aus dem Nahen Osten und Nordafrika
bewundern – aber nur aus sicherer Entfernung.

Schlüsselfiguren dieses Brückenschlags waren neben Leuten
wie den Schweizern François Genoud und Ahmed Huber, die beide
seit Jahrzehnten in Neonazikreisen aktiv gewesen waren, PLO-Ver-
treter in Europa sowie teilweise aus dem Nahen Osten stammende
Geschäftsleute und Waffenhändler. Es ist indes unwahrscheinlich,
dass ältere Neonazis oder Verfechter der dritten Position sich aktiv
an der Organisation terroristischer Gruppen in Europa oder Ameri-

ka beteiligen werden. Als Zahlmeister oder in anderer Weise können sie durchaus eine Hilfe sein; vor allem aber haben sie jüngere, dynamischere und wahrscheinlich auch fanatischere Anhänger. Unter anderem aus dieser Ecke könnte in Zukunft terroristische Gewalt kommen. Leute dieses Schlages reden und schreiben seit langem über die Notwendigkeit zu kämpfen, und einige von ihnen könnten den Mut aufbringen, ihre Überzeugungen in die Tat umzusetzen.

Die Gruppen der äußersten Linken wie der äußersten Rechten streben eine Revolution im Weltmaßstab an und glauben nicht, dass dieses Ziel mit demokratischen Mitteln, wie etwa Parlamentswahlen, erreicht werden kann. Was passiert, wenn sie nach jahrelanger intensiver Propaganda, nach Demonstrationen und anderen politischen Aktionen feststellen, dass sie ihrem Ziel um keinen Schritt näher gekommen sind? Es besteht für sie zwar immer die Hoffnung, dass ihr Einfluss nach irgendeinem politischen oder wirtschaftlichen Aufruhr – einem Krieg oder einer tiefen Wirtschaftskrise – plötzlich zunimmt. Aber selbst in diesem Fall dürften die extremistischen Sekten, auch wenn die Szene nicht derart zersplittert wäre, wohl kaum nach der politischen Macht greifen können. Unter diesen Umständen muss Gewalt, einschließlich des Terrorismus, als einzige Alternative zur Resignation und zum Abbruch des Kampfes für die »Befreiung« der Menschheit erscheinen.

Man kann davon ausgehen, dass die Mehrheit der Extremisten, ganz gewiss in Europa, sich ebenso wenig wie 1968 die Neue Linke für die terroristische Alternative entscheiden wird. Ihre ideologischen Mentoren, in den mittleren Jahren stehende Philologieprofessoren etwa oder Gegner der Autokultur, sind vom Temperament her für alles, was über ein paar zerbrochene Schaufensterscheiben, in Brand gesteckte Autos und ähnlichen Vandalismus hinausgeht, denkbar ungeeignet, für den Terrorismus also nicht zu gebrauchen. Doch wissen sie selbst nur zu gut, dass diese Strategie nicht zum Ziel führen würde. Es gibt allerdings in der Regel auch eine jüngere, radikalere Generation, die weniger von den negativen Erfahrungen der Vergangenheit belastet ist und für den Terrorismus optieren könnte. Die Ideologie ist in diesem Zusammenhang sicherlich wichtig, aber weniger als die Neigung zu Aggression und Gewalt.

Ideologisch kann der Terrorismus auf verschiedene Weise gerechtfertigt werden. Der Unabomber, der die Vereinigten Staaten 17 Jahre lang in Atem hielt, war kein Linker; für ihn war die moderne Großtechnologie das Übel, das vernichtet werden musste. Sein Ziel war nicht die Zerstörung des Kapitalismus, sondern die der modernen technologischen Zivilisation.[38] (Die Auswahl der Opfer hatte nichts mit seiner Ideologie zu tun – sie war wahllos, wie es für den zeitgenössischen Terrorismus typisch ist.) Das Ziel extremer Ökoterroristen könnte die Verringerung der Weltbevölkerung auf ein Viertel oder Fünftel sein, da sie vom ökologischen Standpunkt aus gesehen viel zu groß geworden ist. Es könnte um die Unterdrückung der Muslime oder die religiöse Pflicht zum Dschihad, um die Unterdrückung der Menschheit durch Globalisierer und Konzerne oder die Bedrohung der arischen Rasse gehen. All diese Anliegen sind bekannt und auf diesen Seiten schon mehr als einmal erwähnt worden.

Doch könnten die Gründe auch noch weit obskurer sein; alle möglichen Szenarien sind denkbar. Terrorismus könnte das Werk sehr kleiner Gruppen sein, von deren Existenz die Öffentlichkeit nicht die leiseste Ahnung besitzt. Er könnte von Einzelnen ausgehen, die vom Hass auf die Gesellschaft verzehrt werden, die ihnen auf die eine oder andere Weise Leid zugefügt hat, oder von Verrückten mit Weltuntergangsphantasien. Aller Wahrscheinlichkeit nach gibt es überall auf der Welt viele Tausende solcher Menschen, und einige von ihnen dürften nicht nur motiviert, sondern auch auf dem Laufenden sein, wie man Terrorkampagnen durchführt, die weit raffinierter und tödlicher sind, als wir es uns vorstellen mögen.

Staatlich geförderter Terrorismus

Das sich gewissermaßen selbst anbietende Instrument von Regierungen, die zum Mittel des Stellvertreterterrorismus greifen wollen, sind islamische Gruppen; die Verbindung zwischen dem Iran und der libanesischen Hisbollah ist das beste Beispiel dafür. Im Jahresbericht des US-Außenministeriums für 2001 wird der Iran als aktivster Protagonist auf dem Gebiet des internationalen Staatsterrorismus genannt, also noch bevor CIA-Direktor George Tenet im Februar 2002 Ähnliches zu Protokoll gab. Das war für alle, die seit Jahren die schrittweise Liberalisierung des iranischen Regimes beschworen haben, ebenso überraschend wie enttäuschend. Während die Machthaber im Iran nach dem Tod Khomeinis der Bevölkerung gewisse Konzessionen machten, verschwand die revolutionäre Inbrunst der jungen Militanten fast völlig. Doch was die Außen- und Sicherheitspolitik des Landes angeht, ist die gewählte Regierung fast völlig machtlos. Die wirkliche Macht liegt immer noch in den Händen von Hardlinern, die dafür sorgen, dass die Aufrüstung des Irans, auch die mit nichtkonventionellen Waffen, unvermindert fortgesetzt wird. Und obwohl die vom Iran geförderten offen terroristischen Aktivitäten nachgelassen haben, werden ausländische terroristische Gruppen weiterhin unterstützt.

Dafür gibt es viele Gründe. Die iranische Führung hatte gehofft, ihre Revolution würde sich weit über die Grenzen des Landes hinaus auswirken, dabei aber die Tiefe des Schismas der muslimischen Welt – die Kluft zwischen Sunniten und Schiiten – unterschätzt. In den folgenden Jahren erhielt sie einige Unterstützung von schiitischen Gruppen im Libanon und in Afghanistan und auch von einigen kleinen palästinensischen Gruppen wie dem Islamischen Dschihad (die sie ihrerseits unterstützte), aber aufs Ganze gesehen blieben sowohl die arabischen Länder, mit Ausnahme Syriens, als auch die Führer der kaukasischen und zentralasiatischen Muslime auf Distanz. Die iranische Führung fürchtete, isoliert zu werden, zumal angesichts der langfristigen irakischen Pläne am Golf und der Möglichkeit, dass der Irak, der an Massenvernichtungswaffen zu kommen versuchte, eines Tages die Feindseligkeiten wieder aufnehmen würde.

Unter diesen Umständen beschloss sie, in Bezug auf den palästinensisch-israelischen Konflikt eine extreme Haltung einzunehmen. Sie hoffte, damit ihre eigene Position zu stärken und in der arabischen Welt neues Vertrauen gewinnen zu können. Dass der Iran Israel grundsätzlich feindlich gegenüberstand, versteht sich von selbst, doch war Israel nicht seine größte politische Sorge. Die Entscheidung, die libanesische Hisbollah und mehrere palästinensische Gruppen finanziell und militärisch zu unterstützen, hatte kompliziertere Gründe. Als die *Karena II* mit fünfzig Tonnen für die Palästinenser bestimmter iranischer Waffen an Bord aufgebracht wurde, bestätigte das nur, was seit Jahren bekannt gewesen war. Die Lieferung Tausender Raketen an die Hisbollah schien eine Garantie dafür zu sein, dass der Konflikt nicht so bald enden würde.

Bei verschiedenen Gelegenheiten, wie einer internationalen »Ablehnungskonferenz« in Teheran im Mai 2002, erklärte die iranische Führung, sie sei prinzipiell gegen jeden Friedensprozess. Ali Akbar Rafsandschani, einer ihrer prominentesten Sprecher, hatte schon vorher darüber nachgedacht, inwieweit es ratsam sei, Atomwaffen als Instrument der Außenpolitik einzusetzen. Die iranische Führung setzte sich auch an die Spitze derer, die eine Kultur des Selbstmord- beziehungsweise Märtyrerterrorismus befürworteten, weil sie darin die wirkungsvollste Waffe der Palästinenser sah.[39] Die Teheraner Konferenz läutete eine neue Phase der iranischen Beteiligung am Terrorismus im Ausland ein. Bis dahin hatte der Iran finanzielle Zuwendungen an andere ausländische Gruppen über die libanesische Hisbollah getätigt, doch nachdem der palästinensische Islamische Dschihad sich darüber beschwert hatte, dass er übers Ohr gehauen werde, beschloss die iranische Regierung angesichts der von dieser Gruppe ausgeführten Selbstmordanschläge, die Unterstützung, die zugleich erheblich aufgestockt wurde, fortan direkt an sie auszuzahlen.[40]

Vor und nach der Talibanherrschaft stand der Iran auch mit Gruppen in Afghanistan in Verbindung, zudem hat er Versuche unternommen, die jordanische Regierung zu destabilisieren. Darüber hinaus waren die Revolutionären Garden und das Nachrichtendienst- und Sicherheitsministerium in Syrien, im Libanon, in der Türkei und in begrenztem Umfang auch in Zentralasien und Pakistan aktiv. Außerdem soll Mitgliedern von al-Qaida nach deren Niederlage in Afghanistan die Durchreise in den Kaukasus gestattet worden sein.

Würde Israel an den Iran grenzen, hätte die Regierung in Teheran wahrscheinlich größere Zurückhaltung bei der Unterstützung antiisraelischer Kämpfer an den Tag gelegt. Aber aufgrund der weiten Entfernung hielten die iranischen Machthaber das Risiko, das sie eingingen, offenbar für vertretbar. Diese Annahme könnte sich als Irrtum herausstellen, denn die Unterstützung terroristischer Gruppen lässt sich selten lange geheim halten; darüber hinaus besteht immer die Gefahr, dass die »Stellvertreter« aus dem Ruder laufen, dass der Konflikt eskaliert und der Staat im Hintergrund direkt in ihn hineingezogen wird.

Angesichts seiner exponierten Position ist der Irak bei der Unterstützung ausländischer Terrorgruppen zurückhaltender gewesen als der Iran, aber er hat sowohl den eigenen irakischen Radikalen als auch den Resten der Abu-Nidal-Gruppe und der PFLP Obdach gewährt. Was letzten Endes zählt, ist die Bereitschaft dieser beiden Länder, zur Durchsetzung ihrer außenpolitischen Ziele ausländische Terrorgruppen zu benutzen, so wie es Italien und einige Balkanländer in den dreißiger Jahren des 20. Jahrhunderts vorgemacht haben.

Terrorismus? Guerilla?
Politische Gewalt und Kriminalität

In den vergangenen Jahren sind Autoren, die über den Terrorismus schrieben, kritisiert worden, weil sie keine klare Trennlinie zwischen dem Terrorismus und anderen Formen politischer und nichtpolitischer Gewalt gezogen haben. Der Vorwurf ist berechtigt, zielt aber auf etwas, das nur die neuen Realitäten widerspiegelt. Es ist wiederholt darauf hingewiesen worden, mit welcher Beliebigkeit der Terrorismus in den letzten Jahrzehnten im Gegensatz zum »klassischen Terrorismus« seine Opfer auswählt. Das ist jedoch keineswegs die einzige Veränderung in Bezug auf die Trennlinie zwischen politischem Terrorismus und gewöhnlicher Kriminalität. Es hat in der Geschichte Fälle gegeben, in denen Terroristen auch Raubüberfälle und andere Verbrechen begingen, wie die Bonnot-Bande in Paris am Vorabend des Ersten Weltkriegs, aber das waren seltene Ausnahmen.

Seit den siebziger Jahren des letzten Jahrhunderts hat jedoch eine Annäherung von Terrorismus und Rauschgifthandel stattgefunden, die zur Folge hatte, dass Letzterer zu einer Haupteinnahmequelle terroristischer Banden wurde. Über die Situation in Kolumbien ist oben gesprochen worden; Schätzungen zufolge hatte die FARC Ende der neunziger Jahre Jahreseinnahmen von einer halben Milliarde Dollar,[41] und sie ist nicht die einzige derartige Gruppe: Zu nennen wären hier die Real IRA, die kurdische PKK, mehrere türkische Gruppen, die kosovarische UÇK, diverse zentralasiatische Organisationen wie die Islamische Bewegung von Usbekistan, die sri-lankischen Liberation Tigers, Abu Sayyaf auf den Philippinen und natürlich in ganz besonderem Maße Afghanistan während der Talibanherrschaft.

Die Beteiligung am Rauschgifthandel hat verschiedene Formen angenommen, vom Schmuggel aus dem Fernen und Nahen Osten nach Europa und Amerika bis zur Schutzgelderpressung der Bauern, die die Pflanzen anbauen, aus denen die Rauschmittel gewonnen werden. Mit den riesigen Einnahmen aus diesem Geschäft sind die Terroristen in der Lage, hoch entwickelte Waffen zu erwerben und kostspielige Operationen durchzuführen, die sie andernfalls nicht finanzieren könnten. Andererseits hat diese kriminelle Verstrickung die Beteiligten in ideologische und praktische Probleme gestürzt. Die Führer der narkoterroristischen Gruppen, egal, ob marxistischer oder islamistischer Ausrichtung, sahen sich einem Dilemma gegenüber: Ihre Anhänger sollten nicht von Praktiken korrumpiert werden, die sie im Prinzip verurteilten. So dachten sie sich spitzfindige Formeln aus, die etwa besagten, dass Herstellung und Verkauf von Rauschgift erlaubt seien, weil sie der Sache dienten, der Konsum aber nicht. Doch daran hielt sich nicht jeder, und noch schwieriger war es, die indirekten Folgen des riesigen Geldzuflusses zu verhindern – die Korruption hat viele Gesichter. Aber die aus dem Rauschgiftgeschäft stammenden Mittel haben die Terroristen zu einem noch gefährlicheren Gegner gemacht. Die Tamil Tigers etwa versetzten sie in die Lage, Speedboote zu kaufen, um die Regierungskontrollen umgehen zu können, und die FARC konnte Waffen erwerben, die die Regierungstruppen nicht besaßen.

Andererseits unterscheiden sich die Ziele des politischen Terrorismus natürlich grundsätzlich von denen des Rauschgiftgeschäfts. Kriminelle sind in der Regel Konservative, Terroristen nicht. Letztere wollen die politische Macht erobern und Gesellschaft und

Politik verändern; die Rauschgifthändler dagegen sind zutiefst an der Erhaltung des Status quo interessiert, da er ihnen ihr Einkommen garantiert. Damit ist ein prinzipieller Interessenkonflikt gegeben, der auf lange Sicht Konsequenzen haben muss. Doch bisher ist kein Fall bekannt, in dem eine terroristische Gruppe diese Einnahmequelle freiwillig aufgegeben hätte.

Daneben haben terroristische Gruppen sich auch auf andere kriminelle Aktivitäten, wie Entführungen zur Erpressung von Lösegeld, eingelassen. In Lateinamerika war dies in den siebziger Jahren eine gängige Praxis; in Kolumbien bedient man sich ihrer noch immer, genau wie auf den Philippinen. Unter denen, die sich von den Gotteskriegern anwerben ließen, war eine beträchtliche Zahl von Dieben und anderen Kleinkriminellen – wie die Chalabi-Brüder in Frankreich (die »Banlieue sud«-Bande), der bereits erwähnte Brüsseler Fußballprofi Nizar Trabelsi, der Londoner Schuhbomber und José Padilla (al-Muhajir), ganz zu schweigen von den Mitgliedern tschetschenischer und zentralasiatischer Banden. Aber diese Tatsachen sind hauptsächlich von soziologischem Interesse; die Einnahmen aus diesen Quellen sind im Vergleich zu denen aus dem Rauschgifthandel gering.

Terrorismus und Massenvernichtungswaffen

Es ist nur eine Frage der Zeit, bis radiologische, chemische und biologische Waffen von terroristischen Gruppen mehr oder weniger systematisch eingesetzt werden; die ersten Schritte in dieser Richtung sind bereits unternommen worden. Diese Frage ist breit diskutiert worden, und die Literatur über ihre verschiedenen Aspekte ist umfangreich.[42] Dass es im Prinzip zwar möglich ist, an diese Waffen heranzukommen, sich dies in der Praxis jedoch weniger einfach gestaltet, hat manche zu dem Schluss veranlasst, die Gefahr werde übertrieben. Aber die Tatsache, dass es erhebliche technische Schwierigkeiten gibt und viele derartige Operationen abgebrochen werden, sollte den Blick nicht dafür trüben, dass es mit jedem Jahr, das vergeht, leichter wird, an diese Waffen heranzukommen, und dass die Gelegenheiten, sie einzusetzen, zunehmen.

Vieles spricht dafür, dass in naher Zukunft solche Anschläge stattfinden werden, von denen zwar viele, vielleicht sogar die überwiegende Mehrheit scheitern oder geringere Auswirkungen haben werden als erwartet, aber es sollte auch klar sein, dass die Zahl der Opfer und der Sachschaden eines einzigen geglückten Anschlags ungleich höher sein werden als bei allen Terrorakten zuvor. Laut einer zehn Jahre alten Schätzung der US-Regierung könnte sich die Zahl der Todesopfer bei einem Anschlag mit biologischen Waffen (Ebola, Pocken, Tularämie, Anthrax) auf eine Million und bei der Explosion einer Atombombe in einer Großstadt auf 100 000 belaufen.[43] Doch könnte diese Zahl, insbesondere bei einem biologischen Anschlag, auch weit höher liegen.

Die meisten Gruppen der Vergangenheit hätten eine solche Waffe nicht eingesetzt, und einige der heutigen Gruppen werden es wohl auch in Zukunft nicht tun. Zwar sprachen schon im 19. Jahrhundert einige Ideologen des Megaterrorismus, wie Karl Heinzen und Johannes Most, von der Wahrscheinlichkeit und sogar Notwendigkeit, Hunderttausende, wenn nicht Millionen von Menschen zu töten. Doch das waren hitzige Reden und Leitartikel, und soweit bekannt, waren weder Heinzen noch Most auch nur in die Ermordung eines einzigen Menschen verwickelt. Es gab damals gewisse Grenzen, die kein politischer Führer, so extrem er auch war, überschritten hätte.[44] Die Ausnahmen waren fiktiver Natur, Superverbrecher, Genies des Bösen, die Städte, Länder oder die ganze Welt zu erpressen versuchten oder einen Rachefeldzug starteten. Mit einer heute weitgehend vergessenen, »Der Feind der Welt« betitelten Kurzgeschichte von 1907 war Jack London ein Pionier dieses Genres, doch schon vor dem Ersten Weltkrieg waren ihm viele gefolgt.[45]

Im späten 20. Jahrhundert waren diese Grenzen aufgrund der Zunahme des Fanatismus, insbesondere in seiner religiös-nationalistischen Ausprägung, verwischt oder gänzlich verschwunden. In pakistanischen Großstädten sind zu Ehren der islamischen Atombombe quasireligiöse Schreine errichtet worden, und es kann kein Zweifel daran bestehen, dass religiös-nationalistische Terrorgruppen, falls sie in den Besitz von Massenvernichtungswaffen kommen sollten, nicht zögern würden, sie einzusetzen, auch wenn es selbstmörderisch wäre. Denn auch hier wieder bietet der Dschihadglaube Trost – selbst wenn alle sterben, wird die Seele des wahren Gläubigen gerettet werden, oder aber er ist durch die Gnade Gottes unverwundbar:»Ob tausend fallen zu deiner Seite und zehntausend zu deiner Rechten, so wird es doch dich nicht treffen«, wie es im 91. Psalm heißt. Oder, wie Mohammed Atta seinen Kameraden versicherte:»Lächelt und fühlt euch sicher, denn Gott ist mit den Gläubigen, und die Engel beschützen sie, ohne dass sie es merken.«

Gegenwärtig sind staatliche Arsenale und Labors die Hauptquellen solcher Waffen, was noch einmal das Thema des staatlich geförderten Terrorismus berührt. Genauso ist es jedoch möglich, dass Terroristen im Zuge eines Staatsstreichs, eines Bürgerkriegs oder sonstigen Zusammenbruchs von staatlicher Macht und Kontrolle Zugang zu solchen Arsenalen und Labors bekommen. Die Möglichkeiten, dass die Dinge schief laufen, sind heute leider Legion, und diejenigen, die meinen, dass in Zukunft keine Katastrophe geschehen werde, weil bisher keine eingetreten ist, bewegen sich auf dünnem Eis.

Der Terrorismus des 19. Jahrhunderts war, wie wir wissen, weitgehend»Propaganda der Tat«, und in gewissem Umfang traf dies auch für die nachfolgenden Jahrzehnte zu. Doch das scheint endgültig vorbei. Der Terrorismus will zwar weiterhin auf die öffentliche Meinung einwirken, aber über diese auf der Hand liegende Feststellung hinaus sind kaum Verallgemeinerungen möglich. Auf den Internetseiten der linken Guerilla- und Terroristenbewegungen, wie der FARC und der Zapatistas, werden Frieden und Fortschritt beschworen; die eigenen Gewalttaten werden als bedauerliche Notwendigkeit hingestellt, die durch die Repressionen von Seiten der Polizei und des Staats provoziert worden sind. Dass Narkoterrorismus und Entführungen nicht erwähnt werden, versteht sich von selbst; stattdessen ist viel von Menschenrechten, sozialer Gerechtigkeit und den Untaten der Globalisierer die Rede.

Auf den Websites der terroristischen Gruppen, insbesondere den englischsprachigen, nimmt die Verfolgung, der man ausgesetzt ist, breiten Raum ein. Da wird von Kampfgenossen berichtet, die festgenommen wurden und jetzt angeblich gefoltert oder, wenn sie es gut getroffen haben, unter unmenschlichen Bedingungen gefangen gehalten werden. Mit anderen Worten, die Terroristen werden als Opfer präsentiert, während der Staat und seine sonstigen Gegner als die wahren Terroristen erscheinen. Solche Propaganda ist nicht so sehr fürs Inland bestimmt als vielmehr für linke Kreise in Europa und Nordamerika. Das geht recht deutlich daraus hervor, wo die Seiten angemeldet sind, nämlich im kalifornischen Berkeley (Sendero Luminoso und Zapatistas), in Holland (kurdische Militante), in London (Tamil Tigers und Hamas) oder an amerikanischen Universitäten (mehrere irische Gruppen).[46]

Rechte Terrorgruppen andererseits bedienen sich wie die separatistischen einer weit deutlicheren Sprache und sind weniger darauf aus, Mitleid zu erregen. Sie beschwören zwar in apokalyptischem Tonfall die Gefahr, in der ihr Land angeblich schwebt, sind aber nicht am Aufbau einer Volksfront interessiert. Die radikalislamischen Gruppen schließlich, die die Tatsache, dass sie Gewalt anwenden, nicht im Geringsten verbergen oder herunterspielen, wollen ihre Feinde einschüchtern und demoralisieren: Allah, versichern sie, sei mit ihnen und werde sie schützen, ihre Sache sei unbesiegbar, und alle, die sich ihr widersetzten, seien zum Untergang verdammt und würden vernichtet werden.

Hauptzielgruppe der radikalislamischen Terroristen sind nicht die westlichen, sondern die muslimischen Länder, vor allem die der arabischen Welt. In diesem Zusammenhang ist das Fernsehen im Augenblick noch weit wichtiger als das Internet. Die libanesische Hisbollah besitzt einen eigenen Fernsehsender, und den Rest der arabischen Welt erreichen die Terroristen über die offiziellen arabischen Fernsehstationen und natürlich über den in Katar beheimateten Sender al-Dschazira. Die gezeigten Szenen von arabischem Heldentum und Leid sind prädestiniert, den öffentlichen Druck auf die arabischen und muslimischen Regierungen zu verstärken, den Kämpfern gegen die Ungläubigen mehr Hilfe zukommen zu lassen. Schon in der Geschichte erhielten manche terroristische Gruppen mehr Unterstützung von außen als andere; so riefen die Aktivitäten der irischen Patrioten des 19. Jahrhunderts und der russischen sozialistischen Revolutionäre weit mehr Sympathie hervor als die Mordanschläge der Anarchisten. In neuerer Zeit haben die Palästi-

nenser weit mehr Publizität erhalten als andere nationalistisch-ter-
roristische Bewegungen, obwohl die Zahl der Opfer anderer Terrorkampagnen, etwa derjenigen in Algerien, Kolumbien, Sri Lanka,
Zentralasien und Indien, wesentlich größer war. Die Weltmedien
haben sich lange Zeit (mit etlichen Teams vor Ort) auf den israelisch-palästinensischen Konflikt konzentriert, während die übrigen
Kampagnen, die für gewöhnlich in fernen Ländern stattfanden, aus
der Berichterstattung herausfielen – entweder wegen der Gefahren
für Leib und Leben der Reporter oder aber, weil man meinte, dass
kaum Interesse an ihnen bestünde.[47] Dies führte zu einem kuriosen
Ungleichgewicht: Die meisten Kommentare und allgemeinen
Aussagen über den Terrorismus bezogen sich auf den Konflikt im
Nahen Osten, während der andernorts aktive Terrorismus vielfach
fast unbemerkt blieb.

Warum wurde dieser so konsequent übersehen, und das häufig
sogar ganz bewusst? Der Bürgerkrieg in Algerien fand aufgrund
der traditionellen Bindungen des Landes an Frankreich (und auch,
weil die algerischen islamischen Radikalen ihre Aktivitäten zeitweise nach Europa ausgedehnt hatten) in den Weltmedien eine gewisse Beachtung, aber die Ermordung von 100 000 Kurden wurde
weitgehend ignoriert. Das gilt auch für das Blutvergießen großen
Ausmaßes, das noch im Jahr 2002 in Ruanda angerichtet worden
ist. Am 27. Juli desselben Jahres brachte die *New York Times* auf
der Titelseite einen ausführlichen Bericht über ein Massaker im
indischen Bundesstaat Gujarat, das fast tausend Todesopfer gefordert hatte. Das grauenhafte Ereignis lag fünf Monate zurück, doch
damals hatten die Weltmedien ihm kaum Beachtung geschenkt,
noch war der UN-Sicherheitsrat einberufen worden, um sich mit
der explosiven Situation zu befassen.

Für diese Schieflage der Berichterstattung in den Medien gibt es
eine Reihe von Gründen. Dass Palästina für mehrere Weltreligionen das heilige Land ist, war sicherlich von Bedeutung. Andererseits haben die Medien in vielen Ländern einfach keinen Zutritt,
weil der Terrorismus die Regierungen in Verlegenheit bringt und
sie keine negativen Berichte über ihr Land wollen. Ferner könnte
man anführen, der Terrorismus im Nahen Osten sei besonders gefährlich, weil er einen größeren Krieg auslösen kann. Doch das

Gleiche gilt auch für Kaschmir, und dennoch sind die Korrespondenten nicht in großer Zahl nach Indien gereist. Die politische Einstellung der Medien und ihrer Korrespondenten, ihre Vorlieben und Aversionen dürften ebenfalls eine Rolle gespielt haben; auch in dieser Hinsicht fanden sie weit mehr Interesse am israelisch-arabischen Konflikt (und waren häufig emotional weit stärker beteiligt) als an anderen Auseinandersetzungen in weit entfernten Ländern, über die sie selbst und ihr Publikum wenig wussten und die ihnen weniger nahe standen.

Trotz aller Gefahren, die vom israelisch-arabischen Konflikt ausgehen, führt die einseitige Fixierung auf dieses Thema leicht zu falschen Schlussfolgerungen, nicht nur, weil der Terrorismus ein wesentlich umfangreicheres Phänomen ist, sondern auch, weil andere Gefahren ins Hintertreffen geraten, allen voran die Weiterverbreitung von Massenvernichtungswaffen. Insofern es Staaten und Regierungen betrifft, geht dieses Thema über den Rahmen der vorliegenden Untersuchung hinaus. Hier ist indes nochmals darauf zu verweisen, dass darüber hinaus nicht nur traditionelle terroristische Gruppen in den Besitz solcher Waffen gelangen könnten, sondern auch Kleinstgruppen und vielleicht sogar Einzelne.

In der Science-Fiction-Literatur ist die Figur des verrückten Wissenschaftlers, der einem oder mehreren Ländern oder sogar der ganzen Welt mit Zerstörung droht, wenn sie seine Forderungen nicht erfüllen, seit mehr als einem Jahrhundert bekannt. Viele Jahre vor dem Abwurf der ersten Atombombe ist eine Erzählung veröffentlicht worden, in der ein solcher Wissenschaftler damit droht, mit Hilfe von Atombomben die Erdachse zu verschieben, wenn nicht augenblicklich alle Kriege eingestellt würden.[48] So ehrenvoll waren die Motive keineswegs immer; kurz nach Hiroshima bemerkte ein anderer Schriftsteller: »Genauso wie es instabile radioaktive Atome gibt, gibt es auch instabile Menschen.«[49] Der Unabomber und der (oder die) Absender der Anthraxbriefe sind aller Wahrscheinlichkeit nach Vorboten einer neuen Art von Terroristen mit unendlich viel größerem Bedrohungspotenzial als alle ihre Vorgänger.[50] (Es sei daran erinnert, dass der Unabomber nur aufgespürt werden konnte, weil seine eigene Familie ihn angezeigt hatte; wer die Anthraxanschläge verübte, ist bis heute ungeklärt.)

Einer der grundlegenden Unterschiede zur Situation vor hundert Jahren ist die willkürliche Auswahl der Ziele. Ein anderer ist die zunehmende Bedeutung des Wahnsinns im gegenwärtigen Terrorismus. Bei einigen wird diese Aussage Widerspruch, wenn nicht gar Empörung hervorrufen, aber die Beweise dafür sind erdrückend. Nicht jeder Paranoiker ist ein Terrorist, aber bei jedem Terroristen sind zumindest in gewissem Ausmaß paranoide Ängste anzutreffen. Terroristen handeln konspirativ, und es ist nur natürlich, dass sie von ihren Feinden annehmen, sie würden genauso agieren. Typische Symptome der individuellen wie der kollektiven Paranoia sind Verdächtigungen anderer, die Annahme versteckter Motive, eine feindselige und nachtragende Haltung, die mangelnde Fähigkeit zur Selbstkritik und ein fehlender Sinn für Humor. Die Heilungschancen für individuelle Fälle von Paranoia sind schlecht, weil Menschen mit dieser Geistesstörung in der Regel behandlungsresistent sind; bei Gruppen scheinen die Aussichten nicht besser zu sein.[51]

Die rechtsradikalen Terroristen glauben ausnahmslos an Verschwörungstheorien wie die von der Weltregierung, die eingeführt werden soll, um ihr Land und ihre Rasse zu unterjochen, und andere phantastische Komplotte. Die Weltsicht der Linksradikalen ist ähnlich, nur die Verschwörer sind andere – Kapitalismus, Imperialismus und Konzerne. Die Hamas bezieht sich in ihrem Programm auf die *Protokolle der Weisen von Zion*, andere radikalislamische Gruppen glauben felsenfest daran, dass sich die ganze Welt gegen den Islam und diejenigen, die sich zu ihm bekennen, verschworen hat.[52] In allen muslimischen Ländern, außer der Türkei, ist die Mehrheit der Bevölkerung überzeugt, dass die Anschläge vom 11. September 2001 vom israelischen Mossad ausgeführt worden sind; Osama bin Laden hält man allerdings nicht für einen Agenten des Mossad.[53] Die Liste der Verschwörungstheorien ist endlos, und es gibt rund um den Erdball viele Millionen, die an die abwegigsten, von Hochstaplern und verwirrten Geistern verbreiteten Phantasiegebilde glauben.[54]

Viele dieser Theorien, wie die verschiedenen UFO-Geschichten, sind relativ harmlos, aber andere sind nichts weniger als das. Es gibt viel ziellose Wut und Aggressivität, die sich auf unterschiedliche Weise Luft machen können. Im Juli 2002 stürmte eine kleine Gruppe abtrünniger Mitglieder der ägyptischen Nasseristischen Partei das Gebäude der Parteizentrale in Kairo. Einer der Beteiligten, ein junger Mann namens Achmed Kamal, drohte vom Balkon des ersten Stocks aus, eine Explosion auszulösen. Ein Journalist der Tageszeitung *al-Ahram* zitierte eine Augenzeugin, eine Verkäuferin in einem gegenüberliegenden Geschäft, mit den Worten: »Kamal schrie unverständliche Dinge. Einmal sagte er: ›Ich will die ganze Welt in die Luft jagen.‹ Dabei ging er auf dem Balkon hin und her und sprach über sein Handy aufgeregt auf jemanden ein.«[55] Am Ende ging die Sache mehr oder weniger glimpflich aus, eines Tages aber wird jemand wie Kamal in der Lage sein, enormen Schaden anzurichten, auch wenn er vielleicht nicht die ganze Welt in die Luft jagen wird. Das 21. Jahrhundert könnte zu einem Zeitalter werden, in dem ein Terrorismus der Katastrophen Wirklichkeit wird.

Selbst in dem unwahrscheinlichen Fall, dass weltweit alle Konflikte gelöst werden und alle politischen, sozialen und wirtschaftlichen Spannungen verschwinden, würde dies nicht unbedingt das Ende des Terrorismus bedeuten. Die Mischung aus Paranoia, Fanatismus und extremistischer politischer oder religiöser Doktrin würde neue Ventile finden. Sie ist es, die dem Terrorismus von heute und morgen seine Akteure zuführt. Vielleicht ist sie kein Bestandteil der menschlichen Natur insgesamt, aber sie ist mit Sicherheit ein Bestandteil der Natur bestimmter Gruppen und Individuen. Intensität und politische Auswirkungen des Terrorismus werden einmal größer und einmal geringer sein, doch das riesige Aggressionspotenzial bleibt bestehen. Aus diesem Grund wird er auf absehbare Zeit nicht verschwinden.

Anhang:

Definitionen des Terrorismus: ein Überblick

Nach dreißig Jahren harter Arbeit ist noch immer keine allgemein anerkannte Definition des Terrorismus in Sicht. Im Gegenteil, soweit es die Medien betrifft, ist Umschreibung an der Tagesordnung.[1] Das ist nicht überraschend, denn eine solche Definition gibt es weder für Faschismus oder Kommunismus noch für Demokratie oder Nationalismus, noch für irgendein anderes politisches Phänomen. Aber der Terrorismus hat, vielleicht mehr als jeder andere Begriff, unterschiedliche Interpretationen erfahren. In den achtziger Jahren hat ein Autor über hundert Definitionen aufgelistet, und seither sind noch einige hinzugekommen.

Diese Schwierigkeiten waren von Anfang an vorhersehbar, und zwar nicht nur, weil die Terroristen und ihre Sympathisanten ihr Handeln stets anders einschätzen werden als ihre Opfer; genauso wenig werden Inder und Pakistani, Israelis und Palästinenser, Spanier und Basken und alle anderen beteiligten beziehungsweise betroffenen Parteien einen gemeinsamen Nenner finden. Der Begriff »Terrorismus« hat heute überall einen negativen Beiklang, im Gegensatz etwa zu dem der Guerilla, der weit positiver besetzt ist. Es gibt Bücher über Guerillatheaterstücke, Guerillaspielfilme und sogar über Guerillamarketing, während meines Wissens noch niemand über Terrorismusmarketing geschrieben hat. Bis auf wenige Ausnahmen haben Terroristen deshalb alles darangesetzt, nicht als solche etikettiert zu werden, und auch manche Autoren haben sich mit großem Einfallsreichtum bemüht, neutrale Begriffe wie Militante, Aktivisten, Kommandos, Angreifer, Widerstandskämpfer, Aufständische, Stadtguerilla oder, schlimmstenfalls, Bewaffnete zu finden.[2]

Auf der Suche nach einer Definition sind noch andere Hindernisse zu überwinden, handelt es sich doch beim Terrorismus um ein sehr altes Phänomen, das seinen Charakter im Lauf der Zeit und von Land zu Land verändert hat. Eine heutige Definition, wie immer sie aussehen mag, dürfte nicht einmal annähernd ausdrücken, was den Terrorismus von 1850 oder 1930 ausgemacht hat, genauso wie eine altgriechische Begriffsbestimmung der Demokratie kaum etwas über diese Staatsform in der modernen Welt aussagt. Laut Titel 22 des United States Code ist Terrorismus politisch motivierte vorsätzliche Gewalt, die von subnationalen Gruppen oder Geheimagenten gegen Nichtkämpfer ausgeübt wird und in der Regel eine Zielgruppe beeinflussen soll. Doch ist das Erfordernis der politischen Motivation im Lauf der Zeit fragwürdig oder zumindest unzureichend geworden, und dass der Terrorismus sich gegen Nichtkämpfer richtet, trifft mit Sicherheit nicht mehr zu. Die meisten terroristischen Gruppen der Gegenwart greifen sowohl die Zivilbevölkerung als auch Militär und Polizei an. Deshalb ist auch die von einem israelischen Autor vorgeschlagene Version, der zufolge ein Terrorist jemand ist, der willkürliche Anschläge auf Zivilisten verübt, in der wirklichen Welt nicht viel wert. Was die Beeinflussung einer Zielgruppe angeht, so war dies in der Vergangenheit tatsächlich in den meisten Fällen die Absicht der Terroristen, ganz im Sinne des von den Anarchisten des 19. Jahrhunderts vertretenen Konzepts der »Propaganda der Tat«. Wenn aber Terroristen Tausende von Menschen töten und immensen Sachschaden verursachen können, so dass die Möglichkeit, ihren Feind allein mit Waffengewalt zu besiegen, denkbar wird, ist das psychologische Instrument der Propaganda nicht mehr so wichtig.

Erste Versuche einer Definition gehen auf den Völkerbund zurück, der 1937 »jede kriminelle Tat, die gegen einen Staat gerichtet ist und bestimmte Personen oder die breite Bevölkerung in einen Zustand des Schreckens versetzen soll«, als terroristisch einstufte. Aber diese Definition ist schon damals als unzureichend empfunden und nie allgemein akzeptiert worden. Die Vereinten Nationen definierten terroristische Handlungen 1999 als Verbrechen zur Verbreitung von Schrecken und erklärten, diese seien unter keinen Umständen gerechtfertigt, ganz gleich, ob ihnen politische, philosophische, ideologische, rassische, ethnische, religiöse oder andere Motivationen zugrunde lägen. Aber auch diese Definition wurde von vielen Regierungen, denen die Verurteilung zu umfassend war, abgelehnt.

Als die arabischen Staaten 1989 und dann wieder in den neunziger Jahren zusammenkamen, um über den Terrorismus zu sprechen, konnten auch sie sich nicht einigen. Syrien und einige andere Länder bestanden darauf, den bewaffneten Kampf gegen eine ausländische Besatzung nicht als Terrorismus, sondern als gerechtfertigten nationalen Befreiungskampf einzustufen. Solche Vorbehalte, so begründet sie sein mochten, verhinderten jegliche Einigung darüber, was als Terrorismus und was als nationaler Befreiungskampf zu betrachten sei: Viele Libanesen, zum Beispiel, würden die syrische Militärpräsenz in ihrem Land als ausländische Besatzung bezeichnen, was die Regierung in Damaskus natürlich völlig anders sieht.

Ein akademischer Experte (A. P. Schmid) schlug 1992 einen einfachen Ausweg vor, nämlich terroristische Taten als das Äquivalent von Kriegsverbrechen in Friedenszeiten zu verstehen. Doch das würde bedeuten, dass man die Attentäter, die versuchten, Adolf Hitler zu töten, als Kriegsverbrecher betrachten müsste – eine nicht gerade plausible Behauptung. Die CIA hatte vor allem den internationalen Terrorismus im Blick, der nach ihrer Definition mit Unterstützung ausländischer Regierungen oder Organisationen handelte und/oder gegen ausländische Regierungen oder Institutionen gerichtet war. Außerdem veröffentlichte die CIA jedes Jahr nützliche Berichte, auch wenn die selbst auferlegte Beschränkung auf den »internationalen Terrorismus« zu vielen Unstimmigkeiten führte. Wenn zum Beispiel ägyptische Terroristen ausländischen Touristen auflauerten und sie töteten, wurde es in die Berichte aufgenommen, wenn die Opfer Ägypter waren, blieben die Anschläge unerwähnt. (Was war, wenn die Touristen zwei Staatsangehörigkeiten besaßen?) Und Länder mit starkem Terrorismus, wie Sri Lanka und Kolumbien, fielen nicht in die Kategorie des »internationalen Terrorismus« – es sei denn, die dort aktiven Terroristen waren auch in internationale Aktivitäten wie den Rauschgifthandel verwickelt.

Als nach dem 11. September 2001 in vielen westlichen Ländern neue Gesetze beschlossen wurden, erhielt die Suche nach einer Definition neuen Auftrieb. Die Europäische Union erarbeitete einen

Vorschlag, nach dem Terrorismus darauf abzielt, die politische, ökonomische und soziale Struktur eines Staats grundlegend zu ändern oder zu zerstören – ein recht unbeholfener Definitionsversuch, denn soziale Revolutionen können sowohl friedlich als auch gewalttätig verlaufen. Der Terrorismus wird in dem Entwurf als organisierte Gewalttätigkeit oder Drohung mit Gewalt beschrieben, die Angst und Schrecken zu verbreiten versuche und der Durchsetzung politischer Ziele diene; um dies zu erreichen, würden Verbrechen wie Attentate, Geiselnahmen in Flugzeugen oder auf Schiffen sowie Bombenanschläge begangen. Bis ins Detail beschäftigt sich der Vorschlag mit den Strafen für Mord und andere Verbrechen, was den Unmut von Menschenrechtsaktivisten erregte, die fürchteten, die »städtische Gewalt« könnte in allzu großzügiger Weise interpretiert werden. Was wäre zum Beispiel, wenn es bei einer legitimen Demonstration zu Gewalttätigkeiten käme? Würde die Gewalt als terroristischer Akt behandelt werden?

Solche Sorgen hatten oftmals wenig mit der Realität zu tun. Obwohl in Großbritannien 1974 unter einer Labourregierung ein Gesetz zur Terrorismusvorbeugung eingeführt worden war, genossen Terroristen dort fast unbegrenzte Bewegungsfreiheit, und zwar nicht nur hinsichtlich ihrer Rede- und Organisationsfreiheit, sondern bis hin zur Gewährleistung ihrer persönlichen Sicherheit. Das Gleiche galt für Deutschland, wo Moscheen (und in gewissem Ausmaß auch Kulturzentren) fast so etwas wie einen exterritorialen Status genossen; die Sicherheitskräfte konnten beobachten, wie junge Männer indoktriniert und sogar für den bewaffneten Kampf rekrutiert wurden, aber einzuschreiten war ihnen nicht erlaubt. In ihren Heimatländern, etwa in Ägypten, wegen Mordes oder in Ländern wie Italien und den USA wegen terroristischer Verschwörung gesuchte Terroristen wurden nicht ausgeliefert. Sogar Syrien ist bei der Auslieferung ägyptischer Terroristen entgegenkommender gewesen.

Ist die Frage der Definition denn tatsächlich so wichtig? Sicherlich nicht in undemokratischen Ländern, wo Terroristen (oder terroristischer Aktivitäten Verdächtige) ohne allzu viel juristisches Federlesen festgesetzt und manchmal auch hingerichtet werden können. Wohl aber in westlichen Ländern, nämlich für die Strafverfolgung von Terroristen. Aber auch in diesem Zusammenhang ist die Definition nur von begrenzter Bedeutung, weil Terroristen in der Regel für Verbrechen wie Mord und Entführung verurteilt werden und nicht für die von ihnen geäußerten terroristischen Ansichten. Bedeutung erlangt die Definition des Terrorismus nur, wenn die Mitgliedschaft in einer terroristischen Vereinigung als Verbrechen gilt.

Das Problem wurde von diversen Missverständnissen vergrößert. Besonders irreführend sind die Versuche gewesen, den Terrorismus nur im Licht der aktuellen Ereignisse oder der Ereignisse in einem bestimmten Land zu definieren. Heute herrscht der religiös-islamische Terrorismus vor, doch vor dreißig Jahren war es der linke und wieder zu anderen Zeiten kam er vor allem von Rechts. Unter bestimmten Umständen war der Terrorismus gerechtfertigt; sogar die katholische Kirche erkennt an, dass der Tyrannenmord unter gewissen Bedingungen zulässig ist. Widerstand gegen eine brutale Diktatur, in der es kein anderes Mittel der Gegenwehr gibt, kann weder aus moralischen noch aus anderen Gründen verdammt werden. Aber dies bezieht sich hauptsächlich auf vergangene Epochen, in denen der Terrorismus die *ultima ratio* war, die letzte Zuflucht derjenigen, die nach Freiheit strebten. Die Terroristen des 19. Jahrhunderts taten alles in ihrer Macht Stehende, um keine Unschuldigen zu treffen; ihre Nachfolger in späteren Zeiten hatten keine solchen Skrupel, sondern zielten oftmals sogar absichtlich auf Unschuldige. In jüngster Zeit ist der Terrorismus häufig die *ultima ratio* kleiner Gruppen, die einer widerspenstigen Mehrheit ihre extremen Ansichten aufzwingen wollen.

Nach einer alten, weit verbreiteten Sentenz ist des einen Terrorist des anderen Friedenskämpfer. Das trifft in dem Sinne zu, dass Kriminelle und Opfer das Verbrechen selten auf die gleiche Weise sehen; schon bei einem Verkehrsunfall sind sich die Beteiligten selten über den Hergang einig. Das ist so wahr wie die Aussage, der heilige Franz von Assisi und Mutter Teresa hätten viele Bewunderer gehabt, aber auch Hitler und Stalin, weshalb der Unterschied zwischen ihnen gar nicht so groß sei. Doch für moralischen Relativismus (oder Nihilismus) ist in einer zivilisierten Gesellschaft kein Platz; es gibt Maßstäbe, an denen das menschliche Verhalten gemessen wird. Eichmann und Pol Pot, auch wenn sie Anhänger hatten, werden nie für die Heiligsprechung vorgeschlagen werden. Woher die Zurückhaltung in Bezug auf die Worte »Terrorismus« und »Terrorist«? Wieso benutzt man solche manchmal lächerlichen Umschreibungen wie »bewaffneter Kampf«, »Rote Armee«, »Guerilla« oder »Rote Brigaden«? Das war nicht immer so – die russischen Revolutionäre von vor einem Jahrhundert waren weit weniger heikel und sprachen offen über ihren terroristischen Kampf. Boris Sawinkow, der Anführer der russischen Terroristen vor dem Ersten Weltkrieg, nannte seine 1931 entstandene Autobiographie *Erinnerungen eines Terroristen*. Die heutige Scheu hat natürlich viel damit zu tun, dass sich die terroristischen Praktiken und Strategien seither erheblich verändert haben. Die Ermordung eines Diktators oder Polizeichefs zu planen, die zumindest bei einem Teil der Bevölkerung auf Verständnis stoßen würde, war eine Sache, die wahllose Tötung unschuldiger Menschen, einschließlich von Kindern und Alten, ist eine ganz andere – und dem Image nicht eben förderlich. Mit anderen Worten, der neue Terrorismus unterscheidet sich vom alten auch insofern, als die heutigen Terroristen ihn zwar praktizieren wollen, sich gegen das Etikett »Terrorist« aber wehren.

Auch bei manchen Medien ist die unglückselige und etwas absurde Praxis verwässernder Umschreibungen zu beobachten (man kann einen Spaten ja auch als Landwirtschaftsgerät bezeichnen). Es ist, um nur ein Beispiel herauszugreifen, verständlich, dass internationalen Nachrichtenagenturen wie Reuters etwas unwohl dabei ist, den Begriff »Terrorismus« zu benutzen, weil dies die Terroristen verärgern und ihre Korrespondenten in Gaza, im Westjordanland oder anderswo auf der Welt in Gefahr bringen könnte. Aber es wäre ehrlicher gewesen, wenn Steven Jukes, der Chef der Nachrichtenabteilung von Reuters, zugegeben hätte, dass Wörter wie »Militante« und »Aktivisten« zur Bezeichnung von Terroristen aus Furcht und vielleicht auch deshalb verwendet werden, weil man keine Kunden verlieren will, statt zu beteuern, dies sei dem Wunsch geschuldet, objektiv zu sein und die Wahrheit zu berichten. Die *Chicago Tribune* hat beschlossen, auf die Benutzung des Begriffs »Terrorismus« ganz zu verzichten, weil er »tendenziös und propagandistisch ist und weil die heutigen Terroristen manchmal die Staatsmänner von morgen sind«. Ebenso gut könnte auch jeder andere politische Begriff als tendenziös und sogar als propagandistisch abgetan werden, und obwohl die heutigen Terroristen tatsächlich die Staatsmänner von morgen sein könnten, ändert das nichts daran, dass sie in einer Phase ihres Lebens Terroristen waren. Reuters' Entscheidung hat viele zynische Kommentare ausgelöst: Wieso nicht Jack the Ripper einen Unterleibschirurgen nennen und Timothy McVeigh, den Bombenleger von Oklahoma, eine Person, die in einer Parkverbotszone eine flüchtige Fracht zurückgelassen hat? Warum nicht Pol Pot als Anwerber von Landarbeitern und Eichmann als fanatischen Demographen bezeichnen? Wie Lewis Carrolls Humpty Dumpty sind einige Medien offenbar überzeugt, dass jedes Wort, das sie benutzen, genau die Bedeutung hat, die sie ihm geben.

Wenn man einen Terroristen als »Aktivisten« oder »Militanten« bezeichnet, radiert man die Trennlinie zwischen einem Selbstmordattentäter und einem aktiven Gewerkschafts-, Partei- oder Klubmitglied aus. Und würde der Sitz von Reuters in London oder jener der *Chicago Tribune* durch einen Bombenanschlag zerstört oder den an ihren Schreibtischen sitzenden Mitarbeitern, Männern wie Frauen, von einer Gruppe von Eindringlingen die Kehle durchgeschnitten, würden ihre Kollegen die Mörder wohl kaum als »Aktivisten« bezeichnen.

Nach einem anderen häufig angeführten, aber ebenso irreführenden Argument ist die ganze Aufregung über den Terrorismus kleiner Gruppen fehl am Platz, weil der von Regierungen verübte Terrorismus weit verheerender ist als derjenige dieser Gruppen. Auch das ist völlig richtig, denn, um nur die beiden nächstliegenden Beispiele zu nennen, der Terror des Dritten Reichs und des stalinistischen Russland, von den Angriffskriegen ganz zu schweigen, hat wesentlich mehr Opfer gefordert als alle terroristischen Gruppen der Geschichte zusammen. Dieses Argument ist sowohl von den Terroristen selbst, die erklärten, dass es keinen Unterschied zwischen ihren Aktivitäten und denen von Regierungen und Staaten gebe, als auch von einigen ihrer Sympathisanten benutzt worden. Es setzt die absichtliche Vermengung aller Formen von Gewalt voraus, von der es in der Geschichte nur allzu viel gegeben hat, seit Kain seinen Bruder Abel erschlug. Dabei wird übersehen, dass die Existenz von Staaten auf ihrem Gewaltmonopol beruht. Wäre es anders, hätten sie weder das Recht, noch wären sie in der Lage, jenes Minimum an Ordnung aufrechtzuerhalten, das die Grundlage allen zivilisierten Lebens ist. Sie hätten nicht das Recht, Steuern zu verlangen und Verkehrsregeln durchzusetzen wie die, rechts (oder links) zu fahren, und sie hätten selbstverständlich auch nicht das Recht, Außenpolitik zu betreiben, abgesehen natürlich von der Möglichkeit, ihre Einnahmen an andere, weniger begüterte Länder zu verteilen.

Schließlich hat es, wie bereits angedeutet, die Tendenz gegeben, nicht so sehr aus politischen Gründen, sondern aus Ignoranz von der Benutzung des Begriffs »Terrorismus« abzusehen. In den siebziger und achtziger Jahren des 20. Jahrhunderts wurde zur Bezeichnung von Terroristen häufig der Begriff »Stadtguerilla« benutzt, zum Teil vielleicht, weil das Wort »Guerilla« wertfreier und objektiver zu sein schien, vor allem aber aus tiefer Unkenntnis der Realität. Der Unterschied zwischen Terroristen und Guerillas ist nicht nur semantischer, sondern auch sachlicher Art. Die Strategie der Guerilla besteht darin, Stützpunkte zu schaffen (mitunter *Foci* genannt), die zumeist weit entfernt von den Bevölkerungszentren und außerhalb der Reichweite der Staatsmacht liegen: so genannte befreite Zonen, in denen sie eigene Institutionen, wie etwa Schulen, aufbauen, offene Propaganda betreiben und die Bevölkerung mobilisieren, praktisch also als Gegenregierung auftreten. Diese befreiten Zonen werden dann schrittweise ausgeweitet, die gut ausgerüsteten und ausgebildeten Militäreinheiten werden vergrößert und nehmen den Kampf mit den Regierungstruppen auf, bis sie obsiegen – oder geschlagen werden. Dies war die Strategie Maos und aller anderen großen Guerillabewegungen nach dem Zweiten Weltkrieg. Solche offenen Aktivitäten sind in den Ballungszentren (und noch mehr in Kleinstädten) natürlich ausgeschlossen, da die Terroristen nicht in großen Einheiten handeln und sich nirgendwo verstecken können; sie würden sich den Regierungstruppen geradezu selbst ausliefern. Die wahren Guerillaführer, wie Che Guevara, lehnten militärische Operationen in Städten grundsätzlich ab, denn die Stadt war für sie der »Friedhof der Revolutionäre«, und das nicht nur aus taktischen Gründen, sondern auch der Verlockungen wegen, die das Stadtleben bot. Zwar haben Guerillas in manchen Fällen auch in Städten operiert, wie etwa im algerischen Befreiungskrieg; in Nordirland hat die IRA (ohne viel Erfolg) den Versuch unternommen, in Städten wie Belfast befreite Zonen zu schaffen, und al-Qaida hat es – ebenso wie die Tschetschenen im Nordkaukasus – mit allen möglichen Strategien versucht, auch mit Guerillakampf und Terrorismus. Aber das waren Ausnahmen, nicht die Regel. Der Begriff der »Stadtguerilla« ist ein Widerspruch in sich, und wer ihn benutzt, ignoriert entweder, was Terrorismus und Guerilla wirklich sind, oder er verwendet ihn absichtlich, um das Image der Terroristen aufzupolieren.

Trotz all dieser absichtlichen und unabsichtlichen Missverständnisse entspricht es der Wahrheit, wenn Brian Jenkins feststellt, dass diejenigen, die mit dem Phänomen des Terrorismus halbwegs vertraut sind, meistenteils darin übereinstimmen, was mit dem Wort »Terrorismus« gemeint ist, genauso wie sie über die Bedeutung von Begriffen wie Demokratie und Nationalismus einer Meinung sind. Tatsächlich ist der Terrorismus ein unverkennbares Phänomen, auch wenn die Suche nach einer umfassenden wissenschaftlichen Definition ein aussichtsloses Unterfangen ist. Vor vielen Jahren schrieb ich, eine Definition, die über den systematischen Gebrauch von Gewalt oder deren Androhung zur Durchsetzung bestimmter politischer Ziele hinausgehe, würde Kontroversen auslösen, und der Streit würde niemals enden. Terrorismusforscher befinden sich in einer ähnlichen Lage wie Ärzte, die mit einer schweren Krankheit, deren Ursachen noch nicht restlos geklärt sind, oder einem Arzneimittel, dessen genaue Wirkungsweise unbekannt ist, konfrontiert sind. Das wird sie aber nicht davon abhalten, die Krankheit zu diagnostizieren und das Arzneimittel zu verschreiben.

Anmerkungen

Die Suche nach den Ursachen

1 So das Resultat einer von Alan Krueger und Jitka Maleckova an den Universitäten von Princeton und Prag im Auftrag der Weltbank angefertigten Untersuchung, die aber auf Widerstand stieß und zunächst nicht veröffentlicht wurde (vgl. Robert Barro in: *Business Week*, 10. Juni 2002). Sie erschien später unter dem Titel »Does Poverty Cause Terrorism?« in der Zeitschrift *New Republic* (24. Juni 2002). Eine Studie über israelisch-jüdische Terroristen der siebziger und achtziger Jahre ergab Ähnliches – auch unter ihnen waren Personen mit höherer Bildung und besser bezahlten Berufen überdurchschnittlich häufig vertreten. Allerdings sind die Aussagen über die Rolle der »Bildung«, die sich auch in der Untersuchung von Krueger und Maleckova finden, nicht schlüssig, da sie nicht erkennen lassen, welche Art von Bildung gemeint ist – ob sie sich etwa auf eine liberale, auf humanistischen Werten basierende Bildung beziehen oder aber auf eine vorwiegend technische, von politischer und religiöser Indoktrination begleitete Ausbildung. Die Gleichsetzung der unterschiedlichen Arten von Bildung ist wenig hilfreich und kann durchaus irreführend wirken.

2 Roy, »Wut ist der Schlüssel. Ein Kontinent brennt – Warum der Terrorismus nur ein Symptom ist«.

Ursprünge des islamischen Terrorismus

1 Das grundlegende Werk über den Fundamentalismus der Gegenwart ist das von Martin E. Marty und R. Scott Appleby betreute Fundamentalismus-Projekt, in dessen Rahmen unter anderem die Bände *Fundamentalism Observed, Fundamentalism and Society, Fundamentalism und the State* und insbesondere *Accounting for Fundamentalism* erschienen sind.

2 Zur Anfangszeit der Muslimbruderschaft siehe Mitchell, *The Society of the Muslim Brothers.*

3 Literatur über den »Geheimapparat« liegt auf Arabisch vor; insbesondere zu nennen sind die Titel von Ramadan *(Jama'at al-taqfir fi misr)*, Kamel und el-Sabgh. Einige Verweise sind auch in Kepel, *Der Prophet und der Pharao*, zu finden.

4 Kassem, »Muslim Brotherhood«.

5 Hassan al-Banna, *Majmu'at rasa'il*, Alexandria 1950, S. 72, zit. in Meddeb, *La maladie de l'islam.*

6 Zum islamischen Denker Qutb vgl. Sivan, *Radical Islam*, Kap. 3–4; Yvonne Haddad in Esposito (Hg.), *Voices of Resurgent Islam*; Kepel, *Der Prophet und der Pharao*, mit einer Bibliographie von Qutbs Werken auf S. 296 f.; Jansen, *The Dual Nature of Islamic Fundamentalism*, S. 47–54; eine recht vollständige Bibliographie von hauptsächlich arabischsprachigen Werken über Qutbs Erben bietet Gehad Auda in Marty und Appleby (Hg.), *Accounting for Fundamentalisms*, S. 406 f.; eine kritische Würdigung Qutbs aus jüngerer Zeit ist al-Namnam, *Sayyed Qutb va thawrat yuliu.*

7 Über den Gegensatz zwischen der älteren und jüngeren Generation in der Muslimbruderschaft vgl. Mubarak, *Il irhabiyun qadimoun*; vgl. auch Ramadan, »Fundamentalist Influence in Egypt«.

8 Die Literatur über Schukri ist umfangreich. Die wesentlichen Fakten werden in Kepel, *Der Prophet und der Pharao*, S. 73–108, und Jansen, *The Dual Nature of Islamic Fundamentalism*, S. 75–94, dargestellt.

9 Kepel, *Der Prophet und der Pharao*, S. 79.

10 Gehad Auda in Marty/Appleby (Hg.), *Accounting for Fundamentalisms.*

11 Einen Überblick über die Literatur, diese beiden Gruppen betreffend – fast ausschließlich arabische Schriften –, bietet Burgat in *L'islamisme en face*, S. 115–118; eine wertvolle kritische Studie ist auch Serauky, *Im Namen Allahs.*

12 Gaffney, »Fundamentalist Preaching and Islamic Militancy in Upper Egypt«.

13 Rahman hat ein Buch über den Dschihad verfasst, aus dem im Prozessprotokoll »United States vs. Abdel Rahman et al.« zitiert wird. Eine kurze Zusammenfassung findet sich in Andrew V. McCarthy, »Prosecuting the New York Sheikh«.

14 Jansen, *The Neglected Duty*, S. 123. Jansen unternimmt eine eingehende Analyse der von Faraj und seinen Anhängern vertretenen Lehre.

15 Ich habe die unter dem Titel *The Absent Obligation* bei Maktabah Al Ansaar in London erschienene englische Ausgabe benutzt.

16 Kepel, *Der Prophet und der Pharao*, Kap. »Tod dem Pharao«, S. 208–240.

17 Heutige Schätzungen schwanken zwischen vier und zehn Millionen Menschen.

18 Zu den Kopten allgemein vgl. Wakin, *A Lonely Minority*; Watson, *Among the Copts*; zur aktuellen Situation siehe <www.copts.com>.

19 Ahmed Moussa in: *Al-Ahram weekly*, 12. August 1998.

20 Al-Zawahiri, »Fursan taht ra'ayat al naby« (Unter dem Banner des Propheten), Folge 5, in: *al-Sharq al-Awsat* (London), 11 Folgen, 2.–12. Dezember 2001; eine gekürzte englische Übersetzung der gesamten Schrift erschien in dem vom Foreign Broadcast Information Service der US-Regierung herausgegebenen *FBIS Daily Report* vom 10. Januar 2002. Muntassar al-Zayat, ein einstiger Mitstreiter al-Zawahiris, hat kürzlich ein Buch mit dem Titel *Zawahiri kama araftuh* (Zawahiri, wie ich ihn kannte) veröffentlicht, in dem al-Zawahiri in nicht eben gutem Licht erscheint.

21 Al-Zawahiri, »Fursan taht ra'ayat al naby«, Folge 6.

22 Ebd., Folge 11.

23 Al-Zayat beschuldigte in seinem 1995 erschienenen Buch (*Hawaraat mamnua* [Verbotene Diskussionen]) sowohl die Regierung als auch die Terroristen, durch ständige gegenseitige Provokationen die Gewalttätigkeiten fortzusetzen. Vgl. auch Davis, *Between Jihad and Salaam*, S. 107 ff. Im Jahr 2000 hatte sich Scheich ar-Rahman offenbar eines anderen besonnen, denn er richtete über seinen amerikanischen Rechtsanwalt einen Aufruf an seine Anhänger in Ägypten, in dem er sie aufforderte, ihren Kampf wieder aufzunehmen (vgl. *New York Times*, 10. April 2002).

24 Al-Zawahiri, »Fursan taht ra'ayat al naby«, Folge 9.

25 Hassan, *al-Gama'at al-siyasi al-Islamija*.

26 Sivan, *Radical Islam*, S. 118; al-Berry, *La terre est plus belle que le paradis*.

27 Al-Berry, *La terre est plus belle que le paradis*.

28 Charles Pellat, »Liwat«, in: *Encyclopedia of Islam*; Schmitt und Sofer (Hg.), *Sexuality and Eroticism among Males in Moslem Societies*; Guattari (Hg.), *Trois milliards de pervers*.

29 Der Autor, Yasmina Khadra (der Name ist ein Pseudonym), ist ein ehemaliger hoher Offizier der algerischen Sicherheitskräfte, der in *Wo-*

von die Wölfe träumen von der Bekehrung eines jungen Algeriers erzählt.

30 Jansen, *The Dual Nature of Islamic Fundamentalism*, S. 65.

31 »GIA. Radiographie d'une machine a tuer«, Interview mit Xavier Raufer, in: *L'Humanité*, 18. Februar 1997.

32 Aydontabbab, »Murder on the Bosporus«, in: *Middle East Quarterly*, Juni 2000.

33 Zahraoui, *Entre l'horreur et l'espoir*, S. 101.

34 *New York Times*, 25. Februar 2002.

35 Das Schicksal algerischer Mädchen, die von GIA-Mitgliedern vergewaltigt wurden, ist ausführlich dokumentiert; vgl. zum Beispiel Sadoui, »Femmes sous lois musulmans«.

36 Vom frühen Islam wurde Homosexualität durchaus geduldet. Islamischen Juristen des 10. Jahrhunderts zufolge war sie mit eigenen Sklaven erlaubt, wenn auch nicht unbedingt mit Fremden. Auf jeden Fall war keine Strafe *(hadd)* vorgesehen. »Hoch und Nieder frönte dieser Sitte« – so der Historiker Adam Mez in *Die Renaissance des Islams*, S. 338.

37 Héchmi Dhaoui, »If not him, it would have been his brother«; vgl. ders., *L'amour en Islam*. Dhaoui glaubt, dass die lange anal-sadistische Phase, die der gewöhnliche Muslim durchläuft, zur Entstehung von Masochismus führt, wie er im Todeswunsch der religiösen Eiferer zum Ausdruck kommt.

38 Für Hisham Mubarak war das »eigentliche Problem ... immer Afghanistan« (»A Tragedy of Errors«). Die ägyptische Regierung verschwende ihre Kraft, so der Autor im Jahr 1998, wenn sie ihr Augenmerk auf Westeuropa richte, denn die wirkliche Gefahr gehe von Afghanistan aus.

39 Eine kurze Darstellung dieser Konfrontation findet sich in Kassem, »The Muslim Brotherhood in Syria«.

40 Eine kurze, aber zuverlässige Darstellung des Massakers von Hama ist auch in einem Reiseführer enthalten: Beattie/Pepper, *Syria*, S. 129.

41 Die Autoren waren Karam Zohdi, Najeh Ibrahim, Usama Hafez und Ali Scherif. Von der Buchreihe mit dem Titel *Tasheeh al-Mafaheem* (Revision der Begriffe) wurden binnen weniger Wochen über hunderttausend Exemplare verkauft (»Abschied vom Jihad. Kehrtwende von Ägyptens Jamaa al-islamiya«, in: *Neue Zürcher Zeitung*, 27. März 2002, S. 3). Die *Gama'a*-Führer wurden nicht aus dem Gefängnis ent-

lassen, aber ihnen wurden erträgliche Haftbedingungen gewährt; sie alle heirateten im Gefängnis und wurden während ihrer Haftzeit Vater. Hamdi Aberrahman, ein weiterer Anführer der Gruppe, war im Jahr zuvor begnadigt worden.

42 Interview mit Karam Zohdi und anderen, in: *Al-Mussawar*, 19. Juni 2002, geführt von Chefredakteur Makram Mohammed Ahmad. Eine ähnliche Entschuldigung veröffentlichte im Juli 2002 die IRA; sie betraf allerdings nur die Anschläge, bei denen Unbeteiligte getötet oder verletzt worden waren.

43 Jalan Halawi in: *Al Ahram Weekly*, 27. Juni 2002.

Dschihad

1 Laqueur, *The History of Terrorism*.
2 Schröm, *Im Schatten des Schakals*.
3 »The striving Sheikh: Abdullah Azzam«, <www.islam.org.au/articles/14/AZZAM.HTM>; vgl. auch Laher, »Sh. Abdullah Azzam on Jihad«. Ein Teil von Azzams Schriften liegt auf Englisch vor, etwa die Fatwah *The Defence of the Muslim Lands*; sein Testament ist in einem schmalen Band mit dem Titel Declaration of War enthalten, der neben Azzams letztem Willen die titelgebende »Kriegserklärung« Osama bin Ladens von 1998 enthält.
4 Fighel, »Sheikh Abdullah Azzam«; Kepel, *Der Prophet und der Pharao*.
5 Laher, »Sh. Abdullah Azzam on Jihad«.
6 Die Geschichte der arabischen Afghanen stellt Salah in *Waqai sanwat al dschihad* dar.
7 Zu den zuverlässigeren Darstellungen zählen Bergen, *Heiliger Krieg Inc.*, sowie Rashid, *Taliban*. Letztere bietet zugleich einen guten Überblick über die Jahre der Talibanherrschaft in Afghanistan.
8 Aussage von Jamal Ahmed al-Fadl, einem Überläufer von al-Qaida, am zweiten Tag der Gerichtsverhandlung gegen die Gruppe, die 1993 versucht hatte, das World Trade Center zu sprengen, <cryptome2.org/usa-v-ubl-dt.htm>.
9 Bin Ladens Aufenthalt im Sudan wird in den verschiedenen Biographien über ihn behandelt, beispielsweise in Bergen, *Heiliger Krieg Inc.*, Kap. 4.
10 Über die frühe Phase der Tätigkeit von al-Qaida liegen nur spärliche

Informationen vor. Bin Laden gab westlichen Journalisten hin und wieder ein Interview, doch die Hauptquelle sind die in London erscheinenden arabischen Zeitungen *Al-Quds al-Arabi* und vor allem *al-Hayat.* Vgl. auch Webman, »Political Islam at the Cross of the Twentieth Century«; dies., »The Polarization and Radicalization of Political Islam«.

11 Eines der enthüllendsten Dokumente dieses Genres ist ein illegales Pamphlet mit dem Titel *Istratijia al muwadjaha ma al gharb* (Die Konfrontationsstrategie gegen den Westen), o. O., o. J.; die Schrift wird ausführlich besprochen in Serauky, *Im Namen Allahs*, S. 215 ff.

12 *Al-Quds al-Arabi*, 23. Februar 1998.

13 Webman, »The Polarization and Radicalization of Political Islam«.

14 Der Text der Fatwah ist zusammen mit einem Kommentar nachzulesen in Lewis, »License to Kill«.

15 MEMRI, »›Why We Fight America‹«; auszugsweise Wiedergabe des auf der Webseite des Center of Islamic Research and Studies, <www.alneda.com> (später geändert in <http://66.34.191.223>) veröffentlichten dreiteiligen Artikels »In the Shadow of Lances« von Suleiman Abu Gaith. In Auszügen wurde aus dem Artikel vorher schon im *Spiegel* vom 9. Juni 2002 zitiert (»Wir haben das Recht, vier Millionen Amerikaner zu töten«). Vgl. auch: *Al-Sharq al-awsat*, 7. Juni 2002.

16 Zu verschiedenen Theorien über Entstehungs- und Publikationsgeschichte der »Enzyklopädie des Terrors« siehe Gerecht, »The Terrorists' Encyclopedia«.

17 Auszüge aus dem Handbuch sind vom US-Justizministerium als Beweismittel in den Prozess gegen die Beschuldigten wegen des Bombenanschlags auf das World Trade Center von 1993 eingebracht worden. Bezug genommen wird hier auf S. 78 f.

18 Shay/Schweitzer, »The Afghan Alumni Terrorism«. Zum Schicksal der afghanischen Araber, die nach dem Ende des Krieges gegen die sowjetische Besatzung nach Algerien zurückkehrten, vgl. Mohammed Mukadams achtteilige Artikelserie »Rikhlat al-afghan al-jazairin minaa al-Qa'ida ala l'Jama'a« in: *al-Hayat*, 23.–30. November 2001.

19 »2830 Arab-Afghans in Bin Laden Camps«, <arabicnews.com>, 9. November 1998.

20 Waite, *Vanguard of Nazism.*

21 Pyes/Meyer/Rempel, »Response To Terror«.

22 Shay/Schweitzer, »The Afghan Alumni Terrorism«.

23 »Die gescheiterte Integration. Interview mit Tahar Ben Jelloun über kulturelle Missverständnisse und notwendige Gesten«, in: *Frankfurter Rundschau*, 24. Oktober 2001, S. 17.

24 *New York Times*, 16. Juli 2002.

25 »Farewell Message from Azzam Publications«, 20. November 2001, <azzam.com> (inzwischen aus dem Internet entfernt); derzeit nachzulesen beispielsweise in: <somalianet.com/forum/viewtopic.php?topic=12484&forum=17&0>

26 So auch der »Schuhbomber« Richard Reid, der im Gefängnis von Feltham bei London zum radikalen Muslim wurde.

27 Bauer/Raufer, *La guerre ne fait que commencer*, S. 224 ff. Nach Ansicht muslimischer Autoren tragen die französischen Medien eine Mitschuld am Negativimage der Muslime in Frankreich. Vgl. Boyer, *L'islam en France*, S. 330.

28 *The Straits Times* (Singapur), 23. Dezember 2001.

29 Pjadas/Salam, *La tentation du Jihad*; Nonnemann (Hg.), *Muslim Communisties in the New Europe*, Kap. 11.

30 Bauer/Raufer, *La guerre ne fait que commencer*, S. 222.

31 Laurent Mucchielli in: *Le Monde*, 18. November 2001; »Les interrogations de Banlieues«, in ebd., 7. November 2001.

32 <www.racismeantiblanc.bizland.com>.

33 Rotella/Zucchino, »In Paris, a Frightening Look at Terror's Inconspicuous Face«.

34 Hedges, »A Nation Challenged«.

35 »A l'intérieur d'Al Qaida«, in: *Le Nouvel Observateur*, 29. November 2001.

36 *Le Monde*, 9. September 1998.

37 Einige von Bakris Äußerungen sind wiedergegeben in MEMRI, »Radical Islamist Profiles (2): Sheikh Omar Bakri Muhammad – London«.

38 *Al-Hayat*, 31. Juli 2001, ins Englische übersetzt in MEMRI, »Islamist Leaders in London Interviewed«.

39 *Daily Mirror*, 7. September 1996.

40 *The Independent*, 4. Februar 2002.

41 Burke, »AK-47 Training Held at London Mosque«.

42 Ali, »American Elections and Hizb At-Tahrir«.

43 Raddatz, »Islam – sind wir zu blauäugig?«; Münch, »Viel Kopfschütteln«.

44 Seidel, »Islam öffnet sich Moderne«.

45 Bundesministerium des Innern, *Verfassungsschutzbericht 2000*; dass.,
Bundesamt für Verfassungsschutz, *Islamischer Extremismus und seine
Auswirkungen auf die Bundesrepublik Deutschland.*
46 Gunaratna, *Inside Al Qae'da*, Kap. 4.

Selbstmordmissionen

1 MEMRI, »The Highest Ranking Palestinian Authority Cleric In Praise
of Martyrdom Operations«.
2 *The Encyclopedia of Islam*, Bd. 4 (1934), S. 260.
3 MEMRI, »Debating the Religious, Political and Moral Legitimacy of
Suicide Bombings«, Teil 4; vgl. auch Reuter, *Mein Leben ist eine
Waffe*, S. 251 f.
4 Vgl. zum Beispiel Hamid, »Al-Baraa Ibn Malik Al-Ansari«.
5 Hamid; al-Makki, »Fidayee activities in Shariah«.
6 Liverani (Hg.), *Akkad – the first World Empire.*
7 Vgl. Sommer, »Krieg im Altertum als soziales Handeln«; Ferguson,
»Explaining War«.
8 Zu Walhall siehe *Bulfinch's Mythology.*
9 Glinkas Oper, die 1836 uraufgeführt wurde und ursprünglich nach
ihrem Helden *Iwan Sussanin* hieß, ist die russische Nationaloper par
excellence.
10 Theodor Körner, »Bundeslied vor der Schlacht«, zit. nach
<gutenberg2000.de>.
11 Mosse, *Gefallen für das Vaterland*; zu Langemarck vgl. Jünger, *Der
Kampf als inneres Erlebnis*, aber auch Hitlers *Mein Kampf.*
12 Baird, *To Die for Germany*; Rossmeissl, *Märtyrerstilisierung in der
Literatur des Dritten Reiches; Der Kult um die toten Helden.*
13 Werner Jäkel, »Gegenwart der Toten«, in Böhme (Hg.), *Rufe in das
Reich*, S. 286.
14 Carl M. Holzapfel, »Das Wunder!«, in Böhme, S. 284.
15 Ernst Bertram, »Aber erst Gräber«, in Böhme, S. 17.
16 »An Interview – The Iron Guard«, in: *New Nation* (Vierteljahres-
zeitschrift der rechtsradikalen britischen National Front), Sommer
1985.
17 Kadmon, »Struggle and Seclusion – Corneliu Zelea Codreanu«,
<http://members.tripod.com/~centenar/cce6.html>.
18 Evola, *Menschen inmitten von Ruinen.*

19 Die Literatur über die Kamikazeflieger ist umfangreich. Vgl. zum Beispiel Pinguet, *Der Freitod in Japan*; Warner/Warner, *The Sacred Warriors*; Inoguchi/Nakajima, *Der göttliche Wind*; zu japanischen Quellen siehe die Bibliographie in Sasaki, »Who Became Kamikatze Pilots And How Did They Feel Towards Their Suicide Mission?«.

20 Sasaki, »Who Became Kamikatze Pilots And How Did They Feel Towards Their Suicide Mission?«.

21 Scherer, *Todesbefehl für Japans Jugend.*

22 Sweeney, »Irish Hunger Strikes and the Cult of Self Sacrifice«.

23 Dale, »Religious Suicide in Islamic Asia«.

24 Zu den Tamil Tigers siehe Hoole u. a., *The Broken Palmyra*; Joshi, »On the Razor's Edge«; Rösel, *Der Bürgerkrieg in Sri Lanka*; Sri Kantha, »The Pirabhakaran Phenomenon« (bisher 36 Folgen).

25 Al-Zawahiri, »Fursan taht ra'ayat al naby«. Dies ist die (in Kap. 1 bereits zitierte) Autobiographie des führenden ägyptischen Terroristen, die im Dezember 2001 in elf Folgen in der in London herausgegebenen Zeitung *al-Sharq al-Awsat* erschienen ist. Kamel al-Tawil hat in der ebenfalls in London erscheinenden Zeitung *al-Hayat* zwischen dem 4. und 9. Oktober 2001 in mehreren Folgen ein detailliertes Porträt Osama bin Ladens veröffentlicht. Vgl. auch Mubarak, *Il irhabiyun qadimoun*, und Serauky, *Im Namen Allahs.*

26 Schalk, »The Revival of Martyr Cults among Ilavar«; Kharunakharan, »Great Heroes Week and Island-wide Preparations«.

27 Maitree, »The LTTE as a Tamil Civil Religion«, Kap. 2. Zur zentralen Rolle der Disziplin vgl. Sri Kantha, »The Prabhakaran Phenomenon«, Teil 15: »Demand of Discipline«.

28 Hoole u. a., *The Broken Palmyra*; Rösel, *Der Bürgerkrieg in Sri Lanka*; Sri Kantha, »The Pirabhakaran Phenomenon«.

29 *South Asia Intelligence Review* (SAPR), Juli 2002, <satport@satp.org>.

30 Harel, »The 100th suicide bomber«; Carmon, »Trends in Contemporary International Terrorism«.

31 *New York Times*, 14. April 2002.

32 Streusand, »What does Jihad mean?«; Sivan, *Radical Islam*; Kassis, *A Concordance of the Quran*; Sjunainah, *Tanz al Djihad*; Donner, »The Sources of Islamic Conception of War«.

33 Über Ibn Taimiyya siehe Laoust, *Essai sur les doctrines sociales et politiques de Taki-d-Din Ahmad Ibn Taimiya.*

34 *New York Times*, 13. April 2002.

35 »Virgins? What Virgins?«, in: *The Guardian*, 12. Januar 2002.

36 Luxenberg, *Die syro-aramäische Lesart des Koran*, S. 221–260.
37 Zeev Shiff in: *Ha'aretz*, 9. August 2002 (Auslandsausgabe).
38 *Ha'aretz*, 19. Juli 2002 (Auslandsausgabe).
39 Ganor, »Suicide Attacks in Israel«; Schweitzer, »Suicide Terrorism. Development and Main Characteristics«; Paz, »The Islamic Legitimacy of Suicide Terrorism«. Um nur ein Beispiel zu nennen: Abu Danusch, ein sehr junger Palästinenser aus einem Dorf bei Dschenin, dessen Anschlag scheiterte, hatte acht Geschwister; tiefer gehendes Wissen über den Islam besaß er nicht, aber seit seinem dreizehnten Lebensjahr hatte er als *schahid* sterben wollen, und obwohl er nicht aus einer strenggläubigen Familie kam, trug die religiöse Indoktrination in der Schule zu seinem Entschluss bei, sich dem Islamischen Dschihad als Freiwilliger zur Verfügung zu stellen (Arnon Ragul in: *Kol Ha'ir* [Jerusalem], 22. März 2002).
40 Goldenberg, »A Mission to Murder«.
41 »Die zivilen Wurzeln sind zerstört«, in: *tageszeitung*, 15. Juni 2002, S. 3 f.
42 *al-Sharq al-Awsat*, 5. Juni 2002.
43 Tarrad al-Omari in: *al-Watan*, 22. Dezember 2001.
44 Paz, »Programmed Terrorists.«, ICT, 13. Dezember 2001, <www.ict. org.il>; Mneimneh/Makiya, »Manual for a ›Raid‹«.
45 »What Drove a Boy from Bromley«, in: *Sunday Telegraph*, 30. Dezember 2001.
46 Shay, »Suicide Terrorism in Lebanon«; Schweitzer, »Suicide Terrorism«.
47 Ergil, »Suicide Terrorism in Turkey«.
48 Schalk, »The Revival of Martyr Cults among Ilavar«.
49 Der Begriff der überbewerteten Ideen wurde um 1900 herum von dem deutschen Psychiater und Neurologen Carl Wernicke geprägt. Er ist seither auf jede Art von psychischen Störungen angewandt worden.
50 Goldenberg, »A Mission to Murder«.
51 Mansour, *Frères musulmans, frères féroces*.
52 Haruki Murakami, *Untergrundkrieg*, S. 292, 305.
53 Von diesem Brief wurden drei Kopien gefunden, und man nimmt an, dass Atta der Verfasser war. Der arabische Text ist auf der Webseite des FBI veröffentlicht worden (<www.fbi.gov/pressrel01/letter.htm>). Eine englische Übersetzung ist enthalten in Mneimneh/Makiya, »Manual for a ›Raid‹«.

54 Zu Äußerungen zur Verteidigung der Praktiken dieser Kulte und Sekten siehe <www.cesnur.org>, zu kritischen Beiträgen <www. kelebekler.com/cesnur>.

55 Der genaue Wortlaut ist: *plures efficimus quoties metimur a vobis, semen est sanguis Christianorum* – je mehr ihr uns niedermäht, desto besser wachsen wir, der Samen ist das Blut der Christen.

56 Luft, »The Palestinian H-Bomb«.

57 MEMRI, »The Debate over Martyrdom Operations«.

Israel und die Palästinenser

1 Morris, *Righteous Victims*, S. 271.

2 Laqueur, *Nahost – vor dem Sturm*, S. 247 ff.

3 Von den Arafat-Biographien seien hier diejenigen von Rubinstein sowie die von Hart genannt (der eine offizielle Biographie verfasst hat), ferner Gowers/Walker und (kritisch) Aburish.

4 Zur Anfangsphase der Fatah siehe Cobban, *The Palestinian Liberation Organization*; Yaari, *Strike Terror*; vgl. auch Carré, *L'idéologie palestinienne de résistance*; neuere Darstellungen sind Sayigh, *Armed Struggle and the Search for State*, und Frangi, *PLO und Palästina*.

5 Karmon, »Fatah and the Popular Front of the Liberation of Palestine«. Über PFLP und PDFLP (Volksdemokratische Front zur Befreiung Palästinas) liegt umfangreiche Literatur vor. Die beste mir bekannte Bibliographie ist in Hoekmann, *Zwischen Oelzweig und Kalaschnikow*, S. 231–240 enthalten.

6 Zur PFLP vgl. Cubert, *The PFLP's changing Role in the Middle East*; Hatina, Islam and Salvation.

7 Erlich, »The History of Israeli Policy in Lebanon«.

8 Merari, »Israel's Preparedness for High Consequence Terrorism«.

9 Eine umfassende Geschichte der Intifada liegt noch nicht vor. *Intifada* von Schiff und Yaari ist lange vor ihrem Ende erschienen.

10 Zur Frühphase der Hamas vgl. Hroub, *Hamas*; Shaked/Shabi, *Hamas*; Abu Amr, *Islamic Fundamentalism, Muslim Brotherhood and Islamic Jihad*; Rashid, *Hamas*; Nüsse, *Muslim Palestine*; Kurz/Tal, *Hamas*.

11 Hroub, *Hamas*.

12 Abgedruckt Hroub, *Hamas*, S. 267 ff.

13 <www.palestine-info.com/hamas>.

14 Kurz/Tal, *Hamas*, S. 38; Shaked/Shabi, *Hamas*, S. 256–269; Klein,

365

»Competing Brothers«; Jarbawi, *Hamas' Bid to Lead the Palestinian People.*

15 Karmon, »Hamas Terrorism Strategy«; »Hamas (Islamic Resistance Movement)«, <www.ict.org.il/inter_ter/orgdet.cfm?orgid=13>.

16 Al-Zahar in: *al-Majalla* (London), 15. August 1999, zit. in »Hamas (Islamic Resistance Movement)«, <www.ict.org.il/inter_ter/orgdet.cfm?orgid=13>.

17 Ganor, »Suicide Terrorism«; zum Friedensprozess vgl. Debié/Fouet, *La Paix en miettes.*

18 Strindberg, »Challenging the ›Received View‹, S. 271.

19 »Interview with the General Secretary of the Islamic Jihad Movement in Palestine: Dr. Fathi Shikaki«, Januar 1993, <http://palestineremembered.com/al-Ramla/Zarnuqa/Story455.html>; Ganor, »The Islamic Jihad«; Hatina, *Islam and Salvation.*

20 »Fatah Tanzim«, <www.ict.org.il/inter_ter/orgdet.cfm?orgid=82>.

21 »Force 17«, <www.ict.org.il/inter_ter/orgdet.cfm?orgid=86>.

22 Zur Hisbollah siehe Kramer, »The Oracle of Hizbullah« (mit ausführlicher Bibliographie); Hamzeh, »Lebanon's Hizbullah«; Ranstorp, »Hizbollah's Command Leadership«; ders., *Hizb'allah in Lebanon;* Hussain, *Party of God;* Saad-Ghorayeb, *Hizbu'llah.* Zu den frühen Terrorakten der Hisbollah im Libanon siehe O'Balance, *Islamic Fundamentalist Terrorism,* Kap. 4. Eine arabischsprachige Geschichte der Hisbollah aus jüngster Zeit ist Azab, *Hizbullah al-haqiq wa awham al-gharb* (Die Hisbollah zwischen Tatsachen und westlichen Illusionen).

23 Wie gefährlich eine solche Politik war, war schon 1967 nicht zu übersehen (Laqueur, *Nahost, vor dem Sturm*).

24 Luft, »The Palestinian H-Bomb«.

25 Sprinzak, *Brother against Brother,* S. 239–243; Don-Yehiya, »The Book and the Sword«.

26 Goldsteins Bewunderer veröffentlichten postum ein Gedenkbuch für ihren Helden (Ben-Horin [Hg.], *Baruch Hagever*).

27 *Ha'aretz,* 16. Mai 2002.

28 Sprinzak, *Brother against Brother,* S. 274 f.

29 Sprinzak, S. 211. Kahane schrieb einige Bücher, wie *Never Again!, The Story of the Jewish Defense League* und *Forty Years.*

30 Tydor Baumel, »Kahane in America«.

31 Lüders, »Der Preis der Radikalität«.

Haben die Nachrichtendienste versagt?

1 Das 1828 verfasste Gedicht gehört zu dem Zyklus *Konrad Wallenrod*. Es gibt mehrere englische und deutsche Übersetzungen; die russische ist jedoch die beste. Hier wird aus der Nachdichtung von Arthur Ernst Rutra zitiert.

2 Das Standardwerk über Überraschungsangriffe ist Wohlstetter, *Pearl Harbor*. In den letzten Jahren des Kalten Krieges wurden akademische Studien über dieses Thema sehr beliebt; vgl. zum Beispiel Betts, *Surprise Attack*. Eine umfangreicher Neuzugang zur Liste dieser Werke (diesmal über den Jom-Kippur-Krieg) ist Bar-Josef, *Hatzofe schenirdam*. Die Literatur über Überraschungsangriffe beschäftigt sich allerdings ausnahmslos mit solchen Angriffen in Kriegen und nicht mit Terroranschlägen.

3 *Terrorism in the United States.*

4 Johnston/Van Natta, »Wary of Risk, Slow to Adapt«.

5 Erklärung vor dem Repräsentantenhaus-Ausschuss für nationale Sicherheit, 12. Februar 1998.

6 National Security Archives, College Park, Maryland, <www.gwu.edu/ ~nsarchiv/NSAEBB/NSAEBB55/index1.html#I>, Dokument 1: »CIA, Usama bin Laden, Islamic Extremist Financier, 1996«.

7 Benjamin/Simon, »A Failure of Intelligence?«.

8 Zit. in Betts, »Fixing Intelligence«.

9 Bericht der Untersuchungskommission des US-Verteidigungsministeriums über den Anschlag auf den US-Zerstörer *Cole* vom 9. Januar 2001, <www.defenselink.mil/pubs/cole20010109.html>.

10 Bericht des Beraterstabes zur Einschätzung der innenpolitischen Antwortmöglichkeiten auf terroristische Angriffe mit Massenvernichtungswaffen, 15. Dezember 1999 (und nachfolgende Berichte).

11 National Commission on Terrorism, *Countering the Changing Threat of International Terrorism*.

12 Jake Tapper in <salon.com/politics/feature2001/09/12/bush>.

13 Brief, in: *Commentary*, Februar 2002.

14 Hersh, »What Went Wrong«.

15 Grose, *Gentleman Spy*.

16 »Missed Signals«, in: *New York Times*, 30. Dezember 2001, S. 1.

17 Vgl. Eggen/Miller, »Bush Was Told of Hijacking Dangers«; Woodward/Eggen, »Aug. Memo Focused on Attacks in U.S.«; sowie eine Vielzahl weiterer Artikel, die zwischen dem 16. und 20. Mai

2002 in der *Washington Post* und der *New York Times* erschienen sind.

18 Hess, *International News and Foreign Correspondents*; vgl. auch Hickey, »Over there«. Zur Berichterstattung der amerikanischen Medien über den Terrorismus vor und nach dem 11. September 2001 siehe die Sonderausgabe der *Columbia Journalism Review* vom Januar/Februar 2002, insbesondere Michael Parks' Beitrag »Beyond Afghanistan«.

19 Um einige Beispiele zu nennen: Sterns *The Ultimate Terrorists* erschien bei Harvard University Press, Hoffmans *Inside Terrorism* (deutsch: *Terrorismus – der unerklärte Krieg*) bei Columbia University Press, Pillars *Terrorism and U.S. Foreign Policy* bei der Washingtoner Brookings Institution, mein eigenes Buch *The New Terrorism* bei Oxford University Press. Doch nach dem 11. September 2001 garantierte fast jeder Titel, der sich mit Afghanistan, Pakistan, dem Islamismus etc. beschäftigte, wochen-, wenn nicht monatelang hohe Verkaufszahlen.

20 Vgl. Hersh, »What Went Wrong?«; Powers, »The Trouble with the CIA«.

21 Der größte Teil der folgenden Ausführungen bezieht sich ausschließlich auf die arabische Welt, und dies noch nicht einmal in ihrer Gesamtheit. Zu den unseligen Folgen der Kontroverse um Saids These gehörte es, dass »Orientalismus« mehr oder weniger zu einem Synonym für »Arabistik« wurde, obwohl der Gegenstand des Orientalismus natürlich weit umfangreicher ist.

22 Das Buch erschien 1992. In einem späteren Werk mit dem Titel *Unholy War* schloss er an seine frühere Argumentation an.

23 Esposito, *The Islamic Threat*, S. 280.

24 Esposito, *The Islamic Threat*, S. 280.

25 Esposito, *Unholy War*, S. 158.

26 Gerges, »The Ultimate Terrorist. Myth or Reality?«.

27 Lewis, »The Roots of Muslim Rage«. Der Aufsatz, der auf einen 1990 in Washington gehaltenen Vortrag zurückgeht, ist im Jahr 2001 im Internet wiederveröffentlicht worden. Lewis hat als einer der ersten westlichen Wissenschaftler, wenn nicht als Erster überhaupt auf die Neubelebung des Fundamentalismus hingewiesen (Lewis, »The Return of Islam«), und es wurde ihm nicht vergessen, dass er schon früh im Recht gewesen und als Warner aufgetreten war. »Ein eminenter Historiker der islamischen Zivilisation, wird er zum Propagandisten,

wenn er sich über den gegenwärtigen Nahen Osten äußert«, schrieb
Juan Goytisolo in »Une vision orientaliste«.

28 Said, *Covering Islam.* Das Buch erschien erstmals 1981; hier wird jedoch auf die Neuausgabe von 1997 Bezug genommen.

29 Said bezieht sich hier auf Roy, *L'échec de l'islam politique.*

30 Said im Nachwort zur 1994 erschienenen Ausgabe von *Orientalism.*

31 Kramer, *Ivory Towers on Sand*, Conclusion. Der Autor, ein in Amerika geborener und ausgebildeter Historiker, lehrte an der Universität
von Tel Aviv.

32 Kramer, *Ivory Towers on Sand*, Conclusion. Die Behauptung, dass die
Stiftungen das Vertrauen verloren hätten, ist leicht übertrieben, denn
die Ford Foundation, die Pew Foundation und andere unterstützten die
postorientalistische Schule weiterhin mit Fördermitteln.

33 Kramer, *Ivory Towers*, S. 122.

34 Ein beträchtlicher Teil der Postorientalisten waren antiisraelisch ein-
gestellte Juden. Es gab auch einige arabische Experten, die dem radikalen Islamismus und seinem Gewaltpotenzial kritisch gegenüberstanden, aber im Gegensatz zu den Postorientalisten gehörten sie nicht der
akademischen Hauptströmung an. Es liegt eine Reihe von Studien
über den weltweiten Aufstieg des religiösen Fundamentalismus vor,
die sich unter anderem mit Südasien, Israel und – wie die berühmte, von
Martin Marty und Scott Appleby herausgegebene »Chicago«-Studie –
sogar mit den USA beschäftigen. Diese Reihe umfangreicher Sammel-
bände zum Thema ist bereits erwähnt worden. Sie ist zwar ein Standardwerk, geht aber nicht auf die Initiative von Nahostforschern, sondern auf die von Theologen zurück. Edward Said und seinen Anhängern
gefällt dieses Projekt nicht, obwohl man ihm kaum eine antiislamische
Stoßrichtung nachsagen konnte. Doch nach Saids Ansicht fehlte eine
klare Definition des Phänomens des Fundamentalismus, weshalb die
Buchreihe geeignet sei, die Öffentlichkeit unnötig zu beunruhigen
(Said, *Covering Islam*, S. XVII). Kurz, die allgemeine Tendenz war,
vor dem Thema zurückzuschrecken wie die Viktorianer vor dem Sex.

35 Lewis, »License to Kill«.

36 Gause, »Who Lost Middle Eastern Studies?«. Fandys Buch hat den Titel *Saudi Arabia and the Politics of Dissent.*

37 El Fadl, »Islam and the Theology of Power«.

38 Tibi, *Challenge of Fundamentalism*; ders., *Fundamentalismus im Islam*; und andere Bücher des Autors. Kepels neuestes Buch ist das
Schwarzbuch des Dschihad.

39 Das beste Handbuch über Protagonisten, Autoren, Konzepte und so weiter ist Schmid/Jongman, *Political Terrorism*. Gemeint ist hier die zweite, überarbeitete Auflage dieses Standardwerks; die 1984 erschienene erste Auflage ist heute nur noch schwer zu bekommen, aber weitaus empfehlenswerter.

40 Ich danke David Fromkin, Brian Jenkins und Martha Cranshaw dafür, dass sie mir ihre Erinnerungen an die Frühzeit ihres Fachgebiets mitgeteilt haben.

41 Walter, *Terror and Resistance*; Thornton, »Terror as a Weapon of Political Agitation«.

42 Laqueur, *Terrorismus*, S. 5–8.

43 Schmid/Jongman, *Political Terrorism*.

44 Chomsky führte seine Ansichten in vielen Büchern und Artikeln aus, die er zum Teil zusammen mit Edward S. Herman verfasste, wie etwa *Political Economy of Human Rights*.

45 Zu psychologischen Theorien zur Erklärung des Terrorismus siehe Schmid/Jongman, *Political Terrorism*.

46 Silke, »The Devil You Know«.

47 Laqueur, *Terrorismus*, S. 223 f.

48 Jenkins, *Will Terrorists Go Nuclear?*, S. 6 f.; ders., »International Terrorism«, S. 15; ders., »Will Terrorists Go Nuclear? A Reappraisal«, S. 249.

49 Bell, *A Time of Terror*, S. 121.

50 Laqueur, *Terrorismus*, S. 228; ders., *Terrorismus. Die globale Bedrohung*, S. 408.

51 Bruce Hoffmans *Terrorismus – der unerklärte Krieg* enthält ein langes Kapitel über »Religion und Terrorismus«. Auch Mark Juergensmeyer beschäftigte sich in *Terror in the Mind of God* und anderen Schriften ausführlich mit dem Thema. Zudem gab es Untersuchungen über den vom Iran unterstützten Terrorismus, über Hisbollah und Hamas sowie über die Zunahme des religiösen Terrorismus auf dem indischen Subkontinent.

52 Hoffman, *Terrorismus – der unerklärte Krieg*, S. 122.

53 Laqueur, *The New Terrorism*, S. 94.

54 Laqueur, »Reflections on Terrorism«.

55 Easton, »Putting Theory into Practice«.

56 Bet-Halahami, »Ten Comments on Watching Closely the Gaps Between Beliefs and Actions«, S. 123.

57 Bis damals waren bei 71 Anschlägen chemische und biologische Waf-

fen eingesetzt worden; sie hatten in den USA lediglich ein Todesopfer gefordert.

58 Simon/Benjamin,»America and the New Terrorism«; Simon/Benjamin/Roy/Hoffman/Paz,»America and the New Terrorism. An Exchange«.

59 Simon/Benjamin,»America and the New Terrorism«, S. 59.

Die extreme Rechte

1 <http://truthorfiction.com/rumors/falwell-robertson-wtc.htm>.
2 »›Reaping the Whirlwind‹. Around the Country, the Far Right Reacts to September's Terror with Anti-Semitic Hatred, Threats and Conspiracy Theories«, in: *Intelligence Report*, Winter 2001, <www.splcenter.org/intelligenceproject>.
3 Zit. in Goodrick-Clarke, *Black Sun*, S. 302.
4 »›Reaping the Whirlwind‹. Around the Country, the Far Right Reacts to September's Terror with Anti-Semitic Hatred, Threats and Conspiracy Theories«, in: *Intelligence Report*, Winter 2001, <www.splcenter.org/intelligenceproject>.
5 <www.adl.org/terrorism_america/default.asp>, 29. Oktober 2001.
6 »What they are saying«, <www.adl.org/terrorism_america/saying_112901.asp>, 28. November 2001.
7 »›Reaping the Whirlwind‹. Around the Country, the Far Right Reacts to September's Terror with Anti-Semitic Hatred, Threats and Conspiracy Theories«, in: *Intelligence Report*, Winter 2001, <www.splcenter.org/intelligenceproject>.
8 »What they are saying«, <www.adl.org/terrorism_america/saying_111601.asp>, 19. November 2001.
9 »What they are saying«, <www.adl.org/terrorism_america/saying_101101.asp>, 11. Oktober 2001.
10 »›Reaping the Whirlwind‹. Around the Country, the Far Right Reacts to September's Terror with Anti-Semitic Hatred, Threats and Conspiracy Theories«, in: *Intelligence Report*, Winter 2001, <www.splcenter.org/intelligenceproject>.
11 »What they are saying«, <www.adl.org/terrorism_america/saying_111601.asp>, 19. November 2001.
12 »What they are saying«, <www.adl.org/terrorism_america/saying_121101.asp>, 11. Dezember 2001.

13 »Ein Schluck von der eigenen Medizin ...!«, Pressemitteilung des Aktionsbüros Norddeutschland des Nationalen und Sozialen Aktionsbündnisses Norddeutschland, 12. September 2001, zit. in Bundesministerium des Innern, *Verfassungsschutzbericht 2001*, S. 53 f.

14 Mahler, »Der Untergang des judäo-amerikanischen Imperiums«.

15 Dugin hat zahllose Artikel und Bücher veröffentlicht, von denen einige auf der Webseite <www.patriotica.narod.ru> wiedergegeben sind.

16 Fjodor Girenok, Alexander Panarin und Alexander Dugin bei einem ökonomisch-philosophischen Roundtablegespräch am 6. Oktober 2001 in Moskau.

17 *Swobodnaja Mysl*, 18. November 2001.

18 »Der kabbalistische und andere Aspekte des WTC-Attentats«, <www.ostara.org/zeitge/etc17.htm>. Ostara war eine religiös-politische Sekte kurz vor und nach dem Ersten Weltkrieg, die in der Vorgeschichte des Nationalsozialismus eine gewisse Rolle spielte; vgl. auch Judge, »Conspiracy and Terrorism«.

19 Meyssan, *L'effroyable imposture*. Im April 2002 führte dieses Buch die französische Bestsellerliste an (*Le Point*, 5. April 2002).

20 Qutb, *Fi zilal al-Quran*, Bd. 1, S. 108.

21 Das MEMRI (»A New Antisemitic Myth in the Arab Press«) führt 55 verschiedene Verschwörungsversionen an, die von führenden arabischen Zeitungen sowie Radio- und Fernsehsendern, aber auch von der in London erscheinenden arabischen Presse und iranischen Zeitungen wie der Teheraner *Keyhan* verbreitet wurden.

22 *Al-Akhbar* (Kairo), 26. Oktober 2001.

23 *Al-Ra'i* (Jordanien), 13. September 2001.

24 *Al-Dustur* (Jordanien), 13. September 2001.

25 Richey, »Muslim Opinion Sees Conspiracy«. Ein ziemlich repräsentatives Beispiel der Reaktion der arabischen Akademiker ist die Ausgabe der in Kairo erscheinenden Vierteljahresschrift *al-Dimukratija* vom Winter 2002 mit Beiträgen von Gamal Sahran, Abdel Alim Mohammed und anderen.

26 *Al-Quds al-Arabi* (London), 9. Februar 2002.

27 *Al-Watan* (Saudi-Arabien), 18. und 25. September 2001.

28 Hume, »The Anti-Imperialism of Fools«.

29 Gitlin, »The Rough Beast Returns«.

30 Naomi Klein, zit. in Hume, »The Anti-Imperialism of Fools«.

Antiamerikanismus

1 Friedman,»Crazier Than Thou«.

2 Vgl. zum Beispiel:»The U.S. Image Abroad«, Forschungsbericht 1998, hg. vom USIA-Büro für Forschung und Medienreaktion, Washington, D. C.

3 Zit. in Schmitt,»Nichts ist ärgerlicher als der Patriotismus der Amerikaner«.

4 So am 11. Oktober 2001 in einer Versammlung im Massachusetts Institute of Technology.

5 Susan Sontags *obiter dicta* erschien zuerst in der *Frankfurter Allgemeinen Zeitung* (»Feige waren die Mörder nicht«) und anschließend in *Le Monde* und *The New Yorker.* Eric Foners Stellungnahme wurde (neben anderen) am 4. Oktober 2001 in der *London Review* of *Books* veröffentlicht. Sontags gewandelte Meinung erschien wiederum in der *Frankfurter Allgemeinen Zeitung* (»Amerika hat den Islam nicht provoziert«). Oliver Stone wird zitiert von Jeffrey Wells in *Reel.com* vom 10. Oktober 2001.

6 Zit. in Hollander,»Anti-Americanism Revisited«.

7 Hitchens,»Against Rationalization«. Die Debatte zwischen Hitchens und Chomsky zog sich wochenlang hin. Auch von britischen Linken, etwa von Scott Lucas in»The Dishonourable Policeman of the Left«, wurde Hitchens scharf angegriffen.

8 Walzer,»Excusing Terror«.

9 Stanley Kurtz in: *Chronicle of Higher Education*, 22. Oktober 2001.

10 Eakin,»On the Lookout For Patriotic Incorrectness«.

11 Zu diesen Versammlungen siehe die im September und Oktober 2001 erschienenen Ausgaben des *Chronicle of Higher Education.*

12 *Chronicle of Higher Education*, September/Oktober 2001.

13 Stellungnahmen amerikanischer Islamwissenschaftler finden sich auf der Webseite <http://groups.colgate.edu/aarislam/response.htm>.

14 Trollope, *Domestic Manners of the Americans.* Dass Frances Trollope nach Amerika gereist war, um der finanzielle Lage ihrer Familie aufzuhelfen, damit aber gescheitert war, dürfte nicht ganz ohne Einfluss auf ihr Werk gewesen sein. Das Buch endlich machte sie dann berühmt und brachte ihr ein kleines Vermögen ein.

15 Der 1855 erstmals erschienene Roman war schon fast vergessen, als er nach dem Zweiten Weltkrieg wiederentdeckt wurde. Seit den siebziger Jahren erlebte er in beiden Teilen Deutschlands mehrere Neuauflagen.

16 Antiamerikanische Äußerungen erschienen von Anfang an in der *Süddeutschen Zeitung* und im *Stern*. Der *Spiegel* und die *Frankfurter Allgemeine Zeitung* veröffentlichten sowohl pro- als auch antiamerikanische Kommentare. Eine Sammlung interessanter Zitate von deutschen Akademikern, Künstlern und Entertainern findet sich in der *Welt* vom 19. Oktober 2001. Zu Goehlers Bemerkung und ähnlichen Äußerungen siehe Broder, *Kein Krieg, nirgends*, S. 182–184.

17 *Neues Deutschland*, 13. September 2001; *Interim*, 1. und 15. November 2001; Flugblatt »Bündnis gegen den Krieg«; Aufruf der Gruppe »organisierte autonomie« – alles zitiert in Bundesministerium des Innern, *Verfassungsschutzbericht 2001*, S. 182 ff.

18 Jansen, *The Dual Nature of Islamic Fundamentalism*.

19 Die Erklärung wurde auf der Webseite der Universität Münster veröffentlicht (<www.uni-muenster.de/ArabistikIslam>).

20 *London Review of Books*, 4. Oktober 2001.

21 Zit. in: *The Times* (London), 21. September 2001, Supplement.

22 Appleyard, »Why Do They Hate America?«.

23 Ebd.

24 Kaletsky, »Our Pathological Need to Talk Up the Enemy«.

25 Appleyard, »Why Do They Hate America?«.

26 François Duday in: *Le Point*, 5. Oktober 2001.

27 »A Rebel with a Cause«, Interview mit Isabelle Coutant-Peyre, in: *The Times* (London), 21. Dezember 2001.

28 Roy, »Wut ist der Schlüssel«. Der für die *Frankfurter Allgemeine Zeitung* verfasste Artikel erschien am 29. September 2001 auch im *Guardian* und in Le Monde. Roys zweiter Artikel wurde am 23. Oktober 2001 unter dem Titel »Brutality smeared in Peanut Butter« ebenfalls im *Guardian* abgedruckt. Daneben wurden u. a. im *Spiegel* lange Interviews veröffentlicht. Zu einer indischen Einschätzung der Autorin siehe Dhillon, »Dam Hypocrite«; eine kritische Darstellung durch einen Mitstreiter aus der Umweltschutzbewegung gibt Guha, »The Arun Shourie of the left«; eine Breitseite auf Roy ist auch Balbir Punjs Artikel »Roy Is Lying«. Erneut ins Gerede kam sie, als sich herausstellte, dass ihre Äußerungen über die Probleme in Guajarat offenbar nicht den Tatsachen entsprachen (vgl.: *Outlook India*, 1. Juli 2002).

29 Rushdie, »America and Anti-Americans«. Der Artikel wurde in mehreren Ländern nachgedruckt.

30 »I Had No Idea That Madness in the Islamic World Had Gone So Far«, Interview mit V. S. Naipul, in: *The Times* (London), 7. August 2002.

31 Baudrillard, »Der Geist des Terrorismus«. Über Baudrillard vgl. Celikates, »Der David Bowie der Philosophie«.

32 Juillard, »Misere de l'anti américanisme«. Alain Minc erwiderte in *Le
Monde*. Weitere Antworten auf Baudrillard kamen von Jean Revel
(»Le terrorisme fauteur de pauvreté«) und Bernard-Henri Lévy (in
Le Monde, 27. Dezember 2001). Lévy erklärte, die eigentliche Konfrontation sei die zwischen Islamisten und Säkularen im Osten einerseits und Pazifisten und Humanisten im Westen andererseits. Der
Ausgang des Krieges in Afghanistan sei nicht nur eine Niederlage für
den Fundamentalismus, sondern auch für den Antiamerikanismus; es
sei an der Zeit, über die multiple Unfähigkeit Europas und die systematische Blindheit eines Teils der europäischen Intellektuellen nachzudenken (zit. nach: *Frankfurter Rundschau*, 28. Dezember 2001).
Über den deutschen Antiamerikanismus äußerte sich Lévy im Interview mit dem *Spiegel* (»Ein Krieg um die Aufklärung«, 3. Dezember
2001).

33 Kristeva, »Wie wird man Terrorist?«.

34 Fallaci, »La rabbia e l'orgoglio«; hier zit. nach der deutschen Ausgabe des aus dem Artikel hervorgegangenen gleichnamigen Buchs: *Die
Wut und der Stolz*, S. 80 f.

35 Eco, »Leidenschaft und Vernunft«. Ein schärferer Kritiker Fallacis war
Laurent Joffrin, der im *Nouvel Observateur* (»Fallaci la-haine«) deren
Behauptung bestritt, im Westen sei in Bezug auf den radikalen Islam
eine »Gedankenpolizei« am Werk. Tatsache ist allerdings, dass in
Frankreich versucht worden ist, das Erscheinen von Fallacis Buch zu
verhindern, und sich bislang (Sommer 2002) kein englischer Verlag
bereit gefunden hat, es zu veröffentlichen.

36 Naumann, »Der deutsche Tonfall«.

37 Trofimov/Fleming, »Europe's Left Reconsiders Israel as Anti-Semitic
Incidents Increase«.

38 Bundesministerium des Innern, *Verfassungsschutzbericht 2001*, S. 69.

39 Zit. nach: »International Far Right Reactions to the Terrorist Attacks
in the US«, in: *Searchlight*, <www.searchlightmagazine.com>; vgl.
Beaumont, »The new anti-semitism?«, und *Le Monde*, 18. Februar
2002, über Antisemitismus in Frankreich.

40 Farg, »Do We Hate Them?«.

41 Was Amartya Sen in seinem Artikel »Anti Globalization Protests Are
Not About Globalization« über den Antiamerikanismus schreibt, trifft
weitgehend zu.

42 »›Wir müssen uns dem Bösen stellen‹«, Interview mit André Glucksmann, in: *Der Spiegel*, 18. Mai 2002; Glucksmann, *Dostoïevski à Manhattan*.

Schlachtfelder der Zukunft I

1 Nair, »The Nuclear Dimension of the War on Terrorism«.
2 *Jane's Intelligence Review*, Januar 1998, S. 34; vgl. auch Kanadische
Einwanderungs- und Flüchtlingsbehörde, »Pakistan: Sectarian Violence«.
3 International Crisis Group (ICG), *Asia Report*, Nr. 36: »Pakistan:
Madrassas, Extremism and the Military«, 29. Juli 2002.
4 Rashid/Shaheed, »Pakistan: Ethno-Politics and Contending Elites«;
vgl. auch Human Rights Watch, »Human Rights Watch World Report
1998. Pakistan: Human Rights Developments«, <www.hrw.org/
worldreport/Asia-09.htm>; Talbot, *Pakistan.*
5 *Herald* (Karatschi), Januar 1998.
6 Raman, »Lashkar e Taiba«; ders., »Musharraf, Bin Laden and the
Lashkar«.
7 *South Asian Intelligence Review*, 12. August 2002.
8 Bhatt, *Hindu Nationalism*, S. 50; Mathur, *Hindu Revivalism and the
Indian National Movement.*
9 Tambiah, *Levelling Crowds*, S. 251.
10 Kakar, »The Time of Kali«; vgl. auch ders., *Die Gewalt der Frommen.*
Zu verschiedenen Erklärungen für ethnische Spannungen siehe Tilly,
»Contentious Conversation«.
11 Kakar, »The Time of Kali«.
12 Zu Anfangsphase des Konflikts vgl. Singh, *Heir Apparent.*
13 Bose, *The Challenge in Kashmir*; ders., »Kashmir«; Schofield,
Kashmir in Conflict; Ganguly, *The Crisis in Kashmir.*
14 Sikand, »The Changing Course of the Kashmir Struggle«.
15 <www.dawacenter.com/ijtiman/salafi-e.html>.
16 *The Times of India*, 14. und 15. Dezember 2001.
17 Regelmäßige Berichte und Analysen über den Terrorismus auf dem
Subkontinent aus indischer Sicht finden sich auf der Homepage von
SAPRA INDIA.
18 Die Literatur über die beiden Tschetschenienkriege ist umfangreich.
Die ausgewogenste russische Darstellung, was den allgemeinen Hin-

tergrund angeht, ist Tyschkow, *Obschestwo w wooruschonnom kon-flikte*. Siehe auch Furman (Hg.), *Tschetschenja i Rossija*. Eine Schilderung des historischen Hintergrunds aus jüngster Zeit ist Degojew, *Bolschaja igra na Kawkase*. Die im Westen erschienenen Bücher über den Krieg sind zu zahlreich, um sie hier alle aufzählen zu können, doch Karnys *Highlanders* verdient es, herausgehoben zu werden; es ist der Bericht eines Journalisten über Reisen in Regionen, die nur wenige andere jemals besucht haben. Zu den militärischen Aspekten der beiden Tschetschenienkriege siehe Oliker, *Russia's Chechen Wars*. Erwähnenswert sind auch die Artikel der in Schweden auf Russisch und Englisch herausgegebenen und im Internet zugänglichen Zeitschrift *Zentralnaja Asija i Kawkas/Central Asia and the Caucasus* (<www.ca-c.org>). Die Rebellen haben eigene Webseiten; <chechenyanews.com> beschäftigt sich allerdings kaum mit tschetschenischen Angelegenheiten, und <kavkaz.org> enthält überwiegend islamistische Propaganda.

19 Pain, »The Second Chechen War«.
20 Tyschkow, *Obschestwo w wooruschonnom konflikte*, S. 479.
21 Ebd., S. 414.
22 *Neue Zürcher Zeitung*, englische Ausgabe, 15. Januar 2002.
23 Dobayev, »Islamic Radicalism in the North Caucasus«; Cornell, »Conflicts in Northern Caucasus«.
24 »Wahhabismus«, in: *Sewerny Kawkas*, Februar 2001.
25 Emelyanova, »Islam in the Northern Caucasus«.
26 E. Fachri/N. Ibrahimow in: *Baku Serkalo*, 27. Februar 2002. Zu den Ursprüngen der Hisb ut-Tahrir siehe Taji-Farouki, *A Fundamental Quest*.
27 »Central Asia's Islamic Threat«, Institute of War and Peace Reporting (IWPR), 15. November 2001; Tazmini, »The Islamic Revival in Central Asia«; Halbach, *Zentralasien in Bedrängnis*.
28 »Bukhara shuns radical Islam«, Institute of War and Peace Reporting (IWPR), 17. November 2000. Zum allgemeinen Hintergrund vgl. Lubin/Nunn/Rubin (Hg.), *Calming the Ferghana Valley*; Allison/Jonson (Hg.), *Central Asian Security*.
29 Mesbahi, »Tajikistan, Iran and the International Politics of the ›Islamic Factor‹«.
30 Mehman/Akimov, »Incursions part of larger picture«.
31 Rashid, *Heiliger Krieg am Hindukusch*, Kap. 6.
32 Olimow, »Ob etnopolititscheskoi i konfessionalnoi situatsii«.

33 »Sistema Islama«, zit. in Musaev, »Religious Extremism Threatens Uzbekistan«.
34 Rashid, *Heiliger Krieg am Hindukusch*, Kap. 7.
35 Mehman/Akimov, »Incursions part of larger picture«.
36 Bukharbaeva, »No End to Uzbek Terror«.
37 Poletaev, »Islamic Rebels Threaten New Mountain Offensive«.

Schlachtfelder der Zukunft II

1 Bjørgo (Hg.), *Terror from the Extreme Right*; Kaplan/Weinberg, *The Emergence of an Euro-American Radical Right*; Antonio, »After Postmodernism Reactionary Tribalism«.
2 Bundesministerium des Innern, *Verfassungsschutzbericht 1999, 2000, 2001*. Zusätzlich veröffentlichen auch die einzelnen Bundesländer solche Berichte.
3 Michaels, »Neo-Nazi Terrorism«.
4 Kassimeris, *Europe's Last Red Terrorists*.
5 Berselli, »Perche uccidonon le colombe«.
6 »Assassinio Marco Biagi. Il testo integrale del documento di rivendicazione delle Brigate Rosse«, Dagospia.com, 21. März 2002, <http://media.dagospia.com/public_html/3000-3999/articolo_3071. html>, mit Link zu genanntem Dokument.
7 Die Parti des Travailleurs lehnt den Terrorismus ab, versagt dem Kampf der Regierung gegen die bewaffneten Banden aber ihre Unterstützung. Sie verurteilte das militärische Vorgehen gegen bin Laden und ist von anderen linksradikalen Gruppen der Kollaboration mit dem »faschistischen Islamismus« beschuldigt worden.
8 Hanoune/Mouffok, *Terroristen fallen nicht vom Himmel*, S. 18 f. Über das Leben angesichts der Bedrohung durch den islamistischen Terror schreibt Latifa Ben Mansour in seinen Romanen; vgl. auch ders., *Frères musulmans, frères féroces*.
9 Zahraoui, *Entre l'horreur et l'espoir*, S. 162.
10 Fanon, *Die Verdammten dieser Erde*, S. 72; Macey, *Frantz Fanon*.
11 Die Rückkehr der »Afghanen« wird in einer Artikelserie der in London erscheinenden Zeitung *al-Hayat* geschildert, deren erster Teil am 23. November 1999 veröffentlicht wurde.
12 Die Cornell University hat eine ausführliche Bibliographie zum Thema veröffentlicht, die auf der Webseite <www.library.cornell.edu> zu finden ist.

13 Labat, *Les islamistes algériens; Courrier International*, 11. Januar 1996; *Nouvel Observateur*, 31. August 1995; *Libération*, 13. Januar 1996.

14 International Crisis Group (ICG),»The Civil Concord. A Peace Initiative Wasted«, Brüssel, 9. Juli 2001, <www.intl-crisis-group.org/ projects/showreport.cfm?reportid=436>.

15 Layachi,»Banditisme et islamisme armé vont aujourd'hui de pair en Algérie«; Wiktorowicz,»Centrifugal Tendencies«; Humphrey,»Violence, Voice and Identity in Algeria«.

16 Dienstbier,»Terror auf dem Balkan«.

17 McKenna, *Muslim Rulers and Rebels*; George, *Revolt in Mindanao*; Majul, *The Contemporary Muslim Movement in the Philippines.*

18 Yom,»Abu Sayyaf«; Crisp/Robles,»A Past Traced in Terror«.

19 Ortiz,»Insurgent Strategies in the Post-Cold War«.

20 Lemoine,»En Colombie, la bataille du sud Bolivar«.

21 Pardo,»Colombia's Two-Front War«.

22 Macko,»Colombia: the World Leader in Kidnappings«; ders.,»Kidnapping: a Latin American Growth Industry ...«.

23 Project Ploughshares,»The Armed Conflicts Report 2001«.

24 Garrido (Hg.), *Guerilla y el Plan Colombia.*

25 FARC,»The Illegality of Legal Opposition in Colombia«. Diese und viele andere Verlautbarungen der FARC sind auf deren Webseite <www.farc-ep.org/pagina_ingles> veröffentlicht worden.

26 Zum Massaker in Bellavista siehe Wilson,»No Sanctuary From Colombian War«; zur Ermordung von ELN-Kämpfern vgl. Oehrlein, »Die Guerrilleros bekämpfen einander«; vgl. auch Gubert,»La guerre secrète des Etats-Unis«.

27 Marshall, *The Talibanization of Nigeria.*

28 Baker (Hg.), *Indonesia*; Forrester (Hg.), *Post Soeharto Indonesia.*

29 »Al-Qaeda in Southeast Asia. The Case of the ›Ngruki Network‹ in Indonesia«, International Crisis Group (ICG), 8. August 2002, <www.crisisweb.org/projects/showreport.cfm?reportid=733>.

Schlussbetrachtung

1 Zu einer Diskussion von Kepels These siehe Malcolm Yapp im *Times Literary Supplement*, 28. Juni 2002; Ruthven,»Radical Islam's Failure«; Laqueur,»A Failure of Intelligence«.

2 Am Beispiel Nordeuropas wird dies illustriert in Bawer, »Tolerating Intolerance«.

3 Sowohl Maududi als auch Qutb sind Anfang der neunziger Jahre des letzten Jahrhunderts auf Russisch veröffentlicht worden, beispielsweise al-Maududi, *Osnowy islama* (Moskau 1993), und Qutb, *Buduschtscheje prinadleschit islamu* (Moskau 1993).

4 So Alexei Malaschenko von der Carnegie Endowment for International Peace und Magomedow, ein in Moskau als Prediger aktiver dagestanischer Moslem, zit. von Nabi Abdullaev in: *St. Petersburg Times*, 7. Januar 2002; Rotar, »Under the Green Banner«.

5 Roy, *L'échec de l'islam politique*; Kepel, *Das Schwarzbuch des Dschihad*.

6 Sen, »How to Judge Globalism«.

7 Stiglitz, *Die Schatten der Globalisierung*

8 Vgl. den jährlich herausgegebenen *Verfassungsschutzbericht* des Bundesinnenministeriums und viele andere Quellen.

9 Graeber, »The New Anarchists«.

10 Katsiaficas, *The Subversion of Politics*.

11 Epstein, »Anarchism and the Anti-Globalization Movement«.

12 Zu den *tute bianche* siehe <www.tutebianche.org> und Azzellini, »Wer reden will, muss auch rebellieren«; zu den deutschen Autonomen siehe Geronimo, *Feuer und Flamme*, sowie ders., *Glut und Asche*.

13 al-Houli (Hg.), *Al-arab wa al-aulama*,; al-Nahar, *Did al-aulama*; eine kurze Zusammenfassung der Diskussion gibt Hamazawi, »Die Angst vor den kulturellen Folgen«.

14 Harb, *Hadit an nihayat*; Sullivan, »Globalization«.

15 Amin, *Al-aulama*.

16 Linklisten zu Aktivitäten der Antiglobalisierungsbewegung finden sich unter anderem auf <www.leftbankbooks.com/~matthew>, <www.globalresearch.com> (der Webseite des Centre for Research on Globalization) und <www.destroyimf.org>.

17 »Algeria: Kabylia in Revolt«, in: *The Internationalist*, Sommer 2001, S. 28. Die algerische PT gehört einer trotzkistischen Gruppierung an, die in Frankreich als Lambertistes bekannt ist.

18 Zit. in: *The Socialist*, 5. Oktober 2001.

19 *The Socialist*, 5. Oktober 2001.

20 Zu einer Analyse des radikalislamischen Fundamentalismus und Terrorismus aus SWP-Sicht siehe Harman, *The Prophet and the Proletariat*.

21 <www.cpgb.org.uk>, zit. in Green, »The Socialist Debate on the Taliban«.

22 Vgl. zum Beispiel Jameson, »Globalization and Political Strategy«.

23 Von den Biographien ist die von John Lee Anderson *(Che Guevara. A Revolutionary Life)* hervorzuheben.

24 Bhabha, »Remembering Fanon«.

25 Benoit, »Globalism's Growing Grasp«.

26 Pierces anderes Buch, *The Hunter*, in dem der Held beschließt, gemischtrassige Paare zu ermorden, um einen Rassenkrieg zu entfachen, hat sich angeblich eine halbe Million Mal verkauft. Von den *Turner Diaries* wurden bis 1999 350 000 Exemplare verkauft, obwohl weder für sie geworben wurde noch Rezensionen erschienen; das war erheblich mehr, als die Bestsellerautoren der Linken, wie Noam Chomsky, von ihren Büchern absetzten. Zu Pierce und der National Alliance siehe Durham, »From Imperium to Internet«. Die Zahl der rechtsextremen Hassgruppen ist gewaltig; eine Liste solcher Gruppen (und Spiele) hat Raymond A. Franklin zusammengestellt, und sie ist sowohl im PDF-Format als auch in Buchform im Internet erhältlich (<www.bcpl.net/~rfrankli/hatedir.htm>).

27 »A Virtual Guided Tour of Far-Right Anti-Globalist Ideology«, Teil II: »Tyranny. A Government out of Control«, <www.maxwell.syr.edu/maxpages/faculty/merupert/Research/far-right/tyranny.htm>.

28 Einige Beispiele finden sich in Foer, »Home Bound«.

29 Berlet, »Right Woos Left«; ders., »Third Position Fascism«.

30 Tolmein, *Vom deutschen Herbst zum 11. September*, S. 35–46.

31 Berlet, *Right Wing Populism in America*, Kap. 16.

32 Kevin Coogan, zit. in Reynolds, »Virtual Reich«. Coogan ist Autor einer ausgezeichneten Studie *(Dreamer of the Day)* über Francis Parker Yockey, einen Wegbereiter der dritten Position. Ich bin ihm und Jeffrey M. Beale, die beide Pionierarbeit auf dem Gebiet der westeuropäischen nationalrevolutionären Gruppen geleistet haben, für die Hilfe dankbar, die sie mir zuteil werden ließen.

33 Mathyl, »The National-Bolshevik Party and Arctogaia«, S. 75.

34 Maegerle/Schiedel, »Krude Allianz«.

35 Griffin, »The Primacy of Culture«; Bale, »›National revolutionary‹ Groupuscules and the Resurgence of ›Left-Wing‹ Fascism«.

36 Le Pens Frau war Vorsitzende der französischen Organisation S.O.S. Enfants d'Iraq.

381

37 In Maegerle/Schiedel,»Krude Allianz«, werden viele derartige Äußerungen zitiert.

38 Manifest des Unabombers (im Internet verfügbar), §§ 200–208.

39 *Neue Zürcher Zeitung*, 2. Juni 2002; ein Überblick über terroristische Operationen des Irans im Ausland findet sich in Shay, *Terror beschlikut haimam*.

40 *al-Sharq al-Awsat* (London), 8. und 9. Juni 2002; *al-Hayat* (London), 7. Juni 2002 – beide zit. in MEMRI,»Iran Increases Funding and Training for Suicide Bombings Islamic Jihad Leader«.

41 Frank Cilluffo am 13. Dezember 2000 in seiner Aussage vor dem Unterausschuss für Kriminalität des Justizausschusses des amerikanischen Repräsentantenhauses.

42 Von den Untersuchungen auf diesem Gebiet können hier nur einige wenige genannt werden: Stern, *The Ultimate Terrorists*; Purver, *Chemical and Biological Terrorism*; Lederberg (Hg.), *Biological Weapons*; Tucker (Hg.), *Toxic Terror*; Office of Technology Assessment, *Proliferation of the Weapons of Mass Destruction*.

43 Diese Zahlen wurden 2002 von der Agency of Homeland Defense veröffentlicht.

44 Zu einer Besprechung der Schriften von Heinzen und Most siehe Laqueur, *Terrorismus*, S. 40 f., 71–79.

45 Stableford,»Man-Made Catastrophes«.

46 Tsfati/Weimann,»Terror on the Internet«, S. 9. Links zu vielen offiziellen und inoffiziellen Webseiten terroristischer Organisationen finden sich auf der Webseite <www.bombsecurity.com/extremists. html>. Viele, wahrscheinlich die meisten neonazistischen Webseiten sind gleichfalls in den USA angemeldet und können daher nicht zum Gegenstand von Verfahren vor europäischen Gerichten werden.

47 Um einige Beispiele zu geben: Während diese Zeilen geschrieben werden (am 5. Juli 2002), gab es beim Angriff einer islamistischen Gruppe auf einen Marktflecken bei Algier 30 Tote und viele Verwundete. Am 13. Juli tötete eine Terrorgruppe in einem Slum von Jammu 27 hinduistische Lumpensammler, darunter Frauen und Kinder. Diese Vorfälle wurden im Fernsehen nicht gezeigt, und außerhalb von Algerien und Indien meldeten die führenden internationalen Zeitungen sie nur mit wenigen Zeilen.

48 »The Man Who Rocked the Earth«, zit. in Dowling, *Fictions of nuclear disaster*, Kap. 2:»The Mad Scientist and Armageddon«.

49 John Campbell jr., »The Atomic Story«, in Dowling, *Fictions of nuclear disaster*, S. 24.

50 Albright/Buehler/Higgins, »Bin Laden and the Bomb«.

51 Vgl. zum Beispiel Munro, *Delusional Disorder*.

52 Al Kanadis *The Secret World* ist ein typisches Produkt der islamischen Spielart der Konspiratologie.

53 Harold Evans, »Anti-Semitic lies and hate threaten us all«.

54 Eine repräsentative Auswahl findet sich in Wilson, *Everything Is Under Control*, und auf der Webseite von *Conspiracy Nation*; vgl. auch Bale, »The Cult Wars«.

55 *al-Ahram*, 11. Juli 2002.

Anhang: Definitionen des Terrorismus: ein Überblick

1 Malik, *Enough of the Definition of Terrorism*.

2 Eine Analyse der Sprache der im Nahen Osten arbeitenden amerikanischen und britischen Journalisten ergibt, dass »Militanter« und »Aktivist« als Ersatz für die Bezeichnung »Terrorist« am beliebtesten sind. Aber auch »Widerstandskämpfer«, »Angehöriger eines Kommandos«, »Angreifer«, »Kombattant« und »Märtyrer« sind häufig benutzte Bezeichnungen, während »Partisan« heute antiquiert ist. »Bewaffneter« wird ebenfalls regelmäßig verwendet. Nach Ansicht vieler Journalisten und Redakteure kann ein Militanter oder Aktivist einen Terrorakt begehen, ohne deshalb gleich zum Terroristen zu werden; die Verwendung des Adjektivs ist allerdings manchmal gestattet. Ähnlich sieht es beim »Selbstmordattentäter« aus. Häufig wird eine von Terroristen genommene Geisel nicht ermordet oder getötet (was eine vorbelastete Wortwahl wäre), sondern hingerichtet oder exekutiert. (Sie oder ihn zu »beseitigen« wäre noch neutraler.) In Bezug auf andere Weltgegenden, wie Kaschmir, die Philippinen und auch Europa, finden diese terminologischen Regeln keine Anwendung. Irische Gruppen, die Terroranschläge verüben, firmieren in britischen Zeitungen nicht als Aktivisten, und die amerikanischen Medien haben die Attentäter vom 11. September nicht als Militante bezeichnet; manchmal werden sie allerdings »mutmaßliche Terroristen« genannt. In Großbritannien benutzen einige liberale Zeitungen zwar die Begriffe »Terrorismus« und »Terrorist«, setzen sie aber häufig in Anführungszeichen; werden Regierungen solcher Taten bezichtigt, bleiben die Anführungszeichen

dagegen weg. Nachrichtenagenturen und Tageszeitungen greifen in der Regel häufiger zur Umschreibung als Zeitschriften. Linke Medien zögern nicht, von Terrorismus zu sprechen, wenn es sich um neofaschistische oder neonazistische Täter handelt. Im Übrigen ist die Begriffsverwirrung nicht auf die Medien beschränkt; der Unterschied zwischen dem, was amtlicherseits »Hassverbrechen« genannt wird, und dem, was andere Terrorismus nennen, ist nicht immer leicht zu erkennen.

Bibliographie

Ein großer Teil der angeführten Literatur ist im Internet zugänglich. Einige der besten Links sind auf folgenden Seiten zu finden:

Antiwar.com: <www.antiwar.com/viewpoints.html> (eine ausgezeichnete Sammlung von Artikeln gegen den Krieg)
Cult Information Centre: <www.cultinformation.org.uk> (über Kulte jeder Art)
L'Encyclopédie de l'Agora: <agora.qc.ca/mot.nsf/Dossiers/Islamisme>, <agora.qc.ca/mot.nsf/Dossiers/Terrorisme> (nützliche Links zum Islamismus beziehungsweise Terrorismus in französischer Sprache)
ICT, International Policy Institute for Counter-Terrorism, Herzliya, Israel: <www.ict.org.il> (Dokumente und analytische Artikel über den Terrorismus im Nahen Osten und anderswo)
IslamOnline.net: <www.islamonline.net/english/index.shtml>
Terrorism Research Center, Links: <www.terrorism.com/terrorism/links.shtml>
Terrorismlibrary.com, siehe auch <Mipt.org> (Oklahoma City National Memorial Institute for Prevention of Terror)
University of Michigan Documents Center, America's war against terrorism: <www.lib.umich.edu/govdocs/usterror.html> (die gegenwärtig wahrscheinlich umfangreichste Linksammlung zum 11. September 2001 und den Hintergründen)
University of Pennsylvania Library, Penn Reads about Conflict and Terrorism: <www.library.upenn.edu/vanpelt/guides/conflict.pennreads.html>
Yahoo!-Seite zum Dschihad: <dir.yahoo.com/Society_and_Culture/Religion_and_Spirituality/Faiths_and_Practices/Islam/Jihad> (das gleiche auf Englisch)

Nachschlagewerke

Anderson, Sam/Sloan, Stephan: *Historical Dictionary of Terrorism*, Metuchen, New Jersey, 1995

Annual Patterns of Global Terrorism, US-Außenministerium

Atkins, Stephen E.: *Terrorism. A Reference Handbook*, Denver, Colorado, 1992

Beckett, Ian: *Encyclopedia of guerrilla warfare*, Santa Barbara, Kalifornien, 1997

Crenshaw, Martha/Pimlott, John (Hg.): *Encyclopedia of World Terrorism*, 3 Bde., Armonk, New York, 1997

Encyclopedia of Islam, Leiden/London 1911–1938

Lakos, Amos: *Terrorism, 1980–1990. A bibliography*, Boulder, Colorado, 1991

Moussali, Ahmed: *Historical Dictionary of Islamic Fundamentalism*, Lanham, Maryland, 1999

Bibliographien

Die folgenden Bibliographien sind sämtlich im Internet zugänglich:

Annotated Bibliography of Government Documents Related to the Threat of Terrorism & the Attacks of September 11, 2001, Oklahoma Department of Libraries <www.odl.state.ok.us/usinfo/terrorism/911.htm>

Chemical, Biological and Nuclear Terrorism: A Bibliography, Dudley Knox Library, Naval Postgraduate School <library.nps.navy.mil/home/bibs/chemtoc.htm>

Homeland Defense and Domestic Terrorism: A Selected Bibliography, Naval War College <www.nwc.navy.mil/library/3Publications/Eccles%20Library/LibNotes/libhomelandef.htm>

Insurgencies, Terrorist Groups and Indigenous Movements: An Annotated Bibliography, Foreign Military Studies Office <call.army.mil/fmso/fmsopubs/issues/insurgbib.htm>

The September 11th Sourcebooks, National Security Archive <www.gwu.edu/~nsarchiv/NSAEBB/sept11>

South Asia Terrorism Portal, Bibliographie <www.satp.org/default.asp>

Terrorism: A Bibliography of Selected RAND Publications 1980–2001 <www.rand.org/publications/bib/SB2060.pdf>

Terrorism and Political Violence: An International Bibliography <users. skynet.be/terrorism>
Terrorism Bibliography (Federal Emergency Management Agency, FEMA) <training.fema.gov/EMIWeb/edu/terrbiblio.htm>
Terrorism and Insurgent Organizations, Air University Library <www.au. af.mil/au/aul/bibs/tergps/tg98tc.htm>

Zeitschriften

Terrorism and Political Violence
Studies in Conflict and Terrorism

Bücher

Die Literatur über verschiedene Aspekte des Terrorismus hat in den letzten beiden Jahren exponentiell zugenommen. Im Folgenden sind nur einige der wichtigeren Werke angeführt.

Abanes, Richard: *American Militias. Rebellion, Racism and Religion*, Downers Grove, Illinois, 1996
Abd-Allah, Umar F.: *The Islamic Struggle in Syria*, Berkeley, Kalifornien, 1983
Abdo, Geneive: *No God but God. Egypt and the Triumph of Islam*, New York 2000
Abu Amr, Ziyad: *Islamic Fundamentalism, Muslim Brotherhood and Islamic Jihad*, Bloomington, Indiana, 1994
Aburish, Said K.: *Arafat. From defender to dictator*, London 1999
Adams, James: *Wer finanziert den Terror? Die geheimen Geldgeber terroristischer Organisationen*, Bergisch Gladbach 1992
Adamson, Kay: *Algeria. A Study in Competing Ideologies*, London/New York 1998
Adinolfi, Gabriele/Fiore, Roberto: *Noi terza posizione*, Rom 2000
Agnivesh, Swami/Thampu, Valson: *Harvest of Hate. Gujarat under Siege*, Neu-Delhi 2002
Allison, Roy/Jonson, Lena (Hg.): *Central Asian security. The New International Context*, London 2001
Amin, Jamal: *Al-aulama*, Beirut 1999

Anderson, John Lee: *Che Guevara. A Revolutionary Life*, London 1997
Anderson, Walter K./Damle, Shridbar D.: *The Brotherhood in Saffron. The Rashtriya Swayamsevak Sangh and Hindu Revivalism*, Boulder, Colorado, 1987
Anti Defamation League of B'nai B'rith: *Extremism on the Right. A Handbook*, New York 1988
Appleby, R. Scott (Hg.): *Spokesmen for the Despised. Fundamentalist Leaders of the Middle East*, Chicago, Illinois, 1997
Ardila Galvis, Constanza: *The Heart of the War*, London 2000
Arjomand, Said Amir: *The Turban for the Crown. The Islamic Revolution in Iran*, New York 1988
Arquilla, John/Ronfeldt, David (Hg.): *Networks and Netwars. The Future of Terror, Crime, and Militancy*, Santa Monica, Kalifornien, 2001
Aschmawi, Muhammad Said al-: *al-Islam al-siyasi*, Kairo 1987
Asociación Unidad Argentina (AUNAR): *Subversión. La historia olvidada*, Buenos Aires 1998
Asprey, Robert B.: *War in the Shadows. The Guerrilla in History*, Garden City, New York, 1975
Aust, Stefan: *Der Baader-Meinhof-Komplex*, Hamburg 1985
Azab, Tariq: *Hizbullah al-haqiq wa awham al-gharb*, Kairo 2000
Azzam, Abdullah: *The Defence of the Muslim Lands*, London 2000
Backes, Uwe: *Bleierne Jahre. Baader-Meinhof und danach*, Erlangen/Bonn/Wien 1991
Baird, Jay W.: *To die for Germany. Heroes in the Nazi Pantheon*, Bloomington, Indiana, 1990
Baker, Richard W.: *Indonesia. The Challenge of Change*, New York 1999
Bale, Jeffrey: *The Secret Cold War and European Right-Wing Terrorism* (in Vorbereitung)
Barkun, Michael: *Millennialism and Violence*, London 1996
–: *Religion and the Racist Right. The Origins of the Christian Identity Movement*, Chapel Hill, North Carolina, 1994
Bar-Josef, Uri: *Hatzofe schenirdam*, Tel Aviv 2001
Bauer, Alain/Raufer, Xavier: *La guerre ne fait que commence*, Paris 2002
Beam, Louis: *Leaderless Resistance*, o. O., o. J.
Beattie, Andrew/Pepper, Timothy: *Syria. The Rough Guide*, London 1998
Begin, Menachem: *The Revolt*, New York 1977
Behrenbeck, Sabine: *Der Kult um die toten Helden. Nationalsozialistische Mythen, Riten und Symbole, 1923 bis 1945*, Vierow 1996

Bell, J. Bowyer: *A Time of Terror. How Democratic Societies Respond to Revolutionary Violence*, New York 1978

–: *The IRA, 1968–2000. Analysis of a Secret Army*, London/Portland, Oregon, 2000

–: *Terror out of Zion. Irgun Zvai Leumi, LEHI, and the Palestine Underground, 1929–1949*, New York 1977

Ben-Horin, Michael (Hg.): *Baruch Hagever*, Jerusalem 1995

Bennett, John M.: *Sendero Luminoso in Context. An Annotated Bibliography*, Lanham, Maryland, 1998

Bergen, Peter: *Heiliger Krieg Inc. Osama Bin Ladens Terrornetz*, Berlin 2001

Bergqvist, Charles/Peñaranda, Ricardo/Sánchez G., Gonzalo (Hg.): *Violence in Colombia, 1990–2000. Waging War and Negotiating Peace*, Wilmington, Delaware, 2001

Berlet, Chip: *Right Wing Populism in America. Too Close to Comfort*, New York 2000

Berry, Khaled al-: *La terre est plus belle que le paradis*, Paris 2002

Betts, Richard K.: *Surprise Attack. Lessons for Defense Planning*, Washington, D. C., 1982

Bhatt, Chetan: *Hindu Nationalism. Origins, Ideologies and Modern Myths*, Oxford 2001

Bjørgo, Tore (Hg.): *Terror from the Extreme Right*, London/Portland, Oregon, 1995

Böhme, Herbert: *Rufe in das Reich. Die heldische Dichtung von Langemarck bis zur Gegenwart*, Berlin 1934

Bonavena, Pablo, u. a.: *Orígines y desarrollo de la guerra civil en Argentina, 1966–1976*, Buenos Aires 1996

Bose, Sumantra: *The Challenge in Kashmir. Democracy, Self-determination, and a Just Peace*, New Delhi/Thousand Oaks, Kalifornien, 1996

Boyer, Alain: *L'Islam en France*, Paris 1998

Boyer, Paul S.: *When Time Shall be No More. Prophecy Belief in Modern American Culture*, Cambridge, Massachusetts, 1992

Brackett, D. W.: *Holy Terror. Armageddon in Tokyo*, New York 1996

Brisard, Jean-Charles/Dasquié, Guillaume: *Die verbotene Wahrheit. Die Verstrickungen der USA mit Osama Bin Laden*, Zürich/München 2002

Broder, Henryk M.: *Kein Krieg, nirgends. Die Deutschen und der Terror*, Berlin 2002

Bronner, Stephen Eric: *Ein Gerücht über die Juden. Die »Protokolle der Weisen von Zion« und der alltägliche Antisemitismus*, Berlin 1999

389

Bulfinch's mythology, New York o. J.

Bundesamt für Verfassungsschutz: *Islamischer Extremismus und seine Auswirkungen auf die Bundesrepublik Deutschland*, Köln 1996

Bundesministerium des Innern: *Verfassungsschutzbericht 1999*, Berlin 2000

–: *Verfassungsschutzbericht 2000*, Berlin 2001

–: *Verfassungsschutzbericht 2001*, Berlin 2002

Burgat, François: *L'islamisme en face*, Paris 2002

Carré, Olivier: *L'idéologie palestinienne de résistance. Analyse de textes 1964–1970*, Paris 1972

Chomsky, Noam/Herman, Edward S.: *Political Economy of Human Rights*, 2 Bde., Nottingham 1979

Chubin, Sharam: *Whither Iran? Reform, Domestic Politics, and National Security*, London 2002

Ciment, James: *Algeria. The Fundamentalist Challenge*, New York 1997

Cirincione, Josef/Wolfsthal, Jon B./Rajkumar, Miriam: *Deadly Arsenals. Tracking Weapons of Mass Destruction*, Washington, D. C., 2002

Clark, Robert P.: *The Basque Insurgents: ETA, 1952–1980*, Madison, Wisconsin, 1984

Clarke, Thurston: *By Blood and Fire. The Attack on the King David Hotel*, London 1981

Cobban, Helena: *The Palestinian Liberation Organization. People, Power, and Politics*, Cambridge/New York 1984

Coogan, Kevin: *Dreamer of the Day. Francis Parker Yockey and the Postwar Fascist International*, New York 1999

Corcoran, James: *Bitter Harvest. The Birth of Paramilitary Terrorism in the Heartland*, New York 1995

Cordesman, Anthony H.: *Terrorism, Asymmetric Warfare and Weapons of Mass Destruction. Defending the U. S. Homeland*, New York 2001

Countering the Changing Threat of International Terrorism, Bericht der National Commission on Terrorism, Washington, D. C., 2000

Crenshaw, Martha (Hg.): *Terrorism in Context*, University Park, Pennsylvania, 1995

Cubert, Harold M.: *The PFLP's changing Role in the Middle East*, London/Portland, Oregon, 1997

Curcio, Renato/Scialoja, Mario: *Mit offenem Blick. Ein Gespräch zur Geschichte der Roten Brigaden in Italien*, Berlin 1997

Dartnell, Michael Y.: *Action Directe. Ultra-left Terrorism in France, 1979–1987*, London/Portland, Oregon, 1995

Davis, Joyce M.: *Between Jihad and Salaam. Profiles in Islam*, New York 1997

Debié, Frank/Fouet, Sylvie: *La Paix en miettes. Israël et la Palestine, 1993–2000*, Paris 2001

Dees, Morris/Corcoran, James: *Gathering Storm. America's Militia Threat*, New York 1996

Degojew, Wladimir: *Bolschaja igra na Kawkase*, Moskau 2001

Dhaoui, Héchmi: *L'amour en Islam*, Paris 2001

Dobson, Christopher: *Black September*, London 1975

Dowling, David: *Fictions of nuclear disaster*, Iowa City 1987

Drake, Richard: *The Aldo Moro Murder Case*, Cambridge, Massachusetts, 1995

Ehrenfeld, Rachel: *Narco Terrorism*, New York 1990

Eickelman, Dale F./Piscatori, James: *Muslim Politics,* Princeton, New Jersey, 1996

Emerson, Steven: *American Jihad. The Terrorists Living among Us*, New York 2002

Enroth, Ronald M.: *Youth, Brainwashing, and the extremist cults*, Grand Rapids, Michigan, 1977

Esposito, John L.: *The Islamic Threat. Myth or Reality?*, New York [3]1999

–: *Political Islam. Revolution, Radicalism, or Reform?*, Boulder, Colorado, 1997

–: *Unholy War. Terror in the Name of Islam*, New York 2002

– (Hg.): *Voices of Resurgent Islam*, New York 1983

– und Ramazani, Rouhollah K. (Hg.): *Iran at the Crossroads*, New York 2001

Evola, Julius: *Menschen inmitten von Ruinen*, Tübingen/Zürich/Paris 1991

–: *Revolte gegen die moderne Welt*, Engerda 2002

Falkenrath, Richard A./Newman, Robert D./Thayer, Bradley A.: *America's Achilles Heel. Nuclear, Biological, and Chemical Terrorism and Covert Attack*, Cambridge, Massachusetts, 1998

Fallaci, Oriana: *Die Wut und der Stolz*, München 2002

Fandy, Mamoun: *Saudi Arabia and the Politics of Dissent*, New York 1999

Fanon, Frantz: *Die Verdammten dieser Erde*, Frankfurt am Main 1968

Faraj, Mohammed Abd al-Salam: *Jihad. The Absent Obligation*, London 1999

Firestone, Reuven: *Jihad. The Origin of Holy War in Islam*, New York 1999

Fischer, Thomas/Krennerich, Michael (Hg.): *Politische Gewalt in Lateinamerika*, Frankfurt am Main 2000

391

Flynn, Kevin J./Gary, Gerhardt: *The Silent Brotherhood. Inside America's Racist Underground*, New York/London 1989

Forrester, Geoff (Hg.): *Post-Soeharto Indonesia. Renewal or Chaos?*, Leiden 1999

Frangi, Abdallah: *PLO und Palästina. Vergangenheit u. Gegenwart*, Frankfurt am Main 1982

Fregosi, Paul: *Jihad in the West. Muslim Conquests from the 7th to the 21st Centuries*, Amherst, New York, 1998

Fuller, Graham E.: *Algeria, the next fundamentalist state?*, Santa Monica, Kalifornien, 1996

– und Lesser, Ian O.: *A Sense of Siege. The Geopolitics of Islam and the West*, Boulder, Colorado, 1995

Furman, D. E. (Hg.): *Tschetschenja i Rossija*, Moskau 1999

Ganguly, Sumit: *The Crisis in Kashmir. Portents of War, Hopes of Peace*, Cambridge/New York 1997

Garrido, Alberto (Hg.): *Guerilla y el Plan Colombia. Hablan las FARC y el ELN*, Caracas 2001

George, Thayil Jacob Sony: *Revolt in Mindanao. The Rise of Islam in Philippine Politics*, Kuala Lumpur/New York 1980

Geraghty, Tony: *The Irish War. The Hidden Conflict Between the IRA and British Intelligence*, Baltimore, Maryland, 2000

Gerges, Fawaz A.: *America and Political Islam. Clash of Cultures or Clash of Interests?*, Cambridge/New York 1999

Geronimo: *Feuer und Flamme. Zur Geschichte der Autonomen*, Berlin [4]1995

–: *Glut und Asche. Reflexionen zur Politik der autonomen Bewegung*, Münster 1997

Ghosh, Partha S.: *BJP and the Evolution of Hindu Nationalism. From Periphery to Centre*, New Delhi 1999

Ginat, Joseph/Perkins, Edward J. (Hg.): *The Palestinian Refugees. Old Problems – New Solutions*, Norman, Oklahoma, 2001

Glucksmann, André: *Dostoïevski à Manhattan*, Paris 2002

Goodrick-Clarke, Nicholas: *Black sun. Aryan Cults, Esoteric Nazism, and the Politics of Identity*, New York 2002

Goren, Roberta: *The Soviet Union and Terrorism*, hg. von Jillian Becker, London 1984

Gorenberg, Gershom: *The End of Days. Fundamentalism and the Struggle for the Temple Mount*, New York 2000

Gowers, Andrew/Walker, Tony: *Arafat. Behind the Myth*, London 1999

Grose, Peter: *Gentleman Spy. The Life of Allen Dulles*, Boston, Massachusetts, 1994

Guattari, Félix (Hg.): *Trois milliards de pervers. Grande encyclopédie des homosexualités*, Paris 1972

Gunaratna, Rohan: *Inside Al Qae'da*, London 2002

Halbach, Uwe: *Zentralasien in Bedrängnis. Problematische Reaktionen auf regionale Sicherheitskrisen*, Berlin 2001

Hammuda, Adel: *Qanabil vamasahif*, Kairo 1989

Hanoune, Louisa/Mouffok, Ghania: *Terroristen fallen nicht vom Himmel. Zur aktuellen Situation in Algerien*, Zürich 1997

Harb, Ali: *Hadit an nihayat*, Casablanca 2000

Harman, Chris: *The Prophet and the Proletariat*, London [5]2002

Hart, Alan: *Arafat. A Political Biography*, London 1994

Hasan, Mushirul: *Legacy of a Divided Nation. India's Muslims since Independence*, Boulder, Colorado, 1997

Hassan, Ahmed Hussein: *al-Gama'at al-siyasi al-Islamija*, Kairo 2000

Hatina, Meir: *Islam and Salvation. The Islamic Jihad Movement in Palestine*, Syracuse, New York, 2001

Heehs, Peter: *Nationalism, Terrorism, Communalism. Essays in Modern Indian History*, New Delhi/New York 1998

Heller, Joseph: *The Stern Gang. Ideology, Politics, and Terror, 1940–1949*, London/Portland, Oregon, 1995

Henze, Paul B.: *The Plot to Kill the Pope*, New York 1983

Hess, Stephen: *International News and Foreign Correspondents*, Washington, D. C., 1996

Hettige, Siripala T./Mayer, Markus (Hg.): *Sri Lanka at Crossroads. Dilemmas and Prospects after 50 Years of Independence*, Colombo 2000

Heymann, Philip B.: *Terrorism and America. A Commonsense Strategy for a Democratic Society*, Cambridge, Massachusetts, 1998

Hoekmann, Gerrit: *Zwischen Oelzweig und Kalaschnikow. Geschichte und Politik der palästinensischen Linken*, Münster 1999

Hoffman, Bruce: *Terrorismus – der unerklärte Krieg. Neue Gefahren politischer Gewalt*, Frankfurt am Main 1999

Hoge, James/Rose, Gideon (Hg.): *How Did This Happen? Terrorism and the New War*, New York 2001

Hole, Günter: *Fanatismus. Der Drang zum Extrem und seine psychologischen Wurzeln*, Freiburg i. Br./Basel/Wien 1995

Hoole, Rajan, u. a.: *The Broken Palmyra. The Tamil Crisis in Sri Lanka – an Inside Account*, Clearmont, Kalifornien, 1993

Houli, Amin al- (Hg.): *Al-arab wa al-aulama*, Beirut 1997

Horgan, John/Taylor, Max: *The Psychology of Terrorism*, London 2002

Hroub, Khaled: *Hamas. Political Thought and Practice*, Washington, D. C., 2000

Huntington, Samuel P.: *Kampf der Kulturen*, Wien/München 1996

Hussain, Asaf: *Party of God. The Hezbollah of Lebanon*, London 2000

Inoguchi, Rikihei/Nakajima, Tadashi: *Der göttliche Wind. Der Dokumentarbericht über Japans Todesflieger*, Oldenburg/Hamburg 1959

International Policy Institute for Counter-Terrorism (ICT), *Countering Suicide Terrorism*, Herzliya 2001

Jaber, Hala: *Hezbollah. Born with a Vengeance*, New York 1997

Jansen, Godfrey H.: *Militant Islam*, London 1979

Jansen, Johannes J. G.: *The Dual Nature of Islamic Fundamentalism*, Ithaca, New York, 1997

–: *The Neglected Duty. The Creed of Sadat's Assassins and Islamic Resurgence in the Middle East*, New York 1986

Jarbawi, Ali: *Hamas' Bid to Lead the Palestinian People*, Anandale, Virginia, 1994

Jenkins, Brian: *The Likelihood of Nuclear Terrorism*, Santa Monica, Kalifornien, 1985

–: *Will Terrorists Go Nuclear?*, Santa Monica, Kalifornien, 1976

Johnson, James Turner: *The Holy War Idea in Western and Islamic Traditions*, University Park, Pennsylvania, 1997

Jünger, Ernst: *Der Kampf als inneres Erlebnis*, Berlin 1922

Juergensmeyer, Mark: *The New Cold War? Religious Nationalism Confronts the Secular State*, Berkeley, Kalifornien, 1993

–: *Terror in the Mind of God. The Global Rise of Religious Violence*, Berkeley, Kalifornien, 2000

Kahane, Meir: *Forty Years*, Miami, Florida, 1983

–: *Never Again! A Program for Survival*, Los Angeles, Kalifornien, 1971

Kakar, Sudhir: *Die Gewalt der Frommen. Zur Psychologie religiöser und ethnischer Konflikte*, München 1997

–: *The Story of the Jewish Defense League*, New York 1975

Kanadi, Esa Al: *The Secret World*, London o. J.

Kaplan, David E./Marshall, Andrew: *The Cult at the End of the World. The Incredible Story of Aum*, London 1996

Kaplan, Jeffrey: *Millennial Violence. Past, Present, and Future*, London/Portland, Oregon, 2002

- und Weinberg, Leonard: *The Emergence of an Euro-American Radical Right*, New Brunswick, New Jersey, 1998
Kaplan, Robert D.: *Eastward to Tartary. Travels in the Balkans, the Middle East, and the Caucasus*, New York 2000
Karan, Vijaya: *War by Stealth. Terrorism in India*, New Delhi 1997
Karny, Yo'av: *Highlanders. A Journey to the Caucasus in Quest of Memory*, New York 2000
Kassimeris, George: *Europe's Last Red Terrorists. The Revolutionary Organization 17 November*, London 2001
Kassis, Hanna F.: *A Concordance of the Quran*, Berkeley, Kalifornien, 1983
Katsiaficas, George N.: *The Subversion of Politics. European Autonomous Social Movements and the Decolonization of Everyday Life*, Atlantic Highlands, New Jersey, 1997
Kelsay, John: *Islam and War. A Study in Comparative Ethics*, Louisville, Kentucky, 1993
- und Johnson, James Turner (Hg.): *Just War and Jihad. Historical and Theoretical Perspectives on War and Peace in Western and Islamic Traditions*, New York 1991
Kepel, Gilles: *Die Rache Gottes. Radikale Moslems, Christen und Juden auf dem Vormarsch*, München 1994
- : *Der Prophet und der Pharao. Das Beispiel Ägypten: die Entwicklung des muslimischen Extremismus*, München/Zürich 1995
- : *Das Schwarzbuch des Dschihad. Aufstieg und Niedergang des Islamismus*, München/Zürich 2002
Khadra, Yasmina: *Wovon die Wölfe träumen*, Berlin 2002
Kohlhammer, Siegfried: *Die Feinde und die Freunde des Islam*, Göttingen 1996
Der Koran, übersetzt, kommentiert und eingeleitet von Rudi Paret, Berlin 2001 (Digitale Bibliothek Band 46)
Kramer, Martin S.: *Arab Awakening and Islamic Revival. The Politics of Ideas in the Middle East*, New Brunswick, New Jersey, 1996
- : *Hezbollah's Vision of the West*, Washington, D. C., 1989
- : *Ivory Towers on Sand. The Failure of Middle Eastern Studies in America*, Washington, D. C., 2001
Kumar, Amrita, u. a.: *Lest we forget*, Neu-Delhi 2002
Kupperman, Robert H./Trent, Darrel M.: *Terrorism. Threat, Reality, Response*, Stanford, Kalifornien, 1979
Kurz, Anat/Tal, Nahman: *Hamas. Radical Islam in a National Struggle*, Tel Aviv 1997

Laoust, Henri: *Essai sur les doctrines sociales et politiques de Taki-d-Din Ahmad Ibn Taimiya, canoniste Hanbalite, né à Harran en 661/1262, mort à Damas en 728/1328*, Kairo 1939

Laqueur, Walter: *Die globale Bedrohung. Neue Gefahren des Terrorismus*, München 2001

–: Guerilla. *A Historical and Critical Study*, London 1977

–: *The History of Terrorism*, New Brunswick, New Jersey, 2001

–: *Nahost – vor dem Sturm. Die Vorgeschichte des Sechstage-Krieges im Juni 1967*, Frankfurt am Main 1968

–: *The New Terrorism. Fanaticism and the Arms of Mass Destruction*, New York 1999

–: *Terrorismus*, Kronberg im Taunus 1977

–: *Terrorismus. Die globale Herausforderung*, Frankfurt am Main/Berlin 1987

Lederberg, Joshua (Hg.): *Biological Weapons. Limiting the Threat*, Cambridge, Massachusetts, 1999

Lesser, Ian O., u. a.: *Countering the New Terrorism*, Santa Monica, Kalifornien, 1999

Leveau, Rémy/Mohsen-Finan, Khadija/Wihtol, Catherine (Hg.): *L'Islam en France et en Allemagne. Identités et citoyennetés*, Paris 2001

Lewis, Bernard: *Kaiser und Kalifen. Christentum und Islam im Ringen um Macht und Vorherrschaft*, München/Wien 1996

–: *What Went Wrong? Western Impact and Middle Eastern response*, Oxford/New York 2002

Lia, Brynjar et al: *Globalization and the Future of Terrorism*, London 2002

Lifton, Robert J.: *Destroying the World to Save it. Aum Shinrikyo, Apocalyptic Violence, and the the New Global Terrorism*, New York 1999

Linz, Juan José: *Conflicto en Euskadi*, Madrid 1986

Litwinow, Nikolai D.: *Terroristitscheskije Organisatsii. Formirowanije i dejatelnost. Politiko-prawowoi analis, monografija*, Moskau 1999

Liverani, Mario (Hg.): *Akkad – the first World Empire. Structure, Ideology, Traditions*, Padua 1993

Lubin, Nancy/Nunn, Sam/Rubin, Barnett R. (Hg.): *Calming the Ferghana Valley. Development and Dialogue in the Heart of Central Asia. Report of the Ferghana Valley Working Group of the Center for Preventive Action*, New York 1999

Luxenberg, Christoph: *Die syro-aramäische Lesart des Koran. Ein Beitrag zur Entschlüsselung der Koransprache*, Berlin 2000

396

MacDonald, Andrew: *The Turner Diaries*, Washington, D. C., 1980
–: Hunter. *A Novel*, Hillsboro, West Virginia, 1989
Macey, David: *Frantz Fanon. A Life*, London 2000
Majul, Cesar Adib: *The Contemporary Muslim Movement in the Philippines*, Berkeley, Kalifornien, 1985
Malik, Omar: *Enough of the Definition of Terrorism*, London 2000
Manikkalingam, Ram: *Tigerism and Other Essays*, Colombo 1995
Mansour, Latifa ben: *Frères musulmans, frères féroces. Voyage dans l'enfer du discours islamiste*, Paris 2002
Marshall, Paul: *The Talibanization of Nigeria. Sharia Law and Religious Freedom*, New York 2002
Martínez, Luis: *The Algerian Civil War, 1990–1998*, New York 2000
Marty, Martin E./Appleby, R. Scott (Hg.): *Accounting for Fundamentalisms. The Dynamic Character of Movements*, Chicago, Illinois, 1994
–: *Fundamentalisms and Society. Reclaiming the Sciences, the Family, and Education*, Chicago, Illinois, 1993
–: *Fundamentalism and the State. Remaking Politics, Economies, and Militance*, Chicago, Illinois/London 1993
–: *Fundamentalisms observed*, Chicago, Illinois/London 1991
Marwa, Ved: *Uncivil Wars. Pathology of Terrorism in India*, New Delhi 1995
Mathur, Sobhag: *Hindu Revivalism and the Indian National Movement. A Documentary Study of the Ideals and Policies of the Hindu Mahasabha, 1939–45*, Jodhpur 1996
McKenna, Thomas M.: *Muslim Rulers and Rebels. Everyday Politics and Armed Separatism in the Southern Philippines*, Berkeley, Kalifornien, 1998
Meddeb, Abdelwahab: *La maladie de l'islam*, Paris 2002
Menashri, David: *Post-revolutionary Politics in Iran. Religion, Society, and Power*, London 2001
Meyssan, Thierry: *L'effroyable imposture*, Paris 2001
Mez, Adam: *Die Renaissance des Islam*, Hildesheim 1968 (Nachdruck der in Heidelberg erschienenen Erstausgabe von 1922)
Michel, Lou/Herbeck, Dan: *American terrorist. Timothy McVeigh and the Oklahoma City Bombing*, New York 2001
Mickiewicz, Adam: *Konrad Wallenrod. Geschichtliche Erzählung aus Litauens und Preußens Vorzeit*, Nachdichtung von Arthur Ernst Rutra, Zürich 1956

Mickolus, Edward F./Sandler, Todd/Murdock, Jean M.: *International Terrorism in the 1980s*, Ames, Iowa, 1989

Mishal, Shaul/Sela, Avraham: *The Palestinian Hamas. Vision, Violence, and Coexistence*, New York 2000

Mitchell, Richard P.: *The Society of the Muslim Brothers*, London 1969

Moretti, Mario: *Brigate Rosse. Eine italienische Geschichte*, Hamburg 1996

Morris, Benny: *Righteous Victims. A History of the Zionist-Arab Conflict, 1881–1999*, New York 1999

Mosse, George L.: *Gefallen für das Vaterland. Nationales Heldentum und namenloses Sterben*, Stuttgart 1993

Moyano, Maria: *Argentina's Lost Patrol. Armed Struggle, 1969–1979*, New Haven, Connecticut, 1995

Mubarak, Hisham: *Il irhabiyun qadimoun*, Kairo 1995

Munro, Alistair: *Delusional Disorder. Paranoia and Related Illnesses*, Cambridge/New York 1999

Murakami, Haruki: *Untergrundkrieg. Der Anschlag von Tokyo*, Köln 2002

Mylroie, Laurie: *Study of Revenge. Saddam Hussein's Unfinished War against America*, Washington, D. C., 2000

Nahar, Mustafa al-: *Did al-aulama*, Kairo 1999

Namnam, Helmi al-: *Sayyed Qutb va thawrat yuliu*, Kairo 1999

Narayan Swami, M. R.: *Tigers of Lanka. From Boys to Guerrillas*, New Delhi 1994

Niehoff, Debra: *The Biology of Violence. How Understanding the Brain, Behavior and Environment Can Break the Vicious Circle Aggression*, New York 1999

Nonnemann, Gerd (Hg.), *Muslim Communisties in the New Europe*, New York 1998

Norval, Morgan: *Triumph of Disorder. Islamic fundamentalism, the New Face of War*, Indian Wells, Kalifornien, 2001

Nüsse, Andrea: *Muslim Palestine. The Ideology of Hamas*, Amsterdam 1998

O'Balance, Edgar: *Islamic Fundamentalist Terrorism, 1979–1995. The Iranian Connection*, New York 1997

–: *Kurdish Struggle, 1920–1994*, London 1995

Office of Technology Assessment: *Proliferation of the Weapons of Mass Destruction. Assessing the Risks*, Washington, D. C., 1993

Oliker, Olga: *Russia's Chechen Wars, 1994–2000*, Santa Monica, Kalifornien, 2000

398

Palmer, David Scott (Hg.): *The Shining Path of Peru*, New York 1994

Pena, Manuelo Vicente: *La paz de las FARC*, Bogota 1997

Peters, Rudolph: *Islam and Colonialism. The Doctrine of Jihad in Modern History*, Den Haag/New York 1979

Petritschew, Viktor: *Sametki o terrorisme*, Moskau 2001

Pillar, Paul R.: *Terrorism and U. S. Foreign Policy*, Washington, D. C., 2001

Pinguet, Maurice: *Der Freitod in Japan. Ein Kulturvergleich*, Berlin 1991

Pipes, Daniel: *Verschwörung. Faszination und Macht des Geheimen*, München 1998

Politkovskaya, Anna: *A Dirty War. A Russian Reporter in Chechnya*, London 2001

Pollack, Kenneth M., *The Threatening Storm*, New York 2002

Popow, Pawel: *Polititscheski terrorism w Rossii*, Moskau 2000

Post, Jerrold M. (Hg.): *Studies in the Jihad against the Tyrants*, London 2002

Pujadas, David/Salam, Ahmed: *La tentation du Jihad. L'Islam radical en France*, Paris 1995

Puri, Harish K.: *Terrorism in Punjab*, New Delhi 1999

Purver, Ron: *Chemical and Biological Terrorism. New Threat to Public Safety*, London 1997

Quandt, William B.: *Between Ballots and Bullets. Algeria's Transition from Authoritarianism*, Washington, D. C., 1998

Qutb, Sayyid: *Fi zilal al-Quran*, Bd. 1, o.O., o.J.

– : *Ma'alim fi al-tariq*, 13. »legaler Druck«, Kairo 1989

– : *In the Shade of the Quran*, Nairobi o. J.

Rabasa, Angel/Chalk, Peter: *Colombian Labyrinth. The Synergy of Drugs and Insurgency and Its Implications for Regional Stability*, Santa Monica, Kalifornien, 2001

Rabert, Bernhard: *Links- und Rechtsterrorismus in der Bundesrepublik Deutschland von 1970 bis heute*, Bonn 1995

Ramadan, Abdel Aziz: *Jama'at al-taqfir fi misr*, Kairo 1995

Ramazani, Rouhollah K.: *Revolutionary Iran. Challenge and Response in the Middle East*, Baltimore, Maryland, 1986

Ranstorp, Magnus: *Hizb'allah in Lebanon. The Politics of the Western Hostage Crisis*, London 1997

Rashid, Ahmed: *Hamas,* Anandale, Virginia, 1993

– : *Heiliger Krieg am Hindukusch. Der Kampf um Macht und Glauben in Zentralasien*, München 2002

-: *Taliban. Afghanistans Gotteskrieger und der Dschihad*, München 2001
Reinders, Ralf/Fritzsch, Ronald: *Die Bewegung 2. Juni. Gespräche über Haschrebellen, Lorenzentführung, Knast*, Berlin/Amsterdam 1995
Reuter, Christoph: *Mein Leben ist eine Waffe. Selbstmordattentäter – Psychogramm eines Phänomens*, München 2002
Reeve, Simon: *The New Jackals. Ramzi Yousef, Osama bin Laden and the Future of Terrorism*, Boston, Massachusetts, 1999
Reich, Walter (Hg.): *Origins of Terrorism. Psychologies, Ideologies, Theologies, States of Mind*, Cambridge 1990
Rich, Paul/Mockaitis, Thomas: *Terrorism and Grand Strategy*, London 2002
Ritter, Scott: *Endgame. Solving the Iraqi Problem – Once and for All*, New York 1999
Roberts, Brad (Hg.): *Terrorism with Chemical and Biological Weapons. Calibrating the Risks and Responses*, Alexandria, Virginia, 1997
Rösel, Jakob: *Der Bürgerkrieg in Sri Lanka. Der Tamilenkonflikt: Aufstieg und Niedergang eines singhalesischen Staates*, Baden-Baden 1998
Rossmeissl, Esther: *Märtyrerstilisierung in der Literatur des Dritten Reiches*, Taunusstein 2000
Roy, Olivier: *L'échec de l'islam politique*, Paris 1992
Rubin, Barry: *The Tragedy of the Middle East*, New York 2002
Rubinstein, Danny: *Yassir Arafat. Vom Guerillakämpfer zum Staatsmann*, Heidelberg 1996
Saad-Ghorayeb, Amal: *Hizbu'llah. Politics and Religion*, London 2002
Said, Edward: *Covering Islam. How the Media and the Experts Determine How We See the Rest of the World*, New York 1997
-: *Orientalism*, New York 1994 (deutsch: *Orientalismus*, Frankfurt am Main/Berlin/Wien 1981)
Salah, Mohammed: *Waqai sanwat al dschihad*, Kairo 2001
Saussure, Thierry de (Hg.): *Les miroirs de fanatisme. Intégrisme, narcissisme et altérité*, Genf 1996
Sayigh, Yezid: *Armed Struggle and the Search for State. The Palestinian National Movement, 1949–1993*, New York 1997
Scherer, Klaus: *Todesbefehl für Japans Jugend. Überlebende berichten*, München 2001
Schiff, Zeev/Yaari, Ehud: *Intifada. The Palestinian uprising – Israel's third front*, New York 1990

Schmid, Alex P./Jongman, Albert J.: *Political Terrorism. A New Guide to Actors, Authors, Concepts, Data Bases, Theories, and Literature,* Amsterdam/New York/New Brunswick ²1988
–: *Political Terrorism. A Research Guide to Concepts, Theories, Data Bases, and Literature,* Amsterdam/New Brunswick 1984
Schmitt, Arno/Sofer, Jehoeda (Hg.), *Sexuality and Eroticism among Males in Moslem Societies,* New York 1992
Schofield, Victoria: *Kashmir in Conflict. India, Pakistan and the Unfinished War,* London 2000
–: *Kashmir in the Crossfire,* London/New York 1996
Schröm, Oliver: *Im Schatten des Schakals. Carlos und die Wegbereiter des internationalen Terrorismus,* Berlin 2002
Schubarth, Wilfried/Stöss, Richard (Hg.): *Rechtsextremismus in der Bundesrepublik Deutschland. Eine Bilanz,* Opladen 2001
Schwagerl, Hans Joachim: *Rechtsextremes Denken. Merkmale und Methoden,* Frankfurt am Main 1993
Seale, Patrick: *Abu Nidal. Der Händler des Todes – die Wahrheit über den palästinensischen Terror,* München 1992
Senaratne, Jagath P.: *Political Violence in Sri Lanka, 1977–1990. Riots, Insurrections, Counter-insurgencies, Foreign Intervention,* Amsterdam 1997
Serauky, Eberhard: *Im Namen Allahs. Der Terrorismus im Nahen Osten,* Berlin 2000
Labat, Séverine: *Les islamistes algériens. Entre les urnes et le maquis,* Paris 1995
Shaked, Ronni/Shabi, Avivah: *Hamas. Me-emunah be-Allah le-derekh ha-teror,* Jerusalem 1994
Shay, Shaul: *Terror beschlikut haimam,* Herzliya 2001
Simon, Jeffrey: *The Terrorist Trap. America's Experience with Terrorism,* Bloomington, Indiana, 2001
Singh, Karan: *Heir Apparent. An Autobiography,* Neu-Delhi/London 1982
Sivan, Emmanuel: *Radical Islam. Medieval Theology and Modern Politics,* New Haven, Connecticut, 1985
– und Friedman, Menachem (Hg.): *Religious Radicalism and Politics in the Middle East,* Albany, New York, 1990
Sjunainah, Nimatullah: *Tanz al Djihad,* Kairo 1988
Snow, Robert L.: *The Militia Threat. Terrorists among Us,* New York 1999
Smith, Sebastian: *Allah's Mountains. The Battle for Chechnya,* London/New York 2001

Sprinzak, Ehud: *Brother against Brother. Violence and Extremism in Israeli Politics from Altalena to the Rabin Assassination*, New York 1999

Stern, Jessica: *The Ultimate Terrorists*, Cambridge, Massachusetts, 1999

Stiglitz, Joseph E.: *Die Schatten der Globalisierung*, Berlin 2002

Stohl, Michael: *Myths and Realities of Political Terrorism*, New York 1979

Stone, Martin: *The Agony of Algeria*, New York 1997

Stora, Benjamin: *La guerre invisible. Algerie années 90*, Paris 2001

Sullivan, John: *ETA and Basque Nationalism. The Fight for Euskadi, 1890–1986*, London/New York 1988

Taheri, Amir: *Morden für Allah. Terrorismus im Auftrag der Mullahs*, München 1993

Taji-Farouki, Suha: *A Fundamental Quest. Hizb al-Tahrir and the Search for the Islamic Caliphate*, London 1996

Talbot, Ian: *Pakistan. A Modern History*, London 1998

Talbott, Strobe/Chanda, Nayan (Hg.): *Das Zeitalter des Terrors. Amerika und die Welt nach dem 11. September*, München/Berlin 2002

Tambiah, Stanley J.: *Levelling Crowds. Ethnonationalist Conflicts and Collective Violence in South Asia*, Berkeley, Kalifornien, 1997

Tarassow, Alexander: *Leworadikaly*, Moskau 1997

Taylor, Max/Horgan, John (Hg.): *The Future of Terrorism*, London/Portland, Oregon, 2000

Taylor, Peter: *Provos. The IRA and Sinn Fein*, London 1997

Teitelbaum, Joshua: *Holier than Thou. Saudi Arabia's Islamic Opposition*, Washington, D. C., 2000

Terrorism in the United States. 30 Years of Terrorism. A Special Retrospective Edition, hg. von US-Justizministerium und FBI, Washington, D. C., 1999

Tibi, Bassam: *The challenge of Fundamentalism. Political Islam and the New World Disorder*, Berkeley, Kalifornien, 1998

–: *Fundamentalismus im Islam. Eine Gefahr für den Weltfrieden*, Darmstadt 2000

–: *Krieg der Zivilisationen. Politik und Religion zwischen Vernunft und Fundamentalismus*, Hamburg 1995

–: *Die neue Weltunordnung. Westliche Dominanz und islamischer Fundamentalismus*, Berlin 1999

Tolmein, Oliver: *Vom deutschen Herbst zum 11. September. Die RAF, der Terrorismus und der Staat*, Hamburg 2002

–: *RAF – das war für uns die Befreiung. Ein Gespräch mit Irmgard Möller über bewaffneten Kampf, Knast und die Linke*, Hamburg 1997

Tranfaglia, Nicola/Novelli, *Diego: Vite sospese. Le generazioni del terrorismo*, Mailand 1988

Trollope, Frances: *Domestic Manners of the Americans*, New York 1949 (Erstausgabe London 1832)

Tucker, Jonathan B. (Hg.): *Toxic Terror. Assessing Terrorist Use of Chemical and Biological Weapons*, Cambridge, Massachusetts, 2000

Tyschkow, W. A.: *Obschestwo w wooruschonnom konflikte*, Moskau 2001

Veer, Peter van der: *Religious Nationalism. Hindus and Muslims in India*, Berkeley, Kalifornien, 1994

Velásquez, Alejo Vargas (Hg.): *Guerra, Violencia y Terrorismo*, Bogota 1999

Waite, Robert George Leeson: *Vanguard of Nazism. The Free Corps Movement in Post-war Germany, 1918–1923*, Cambridge, Massachusetts, 1952

Wakin, Edward: *A Lonely Minority. The Modern Story of Egypt's Copts*, New York 2000

Waldmann, Peter: *Terrorismus. Provokation der Macht*, München 1998

Wallis, Rodney: *Lockerbie. The Story and the Lessons*, Westport, Connecticut, 2001

Walter, Eugene Victor: *Terror and Resistance. A Study of Political Violence, with Case Studies of Some Primitive African Communities*, New York 1969

Warner, Denis und Peggy: *The Sacred Warriors. Japan's Suicide Legions*, New York 1982

Watson, John H.: *Among the Copts*, Brighton/Portland, Oregon, 2000

Whittaker, David J. (Hg.): *The Terrorism Reader*, London 2001

Wilkinson, Paul: *Political Terrorism*, London 1974

–: *Terrorism versus Democracy. The Liberal State Response*, London/ Portland, Oregon, 2001

Willis, Michael: *The Islamist Challenge in Algeria. A Political History*, New York 1997

Wilson, Robert Anton/Hill, Miriam Joan: *Everything Is Under Control. Conspiracies, Cults, and Cover-Ups*, New York 1998

Wohlstetter, Roberta: *Pearl Harbor. Signale und Entscheidungen*, Zürich/Stuttgart 1966

Wolfgang, Marvin E./Ferracuti, Franco: *The Subculture of Violence. Towards an Integrated Theory in Criminology*, London 1967
Wunschik, Tobias: *Baader Meinhofs Kinder. Die zweite Generation der RAF*, Opladen 1997
Yaari, Ehud: *Strike Terror. The story of Fatah*, New York 1970
Yagil, Limore: *Terrorists et Internet*, Canada 2002
Zahraoui, Saïd: *Entre l'horreur et L'espoir, 1990–1999. Chronique de la nouvelle guerre d'Algérie*, Paris 2000
Zayat, Muntasser al-: *Hawaraat mamnua*, Kairo 1995
–: *Zawahiri kama araftuh*, Kairo 2002

Artikel und Aufsätze

Albright, David/Buehler, Kathryn/Higgins, Holly: »Bin Laden and the Bomb«, in: Bulletin of the Atomic Scientists, Bd. 58, Nr. 1, Januar/Februar 2002, S. 23–24
Ali, M. Amir: »American Elections and Hizb At-Tahrir«, <www.iiie.net/Articles/HizbAtTahrir.html>
Antonio, Robert: »After Postmodernism Reactionary Tribalism«, in: *American Journal of Sociology*, Bd. 106 (2000), Nr. 1
Appleyard, Brian: »Why Do They Hate America?«, in: *Sunday Times* (London), 22. September 2001
Aydontabbab, Aslo: »Murder on the Bosporus«, in: *Middle East Quarterly*, Juni 2000
Azzellini, Dario: »Wer reden will, muss auch rebellieren«, in: *telepolis*, 6. September 2001, <www.heise.de/tp/deutsch/html/result.xhtml?url=/tp/deutsch/special/auf/9467/1.html&words=Azzellini>
Bale, Jeffrey M.: »The Cult Wars«, 2 Tle., in: *Hit List*, Bde. 2, 4 und 5
–: »›National revolutionary‹ Groupuscules and the Resurgence of ›Left-Wing‹ Fascism. The Case of France's Nouvelle Résistance«, in: *Patterns of Prejudice*, Juli 2002
Baudrillard, Jean: »Der Geist des Terrorismus«, in: *Süddeutsche Zeitung*, 12. November 2001
Bawer, Bruce: »Tolerating Intolerance. The Challenge of Fundamentalist Islam in Western Europe«, in: *Partisan Review*, Juli 2002
Beaumont, Peter: »The new anti-semitism?«, in: *The Observer*, 17. Februar 2002

Benjamin, Daniel/Simon, Steven: »A Failure of Intelligence?«, in: *New York Review of Books*, 20. Dezember 2001

Benoit, Gary: »Globalism's Growing Grasp«, in: *The New American*, Bd. 16, Nr. 5, 28. Februar 2000

Berlet, Chip: »Right Woos Left. Populist Party, LaRouchite, and Other Neo-fascist Overtures To Progressives, And Why They Must Be Rejected«, *The Public Eye*, 2. Juli 20002, <www.publiceye.org/rightwoo/rwooz6.html>

–: »Third Position Fascism. Possible Links Between Foreign and Domestic Groups and the Live Anthrax Letters«, *The Public Eye*, 4. April 2002, <www.publiceye.org/frontpage/911/third_position.htm>

Berselli, Edmondo: »Perche uccidonon le colombe«, in: *L'Espresso*, 22. März 2002

Bet-Halahmi, Benjamin: »Ten Comments on Watching Closely the Gaps Between Beliefs and Actions«, in: *Terrorism and Political Violence*, Bd. 14, Nr. 1 (Frühjahr 2002)

Betts, Richard: »Fixing Intelligence«, in: *Foreign Affairs*, Januar/Februar 2002

Bhabha, Homi K.: »Remembering Fanon«, in Patrick Williams und Laura Chrisman (Hg.), *Colonial Discourse and Post-Colonial Theory. A Reader*, New York 1994

Bose, Sumantra: »Kashmir«, in: *Survival*, Herbst 1999

Bukharbaeva, Galima: »No End to Uzbek Terror«, Institute of War and Peace Reporting (IWPR), 19. Mai 2000, <www.iwpr.net/index.pl?archive_index.html>

Burke, Jason: »AK-47 Training Held at London Mosque«, in: *The Guardian*, 17. Februar 2002

Carmon, Ely: »Trends in Contemporary International Terrorism«, in International Policy Institute for Counter-Terrorism (ICT), *Countering Suicide Terrorism*

Celikates, Robin: »Der David Bowie der Philosophie. Eine Diskussion mit Jean Baudrillard in New York«, in: *Frankfurter Rundschau*, 5. Februar 2002, S. 19

Chomsky, Noam: »Terror and Just Response«, 2. Juli 2002, <www.zmag.org/content/showarticle.cfm?SectionID=40&ItemID=2064>

Cornell, Svante E.: »Conflicts in Northern Caucasus«, in: *Central Asia Survey*, Bd. 17, Nr. 3, September 1998

Crisp, Penny/Robels, Raissa: »A Past Traced in Terror. Abu Sayyaf's Short But Violent History«, in: *Asiaweek*, 5. Mai 2000

Dale, Stephen F.: »Religious Suicide in Islamic Asia«, in: *Journal of Conflict Resolution*, März 1988, S. 37–59

Dhaoui, Héchmi: »If not him, it would have been his brother«, in: *Newsletter* (der International Association of Analytical Psychology, <www.iaap.org/dhaouienglish1.html>)

Dhillon, Amrit: »Dam Hypocrite«, in: *The Spectator*, 20. April 2002

Dienstbier, Jiří: « Terror auf dem Balkan«, in: *Die Welt*, 3. April 2002

Dobayev, Igor: »Islamic Radicalism in the North Caucasus«, in: *Central Asia and the Caucasus*, 6/2000

Donner, Fred: »The Sources of Islamic Conception of War«, in Kelsay und Johnson (Hg.), *Just War and Jihad*

Don-Yehiya, Eliezer: »The Book and the Sword«, in Marty/Appleby (Hg.), *Accounting for Fundamentalisms*

Durham, Martin: »From Imperium to Internet. The National Alliance and the American Extreme Right«, in: *Patterns of Prejudice*, Bd. 36, Nr. 3, Juli 2002, S. 56–61

Eakin, Emily: »On the Lookout For Patriotic Incorrectness«, in: *The New York Times*, 24. November 2001, S. A15

Easton, Nina J.: »Putting Theory into Practice«, in: *Los Angeles Times*, 18. November 2001

Eco, Umberto: »La Guerre senza passione e ragione«, in: *La Repubblica*, 5. Oktober 2001 (deutsch: »Leidenschaft und Vernunft«, in: *Der Spiegel*, 22. Oktober 2001

Eggen, Dan/Miller, Bill: »Bush Was Told of Hijacking Dangers«, in: *Washington Post*, 16. Mai 2002, S. A1

Emelyanova, Nadeshda: »Islam in the Northern Caucasus«, in: *Central Asia and the Caucasus*, Dezember 2001

Epstein, Barbara: »Anarchism and the Anti-Globalization Movement«, in: *Monthly Review*, September 2001

Ergil, Dogu: »Suicide Terrorism in Turkey. The Workers' Party of Kurdistan«, in: International Policy Institute for Counter-Terrorism (ICT), *Countering Suicide Terrorism*

Erlich, Reuven: »The History of Israeli Policy in Lebanon. Lessons Learned and The Future Outlook«, ICT, 29. Juni 2000, <www.ict.org.il/articles/articledet.cfm?articleid=217>

Evans, Harold: »Anti-Semitic lies and hate threaten us all«, in: *The Times*, 28. Juni 2002

Fadl, Khaled Abou el: »Islam and the Theology of Power«, in: *Middle East Report 221*, Winter 2001

Fallaci, Oriana: »La rabbia e l'orgoglio«, in: *Corriere della sera*, 29. September 2001

Farg, Fatemah: »Do We Hate Them?«, in: *Al-Ahram Weekly*, 18. Oktober 2001

Ferguson, Brian: »Explaing War«, in Jonathan Haas (Hg.), *The Anthropology of war*, Cambridge/New York 1990, S. 26–50

Fighel, Yoni: »Sheikh Abdullah Azzam«, <www.ict.org.il/articles/articledet.cfm?articleid=388>

Foer, Franklin: »Home Bound«, in: *The New Republic*, 22. Juli 2002

Friedman, Thomas L.: »Crazier Than Thou«, in: *The New York Times*, 13. Februar 2001, S. A31

Gaffney, Patrick: »Fundamentalist Preaching and Islamic Militancy in Upper Egypt«, in Appleby (Hg.), *Spokesmen for the Despised*, S. 257 ff.

Ganor, Boaz: »The Islamic Jihad. The Imperative of Holy War«, ICT, 1. Januar 1993, <www.ict.org.il/articles/articledet.cfm?articleid=405>

– : »Suicide Attacks in Israel«, in International Policy Institute for Counter-Terrorism (ICT), *Countering Suicide Terrorism*

– : »Suicide Terrorism. An Overview«, ICT, 15. Februar 2000, <www.ict.org.il/articles/articledet.cfm?articleid=128>

Gause, F. Gregory III.: »Who Lost Middle Eastern Studies? The Orientalists Strike Back«, in: *Foreign Affairs*, März/April 2002

Gerecht, Reuel Marc: »The Terrorists' Encyclopedia«, in: *Middle East Quarterly*, Sommer 2001

Gerges, Fawaz: »The Ultimate Terrorist. Myth or Reality?«, in: *Daily Star* (Beirut), 12. März 2001

Gitlin, Todd: »The Rough Beast Returns«, in: *Mother Jones*, 17. Juni 2002

Goldenberg, Suzanne: »A Mission to Murder«, in: *The Guardian*, 11. und 12. Juni 2002

Goytisolo, Juan: »Une vision orientaliste«, in: *Manière de voir 64*: »Islam contre islam«, hg. von *Le Monde diplomatique*, Juli/August 2002

Graeber, David: »The New Anarchists«, in: *New Left Review*, Januar 2002

Green, Joseph: »The Socialist Debate on the Taliban. Introduction«, <www..flash.net/~comvoice/28cTaliban.html>

Griffin, Roger: »The Primacy of Culture«, in: *Journal of Contemporary History*, 1/2002

Gubert, Romain: »La guerre secrète des Etats-Unis«, in: *Le Point*, 3. Mai 2002, S. 60

Guha, Ramachandra: »The Arun Shourie of the left«, in: *The Hindu*, 26. November 2000

Hamazawi, Amr: »Die Angst vor den kulturellen Folgen«, in Felicitas von Aretin und Bernd Wannemacher (Hg.), *Weltlage. Der 11. September, die Politik und die Kulturen*, Opladen 2002

Hamid, Abdul Wahid: »Al-Baraa Ibn Malik Al-Ansari«, aus ders., *Companions of the Prophet*, Bd. 1, <www.islam101.com/people/companions/albara.html>

Hamzeh, Nizar: »Lebanon's Hizbullah«, in: *Third World Quarterly*, 1993, S. 321 ff.

Harel, Amos: »The 100th suicide bomber«, in: *Ha'aretz*, 8. Oktober 2001

Hedges, Chris: »A Nation Challenged: Intelligence. A Powerful Combatant in France's War on Terror«, in: *New York Times*, 24. November 2001

Hersh, Seymour M.: »What Went Wrong. The C.I.A. and the Failure of American Intelligence«, in: *The New Yorker*, 8. Oktober 2001

Hickey, Neil: »Over there«, in: *Columbia Journalism Review*, November/Dezember 1996

Hitchens, Christopher: »Against Rationalization«, in: *The Nation*, 8. Oktober 2001

Hollander, Paul: »Anti-Americanism Revisited. Round up the Usual Suspects«, in: *Weekly Standard*, 22. Oktober 2001

Hume, Mick: »The Anti-Imperialism of Fools«, in: *New Statesman*, 21. Juni 2002

Humphrey, Michael: »Violence, Voice and Identity in Algeria«, in: *Arab Studies Quarterly*, Winter 2000

Jameson, Frederic: »Globalization and Political Strategy«, in: *New Left Review*, Juli/August 2000

Jenkins, Brian: »International Terrorism«, in David Carlton und Carlo Schaerf (Hg.), *International Terrorism and World Security*, London 1975

– : »Will Terrorist Go Nuclear? A Reappraisal«, in Harvey W. Kushner, *The Future of Terrorism. Violence in the New Millennium*, Thousand Oaks, Kalifornien, 1998

Joffrin, Laurent: »Fallaci la-haine«, in: *Nouvel Observateur*, 27. Juni 2002

Johnston, David/Van Natta, Don: »Wary of Risk, Slow to Adapt. F.B.I. Stumbles in Terror War«, in: *New York Times*, 2. Juni 2002, S. 1

Joshi, Manoj: »On the Razor's Edge. The Liberation Tigers of Tamil Eelam«, in: *Studies in Conflict and Terrorism*, Bd. 19, Nr. 1, Januar–März 1996

Judge, Anthony: »Conspiracy and Terrorism. 911+ Questions in Seeking UnCommon Ground«, Teil 6, <www.uia.org/musings/ uncommo6. htm>

Juillard, Jacques: »Misère de l'anti américanisme«, in: *Libération*, 13. November 2001

Kadmon: »Struggle and Seclusion – Corneliu Zelea Codreanu«, <http://www.angelfire.com/zine/serparu/kadmonart.html>.

Kakar, Sudhir: »The Time of Kali«, in: *Social Research*, Herbst 2001

Kaletsky, Anatole: »Our Pathological Need to Talk Up the Enemy«, in: *The Times* (London), 20. September 2001

Kanadische Einwanderungs- und Flüchtlingsbehörde, Forschungsabteilung: »Pakistan: Sectarian Violence«, Ottawa 1999, <www.irb.gc.ca/ en/Researchpub/research/publications/pak17_e.htm>

Kämpchen, Martin: »Demokratien gibt es nicht auf Bestellung. Haltet ein und besinnt euch! Arundhati Roy und der Krieg in Afghanistan«, in: *Frankfurter Allgemeine Zeitung*, 25. Oktober 2001, S. 49

Karmon, Ely: »Fatah and the Popular Front of the Liberation of Palestine. International Terrorism Strategies (1968–1990)«, ICT, 25. November 2000, <www.ict.org.il/articles/articledet.cfm?articleid=145>

–: »Hamas Terrorism Strategy. Operational Limitations and Political Constraints«, ICT, 19. November 1999, <www.ict.org.il/articles/ articledet.cfm?articleid=96>

Kassem, Hashim: »Muslim Brotherhood«, in: *EastWest Record*, <www.eastwestrecord.com/get_articles.asp?articleid=230>

–: »Muslim Brotherhood in Syria«, in: *EastWest Record*, <www. eastwestrecord.com/get_articles.asp?articleid=228>

Kharunakharan, P.: »Great Heroes Week and Island-wide Preparations«, in: *The Weekend Express*, 21./22. November 1998

Klein, Menachem: »Competing Brothers«, in Bruce Maddy-Weitzman und Efraim Inbar (Hg.), *Religious Radicalism in the Greater Middle East*, London/Portland, Oregon, 1997

Kramer, Martin: »The Oracle of Hizbullah«, in Appleby (Hg.), *Spokesmen for the Despised*

Kristeva, Julia: »Wie wird man Terrorist?«, in: *tageszeitung*, 10. Oktober 2001, S. 16

Kürnberger, Ferdinand: *Der Amerika-Müde. Amerikanisches Kulturbild,*

Frankfurt am Main 1855 (Neuausgaben Weimar 1973, Berlin 1982, Wien 1985, Berlin 1985, Frankfurt am Main 1986)

Laher, Suheil: »Sh. Abdullah Azzam on Jihad«, <calvin.usc.edu/~jnawaz/ ISLAM/JIHAAD/Azzam.Jihad.html>

Laqueur, Walter: »A Failure of Intelligence«, in: *Atlantic Monthly*, März 2002

−: »Reflections on Terrorismus«, in: *Foreign Affairs*, Herbst 1986

Layachi, Hamida: »Banditisme et islamisme arme vont aujourd'hui de pair en Algérie«, in: *Le Monde*, 16. Juni 2000

Lemoine, Maurice: »En Colombie, la bataille du sud Bolivar«, in: *Le Monde diplomatique*, Oktober 2001, S. 10 f.

Lewis, Bernard: »License to Kill. Usama bin Ladin's Declaration of Jihad«, in: *Foreign Affairs*, November/Dezember 1998

−: »The Roots of Muslim Rage«, in: *The Atlantic Monthly*, September 1990

−: »The Return of Islam«, in: *Commentary*, Januar 1976

Lucas, Scott: »The Dishonourable Policeman of the Left«, in: *New Statesman*, 27. Mai 2002

Lüders, Michael: »Der Preis der Radikalität. Arabische Intellektuelle diskutieren den 11. September«, in: *Frankfurter Rundschau*, 20. März 2002, S. 18

Luft, Gal: »The Palestinian H-Bomb. Terror's Winning Strategy«, in: *Foreign Affairs*, Juli/August 2002

Macko, Steve: »Colombia: the World Leader in Kidnappings«, in: *ERRI [Emergency Response and Research Institute] Daily Intelligence Report*, 8. Dezember 1997, <www.emergency.com/colbknap.htm>

−: »Kidnapping: a Latin American Growth Industry ...«, in: *ENN [EmergencyNet News] Daily Intelligence Report*, 30. April 1997 <www. emergency.com/latnkdnp.htm>

Maegerle, Anton/Schiedel, Heribert: »Krude Allianz. Das arabisch-islamistische Bündnis mit deutschen und österreichischen Rechtsextremisten«, <www.doew.at/thema/rechts/allianz.html>

Mahler, Horst: »Der Untergang des judäo-amerikanischen Imperiums«, <www.deutsches-kolleg.org/deutscheskolleg/untergang.html>

Maitree: »The LTTE as a Tamil Civil Religion«, Kap. 2, <http://people. we.mediaone/maitree.thesis>

Makki, Abul Rahman al-: »Fidayee activities in Shariah«, 3 Teile, <www.jamatdawa.org/english/jihad/fidai_missions.htm>, <...ii.htm>, <...iii.htm>

Mathyl, Markus: »The National-Bolshevik Party and Arctogaia. Two Neo-Fascist Groupuscules in the Post-Soviet Political Space«, in: *Patterns of Prejudice*, Juli 2002

McCarthy, Andrew V.: »Prosecuting the New York Sheikh«, 1. März 1997, ICT, <www.ict.org.il/articles/articledet.cfm?articleid-95>

Mehman, Iskandaer/Akimov, Turat: »Incursions part of larger picture«, Institute of War and Peace Reporting (IWPR), 18. August 2000, <www.iwpr.net/index.pl?archive_index.html>

MEMRI (Middle East Media Research Institute), <www.memri.org>: »The Debate over Martyrdom Operations«, Teil 1, Inquiry and Analysis 100, 4. Juli 2002

– : »Debating the Religious, Political and Moral Legitimacy of Suicide Bombings«, Teil 4, Inquiry and Analysis 66, 27. Juli 2001

– : »The Highest Ranking Palestinian Authority Cleric in Praise of Martyrdom Operations«, Special Dispatch 226, 8. Juni 2001

– : »Iran Increases Funding and Training for Suicide Bombings Islamic Jihad Leader. The Intifada Foiled the American Plots Against Iraq. A Hizbullah Leader on the Iranian-Syrian-Lebanese-Palestinian Axis«, Special Dispatch 387, 11. Juni 2002

– : »A New Antisemitic Myth in the Arab Press. The September 11 Attacks Were Perpetrated by the Jews«, Special Report 6, 8. Januar 2002

– : »Radical Islamist Profiles (2): Sheikh Omar Bakri Muhammad – London«, Inquiry and Analysis 73, 24. Oktober 2001

– : »Islamist Leaders in London Interviewed«, Special Dispatch 410, 9. August 2002

– : »›Why We Fight America‹. Al-Qa'ida Spokesman Explains September 11 and Declares Intentions to Kill 4 Million Americans with Weapons of Mass Destruction«, Special Dispatch 388, 18. Juni 2002

Merari, Ariel: »Israel's Preparedness for High Consequence Terrorism«, Diskussionspapier 2000-02, John F. Kennedy School of Government, Harvard University, Oktober 2000

Mesbahi, Mohiaddin: »Tajikistan, Iran and the International Politics of the ›Islamic Factor‹«, in: *Central Asia Survey*, Bd. 16, Nr. 2, Juni 1997

Michaels, David: »Neo-Nazi Terrorism«, ICT, 21. April 2000, <www.ict.org.il/articles/articledet.cfm?articleid=118>

Mneimneh, Hassan/Makiya, Kanan: »Manual for a ›Raid‹«, in: *New York Review of Books*, 17. Januar 2002

Mubarak, Hisham: »A Tragedy of Errors«, in: *Cairo Times*, 22. Januar 1998, <www.cairotimes.com/contents/issues/lslists/errors24.html>

Mukadams, Mohammed: »Rikhlat al-afghan al-jazairin minaa al-Qa'ida ala l'Jama'a«, 8 Tle., in: *al-Hayat*, 23.–30. November 2001

Münch, Markus: »Viel Kopfschütteln«, in: *tageszeitung*, 16. Januar 2002, S. 23

Musaev, Bahodyr: »Religious Extremism Threatens Uzbekistan«, in: *Central Asia and the Caucasus*, 5/2000

Nair, Vijai: »The Nuclear Dimension of the War on Terrorism«, in: *Asian Journal on Terrorism and Internal Conflicts*, Januar 2002, S. 19 ff.

National Commission on Terrorism, *Countering the Changing Threat of International Terrorism*, Washington, D. C., 2000 (als PDF-Dateien auf <www.access.gpo.gov/nct/>)

Naumann, Michael: »Der deutsche Tonfall. Vom Opportunismus der Israel-Kritik«, in: *Die Zeit*, 11. April 2002, S. 1

Oehrlein, Josef: »Die Guerrilleros bekämpfen einander. Der Waffen- und Rauschgifthandel an der Grenze von Kolumbien und Venezuela«, in: *Frankfurter Allgemeine Zeitung*, 6. Mai 2002

Olimow, Musaffar: »Ob etnopolititscheskoi i konfessionalnoi situatsii«, in: *Wostok*, 2/1994

Ortiz, Román D.: »Insurgent Strategies in the Post-Cold War. The Case of the Revolutionary Armed Forces of Colombia«, in: *Studies in Conflict and Terrorism*, Bd. 25, Nr. 2, April 2000, S. 127–143

Pain, Emil: »The Second Chechen War«, in: *Central Asia and the Caucasus*, 4/2000

Pardo, Rafael: »Colombia's Two-Front War«, *Foreign Affairs*, Juli/August 2000

Parks, Michael: »Beyond Afghanistan. Foreign News: What's next?«, in: *Columbia Journalism Review*, Sonderausgabe, Januar/Februar 2002

Paz, Reuven: »The Islamic Legitimacy of Suicide Terrorism«, in International Policy Institute for Counter-Terrorism (ICT), *Countering Suicide Terrorism*

–: »Programmed Terrorists. An Analysis of the Letter Left Behind by the September 11 Hijackers«, ICT, 13. Dezember 2001, <www.ict.org.il>

Poletaev, Eduard: »Islamic Rebels Threaten New Mountain Offensive«, Institute of War and Peace Reporting (IWPR), 11. Mai 2001, <www.iwpr.net/index.pl?archive_index.html>

Project Ploughshares (Institute of Peace and Conflict Studies, Waterloo,

Ontario, Kanada), »The Armed Conflicts Report 2001«, <http://www. ploughshares.ca/content/ACR/ACR00/ACR01PrefaceIntroduction. html>

Punj, Balbir K.: »Roy Is Lying«, in: *Outlook India*, 27. Mai 2002

Pyes, Craig/Meyer, Josh/Rempel, William C.: »Response To Terror. Sunday Report: Bosnia Seen as Hospitable Base and Sanctuary for Terrorists«, in: *Los Angeles Times*, 7. Oktober 2001, S. A. 1

Raddatz, Hans-Peter: »Islam – sind wir zu blauäugig?«, in: *Hamburger Abendblatt*, 8. Januar 2002, S. 3

Ramadan, Abdel Aziz: »Fundamentalist Influence in Egypt«, in Marty und Appleby (Hg.), *Fundamentalism and the State*

Raman, B.: »Lashkar e Taiba. A Backgrounder«, in: *SAPRA INDIA*, 27. Dezember 2000, <www.subcontinent.com/sapra/terrorism/terrorism20001227a.html>

– : »Musharraf, Bin Laden and the Lashkar«, in: *SAPRA INDIA*, 2. Juli 2001, <www.subcontinent.com/sapra/terrorism/terrorism20010702a. html>

Ranstorp, Magnus: »Hizbollah's Command Leadership. Its Structure, Decision-making and Relationship with Iranian Clergy and Institutions«, in: *Terrorism and Political Violence*, Bd. 6, Nr. 3 (Herbst 1994), S. 303–339

Rashid, Abbas/Shaheed, Farida: »Pakistan: Ethno-Politics and Contending Elites. Chronology of Riots«, UN-Bericht, hg. vom Research Institute of Social Development (UNRISD), Genf 1993

Revel, François: »Le terrorisme fauteur de pauvrete«, in: *Le Point*, 12. Oktober 2001

Reynolds, Michael: »Virtual Reich«, <www.vanguardnewsnetwork.com/index181.htm>

Richey, Warren: »Muslim Opinion Sees Conspiracy«, in: *Christian Science Monitor*, 6. November 2001

Rotar, Igor: »Under the Green Banner. Islamic Radicals in Russia and the former Soviet Union«, in: *Religion, State and Society*, Juni 2002

Rotella, Sebastian/Zucchino, David: »In Paris, a Frightening Look at Terror's Inconspicuous Face. Probe: Officials say plot against U. S. Embassy offers insight into recruitment and training of ordinary young men«, in: *Los Angeles Times*, 21. Oktober 2001, p. A. 1.

Roy, Arundhati: »Wut ist der Schlüssel. Ein Kontinent brennt – Warum der Terrorismus nur ein Symptom ist«, in: *Frankfurter Allgemeine Zeitung*, 28. September 2001

Rushdie, Salman: »America and Anti-Americans«, in: *The New York Times*, 4. Februar 2002, S. A23

Ruthven, Malise: »Radical Islam's Failure«, in: *Prospect*, Juli 2002

Sadoui, Zazi: »Femmes sous lois musulmans«, <www.wluml.org/english/ publications/dossiers/dossier16/algeria-martyrdom.htm>

Sasaki, Mako: »Who Became Kamikatze Pilots And How Did They Feel Towards Their Suicide Mission?«, in: *The Concord Review*, 1995, <www.tcr.org/kamikaze.html>

Schalk, Peter: »The Revival of Martyr Cults among Ilavar«, in: *Temenos* 33 (1997), S. 151–190

Schmitt, Uwe: »Nichts ist ärgerlicher als der Patriotismus der Amerikaner«, in: *Die Welt*, 29. Januar 2002

Schweitzer, Yoram: »Suicide Terrorism. Development and Characteristics«, ICT, 21. April 2000, <www.ict.org.il>

–: »Suicide Terrorism. Development and Main Characteristics«, in: International Policy Institute for Counter-Terrorism (ICT), *Countering Suicide Terrorism*

Seidel, Eberhard: »Islam öffnet sich Moderne«, *tageszeitung*, 9. Februar 2002, S. 2

Sen, Amartya: »Anti Globalization Protests Are Not About Globalization«, in: *New Perspectives*, Bd. 18, Nr. 4

–: »How to Judge Globalism«, in: *The American Prospect*, Bd. 13, Nr. 1, 1. Januar 2002

Shay, Shaul: »Suicide Terrorism in Lebanon«, in International Policy Institute for Counter-Terrorism (ICT), *Countering Suicide Terrorism*

– und Schweitzer, Yoram: »The Afghan Alumni Terrorism. Islamic Militants against the Rest of the World«, ICT, 6. November 2000, <www.ict. org.il/articles/articledet.cfm?articleid=140>

Sikand, Yogindar: »The Changing Course of the Kashmir Struggle«, in: *Muslim World*, April 2001

Silke, Andrew: »The Devil You Know. Continuing Problems with Research on Terrorism«, in: *Terrorism and Political Violence*, Bd. 13, Nr. 3 (Winter 2001)

Simon, Steven/Benjamin, Daniel: »America and the New Terrorism«, in: *Survival*, Bd. 42, Nr. 1 (Frühjahr 2000), S. 59–75

–/Roy, Olivier/Hoffman, Bruce/Paz, Reuven: »America and the New Terrorism. An Exchange«, in: *Survival*, Bd. 42, Nr. 2 (Sommer 2000), S. 156–172

Sommer, Michael: »Krieg im Altertum als soziales Handeln«, in: *Militär-geschichtliche Zeitschrift*, 59 (2000), S. 297–322

Sontag, Susan: »Amerika hat den Islam nicht provoziert. Meine Rückkehr nach New York: Lernprozesse einer offenen Gesellschaft angesichts ihrer Feinde«, in: *Frankfurter Allgemeine Zeitung*, 11. Oktober 2001, S. 49

–: »Feige waren die Mörder nicht. Amerika unter Schock: Die falsche Einstimmigkeit der Kommentare«, in: *Frankfurter Allgemeine Zeitung*, 15. September 2001, S. 45

Sri Kantha, Sachi: »The Pirabhakaran Phenomenon« (bisher 36 Folgen), <www.sangam.org>

Stableford, Brian: »Man-Made Catastrophes«, in Eric S. Rabkin, Martin H. Greenberg und Joseph D. Olander (Hg.), *The End of the world*, Carbondale, Illinois, 1983

Streusand, Douglas E.: »What does Jihad mean?«, in: *Middle East Quarterly*, September 1997

Strindberg, N. T. Anders: »Challenging the ›Received View‹. De-demonizing Hamas«, in: *Studies in Conflict and Terrorism*, Bd. 25, Nr. 4, Juli/August 2002, S. 263–273

Sullivan, Paul: »Globalization. Trade and Investment in Egypt, Jordan and Syria since 1980«, in: *Arab Studies Quarterly*, Sommer 1999

Sweeney, George: »Irish Hunger Strikes and the Cult of Self Sacrifice«, in: *Journal of Contemporary History*, 1993, S. 421–437

Tazmini, Ghoncheh: »The Islamic Revival in Central Asia: a Potent Force or a Misconception?«, in: *Central Asia Survey*, Bd. 20, Nr. 1, März 2001

Thornton, T. P.: »Terror as a Weapon of Political Agitation«, in Harry Eckstein (Hg.), *Internal War. Problems and Approaches*, New York 1964

Tilly, Charles: »Contentious Conversation«, in: *Social Research*, Herbst 1998

Trofimov, Yaroslav/Fleming, Charles: »Europe's Left Reconsiders Israel as Anti-Semitic Incidents Increase«, in: *The Wall Street Journal*, 8. April 2002

Tsfati, Yariv/Weimann, Gabriel: »Terror on the Internet«, in: *Terrorism and Political Violence*, Herbst 2002

Tydor Baumel, Judith: »Kahane in America. An Exercise in Right-Wing Urban Terror«, in: *Studies in Conflict an Terrorism*, Bd. 22, Nr. 4, Oktober/Dezember 1999, S. 311–330

415

Walzer, Michael: »Excusing Terror. The Politics of Ideological Apology«, in: *The American Prospect*, 22. Oktober 2001

Webman, Esther: »The Polarization and Radicalization of Political Islam«, The Moshe Dayan Center for Middle Eastern and African Studies, 1998, <www.dayan.org/islam98.pdf>

– : »Political Islam at the Cross of the Twentieth Century«, The Moshe Dayan Center for Middle Eastern and African Studies, 1999, <www.dayan.org/islam99.pdf>

Wiktorowicz, Quintan: »Centrifugal Tendencies«, in: *Arab Studies Quarterly*, Juli 2001

Wilson, Scott: »No Sanctuary From Colombian War. Army Was Absent During Massacre at Village Church«, in: *Washington Post*, 9. Mai 2002, S. A1

Woodward, Bob/Eggen, Dan: »Aug. Memo Focused on Attacks in U.S. Lack of Fresh Information Frustrated Bush«, in: *Washington Post*, 18. Mai 2002, S. A1

Yom, Sean L.: »Abu Sayyaf. Criminal Group or Representative of Philippine Muslims' Quest for Autonomy«, in: *CSIS [Centre for Strategic and International Studies, Washington] Briefing Notes on Islam, Society, and Politics*, Bd. 4, Nr. 1, September 2001, <www.csis.org/islam/BriefNotes0109.pdf>

Zawahiri, Ayman Mohammed al-: »Fursan taht ra'ayat al naby«, in: *al-Sharq al-Awsat* (London), 11 Folgen, 2.–12. Dezember 2001

Abkürzungen

ACLU	American Civil Liberties Union (Amerikanische Bürgerrechtsunion)
ARC	Advice and Reform Committee (Beratungs- und Reformkomitee)
ATTAC	Association pour une Taxation des Transactions financières pour l'Aide aux Citoyens (Vereinigung für eine Besteuerung von Finanztransaktionen zum Wohle der Bürger)
AUC	Autodefensas Unidas de Colombia (Vereinigte Selbstverteidigungsgruppen von Kolumbien)
BJP	Bharatiya Janata Party (Nationalistische Hindupartei in Indien)
DNSB	Danmarks Nationalsocialistiske Bevægelse (Nationalsozialistische Bewegung Dänemarks)
DST	Direction de la Surveillance du Territoire (innerer Sicherheitsdienst Frankreichs)
ELN	Ejército de Liberación Nacional (Nationale Befreiungsarmee, Kolumbien)
ELP	Ejército de Liberación Popular (Volksbefreiungsarmee, Kolumbien)
ETA	Euzkadi Ta Azkatasuna (Das Baskenland und seine Freiheit)
FARC	Fuerzas Armadas Revolucionaria de Colombia (Revolutionäre Streitkräfte Kolumbiens)
FIS	Front Islamique du Salut (Islamische Heilsfront, Algerien)
GIA	Groupes Islamiques Armés (Bewaffnete Islamische Gruppen, Algerien)
GSPC	Groupe salafiste pour la prédication et le combat (Gruppe für Predigt und Kampf, Algerien)
Hamas	Harakat al-muqawamah al-Islamija (Islamische Widerstandsbewegung)
IMRO	Innere Mazedonische Revolutionäre Organisation
IRA	Irish Republican Army (Irisch-Republikanische Armee)

IRB	Irish Republican Brotherhood (Irisch-Republikanische Bruderschaft)
Irgun	Irgun Zwai Leumi (Nationale Militärorganisation, Palästina)
ISI	Inter-Services Intelligence (pakistanischer Nachrichtendienst)
IWF	Internationaler Währungsfonds
IZL	siehe Irgun
JDL	Jewish Defense League (Jüdische Verteidigungsliga)
Komintern	Kommunistische Internationale
LEHI	Lohame Herut Israel (Kämpfer für die Freiheit Israels)
LTTE	Liberation Tigers of Tamil Eelam (Befreiungstiger von Tamil Eelam)
M 19	Movimiento 19 Abril (Bewegung 19. April, Kolumbien)
MESA	Middle East Studies Association (Vereinigung der Nahostforschung)
MNLF	Moro National Liberation Front (Moro Nationale Befreiungsfront, Philippinen)
NA	National Alliance
NGO	Non-Governmental Organization (Nichtregierungsorganisation)
NPD	Nationaldemokratische Partei Deutschlands
NSC	National Security Council (Nationaler Sicherheitsrat)
NSDAP	Nationalsozialistische Deutsche Arbeiterpartei
NSF	Nationalsocialistisk Front (Nationalsozialistische Front, Schweden)
ÖIH	Özbekistan Islomiy Harakati (Islamische Bewegung Usbekistans)
OIC	Organization of the Islamic Conference (Organisation der Islamischen Konferenz)
OPM	Organisesi Papua Merdeka (Bewegung Freies Papua)
PDFLP	Popular Democratic Front for the Liberation of Palestine (Volksdemokratische Front für die Befreiung Palästinas)
PFLP	Popular Front for the Liberation of Palestine (Volksfront für die Befreiung Palästinas)
PIJ	Palestinian Islamic Jihad (*Harakat al-Dschihad al-islami al-filastini*; Palästinensischer Islamischer Dschihad)
PKK	Partiya Karkeren Kurdistan (Kurdische Arbeiterpartei)
PT	Parti des Travailleurs (Arbeiterpartei, Algerien)

RSS	Rashtriya Swayam Sevak Sangh (Nationale Freiwilligen-vereinigung, Indien)
SLA	South Lebanese Army (Südlibanesische Armee)
SMP	Sipah-i-Mohammad Pakistan (Soldaten des Propheten Mohammed in Pakistan)
TJP	Tehrik-e-Jafaria Pakistan (Jafaritische [schiitische] Bewegung in Pakistan)
UÇK	Ushtria Clirimtare E Kosoves (Befreiungsarmee des Kosovo)
UP	Union Patriotica (Patriotische Union, Kolumbien)
USIA	Unites States Information Agency (Informationsamt der Vereinigten Staaten)
WAR	White Aryan Resistance (Weißer Arischer Widerstand)

Personenregister

Abdullah Ibn al-Hussein, König von
  Jordanien 146
Abdulrahimow, Abdulrasul 281
Abraham, Spencer 224
Akajew, Askar 283
Akhras, Ayat al-A. 129
Alexander II., Zar 17
Amir, Jigal 174 f.
Annan, Kofi 26
Appleby, R. Scott 355
Appleyard, Brian 253
Arafat, Yassir 31, 151, 153, 166 f.
Assad, Hafis al-A. 70, 211
Assad, Rifaat al-A. 70
Atatürk s. Kemal Atatürk, Mustafa
Atta, Mohammed 132, 139, 142, 235,
  340, 364
Auschew, Ruslan 280
Awar, Imam Schamyl an-A. 276
Azhar, Maulana Masud 268
Azzam, Abdullah 75 ff., 79, 81, 91

Baer, Robert 190
Bakri Mohammed, Omar 96–99
Banschiri, Abu Ubaida al-B. 59
Banna, Hassan al-B. 46 ff., 50
Barajew, Arbi 278
Barajew, Mowsar 278
Barak, Ehud 31
Barguti, Marwan 166
Barkallil, Nadira 177
Barley, Dave 225
Bassajew, Schamil 280
Batista y Zaldívar, Fulgencio 326
Baudrillard, Jean 204, 256 f.
Beard, Mary 251
Beethoven, Ludwig van 248
Beghal, Jamal 95
Bell, J. Bowyer 207, 212
Ben Jelloun, Tahar 90
Ben Bella, Achmed 297
Benjamin, Daniel 216 f.
Berdjajew, Nikolai 39 f.

Berlusconi, Silvio 292
Berry, Khaled al-B. 63 f., 67
Bertram, Ernst 112
Biagi, Marco 294
Bin Laden, Osama 10, 22, 43, 56, 59,
  62, 69, 71, 77–83, 85, 88, 95 ff.,
  125, 178, 184 ff., 192 ff., 199 f., 204 f.,
  215, 217, 223 f., 226 f., 229, 233 ff.,
  250, 254, 256, 261 ff., 267 f., 279 f.,
  294, 299, 303, 308, 322, 344, 359 f.,
  363
Blair, Tony 97, 324
Boukhobza, Hammad 66
Boumedienne, Houari 297
Bouteflika, Abdel Aziz 297
Bremer III., Paul 187 f.
Brisard, Jean-Charles 233
Bruguière, Jean-Louis 96
Brunerie, Maxime 317
Brzezinski, Zbigniew 229 f.
Bush, George W. 192, 232, 235, 250,
  254 f., 262 f., 324

Cantacuzino, Alexandru 113
Carlos der Schakal s. Ramírez
  Sánchez, Illich
Carroll, Lewis 352
Carter, Jimmy 30
Castro, Fidel 305
Céline, Louis-Ferdinand 254
Chalabi, Brüder 95, 338
Chirac, Jacques 317
Chodschijew, Dschuhaboy
  Ahmadjanowitsch,
  s. Namangani, Dschuma
Chomsky, Noam 209, 241 f.
Cilluffo, Frank 382
Clausewitz, Carl von 8
Clinton, Bill 30, 185, 192
Codreanu, Corneliu 113
Conrad, Joseph 219
Corradini, Enrico 322
Courtailler, Brüder 95

Coutant-Peyre, Isabelle 254
Crenshaw, Martha 207
Csurka, Istvan 260

Dante Alighieri 247
Danusch, Abu 364
Daoudi, Kemal 95
Dasquié, Guillaume 233
Deljagin, Maichail 230
Dhahabi, Mohammed al-D. 52
Dickens, Charles 247
Diderot, Denis 213
Dienstbier, Jiří 302
Dudajew, Dschochar 276
Dugin, Alexander 228 f.
Dulles, Allen 191
Durn, Richard 317

Eco, Umberto 258
Eichmann, Adolf 351 f.
Engels, Friedrich 17, 23, 323
Esposito, John L. 199–202
Evola, Julius (Graf Giulio Cesare
    Andrea) 113

Faisal, Abdullah al-F. 99
Fallaci, Oriana 257 f., 375
Falwell, Jerry 222 f.
Fandy, Mamoun 204
Fanon, Frantz 261, 296, 327
Faraj, Mohammed Abd al-Salam
    54 f.
Farhan, Isaak 70
Farrakhan, Louis 242
Faruk, König von Ägypten 47
Faurisson, Robert 224
Fazazi, Imam 91
Fini, Gianfranco 292
Finkelstein, Norman 242, 259
Fischer, Adolf 41
Fischer, Bobby 241, 244
Fisk, Robert 251
Florus, Julius 213
Foda, Farag 62
Foner, Eric 242, 244, 373
Fortuyn, Pym 293, 317
Foucault, Michel 204
Franco, Francisco 20, 74, 211

Franz von Assisi 350
Fromkin, David 207

Gaith, Suleiman Abu 83
Galton, Francis 210
Gandhi, Indira 264
Gandhi, Mohandas Karamchand,
    gen. Mahatma 264, 269
Gandhi, Rajiv 118, 264
Gaulle, Charles de 248
Gemayel, Baschir 119
Genoud, François 331
George, Heinrich 112
Gerges, Fawaz 200
Gibbs, H. A. R. 198
Girenok, Fjodor 229
Glinka, Michail 110
Glucksmann, André 262
Godse, Nathuram 269
Goehler, Adrienne 249
Goethe, Johann Wolfgang von 246
Goldstein, Baruch 117, 174
Gorbatschow, Michail 79
Gore, Al 235
Gorki, Maxim 248
Grass, Günter 249
Gruenebaum, Gustav von 198
Guevara, Che 326 f., 353
Gul, Hamed 78

Habasch, George 153
Hadid, Marwan 70
Haider, Jörg 331
Halperin, Ernst 23
Hamza, Mir 82
Hanoune, Louisa 295
Hart, Gary 187 f.
Hawatme, Naif 153
Hazan, Mustafa 71
Heinzen, Karl 339
Hersh, Seymour 197
Hess, Rudolf 242
Hitchens, Christopher 242
Hitler, Adolf 37, 124, 148, 180, 209,
    226, 232, 242, 248, 348, 350
Hitti, Philip 198
Hodaibi, Hassan 48
Hoffman, Bruce 213 f.

Hölderlin, Friedrich 111
Horaz 111
Huber, Ahmed 331
Huntington, Samuel P. 26, 201, 245
Hurok, Sol 176
Hussein (Neffe Mohammeds,
   3. Imam) 135
Hussein, Saddam 180, 262 f., 331

Ibn Abu Taleb, Jafar 107 f.
Ibn al-Halitha, Said 107
Ibn Malik, al-Baraa 108
Ibn Rawaha, Abdullah 108
Ibn Taimiyya, Ali 128
Ibn Walid, Khaled 108
Ibrahim, Bukar 308
Ibrahim, Dawood 271
Ibrahim, Khalid 59
Ignatius von Loyola 139
Irving, David 224
Istambuli, Khaled al-I. 55 f.

James, Henry 219
Jasir, Abu 82
Jefferson, Thomas 261
Jelzin, Boris 277
Jenkins, Brian 207, 209, 214, 354
Jomini, Antoine Henri Baron de 8
Juillard, Jacques 256
Jukes, Steven 351
Jussuf, Ramsi 103

Kahane, Rabbi Meir 175 f.
Kamal, Achmed 345
Kaplan, Metin 100
Karimow, Islam 283, 285 f.
Karl der Große 110
Kassem, Eddin al-K. 161
Kastner, Eudolf 172
Kautsky, Karl 323
Kemal Atatürk, Mustafa 46
Kepel, Gilles 206, 314
Khairat, Rauf 58
Khaled, Leila 22
Khattab, Habib Abdel Rahman al-K.
   278, 280 f.
Khomeini, Ayatollah Ruhollah 9, 40,
   75, 93, 165, 233, 238, 266, 325, 334

Kissinger, Henry 242
Körner, Theodor 110
Kramer, Martin 202-205
Kristeva, Julia 256 f., 262
Kropotkin, Peter 323
Krueger, Alan 355
Kuri, Konca 65
Kürnberger, Ferdinand 247

LaRouche, Lyndon 233
Le Carré, John 183
Lenin, Wladimir Iljitsch 17, 25, 322
Leonidas, König von Sparta 109
Le Pen, Jean-Marie 331, 381
Lewinsky, Monica 185
Lewis, Bernard 200 f., 204, 368
Lincoln, Abraham 261
Lindstedt, Martin 223
Lieberman, Joseph 235
Lombroso, Cesare 32
London, Jack 339
Luxemburg, Rosa 322
Luxenberg, Christoph 130

MacDonald, Andrew 223
Machfus, Nagib 62
Machgub, Rifaat 62
Maher, Achmed 47
Mahler, Horst 227, 238, 260,
   329 f.
Mailer, Norman 242
Major, John 97
Malaschenko, Alexei 380
Maleckova, Jitka 355
Mann, Thomas 112
Manson, Charles 67
Mao Zedong 8, 353
Maraini, Dacia 258
Marcos, Insurgente, gen.
   Subcomandante M. 318
Marsuk, Musa Abu 161
Marty, Martin E. 355
Marx, Karl 17, 23, 323
Maschadow, Aslan 279
Masri, Abu Hamsa al-M. 96, 98
Massud, Ahmed Schah 119
Matrossow, Alexander 114
Matteotti, Giacomo 290

Maududi, Maulana Abul Ala 91, 233, 380
McManus, John f. 327
McVeigh, Timothy 66, 352
Merari, Ariel 135
Metzger, Tom 223, 225
Meyssan, Thierry 233
Mickiewicz, Adam 179
Milne, Seamus 252
Minc, Alan 256
Mishima, Yukio 113
Mohammed (Prophet) 23, 29, 44 f., 55, 64, 84, 91, 97, 107, 135
Mosallem, Imam 84
Most, Johannes 339
Mota, Ion 113
Moussaoui, Zacharias 95 f., 190, 254
Moyne, Lord (brit. Nahost-Minister) 117
Mubarak, Hosni 56, 58, 61, 147
Mullet, Paul 225
Murad, Abdul Hakim 192
Musa, Baschir 164
Mussolini, Benito 20, 124, 226, 322

Nabhani, Taqi al-Din al-N. 281
Nagib, Ali Mohammed 48
Naipaul, V(idiadhar) S(urajprasad) 256
Namangani, Dschuma (eigtl. Dschuha-boy Ahmadjanowitsch Chodschi-jew) 285 f.
Namimura, Akio 140
Naser, Sumaya Farhat 132
Nasser, Gamal Abd el-N. 48–51, 55, 151
Netanjahu, Benjamin 162
Nidal, Abu 154, 336
Nidal, Mohammed 132
Nidal, Um 132
Noqrashi, Mahmud Fahmi an-N. 47
Nostradamus 230

Öcalan, Abdullah 136
Othman, Omar 99

Padilla (al-Muhajir), José 338
Palme, Olof 214

Panarin, Alexander 229
Parnell, Charles Stewart 17
Paz, Reuven 216
Pearl, Daniel 23
Peter von Amiens 39
Pierce, William 223 ff., 290, 328, 330
Pollitt, Kathe 242
Pol Pot 51, 125, 351 f.
Powell, Colin 188
Prabhakaran, Velupillai 120, 125, 139, 146
Premasada, Ranasinghe 123
Prezzolini, Giuseppe 322
Primo de Rivera, José Antonio 113
Putin, Wladimir 170

Qamari, Esam al-Q. 58
Qaradawi, Jussuf al-Q. 98, 107
Qatada, Abu 96
Quraschi, Obed al-Q. 236
Qutb, Sayyid 29, 48–51, 53, 62 f., 75, 84, 91, 141, 233, 262, 281, 380

Rabehl, Bernd 228
Rabin, Itzhak 126, 147, 162
Radek, Karl 41
Rafsandschani, Akbar 335
Rahman, Fazlul 83
Rahman, Omar Abd ar-R. 53 f., 60
Ramírez Sánchez, Illich (»Carlos der Schakal«) 21, 74, 254
Rathenau, Walter 19, 219, 231
Razaq, Ibrahim Abdul 271
Reclus, Elisée 323
Reich, Walter 207
Reid, Richard 134, 361
Robertson, Pat 222 f.
Rockwell, George L. 223
Roehl, Klaus Rainer 228
Rommel, Erwin 47
Roper, Billy 223
Roy, Arundhati 29 f., 254-257
Roy, Olivier 206, 216, 314
Rudman, Warren 187
Rumsfeld, Donald 188
Rushdi, Salman 93, 255

Sabah, Jaber al-Ahmed al-S. 119
Sabri, Scheich (Mufti von Jerusalem)
  107 f.
Sadat, Anwar as-S. 50 f., 53–56, 58,
  119, 147, 175
Said, Edward 198, 201 f., 242,
  368 f.
Sanadi, al-S. (ägypt. Geheimdienst-
  chef) 48
Sananiri, Kamal al-S. 59
Sarija, Salah 53
Sarkisjan, Wasgen 280
Sartre, Jean-Paul 254, 261
Sassulitsch, Vera 219
Satulin, Konstantin 229
Savonarola, Girolamo 39
Sawinkow, Boris 351
Scalfari, Eugenio 258
Schacht, Josef 198
Schaka, Bassam 173
Schalah, Ramadan 164
Schamir, Itzhak 176
Scharif, Sawfat al-S. 58
Scharon, Ariel 167, 237, 244, 258 f.
Scheikh, Schawqi el-S. 52
Schewardnadse, Eduard 280
Schikaki, Fathi 164 f.
Schiller, Friedrich 109
Schlageter, Albert Leo 41
Schmid, A. P. 348
Schmid, Alex 208
Schröder, Gerhard 249
Schukri, Mustafa 51 f.
Sedow, Leon 324
Sen, Amartya 375
Serraj, Eyad 140
Sheikh, Ahmed Omar 23, 66
Silcher, Friedrich 111
Simon, Steven 216 f.
Simonides 109
Skorzeny, Otto 226
Sontag, Susan 242
Soros, George 319
Sprinzak, Ehud 216
Stalin, Josef 20, 80, 110, 170, 209,
  219, 350
Stockhausen, Karl Heinz 221
Stone, Oliver 242

Strasser, Otto 329
Strauß, Botho 250
Suhayda, Rocky 223
Suharto 309
Suyuti, Jalal al-Din al-S. 129

Tamimi, Scheich 166
Tantawi, Mohammed 107
Tenet, George 334
Teresa, gen. Mutter Teresa 242, 350
Tertullian 145
Thackeray, Bal 271
Thornton, T. P. 207 f.
Tibi, Bassam 206
Tlas, Mustafa 236
Tourabi, Hassan 80 f.
Trabelsi, Nizar 134, 338
Trollope, Frances 246 f., 373
Trotzki, Leo 219, 323 f.
Turki, saud. Prinz 79

Uhland, Ludwig 111

Walser, Martin 259
Walter, Eugene Victor 207
Walzer, Michael 243
Werfel, Franz 249
Wernicke, Carl 364
Wessel, Horst 111
Wilkinson, Paul 207 f.
Winkelried, Arnold 110
Wolseley, James 182

Yassin, Scheich Ahmed 157, 161
Yeats, William Butler 116
Yockey, Francis Parker 381

Zakaria, Huda 142
Zawahiri, Ayman Mohammed al-Z.
  56, 59 f., 69, 71, 81–84, 87
Zawahiri, Mohammed al-Z. 87, 125,
  262, 322
Zayat, Muntasser al-Z. 59 f.
Zia ul-Haq, Mohammed 264
Zidane, Zinedine 95
Zinn, Howard 242
Zohdi, Karam 71